本书系 2022 年教育部人文社会科学重点研究基地中国人民大学欧洲问题研究中心基地自设项目"欧洲福利国家长期照护政策变迁及对我国的启示研究"成果，项目编号：2022JDZS01

欧洲研究丛书

The Long-Term Care System in Germany
——From the Perspective of Welfare Pluralism

德国长期照护服务体系研究
——以福利多元主义理论为视角

齐天骄◎著

中国社会科学出版社

图书在版编目（CIP）数据

德国长期照护服务体系研究：以福利多元主义理论为视角／齐天骄著．—北京：中国社会科学出版社，2022.2

（欧洲研究丛书）

ISBN 978-7-5203-9497-0

Ⅰ.①德…　Ⅱ.①齐…　Ⅲ.①老年人—社会保障—研究—德国　Ⅳ.①D751.67

中国版本图书馆 CIP 数据核字（2021）第 274169 号

出 版 人	赵剑英
责任编辑	赵　丽
责任校对	闫　萃
责任印制	王　超

出　　版	中国社会科学出版社
社　　址	北京鼓楼西大街甲 158 号
邮　　编	100720
网　　址	http://www.csspw.cn
发 行 部	010-84083685
门 市 部	010-84029450
经　　销	新华书店及其他书店
印　　刷	北京明恒达印务有限公司
装　　订	廊坊市广阳区广增装订厂
版　　次	2022 年 2 月第 1 版
印　　次	2022 年 2 月第 1 次印刷
开　　本	710×1000　1/16
印　　张	21
字　　数	345 千字
定　　价	119.00 元

凡购买中国社会科学出版社图书，如有质量问题请与本社营销中心联系调换

电话：010-84083683

版权所有　侵权必究

前　言

　　本书以福利多元主义理论为分析框架，探讨德国的长期照护服务体系中国家、家庭、非营利组织和市场四个部门所扮演的角色如何各自转变、演变且相互影响。研究发现，在长期照护服务体系建立前，德国的照护服务领域已或多或少地映照了福利多元主义理论的观点。随着体系的建立和发展，体系中四个部门所承担的职责发生了一定程度的转变或演变，但福利多元主义理论对四个部门职责演化所产生的影响各不相同。而顺应新自由主义浪潮而进行的福利国家改革，并非仅局限于国家职能的收缩。就长期照护服务体系而言，国家在这一改革过程中转变了职能。

　　德国于1994年在《长期照护保险法》的基础上建立长期照护服务体系。彼时，由于65岁以上人口的不断增长，照护需求连年上升。与此同时，劳动力人口的持续下降，以及越来越多的女性进入劳动力市场，使得可提供照护服务的人数逐年递减。更为严峻的是，由各级政府承担的照护救助支出持续攀升。这些因素共同推动长期照护服务体系的建立。经过漫长讨论，最终形成以长期照护保险为主、社会救助为辅的资金支持方式。长期照护保险成为德国社会保险的第五支柱，伴随该保险而生的则是长期照护服务体系。

　　本书认为，随着福利多元主义理论影响的不断深入，德国长期照护服务体系也发生了一系列变化。就国家而言，在体系建立前，国家公立机构数量的持续下降体现了理论所强调的降低国家在福利产品提供方面职责的观点。伴随体系的建立并不断完善，国家通过法律的颁布及资金给付方式的规定，实现了其作为规制者的作用。而这也是理论所强调的国家职能所在。与此同时，国家在福利产品提供方面的职责持续后撤。因而，国家职能的转变即是福利多元主义理论影响不断深化的写照。

就家庭而言，其始终是长期照护服务的基础提供者。这同人们的传统观念、德国的社会治理原则、法律对家庭照护服务的倾斜，以及家庭照护服务的潜力已基本挖掘完毕有关。近几年，随着市场对专业照护服务的影响不断深化，间接提升了家庭照护服务占比，但其变化速度不及多元福利体系中的其他部门。因此，家庭照护服务占比较大且增长缓慢。这说明，同国家、非营利组织和营利机构相比，家庭照护服务受福利多元主义理论的影响较小，存在一定程度的政策刚性。

就非营利组织而言，其作为福利产品提供者受理论影响较为明显，职责发生了一定程度的演变。体系建立前，虽然福利多元主义理论已得到广泛讨论，但市场尚未成为长期照护领域的重要部门。因而，非营利组织凭借其在提供社会救助方面的优势，得到了政府的支持并迅速发展。体系建立后，随着理论影响的不断深化，市场成为体系的重要组成部分。这使得非营利组织的占有率明显下降，因而不得不寻求转型。

市场则是理论同体系结合的受益者，其职责同样发生了演变。体系建立前，市场并未得到足够重视，其所承担的职责显著逊于非营利组织。体系建立后，受新自由主义思潮的影响，市场得以迅速进入，营利机构的占有率不断上升。然而，市场有其增长的极限，其既不会代替国家承担规则制定者的作用，也不会取代家庭成为主要的福利产品提供者，甚至无法完全取代不断市场化的非营利组织在体系中所扮演的角色。

需要指出的是，在长期照护服务体系中，并非每种福利产品均由一个部门提供，更多情况下是由多个部门配合完成。因此，无论是哪种照护服务的提供，均包含国家、家庭、非营利组织和市场四个部门的互动和相互影响，是多部门合作的结果。

通过对德国长期照护服务体系的探讨，本书指出，福利多元主义理论所认为的四个部门界限分明这一观点，不完全适用于德国的长期照护服务体系。市场化趋势仅发生在福利产品提供领域，其所包含的非营利组织和市场之间的界限越发模糊；家庭则受市场化影响较小。在福利产品分配领域，不仅没有进行市场化改革，国家反而通过规则的制定和保险的设立，对体系进行规制。福利产品提供和分配领域之间的界限则越发分明，大体形成政府—市场合作机制。

此外，本书还对体系的成就、不足和改进方向，各部门在体系中面临的问题和发展趋势，以及德国长期照护服务体系对发展中国长期照护服务体系的启示等方面进行了探讨。

目 录

绪 论 ……………………………………………………………… 1

第一章 背景：长期照护服务体系的建立过程 ……………… 21
  第一节 社会福利体系中的长期照护服务体系 …………… 21
  第二节 长期照护服务体系建立的制约因素与内在动力 … 29
  第三节 长期照护服务体系的建立过程 …………………… 37
  小 结 ………………………………………………………… 56

第二章 理论：福利多元主义理论及相关概念 ……………… 59
  第一节 福利多元主义理论 ………………………………… 59
  第二节 其他相关概念 ……………………………………… 69
  小 结 ………………………………………………………… 85

第三章 国家——规则制定者和资金支持者 ………………… 87
  第一节 国家与福利多元主义理论 ………………………… 87
  第二节 国家在长期照护服务体系建立前的作用 ………… 89
  第三节 国家在长期照护服务体系中的作用 ……………… 94
  第四节 国家在长期照护服务体系中面临的问题 ………… 121
  第五节 国家在长期照护服务体系中的发展趋势 ………… 129
  小 结 ………………………………………………………… 138

第四章　家庭——主要的福利产品提供者 …………………………… 141
　第一节　家庭与福利多元主义理论 …………………………………… 143
　第二节　家庭在长期照护服务体系建立前的作用 …………………… 145
　第三节　家庭在长期照护服务体系中的作用 ………………………… 147
　第四节　家庭在长期照护服务体系中面临的问题 …………………… 151
　第五节　家庭在长期照护服务体系中的发展趋势 …………………… 163
　小　结 …………………………………………………………………… 174

第五章　非营利组织——转型中的福利产品提供者 ………………… 176
　第一节　非营利组织与福利多元主义理论 …………………………… 179
　第二节　非营利组织在长期照护服务体系建立前的作用 …………… 181
　第三节　非营利组织在长期照护服务体系中的作用 ………………… 194
　第四节　非营利组织在长期照护服务体系中面临的问题 …………… 200
　第五节　非营利组织在长期照护服务体系中的发展趋势 …………… 202
　小　结 …………………………………………………………………… 208

第六章　市场——兴起的福利产品提供者 …………………………… 212
　第一节　市场与福利多元主义理论 …………………………………… 216
　第二节　市场在长期照护服务体系建立前的作用 …………………… 219
　第三节　市场在长期照护服务体系中的作用 ………………………… 220
　第四节　市场在长期照护服务体系中面临的问题 …………………… 227
　第五节　市场在长期照护服务体系中的发展趋势 …………………… 234
　小　结 …………………………………………………………………… 240

第七章　结论与启示 …………………………………………………… 243
　第一节　德国长期照护服务体系再审视 ……………………………… 243
　第二节　德国长期照护服务体系的发展趋势 ………………………… 266
　第三节　从德国长期照护服务体系看中国长期照护服务
　　　　　发展方向 …………………………………………………… 275

附录一 中德术语对照表 …………………………………… 279
附录二 中英术语对照表 …………………………………… 287
附录三 访谈记录 …………………………………………… 289

参考文献 ……………………………………………………… 300

后　记 ………………………………………………………… 324

绪　　论

问题的提出与研究意义

众所周知，中国已步入老龄化社会。根据第七次全国人口普查数据，截至2020年10月，60岁及以上人口为2.64亿人，占总人口数的18.7%，65岁及以上人口约1.91亿人，占总人口的13.5%。[①] 而这一数字在2019年底分别为2.54亿和1.76亿[②]。此外，截至2018年底，中国人均预期寿命77岁，但健康预期寿命仅为68.7岁。[③] 居民平均有8年多的时间带病生存，其中包括失能老人。2018年底，在60岁以上人口中，失能和部分失能的老年人口超过4000万[④]，占比16.1%。随着老龄化程度的不断加剧，这一比例还会持续增长。因此，这一群体急需长期照护服务。

中国已逐渐认识到对长期照护的需求不再是个别问题，而是需要整个社会的通力合作。长期照护服务体系的建立不仅可以让失能老人获得最大

[①]《第七次全国人口普查主要数据情况》，《新华网》2021年5月11日，http://www.xinhuanet.com/finance/2021-05/11/c_1127432659.htm。

[②]《2019年我国65岁以上老年人约1.76亿，新增945万》，《南方都市报》2020年1月17日，https://www.sohu.com/a/367457358_161795。

[③]《国家卫生健康委：加快推开长期护理保险制度试点》，《新浪财经》2019年7月29日，https://finance.sina.com.cn/roll/2019-07-29/doc-ihytcitm5546663.shtml。

[④]《我国60周岁以上老人约2.5亿，如何真正实现老有所养、老有所依？》，《中华人民共和国中央人民政府网站》2019年10月25日，http://www.gov.cn/xinwen/2019-10/25/content_5444966.htm。

程度的独立生活能力，还可以缓解老年人家庭成员的照护压力。因而，近几年，在国家政策的指导下，长期照护服务体系正加紧建设。根据人力资源和社会保障部于 2016 年颁布的《关于开展长期护理保险制度试点的指导意见》，以及国家医保局、财政部于 2020 年颁布的《关于扩大长期护理保险制度试点的指导意见》，目前已在全国 49 个市，涉及 27 个省（自治区、直辖市）和新疆生产建设兵团开展长期照护保险制度试点工作。文件指出，各地区需以自身资金承受能力为基础，自行确定保障人群和具体保障内容，探索适应中国发展的长期照护保险运行机制。[①] 然而，由于各试点地区政策存在较大差异，配套资金参差不齐，对于是否开放市场存在疑虑，因而在不借鉴他国经验的基础上自行探索本国长期照护服务体系的建设存在一定困难。

德国自 20 世纪 70 年代就已开始对长期照护服务体系的建设进行探讨，并于 1994 年颁布《长期照护保险法》。经过 20 余年的不断改进，德国已发展出一套较为完整的长期照护服务体系。而福利多元主义理论在体系建立的过程中发挥了重要作用，理论所包含的四个部门——国家、家庭、非营利组织和市场通过各自的角色转变和演变，不断充实和完善着体系的内涵。因此，本书拟对以下问题进行回答：从实证层面而言，在长期照护服务体系建立过程中，四个部门所扮演的角色发生了什么样的转变和演变？在这一转变和演变过程中，四个部门如何相互影响？从理论层面而言，福利多元主义理论对四个部门转变和演变的影响分别有多大？通过对体系的研究，可以对福利多元主义理论进行怎样的修正？作为福利国家，以长期照护服务体系为例的德国福利国家改革是否完全映照了新自由主义理论的市场化改革路径？

通过对德国长期照护服务体系的研究，我们可以借鉴体系在资金收缴和分配方面的特点，照护需求的评估标准和方式，不同部门、不同科层机构如何相互合作并互相影响，及其在发展过程中的不足和教训，为中国构

[①]《人力资源社会保障部办公厅关于开展长期护理保险制度试点的指导意见》，《中华人民共和国中央人民政府网站》2016 年 7 月 8 日，http://www.gov.cn/xinwen/2016-07/08/content_5089283.htm；《国家医保局 财政部关于扩大长期护理保险制度试点的指导意见》，《中华人民共和国中央人民政府网站》2020 年 9 月 10 日，http://www.gov.cn/zhengce/zhengceku/2020-11/05/content_5557630.htm。

建长期照护服务体系提供参考。

研究对象与研究方法

本书以德国的长期照护服务体系为研究对象。根据世界经济合作与发展组织（OECD）的定义，长期照护服务（Long-Term Care，Langzeitpflege）指长期对一些需要帮助的人提供一系列日常生活中基础活动的服务。[①] 需要指出的是，本书的研究重点是国家、家庭、非营利组织和市场四个部门如何在德国长期照护服务体系中发挥作用，从而保障体系运行的问题。虽然长期照护服务体系以长期照护保险为基础，但本书并不关注对该保险的分析，仅在国家作为资金提供者中有所涉及。

本书拟采用三种研究方法：定性分析法、比较分析法和访谈法。在定性分析方面，拟通过对德国长期照护服务体系发展过程的探讨，归纳并阐明该过程如何受到福利多元主义理论的影响，并以长期照护服务体系为例，尝试对德国的福利国家改革特点进行概括。比较分析则包括两个方面：一方面是对长期照护服务体系中四个部门分别发挥何种作用进行比较；另一方面则对每个部门在体系建立前后的作用转变和演变进行比较。就访谈法而言，通过对德国照护机构、照护咨询机构和社区机构的实地访谈，了解长期照护服务的实践方式，从而对该体系现状、存在问题及未来发展方向等有更直观的认识，并为实证研究提供第一手资料。

国内外研究现状

就目前所掌握的材料来看，关于以福利多元主义理论为视角进行德国长期照护服务体系研究，或是以福利多元主义为切入点进行理论分析，而非以某一国家或社会福利中某一领域为主要研究对象；或是以长期照护服务体系中某一部门为主要研究对象，阐述其对整个体系的作用，对各部门在长期照护服务体系建立前后的职能变化涉及不多。因此，在国内外研究

---

① Richard Polacek et al., *Study on Social Services of General Interest: Final Report*, Brussels: European Commission, 2011, p.28.

现状方面，主要分两个部分进行阐述，一部分是学者关于福利多元主义理论的论述，另一部分则是对福利多元主义理论中某部门在德国长期照护服务体系中所发挥作用的论述。

一 关于福利多元主义理论的论述

福利多元主义理论是伴随着对福利国家的质疑而兴起的。因此，学者对于福利多元主义理论的关注多始于对福利国家困境的思考。例如，诺曼·约翰逊（Norman Johnson）提到，仅仅依靠国家提供福利产品不再可行，因而其关注如果以多元福利体系代替国家作为单一的福利产品提供者的可行性问题。作者首先分析了福利国家的困境，之后分别对家庭、非营利组织、市场和国家在福利产品提供中的优劣势进行了详细阐述。作者最后指出，福利多元主义理论虽然可以让上述四个部门优势互补，但除该理论外，福利国家的发展方向还可以依托其他理论，如保守主义、法团主义和社会主义等，并且其认为社会主义是解决福利国家困境的最佳路径。[①] 乌戈·阿斯可里（Ugo Ascoli）和考斯坦佐·兰奇（Costanzo Ranci）通过分析福利国家面临的问题，指出福利国家在福利产品提供方面正在向私有化方向转型。这一转型带来社会福利体系的多元化发展。然而，多元福利体系也面临困境，例如，如何处理国家和私营部门间的关系、如何保证福利产品提供的质量。[②] 皮特·贝雷斯福特（Peter Beresford）和苏茜·克罗夫特（Suzy Croft）指出，福利多元主义理论强调了私有化的作用，带来了去中心化和福利产品提供的去科层趋势。同时，多元福利体系对无报偿照护服务，尤其对女性提供照护服务的依赖性更强。[③]

另有一些学者以某一社会服务领域为例，阐述福利多元主义理论在该领域的实践。托马斯·克里（Thomas Klie）在对福利多元主义理论的发展进行回顾后，呈现了一个包含国家、非营利组织、市场和家庭四个部门的

[①] Norman Johnson, *The Welfare State in Transition: The Theory and Practice of Welfare Pluralism*, Worcester: Billings & Sons Limited, 1987.

[②] Ugo Ascoli and Costanzo Ranci, "The Context of New Social Policies in Europe", in Ugo Ascoli and Costanzo Ranci, eds., *Dilemmas of the Welfare Mix: The New Structure of Welfare in an Era of Privatization*, New York: Springer Science+Business Media, 2002, pp. 1–24.

[③] Peter Beresford and Suzy Croft, "Welfare Pluralism: The New Face of Fabianism", *Critical Social Policy*, Vol. 3, No. 9, 1983, pp. 19–39.

多元福利模型,并指出每个部门的福利供给方、行为准则、核心价值和在多元福利体系中的作用。作者进一步以儿童照护服务和长期照护服务为例,阐述四个部门如何互相配合并协同发挥作用,从而强调多元福利体系中部门间的不可分割性。① 埃马纽埃尔·帕沃利尼(Emmanuele Pavolini)和考斯坦佐·兰奇指出,与医疗、养老金和劳动力市场领域中减少公共机构的介入不同,欧洲的长期照护政策在近20年更专注对社会权的认可及社会责任的提升,即从以家庭主要承担照护职责演变为社会共同承担。此外,与曾经非营利组织作为照护服务的主要责任者不同,由于照护市场需求的扩大、照护标准的提升,以及公共资金支持方式的变化,越来越多的营利机构参与到长期照护服务领域中,从而呈现多元福利体系。因此,如何平衡国家、市场、非营利组织和家庭之间的关系,成为需要关注的问题。②

还有一些学者以某一国家为例,讨论福利多元主义理论在本国的演变发展。诺曼·约翰逊指出,英国多元福利体系发展受新自由主义思潮的影响较大。其关注国家对削减社会支出及减少职责承担的需求。因而,多元福利体系带来的是去中心化和鼓励多部门参与的趋势。对于后者,主要涉及家庭和非营利组织。然而,随着人口结构的变迁,家庭越发难以满足福利产品提供的需求;而对于非营利组织而言,由于其存在一定劣势,如面临无法覆盖所有需求者、福利产品提供碎片化等问题,因而多元福利体系的最终结果是市场份额的迅速增长。③ 但是,文中并没有对市场参与多元福利体系后会产生的问题及解决方式进行评判。几年后,诺曼·约翰逊再次以英国为例,指出在福利多元化的过程中面临的机遇与挑战。他认为,福利多元化会带来更多的选项、对公民权的强调、去中心化等趋势。虽然

---

① Thomas Klie, "Wohlfahrtspluralismus und Subsidiarität in modernen Gesellschaften: Grundlagen für neue Antworten auf die Frage: Who cares?" in Harm-Peer Zimmermann, ed., *Kulturen der Sorge. Wie unsere Gesellschaft ein Leben mit Demenz ermöglichen kann*, Frankfurt am Main/New York: Campus-Verlag, 1994, pp. 479-491.

② Emmanuele Pavolini and Costanzo Ranci, "Reforms in Long-Term Care Policies in Europe: An Introduction", in Costanzo Ranci and Emmanuele Pavolini, eds., *Reforms in Long-Term Care Policies in Europe: Investigating Institutional Change and Social Impacts*, New York/Dordrecht/Heidelberg/London: Springer, 2013, pp. 3-22.

③ Norman Johnson, "The Privatization of Welfare", *Social Policy and Administration*, Vol. 23, No. 1, 1989, pp. 17-29.

这一过程加强了竞争并提升了效率,但应当注意到,其也会带来福利产品提供不平等等需要解决的问题。① 尼尔·吉尔伯特(Neil Gilbert)则以 20 世纪 60—70 年代的美国为例,叙述了国家从监管职责过渡到对私营部门的支持职责这一过程。其进一步指出,福利多元主义理论所带来的社会转型包括国家资金分配方式和服务提供方式的转变。②

除国外学者外,国内学者也对福利多元主义理论的发展和困境进行了分析。周维宏对福利多元主义的"看护四边形理论"进行介绍,阐述了理论发展渊源、理论内容和实践意义。③ 彭华民、黄叶青指出福利国家在福利产品提供方面的弊端,进而引出福利多元主义理论。作者强调,这一理论不乏批评之声,如意味着家庭承担更多职责、官僚化带来对志愿组织独立性的威胁,以及贫富差距扩大等问题。④ 王家峰指出,尽管福利国家改革措施不尽相同,但把福利责任和福利生产方式相分离后,可以发现,各国在社会福利改革过程中都以走向多元的福利再生产为目标,以公民需求为宗旨,形成积极多元的福利体系。⑤ 其在另一篇文章中指出,福利多元主义理论所提供的政策方案无法有效解决新的福利供需矛盾。具体而言,在内生性困境方面,家庭由于一些因素的限制不但无法提供福利产品,反而成为福利需求的来源;志愿组织存在失灵的困境,无法提供相应的社会服务。在外源性困境方面,全球化使得福利提供已无法在民族国家内解决,人口结构和劳动力市场的变化已超越福利多元主义理论的政策领域。⑥ 在国别研究方面,刘涛探讨了德国长期照护保险制度的缘起、制度设计及历经的改革,从照护提供者的角度分析国家、市场、家庭、社会网络和非

---

① Norman Johnson, "Welfare Pluralism: Opportunities and Risks", in Adalbert Evers and Ivan Svetlik, eds., *Balancing Pluralism: New Welfare Mixes in Care for the Elderly*, Hants: Ashgate Publishing Limited, 1993, pp. 51-66.
② Neil Gilbert, "From 'Welfare' to 'Enabling' State", in Adalbert Evers and Ivan Svetlik, eds., *Balancing Pluralism: New Welfare Mixes in Care for the Elderly*, pp. 89-102.
③ 周维宏:《社会福利政策的新基本原则:"看护四边形理论"及其研究课题》,《社会政策研究》2016 年第 1 期。
④ 赵怀娟、刘玥:《多元复合与福利治理:老年人长期照护服务供给探析》,《老龄科学研究》2016 年第 1 期。
⑤ 王家峰:《后福利国家:走向积极多元的福利再生产》,《兰州学刊》2009 年第 9 期。
⑥ 王家峰:《福利国家体制改革:福利多元主义及其反思》,《经济社会体制比较》2009 年第 5 期。

营利取向的社会福利组织等主体在制度中的相互作用。①

纵观国内外学者对福利多元主义理论的探讨，值得肯定的是，关于福利多元主义理论的兴起、发展内涵及不足等方面的研究已较为深入。此外，对于多元福利体系中各部门发挥什么样的作用及存在的问题，也有了一定程度的研究。而对于该理论在某一社会服务领域或某一国家的论述，则仅仅将某领域或国家作为例子从而论述得并不详尽。刘涛的文章虽然对福利多元主义理论下德国长期照护保险制度进行了讨论，但没有对多部门具体如何参与照护服务及演变趋势予以详细分析。因而，福利多元主义理论在德国长期照护服务体系的建立和发展过程中产生了什么样的影响，是本书述及的重点。

二 关于国家、家庭、非营利组织和市场在长期照护服务领域作用的论述

（一）国家在长期照护服务领域作用的论述

一些学者对国家职责转变的原因和结果进行探讨。诺曼·约翰逊指出，国家基于民主、法治和对私有财产的尊重，对价值进行权威分配。国家虽然在福利产品提供中被认为存在过于僵化、效率低下等问题，但不可否认的是，其所提供的福利产品更公平、更具计划性、能覆盖更广泛群体，且促进了社会融合。国家通过制订计划的方式所提供的福利产品确实可以防止资源浪费，但这也意味着将会承担巨额支出。因此，福利国家采取了一系列缩减国家职能的措施。就德国而言，其经历了福利给付缩减，并提升了缴费率。而长期照护服务体系则通过增设险种的方式从而降低国家的社会救助支出。② 赫尔穆特·沃尔曼（Hellmut Wollmann）通过阐述地方政府和社区的发展历程及二者关系的演变，并且以德国为例，一方面指出，现代地方政府从19世纪兴起，经历职能逐渐扩展的过程，于20世纪中期发展成为福利国家；另一方面又说明，由于20世纪70年代福利国家备受质疑，社区代替了国家的福利产品提供职能，其重要性不断提升。基

---

① 刘涛：《福利多元主义视角下的德国长期照护保险制度研究》，《公共行政评论》2016年第4期。

② Norman Johnson, *The Welfare State in Transition: The Theory and Practice of Welfare Pluralism*.

于这种变化,需要重新定义并调整地方政府同社区之间的关系。前者更多地承担"治理"的职责,后者则成为地方政府治理之下的非公共行为体,是社会网络的重要组成部分。① 伊万·斯维特里克(Ivan Svetlik)进一步指出,国家在多元福利体系中应该是一个"授权政府"(enabling state),即尽量少地直接参与福利产品的提供,仅起到规范行为的作用。② 弗兰克·博恩克(Frank Bönker)、米歇尔·希尔(Michael Hill)和安娜·玛赞纳蒂(Anna Marzanati)则指出,在德国长期照护服务领域,由于医疗保险机构承担了包括批准照护机构的运营资质、照护费用定价和照护服务质量核查等职责,地方政府的传统权能大幅降低。后者仅在确保长期照护服务体系运行符合基本规则方面发挥作用。③

国家职责的转变也带来了对"新公共管理"(New Public Management)理论的探讨。希尔德加德·蒂奥巴尔德(Hildegard Theobald)指出,由于福利混合模式的不断发展,新公共管理理论得以创立,即在国家权力日益下放的领域,例如在长期照护服务领域,准市场化趋势不断凸显。因此,国家在长期照护领域的作用从唯一主体转变为资金提供者和管理者。④ 萨宾·库尔曼(Sabine Kuhlmann)和保罗·费德莱(Paolo Fedele)通过对德国、法国和意大利新公共管理理论实践的对比,指出德国通过该理论提升了地方政府的现代化管理水平。在社会服务领域,特别是在长期照护服务领域,地方政府将服务提供外包给营利机构。⑤

另有学者通过国别比较阐述政府的作用。安德烈埃·L. 坎贝尔

---

① Hellmut Wollmann, "The Fall and Rise of the Local Community: A Comparative and Historical Perspective", *Urban Studies*, Vol. 43, No. 8, 2006, pp. 1419-1438.

② Ivan Svetlik, "Regulation of the Plural and Mixed Welfare System", in Adalbert Evers and Ivan Svetlik, eds., *Balancing Pluralism: New Welfare Mixes in Care for the Elderly*, pp. 33-50.

③ Frank Bönker, Michael Hill and Anna Marzanati, "Towards Marketization and Centralization? The Changing Role of Local Government in Long-Term Care in England, France, Germany and Italy", in Hellmut Wollmann and Gérard Marćou, eds., *The Provision of Public Services in Europe: Between State, Local Government and Market*, Cheltenham/MA: Edward Elgar, 2010, pp. 97-119.

④ Hildegard Theobald, "Combining Welfare Mix and New Public Management: The Case of Long-Term Care Insurance in Germany", *International Journal of Social Welfare*, Vol. 1, 2012, pp. 1-10.

⑤ Sabine Kuhlmann and Paolo Fedele, "New Public Management in Continental Europe: Local Government Modernization in Germany, France and Italy from a Comparative Perspective", in Hellmut Wollmann and Gérard Marćou, eds., *The Provision of Public Services in Europe: Between State, Local Government and Market*, pp. 49-74.

(Andrea L. Campell)和金伯利·J.摩根（Kimberly J. Morgan）通过对德国和美国联邦制的比较，回答为什么长期照护服务改革在德国取得了成功，在美国则以失败告终。作者指出，与美国相比，德国的州政府和地方政府权力更大。由于财政分配制度的差异，德国的州政府和地方政府在面临税收减少的困境方面压力更大，因而更倾向于通过发声推动国家就长期照护服务体系进行改革。① 这篇文章也反映了政府在长期照护服务体系的建立过程中所发挥的不可或缺的作用。

（二）家庭在长期照护服务领域作用的论述

就国外研究而言，一些学者对家庭照护服务的特点进行概括性研究。诺曼·约翰逊指出，多元福利体系中家庭承担最重要的照护服务职责。此外，由于人口结构的变化和社会因素的变迁，家庭完全代替专业照护机构作为福利产品提供者的可行性较小。而以流动照护服务和住院照护服务为代表的专业照护服务则是对家庭照护服务的补充，是福利产品提供的配角。由于家庭照护服务多由女性提供，照护提供同雇佣关系之间的矛盾使得女性照护人员同全职工作的同事相比处于劣势。② 刘冬梅、戴蓓蕊则以家庭和国家间的互动为视角，阐述包括长期照护政策在内的德国家庭福利政策。作者指出，德国自19世纪末以社会法的方式介入家庭这一私领域，加深了国家与家庭间的相互依赖，家庭政策也因此而持续调整。③

此外，还有一些学者进行了国别比较研究。弗兰西斯卡·卡雷拉（Francesca Carrera）等在对欧洲27个国家进行分析比较的基础上，从长期照护需求、家庭照护服务特点、国家资助体系以及不同照护模式对长期照护需求者的影响4个方面进行研究。作者指出，德国在近20年进行了大幅度的长期照护改革，加大了资金投入力度，但德国民众对于由亲属进行家庭照护的倾向并没有发生明显改变。这一现象带来了大量女性承担长期照护职责，其工作和生活压力陡增，面临准失业或失业状态，从而降低了收

---

① Andrea L. Campbell and Kimberly J. Morgan, "Federalism and the Politics of Old-Age Care in Germany and the United States", *Comparative Political Studies*, Vol. 38, No. 8, 2005, pp. 887-914.
② Norman Johnson, *The Welfare State in Transition: The Theory and Practice of Welfare Pluralism*.
③ 刘冬梅、[德]戴蓓蕊：《德国社会法中的家庭福利政策》，《德国研究》2017年第3期。

入，形成恶性循环。① 维奥拉·布劳（Viola Burau）等通过对德国、瑞典、荷兰、英国和美国等国的比较，指出德国的联邦制政治制度使得家庭照护服务较为碎片化。辅助性原则带来德国将对家庭照护服务的经济支持排在首位，而将专业照护服务置于次要位置，从而强调社会职责和个人的社会关系。在长期照护服务中，最明显的表现便是照护津贴作为福利给付的一个重要选择，使得长期照护需求者可以享受以家庭成员为主的照护服务。② 彼特·巴克斯（Pieter Bakx）等将德国和荷兰的长期照护保险体系进行对比，指出同荷兰相比，德国长期照护需求者选择家庭照护服务的比例更高。这是因为德国长期照护保险的给付政策和个人负担部分不与工资收入挂钩，导致对于收入较低的群体而言，无法负担较为高昂的专业照护服务费用。与之相比，荷兰的给付政策和个人负担部分与工资水平相挂钩，使得所有人都可以享受专业照护服务，从而降低了对家庭照护服务的依赖。③

家庭照护人员的缺乏吸引了更多移民从事该职业。贺玛·鲁茨（Helma Lutz）和艾娃·帕伦加-莫伦贝克（Ewa Palenga-Möllenbeck）通过对从事家庭照护服务的移民研究，指出德国从原先的"打黑工"较多到正式雇佣增长的现象越发明显，尤其对女性而言。虽然如此，"打黑工"现象在德国照护市场中依旧占有一席之地。④ 帕特蕾恰·克尼杰斯卡（Patrycja Kniejska）通过对来自波兰的、在德国提供家庭照护服务的非法雇佣群体的调查，指出由于波兰劳动力市场工资水平较低，加之德国家庭照护人员的缺口较大，越来越多的波兰人前往德国寻找家庭照护工作。而

---

① Francesca Carrera, Emmanuele Pavolini, Costanzo Ranci et al., "Long-Term Care Systems in Comparative Perspective: Care Needs, Informal and Formal Coverage, and Social Impacts in European Countries", in Costanzo Ranci and Emmanuele Pavolini, eds. *Reforms in Long-Term Care Policies in Europe: Investigating Institutional Change and Social Impacts*, pp. 23-54.

② Viola Burau, Hildegard Theobald and Robert H. Blank, *Governing Home Care: A Cross-National Comparison*, Cheltenham/Northampton: Edward Elgar Publishing, Inc., 2007.

③ Pieter Bakx et al., "Going Formal or Informal, Who Cares? The Influence of Public Long-Term Care Insurance", *Health Economics*, No. 24, 2015, pp. 631-643.

④ Helma Lutz and Ewa Palenga-Möllenbeck, "Care Work Migration in Germany: Semi-Compliance and Complicity", *Social Policy & Society*, Vol. 9, No. 3, 2010, pp. 419-430.

德国对最低工资的限制更助长了这种趋势。① 在国内研究中，伍慧萍首先回顾了第二次世界大战以来德国的移民历史，指出德国在 21 世纪初期不得不承认本国已经是移民国家的事实。随着移民的涌入逐渐成为不可逆转的趋势，其所带来的问题也日益成为共同关注的话题。鉴于此，德国颁布了一系列法律来管理移民，并激励某些具有专业技能的移民从事相关工作。然而，由于移民群体的历史文化传统同德国社会存在冲突，德国的移民政策更多的是在矛盾和妥协之间摇摆。②

（三）非营利组织在长期照护服务领域作用的论述

就国外研究而言，一些学者将非营利组织同多元福利体系中其他部门的关系进行阐述。诺曼·约翰逊对非营利组织同家庭、市场和国家的关系分别予以分析。就与家庭关系而言，非营利组织起到了替代、缓解和强化的作用；就与市场关系而言，非营利组织同市场中营利机构的界限越发模糊，其市场化趋势不断显现；就与国家关系而言，作为国家的合作者，非营利组织通过福利产品的提供，成为国家的补充和增益者。作者同时指出，非营利组织在福利产品提供方面有其固有优势，其更具灵活性，且更关注公民参与。③ 伯顿·A. 韦斯布罗德（Burton A. Weisbrod）同样认为，非营利组织同政府的关系更多的是对后者的补充。当一国人口结构较为复杂、国家无法满足所有人的需求时，非营利组织可以成为满足少数人社会需求的补充者。④ 阿迪尔·纳詹姆（Adil Najam）则指出，在福利产品提供方面，非营利组织和国家间存在四种关系：拥有相同目标和相同提供方式情况下的合作关系，拥有相同目标但不同提供方式情况下的互补关系，拥有相同提供方式但不同目标情况下的自由选择关系，以及不同目标且不同

---

① Patrycja Kniejska, "All-Inclusive-Pflege aus Polen in der Schattenzone-Ergebnisse von Interviews mit polnischen Pflegekräften, die in deutschen Privathaushalten beschäftigt sind", in Friedrich-Ebert-Stiftung, *WISO direk*, Mai 2015, pp. 1-4.

② 伍慧萍：《"融入"的现实困境与文化冲突——德国的移民政策和外来移民运动》，《学术前沿》2014 年第 4 期下。

③ Norman Johnson, *The Welfare State in Transition: The Theory and Practice of Welfare Pluralism*.

④ Burton A. Weisbrod, "The Future of the Nonprofit Sector: Its Entwining with Private Enterprise and Government", *Journal of Policy Analysis and Management*, Vol. 16, No. 4, 1997, pp. 541-555.

提供方式情况下的互斥关系。① 阿达尔伯特·埃弗斯（Adalbert Evers）指出，非营利组织作为公民社会中的公共部门，在多元福利体系中起到中间者的作用。非营利组织包含两重属性，一方面其社会和经济作用类似营利机构，另一方面其还可以从多种渠道获得资源。非营利组织通过与市场、国家和家庭的协作共同提供社会服务。② 其在另一篇文章中则通过对非营利组织的论述，指出多元福利体系下的家庭和非营利组织在福利产品提供领域的合作越发密切。③ 而非营利组织同政府的紧密合作也存在一定弊端。例如，汶玦·L. 努森（Wenjue L. Knutsen）指出，非营利组织对政府资源的依赖性所形成的三方面弱势地位，使得其自主性逐渐丧失。这三方面弱势地位为：政府决定凌驾于非营利组织的利益之上，非营利组织难以量化的成果无法转化为政府所需的量化指标，以及非营利组织为对政府负责而不得不改变经营策略。④ 上述论述为研究多元福利体系下非营利组织和国家应分别发挥何种作用提供了依据。

另有一些学者对德国非营利组织和国家政府间的特殊关系进行了阐述和分析。艾克哈德·普瑞勒（Eckhard Priller）等通过对德国非营利组织的研究，指出其主要分为两大类：一类是文化、体育、环保等领域的非营利组织，其具有较强的公民参与性，主要收入来源为会费缴纳和社会捐赠；另一类是医疗照护和社会服务领域的非营利组织，其是德国非营利组织的重要组成部分，也是辅助性原则的主要实践领域。后者专业化程度较高，收入来源主要为社会保险缴纳和政府的直接补贴。由于该类组织对政府依

---

① Adil Najam, "The Four-C's of Third Sector-Government Relations: Cooperation, Confrontation, Complementarity, and Co-optation", *Nonprofit Management and Leadership*, Vol. 10, No. 4, 2000, pp. 375-396.

② Adalbert Evers, "Part of the Welfare Mix: The Third Sector as an Intermediate Area", *Voluntas*, Vol. 6, No. 2, 1995, pp. 159-182.

③ Adalbert Evers, "The Welfare Mix Approach. Understanding the Pluralism of Welfare Systems", in Adalbert Evers and Ivan Svetlik, eds., *Balancing Pluralism: New Welfare Mixes in Care for the Elderly*, pp. 3-32.

④ Wenjue L. Knutsen, "Retaining the Benefits of Government-Nonprofit Contracting Relationship: Opposites Attract or Clash?" *Voluntas*, Vol. 28, 2017, pp. 1373-1398.

赖性较强，因而呈现出"准政府"性质。① 赫马特·K. 安海尔（Helmut K. Anheier）和沃尔夫冈·赛贝尔（Wolfgang Seibel）对德国非营利组织的特征——自我管理、辅助性原则和公共经济——进行了阐述，指出这三个原则共同决定了德国政府同非营利组织的关系，也为非营利组织的发展提供了便利。② 上述问题的论述还在莱斯特·M. 萨拉蒙（Lester M. Salamon）和赫马特·K. 安海尔的书中可见。③ 然而，上述学者对于非营利组织的分析仅截止于德国统一前后的 20 世纪 90 年代初期，没有将非营利组织在近三十年的市场化趋势中的职能演变予以进一步阐述。

之后，由于国家同非营利组织的关系发生变化，学者的研究重点也随之改变，对于该问题的关注逐渐增多。安妮特·季默（Annette Zimmer）对于在新自由主义理论影响下非营利组织的职责变化进行了分析。作者指出，新自由主义理论使得德国在社会服务提供方面，从国家—非营利组织的法团主义模式转变为多元福利体系。这一体系除了关注非营利组织、营利机构和国家公立机构共同提供福利产品，还鼓励自助小组、志愿组织和家庭积极参与福利产品的提供。因而，作者认为，包括邻里互助在内的非正式福利产品提供方式，将成为德国社会服务领域的重要组成部分。而诸如志愿服务的福利产品提供方式，也将扩展非营利组织在社会服务提供方面的维度。④ 然而，由于该文发表时间较早，福利多元主义理论在德国尚处于初始阶段，各部门的职责变化趋势尚未明晰。之后，赫马特·K. 安海尔在 2014 年指出，公共部门—私营部门合作机制给政府部门和非营利组织都带来了变化。就政府而言，其在社会救助方面的资金投入比例大幅度降低；同时，政府通过对长期照护服务体系的法律规制，引导非营利组织在

---

① ［德］艾克哈德·普瑞勒等：《德国：统一和变革》，载［美］莱斯特·M. 萨拉蒙等《全球公民社会：非营利部门视界》，贾西津、魏玉等译，社会科学文献出版社 2007 年版，第 83—99 页。

② Helmut K. Anheier and Wolfgang Seibel, *The Nonprofit Sector in Germany: Between State, Economy and Society*, Manchester and New York: Manchester University Press, 2001.

③ Helmut K. Anheier and Wolfgang Seibel, "Germany", in Lester M. Salamon and Helmut K. Anheier, *Defining the Nonprofit Sector: A Cross-National Analysis*, Manchester and New York: Manchester University Press, 1997, pp. 128-168.

④ Annette Zimmer, "Corporatism Revisited—The Legacy of History and the German Nonprofit Sector", *Voluntas*, Vol. 10, No. 1, 1999, pp. 37-49.

规则框架下提供福利产品。对非营利组织而言，政府根据非营利组织所提供福利产品的内容和实施效果进行的福利给付，保障了非营利组织的运行；两个部门间合约的签订也保证了非营利组织提供福利产品的合法性。① 阿达尔伯特·埃弗斯等指出，针对不同类型的非营利组织，两者关系变革所带来的效果也有所差异。对于以提供社会服务为主的非营利组织而言，这种变革并没有改变德国的法团主义福利模式，而是通过更广泛的规则设定和更具体的资金偿付条件，形成"扩大的合约"，即将所有福利产品提供部门都纳入国家—私营部门这一关系中。② 英戈·博德（Ingo Bode）则指出，在国家与非营利组织关系变革的背景下，一方面非营利组织依旧需要处理同政府的特殊关系，另一方面该类组织的受保障程度大幅降低。它们将不得不根据非确定的环境，如地区政策的突然变化、服务市场波动等情况调整自己的运营策略。因此，非营利组织需要同周围的诸多组织机构培养合作的基础。鉴于此，非营利组织独立于市场运行的特点不再明显，而是需要不停地根据市场环境进行自身调整。③ 安妮特·季默在另一篇文章中提到，为应对市场化变革，以慈善照护机构为主的非营利组织调整了内部组织方式，管理方式也不断向营利机构趋同，因而越来越难以对非营利组织和营利机构进行明确区分。④ 为适应这种变化，英戈·博德和阿达尔伯特·埃弗斯指出，非营利组织主要向三个方向发展：一是如提供社会服务的慈善照护机构，其在拥有税收抵免的优惠条件下，越来越发展成为一个商业机构；二是如对弱势少数群体进行社会救助的非营利组织，其发展更加根植于地区网络，从政府处获取更多资源，仅在组织管理和资金来源方面相对市场化；三是服务范围最广，既包括社会服务，又涵盖弱势群体关怀的大型非营利组织，其可以针对不同的服务对象选择不同的市场化

---

① Helmut K. Anheier, *Nonprofit Organizations: Theory, Management, Policy (2nd Edition)*, London and New York: Routledge, 2014.

② Adalbert Evers and Christoph Strünck, "Answers Without Questions? The Changing Contract Culture in Germany and the Future of a Mixed Welfare System", in Ugo Ascoli and Costazo Ranci, eds., *Dilemmas of the Welfare Mix. The New Structure of Welfare in an Era of Privatization*, New York: Springer Science +Business Media, 2002, pp. 165-196.

③ Ingo Bode, "Flexible Response in Changing Environments. The German Third Sector in Transition", *Nonprofit and Voluntary Sector Quarterly*, Vol. 32, No. 2, 2003, pp. 190-210.

④ Annette Zimmer, "Germany's Nonprofit Organizations: Continuity and Change", *Sociologia e Politiche Sociali*, Vol. 18, No. 3, 2015, pp. 9-26.

转型方向,进而寻找适合自己的最优策略。①

也有学者对国家—非营利组织关系变化的负面影响进行阐述。乌拉·帕佩(Ulla Pape)等对国家政策的变革与非营利组织的政策刚性进行了分析。作者指出,对于德国等法团主义福利国家而言,虽然国家职能的收缩对非营利组织数量的影响不明显,但非营利组织需要花费更多精力证明其从事的活动符合提升社会效益的宗旨,即为了证明其合法性而不得不增加官僚色彩。同时,非营利组织同政府短期合约的签订,不但不利于国家—非营利组织间保持长久合作,还增强了同非营利组织进行合作的其他机构的不确定性。②

就国内研究而言,高静华对多元福利体系中慈善机构的作用进行了分析。就国家与慈善机构的关系而言,作者指出,社会福利体系的完善与慈善机构的发展相辅相成。③

(四) 市场在长期照护服务领域作用的论述

一些学者对市场同国家的关系进行了阐述。诺曼·约翰逊指出,就市场在多元福利体系中的作用而言,福利产品提供的市场化主要包含两种形式:消费者的直接购买和通过保险偿付形式的间接购买。一般来讲,在福利产品提供领域,多由市场作为主要提供者,国家所发挥的作用较小。这是因为同国家相比,市场可以提升经济效率并促进自由选择。然而,在这种提供方式中,由于过于强调以利润多寡衡量服务提供与否,因而难免会失去社会服务因利他主义而诞生的宗旨。鉴于此,在市场化的过程中,国家进行适当程度的介入必不可少。④ 简·金里奇(Jane Gingrich)指出,学界和政界对老年人照护服务领域的市场开放程度存在一定争议。就福利产品分配而言,主要涉及政府在资金分配和框架搭建中职责大小的问题。一些人认为个人应承担更多费用,照护机构可以根据市场需求选择照护需求

---

① Ingo Bode and Adalbert Evers, "From Institutional Fixation to Entrepreneurial Mobility? The German Third Sector and its Contemporary Challenges", in Adalbert Evers and Jean-Louis Laville, eds., *The Third Sector in Europe*, MA: Edward Elgar, 2004, pp. 101-121.

② Ulla Pape et al., "Changing Policy Environments in Europe and the Resilience of the Third Sector", *Voluntas*, Vol. 31, 2020, pp. 238-249.

③ 高静华:《福利多元主义中的慈善部门研究》,《社会福利》2017年第10期。

④ Norman Johnson, *The Welfare State in Transition: The Theory and Practice of Welfare Pluralism.*

者；另一些人则认为政府应给予更多资金支持，同时还需采取措施，督促照护机构根据个人需求进行服务提供，以促进公平。就福利产品提供而言，分歧则更多体现在照护机构是否应对长期照护需求者的倾向予以回应。一方认为，长期照护需求者有权自主选择照护机构，因而需要根据需求形成照护市场；另一方则认为，长期照护需求者，尤其是老年人缺乏作为"消费者"的特质，因而需要通过政府购买服务或制定规则，由国家对长期照护领域进行统一管理。① 鉴于此，长期照护需求者的特殊需求无须由照护机构予以直接回应，因而也无须构建照护市场。而通过对福利产品市场的分析，简·金里奇进一步指出，福利产品市场与完全竞争市场存在差异。在完全竞争市场中，物品的采购仅涉及委托人和代理人，代理人只需对委托人负责。而在福利产品市场中，则包括三类参与者：服务的付款人、服务的使用者和服务的生产者。因而，生产者或对付款人负责，或对使用者负责，责任对象的不同会形成生产者在福利产品生产时关注点的差异，从而产出迥异的福利产品。此外，由于生产者和使用者之间信息不对称，服务使用者在福利产品市场中处于劣势。鉴于此，需要国家予以一定程度的介入，对福利产品市场进行规制，在保障市场效率的同时，确保产品的公平分配。②

另有一些学者对市场化进程中营利机构和非营利组织间关系问题进行阐述。希尔德加德·蒂奥巴尔德和萨拉·汉佩尔（Sarah Hampel）指出，德国长期照护服务体系的引入使得非营利组织的优势地位不复存在，取而代之的是无论是营利机构还是非营利组织都可以平等地提供照护服务。这一现象的转变是基于以市场为基础的原则和个人自由选择的宗旨。为保证照护机构不因价格竞争而降低照护服务质量，特引入照护质量标准对照护服务水平进行约束。市场的开放使得营利机构的数量大幅度增加，尤其在流动照护服务领域，但机构中照护需求者数量依旧低于非营利组织。此外，在大城市和新联邦州，营利机构的发展势头更好。然而，作者同样质

---

① Jane Gingrich, *Making Markets in the Welfare State: The Politics of Varying Market Reforms*, Cambridge: Cambridge University Press, 2011, pp. 175-211.

② Jane Gingrich, *Making Markets in the Welfare State: The Politics of Varying Market Reforms*, pp. 1-23.

疑，市场的引入带来将长期照护需求者视作消费者是否合理的问题。① 弗兰克·博恩克、米歇尔·希尔和安娜·玛赞纳蒂通过对英国、法国、德国和意大利四国地方政府在长期照护服务领域职能转变的阐述，指出其总体趋势是服务提供越发市场化。就德国而言，尤其体现出"双市场化"趋势，一方面非营利组织的市场占有率大幅度降低，被营利机构所代替；另一方面非营利组织在服务提供方面越发向营利机构的运营模式靠拢。②

此外，还有学者以国别比较的方式阐述市场在德国长期照护服务体系中的作用。安妮特·季默和斯蒂芬·R. 史密斯（Steven R. Smith）通过对德国和美国社会服务体系发展的对比，指出在德国长期照护服务体系中，从事流动照护服务的营利机构多为中型或小型企业，因而每个机构中长期照护需求者较少。虽然如此，营利机构依旧得到了迅速发展。原先由非营利组织占据长期照护服务主体的服务提供方式，随着辅助性原则内涵的变化而发生了改变，取而代之的是对服务效率和效果的更高层次的追求。③希尔德加德·蒂奥巴尔德通过对德国和瑞典长期照护服务体系的对比，指出德国长期照护服务体系的建立使得服务的提供更加专业化，因而对照护质量的要求也更高。然而，由于市场对支出的控制更加严格，照护人员专业化程度的提升受到了一定程度的阻碍。此外，由于长期照护保险仅负担了最基本的照护费用，个人收入的差异在照护市场得到放大，因而未能解决因需要照护服务而致贫的困境。④

纵观对长期照护服务体系中某一部门对整个体系作用的探讨，国内外学者指出了各部门所发挥的独特作用：国家作为规制者和调节者，家庭作为最重要的福利产品提供者，非营利组织作为转型中的福利产品提供者，

---

① Hildegard Theobald and Sarah Hampel, "Radical Institutional Change and Incremental Transformation: Long-Term Care Insurance in Germany", in Costanzo Ranci and Emmanuele Pavolini, eds., *Reforms in Long-Term Care Policies in Europe: Investigating Institutional Change and Social Impacts*, pp. 117-138.

② Frank Bönker, Michael Hill and Anna Marzanati, "Towards Marketization and Centralization? The Changing Role of Local Government in Long-Term Care in England, France, Germany and Italy", pp. 97-119.

③ Annette Zimmer and Steven R. Smith, "Social Service Provision in the US and Germany: Convergence or Path Dependency?" *German Politics*, Vol. 23, No. 1-2, 2014, pp. 1-25.

④ Hildegard Theobald, "Care for the Elderly: Welfare System, Professionalisation and the Question of Inequality", *International Journal of Sociology and Social Policy*, Vol. 23, No. 4/5, 2003, pp. 159-185.

以及市场作为越发重要的福利产品提供者。此外，就每部门而言，学者还注意到国家在提供福利产品方面所具有的计划性强、覆盖面广、维护公平的特点，家庭给长期照护需求者带来在熟悉环境中居住的优势，非营利组织在福利产品提供方面作为国家的补充和增益者，以及市场在福利产品提供过程中需要国家进行介入的必要性。然而，学者对于福利多元主义理论中各部门在德国长期照护服务体系建立前后的职能转变及演变的对比，也即福利多元主义理论对各部门如何产生影响方面着墨较少，这也将是本书分析的重点。

综上所述，学者对福利多元主义理论和多元福利体系中某一部门对长期照护服务体系的作用方面已经形成较为成熟的论述。然而，以福利多元主义理论为框架探讨德国长期照护服务体系，则涉及不多。因此，本书拟通过数据分析，对该问题进行阐述。具体而言，通过分析福利多元主义理论中四个部门——国家、家庭、非营利组织和市场在德国长期照护服务体系建立前后职责的转变和演变，阐述福利多元主义理论对四个部门职责演化所产生的影响，对理论中每个部门存在的问题、发展趋势和相互间影响进行评述，并希冀对理论进行适当修正。

本书研究的基本思路

本书主要分七章进行阐述。第一章为背景介绍，即对德国长期照护服务体系建立过程的论述。该章将从长期照护服务体系同德国社会保障体系间的关系为切入点，进而分析长期照护服务体系建立的制约因素和内在动力。接下来，在体系建立过程的阐述中，包括面临问题的界定、相关行为体的立场及照护模式的确立三个阶段。其中，相关行为体的立场包括市场模式、转移支付模式和社会保险模式，最终以社会保险为主、转移支付为辅的模式得到了广泛认可。

第二章将对本书的核心理论——福利多元主义理论及相关概念进行界定。在对福利多元主义理论阐述的部分，将包括理论的核心观点、发展历程、理论中四个部门的合作机制、理论在德国长期照护服务体系中的应用以及理论的困境五个方面。除福利多元主义理论外，福利国家、法团主义、辅助性原则和私有化也是本书将要涉及的概念，因而对上述概念也将进行阐述。本章希望通过对概念的厘清，为下文的论述打下基础。

第三至第六章为本书的主体部分，按照福利多元主义理论的四个部门——国家、家庭、非营利组织和市场分别进行阐述，分析其在德国长期照护服务体系中的作用。每章包括该部门与福利多元主义理论的关系，该部门在长期照护服务体系建立前后分别承担何种作用、面临的问题及未来发展趋势等方面。通过对每个部门的论述，试图阐明各部门在长期照护服务体系建立前后的职能发生了什么样的变化，以及理论对各部门职能转变和演变的影响程度。此部分将通过运用法律条文、统计数据和实地访谈等资料和方式，挖掘各部门所发挥作用的变化规律。

第七章是本书的结论部分。通过对德国长期照护服务体系的评估，指出体系的建立得以让四个部门各司其职并相互影响，共同完成体系的运行。然而，福利多元主义理论对各部门的影响程度不尽相同，部门间的界限也越发模糊。这也是本书对福利多元主义理论的修正。而作为典型的福利国家，以长期照护服务为例的德国社会福利改革是否完全遵循新自由主义理论的改革路径，也将予以探讨。此外，这一体系也有其不足之处，因而需要进行一定程度的革新。最后是对中国长期照护服务体系建设的启示。

创新之处与研究展望

就创新之处而言：首先，本书的论述主题是福利多元主义理论对德国长期照护服务体系的影响，这一点在以往的文献中较少涉及。其或是讨论福利多元主义理论，或是探讨理论中某一部门对体系的作用，而对于两者的结合则所涉不多。其次，在实证分析方面，本书运用具有说服力的数据阐述论点，指出福利多元主义理论中每个部门在体系建立前后的职责变化及演进趋势，并将四个部门进行比较。再次，在理论探究方面，本书通过对每个部门职责的分析，指出福利多元主义理论对四个部门角色转变和演变影响程度的差异和部门间界限模糊的趋势，并对福利多元主义理论进行了一定程度的修正。进而，以德国长期照护服务体系为例，试图探讨德国的福利国家改革是否完全遵循新自由主义理论所强调的市场化改革路径这一问题。最后，中国正大力发展长期照护服务，在探索自我发展道路的同时也需要借鉴发展较为成熟的国家。因此，本书对德国长期照护服务体系的研究对于中国长期照护服务体系的建设有一定的借鉴意义。

研究展望方面：首先，限于现有条件，长期照护服务体系建立后的1995—1998年，流动照护机构的相关数据无法得到。因而，对于流动照护机构变化趋势的分析均是根据1999年之后的变化趋势进行倒推，推断在体系刚建立之时不同部门如何提供福利产品。其次，尚未找到在体系建立前国家对非营利组织的资金支持数额。因此，本书在阐述中仅论述了这一事实，但缺乏足够的数据予以支撑。再次，由于长期照护服务领域的实践性较强，笔者虽走访过一些照护机构，但没有长时间地深入了解并探寻机构如何运行及面临何种问题。随着日后研究向纵深发展，上述局限会得以解决，届时或可得到新的研究结论。最后，本书所指出的理论对四个部门职责转变和演变的影响程度的差异、对理论的修正，以及同新自由主义理论的关系问题仅限于德国长期照护服务体系范围内，这一结论是否能够运用到德国的社会福利体系甚至其他福利国家，还有待进一步探究。

第一章　背景：长期照护服务体系的建立过程

德国的长期照护保险（Pflegeversicherung）制度是建立在全德境内统一的、对照护需求者从国家层面提供支持的保险制度。[①] 它是德国社会保险体系的第五支柱，其他四个为在德意志第二帝国和魏玛共和国时期就已陆续设立的医疗保险、工伤保险、养老保险和失业保险制度。

德国的长期照护服务体系是以长期照护保险制度为主要资金分配制度，由国家、家庭、非营利组织（non-profit organization，freigemeinnützige Organization）和市场配合完成的福利产品提供和分配体系。该体系的建立有其特定的现实需求。体系建立的设想于20世纪70年代就已提出，后经过漫长的博弈，最终于1994年以《长期照护保险法》（*Pflege-Versicherungsgesetz*，*PflegeVG*）的形式设立。

基于此，本章首先回顾德国社会福利体系的建立过程，接下来分析长期照护服务体系设立的制约因素与内在动力，紧接着论述多方博弈下长期照护服务体系的建立过程，最后是本章小结。

第一节　社会福利体系中的长期照护服务体系

德国社会福利体系的雏形可以追溯到中世纪。彼时，人们以家庭、村庄或宫廷为群体单位生活，这些组织能够为老人和病患提供些许帮助。同

[①] Hildegard Theobald and Sarah Hampel, "Radical Institutional Change and Incremental Transformation: Long-Term Care Insurance in Germany", p.117.

时，作为以基督教为基本信仰的德国，其认为教会最主要的功能之一是给予弱势群体以帮助。因此，生活上最困难的人依靠教堂的施舍生活，修道院承担着社会救济的任务并修建养老院和医院。

然而，自13世纪以来世俗力量日渐强大，曾经完全由教会支持的活动同世俗权力融合，有些甚至被世俗权力所代替。随着人口的增长，贫困问题越发凸显。地方政府借此机会，声明其有"善治"的职责①，从而在改善贫困状况的同时"管理"某一地区人口，让更多人定居以便征税。虽然这一系列行为都被描述为基于基督教精神，但实际上是以此为旗号实现其世俗目标。② 世俗权力的扩张带来教会的社会救助功能越发被边缘化。这一现象直到19世纪前都没有得到改变。

虽然教会在社会服务提供方面的职能有所下降，但世俗化程度的加深使得志愿服务机构蓬勃发展。从18世纪起，公民社会开始代替教会关注社会底层人民。相关机构在战争和传染病大流行期间，在矿工和工人群体间萌芽。③ 以社区团体、学校、工会等机构为代表的自助组织成为那时广泛使用的词汇。④ 同时，曾经被边缘化的教会组织在19世纪后半叶再次得到发展，如1897年成立的德国明爱天主教慈善协会（Deutscher Caritasverband）、1890年成立的德国天主教人民联合会（Volksverein für das katholische Deutschland）。这些组织不但对贫困者予以救助，还对妇女儿童、无家可归者和移民提供帮助。与此同时，新教慈善照护机构也蓬勃发展，如1890年成立的德国新教工人协会（Gesamtverband der evangelischen Arbeitervereine Deutschlands）。此外，1917年成立的德国犹太人中央福利会（Zentralwohlfahrtsstelle der deutschen Juden e. V.）也得以迅速发展。

1871年，德意志第二帝国成立。奥托·冯·俾斯麦（Otto von Bismarck）以威廉一世（Friedrich Wilhelm I）两次被刺为借口，于1878年起开始镇压工人运动。然而，国家面临的一系列社会问题并未因此而得到解决。鉴于

---

① Michael Stolleis, *Origins of the German Welfare State: Social Policy in Germany to 1945*, translated by Thomas Dunlap, Berlin/Heidelberg: Springer-Verlag, 2013, p. 31.
② Michael Stolleis, *Origins of the German Welfare State: Social Policy in Germany to 1945*, p. 31.
③ Michael Stolleis, *Origins of the German Welfare State: Social Policy in Germany to 1945*, p. 42.
④ Heinrich Heffter, *Die deutsche Selbstverwaltung im 19. Jahrhundert*, 2. Aufl., Stuttgart: K. F. Koehler Verlag, 1969, pp. 283-322.

此，他采取两种方式：一方面通过颁布《社会党人法》（全称《镇压社会民主党危害社会治安法令》，*Gesetz gegen die gemeingefährlichen Bestrebungen der Sozialdemokratie，Sozialistengesetz*）打压社会主义运动，另一方面通过建立社会保障体系改善工人与政府间关系，缓和阶级矛盾。

1881年10月27日，以工人阶级为主要成员的左翼自由党和社会民主党在帝国议会选举中取得胜利。俾斯麦以《皇帝诏书》的名义宣布着手制定国家社会保障政策。1883年6月15日，第一个《工人医疗保险法》（*Gesetz, betreffend die Krankenversicherung der Arbeiter，KVG*）通过。这一法案主要的保障群体是矿业、工业、运输业、商会中的工人，年收入不多于2000马克的白领及其他群体，尤其是以家庭作坊为基础的行业、农业和林业从业者。[1] 因此，几乎所有被雇佣者都须缴纳强制保险。其可以获得的福利包括因患病而补偿的一半工资收入、最多13周的治疗费用、产假以及丧葬福利。当时，这一保险还包括工伤事故保险，其之后被纳入《工伤事故保险法》（*Unfallversicherungsgesetz*）。在保费分担方面，个人支付2/3的费用，雇主支付另外的1/3。[2] 这一法案广受欢迎，带动了工人群体的迅速发展。截至1913年，帝国内已经有62%的人口缴纳医疗保险。[3] 此外，法案还带动了医疗产业的发展。一方面，医疗保险的给付使得更多人愿意看病。20世纪初，在人口增长了近11.5%的情况下，医生数量翻了一倍。[4] 另一方面，各种相关团体应运而生，如各类医疗保险基金（Krankenkasse）的先后建立，以及德国医师协会（Verband der Ärzte Deutschlands e. V.，又名Hartmannbund）的设立。

1884年7月6日，《工伤事故保险法》获得通过。这一保险主要保护工人和年收入不多于2000马克的白领群体，其可以领取从患病后第14周开始的治疗费用。[5] 法案的颁布大幅度减少了高危行业事故的发生。保险的设立还带动了帝国社会保险局（Reichsinstanz der Sozialversicherung）的

---

[1] Michael Stolleis, *Origins of the German Welfare State: Social Policy in Germany to 1945*, p. 70.
[2] Michael Stolleis, *Origins of the German Welfare State: Social Policy in Germany to 1945*, p. 70.
[3] Michael Stolleis, *Origins of the German Welfare State: Social Policy in Germany to 1945*, p. 70.
[4] Michael Stolleis, *Origins of the German Welfare State: Social Policy in Germany to 1945*, p. 70.
[5] Michael Stolleis, *Origins of the German Welfare State: Social Policy in Germany to 1945*, p. 73.

建立。① 这是在第二次世界大战前德国最高保险机构，其职能随着社会保险体系的建立而不断扩展，逐步涵盖医疗保险、工伤事故保险、伤残保险以及失业保险等领域。

1889年6月22日，帝国议会通过《残疾和养老保险法》(Gesetz, betreffend Invaliditäts-und Altersversicherung)。这是世界上第一个养老保障法案。法案将年收入不多于2000马克的雇员纳入强制保险，② 使得其退休后的收入有一定程度的保障。法案规定，承保方为国家保险公司，保费由雇员和雇主平分。养老保险实行现收现付制，养老金根据原工资等级和所在地区而定。工人和白领自16岁起便须参保，参保人在缴纳养老保险多于30年的基础上③，自70岁起可获得一定数额的养老金。如之前因患病而造成一定程度的劳动能力丧失，则经官方认定，被保险人将获得残疾保障金。对于领取残疾福利的个人，必须缴纳残疾保险多于5年。另外，国家每年为每位残疾及退休人员补贴50马克④，使得个人缴纳、雇主承担和国家补贴达到了平衡。

纵观俾斯麦的社会保险政策，可以发现以下规律：第一，所有保险都是强制保险；第二，根据在工作中可能出现的危险划分参保人；第三，保险缴纳由雇主和雇员分担（其中工伤事故保险完全由雇主承担）；第四，各保险公司根据法律规定独立运营、自我管理，政府直接介入较少；第五，被保险人享有法律规定的福利权益。俾斯麦的社会保险政策使得工人在日常生活和工作中得到了最大程度的保障。

俾斯麦退出历史舞台后，上述三种保险在社会福利体系中的作用有所下降，如医疗保险遭到掣肘，逐渐缩小到只覆盖430万雇员，即不到10%的群体，且每年只为每位被保险人平均偿付11.2马克。⑤ 残疾和养老保险每年对每位被保险人的支出仅为155马克⑥，难以覆盖其工资。此外，由

---

① Michael Stolleis, *Origins of the German Welfare State: Social Policy in Germany to 1945*, p. 73.
② Michael Stolleis, *Origins of the German Welfare State: Social Policy in Germany to 1945*, p. 74.
③ Michael Stolleis, *Origins of the German Welfare State: Social Policy in Germany to 1945*, p. 74.
④ Michael Stolleis, *Origins of the German Welfare State: Social Policy in Germany to 1945*, p. 74.
⑤ Hans-Ulrich Wehler, *Deutsche Gesellschaftsgeschichte, Bd. 3: Von der "Deutschen Doppelrevolution" bis zum Beginn des Ersten Weltkriegs 1849-1914*, München: C. H. Beck Verlag, 1995, p. 914.
⑥ Michael Stolleis, *Origins of the German Welfare State: Social Policy in Germany to 1945*, p. 75.

于彼时人均寿命较短，只有27%的人有资格享受养老金。①

虽然如此，第一次世界大战前的德国处于工业社会迅速发展时期，对生产效率的追求使得人们越发意识到给予员工一定福利保障的重要性，社会福利体系逐步完善。例如，1884年，工伤事故保险参保人的最高收入限制有所提升，达到了每年不多于3000马克②，使得更多人可以享受社会保险带来的福利。1892年，医疗保险进一步强调实物给付的重要性，同时将雇员的家庭成员也纳入体系并给予相应保障。③ 1903年，医疗保险的受益时长扩展到26周。④

1911年，包含医疗、工伤事故、残疾和养老保险等法规被整合成一部统一的大型法律，即《帝国保险法》（Reichsversicherungsordnung，RVO）。这部新法进一步完善了被保险人的权益。例如，法案将孤寡保险纳入残疾和养老保险范畴，使得遗孀和遗孤同样能得到一定数额的养老金。此外，从1916年起，工人养老金领取年龄从70岁降至65岁。⑤ 职员则因1911年12月20日出台的《职员保险法》（Versicherungsgesetz für Angestellte，VGfA）获得了单独的养老保险，新险种的给付标准与工人养老保险相比有所提高。

长时间的战争和因此带来的通货膨胀改变了魏玛共和国时期的社会福利政策。第一次世界大战前，工业化程度的加深使得国家的精力主要集中在为工人阶级拓展福利方面。然而，战后社会从单一体系转变为涵盖更多层级的结构。月薪领取者有了相对稳定的收入，而失业者则越发贫困。从1913—1924年，社会救助金领取者扩大了四倍，对每位救助者的资金支持则扩大了八倍⑥，这带来必须在不同群体间进行二次分配。1927年7月7日，《职业介绍及失业保险法》（Gesetz über Arbeitsvermittlung und Arbeitslos-

---

① Michael Stolleis, *Origins of the German Welfare State: Social Policy in Germany to 1945*, p. 75.
② Michael Stolleis, *Origins of the German Welfare State: Social Policy in Germany to 1945*, p. 75.
③ Reichsregierung, *Gesetz über die Abänderung des Gesetzes, betreffend die Krankenversicherung der Arbeiter*, Reichsgesetzblatt, 1892, § 2.
④ Michael Stolleis, *Origins of the German Welfare State: Social Policy in Germany to 1945*, p. 84.
⑤ 德国联邦劳动和社会部：《着眼于未来——关于德国社会史的图片和文字资料》，2016年版，第30页。
⑥ Christoph Sachße and Florian Tennstedt, *Geschichte der Armenfürsorge in Deutschland, Bd. 2, Fürsorge und Wohlfahrtspflege 1871 bis 1929*, Stuttgart: W. Kohlhammer GmbH, 1988, p. 81.

enversicherung，AVAVG）获得通过。保费由雇员和雇主平均分担，被保险人可以在失业后领取最多一年的失业金①，之后的社会福利则由社会救助部门接管。

与此同时，已建立的社会保险体系也进一步完善。在医疗保险方面，海员、儿童照护人员、教育工作者、社会援助者、护士以及失业者也被纳入医疗保险范畴。这使得在魏玛共和国末期，有60%的公民可以获得医疗保险给付。② 在工伤事故保险方面，保险覆盖范围有所扩展：从事销售和行政管理的员工、消防员、急救员、护士和社会援助者都被纳入投保范畴。③

然而，1929年的大萧条使得德国的社会福利体系受到巨大冲击：失业人数的上升致使失业金的支出显著增长。与此同时，经济不景气使得工资收入减少，失业保险的收入严重缩水。为应对危机，德国降低了失业金发放数额并提升失业保险缴费率。由于养老金也面临同样的困境，德国一方面降低养老金发放数额，另一方面增加资格审查时间。然而，过低的养老金致使老年人无法体面地生活。

纳粹德国期间，本已逐步完善的社会福利体系遭到了严重破坏。1934年，纳粹政府颁布《社会保险重构法》（*Gesetz über den Aufbau der Sozialversicherung*），对社会保险体系进行改革。其重点在于将原先分散的社会保险纳入统一体系，并根据需要去除与纳粹政权相悖的条款，并由统一机构进行管理。在医疗保险方面，强制投保者的范围扩大到自雇者，但前提是这些人对政权稳定有利。此外，所有医生都强制加入帝国医师协会（Reichsärztekammer）。④ 这一协会的建立直接导致了德国医师协会的解体。自1937年12月起，不承担强制保险义务的德国公民可自愿加入养老保险体系。1938年，职工养老保险制度扩大到手工业者。不可否认的是，这一体系使得社会保险收入有了大幅度增长，从1932年的46亿马克增长到

---

① Reichsregierung, *Gesetz über Arbeitsvermittlung und Arbeitslosenversicherung*, Reichsgesetzblatt, Teil I, 1927.
② Michael Stolleis, *Origins of the German Welfare State: Social Policy in Germany to 1945*, p. 118.
③ Reichsregierung, *Drittes Gesetz über Änderungen in der Unfallversicherung*, Reichsgesetzblatt, Teil I, 1928.
④ Michael Stolleis, *Origins of the German Welfare State: Social Policy in Germany to 1945*, p. 145.

1939 年的 105 亿马克①，短短 7 年便增长了近 2.5 倍。这一改善看似能够带来公民整体福利水平的提高，然而，这些资金大部分用于战争支出。

冷战期间，各占领国对于恢复分类式社会保险体系还是采用统一社会保险制度意见不一。当时，同样被分为四个占领区的柏林引入了统一社会保险制度。除柏林外，在民主德国，苏联军管会将社会保险整合为包含医疗、养老和工伤事故保险的统一社会保险制度，将医疗卫生体系国有化。在费用偿付方面，国家承担了较大职责。到 1989 年，国家对社会保障的支付比例已达到总费用的 47%。②

联邦德国则恢复了分类式的社会保险体系，被纳粹政府废除的独立运营的保险机构得以恢复。三个国家虽然在改革方向上持不同意见，但最终没有进行大幅度变革。工伤事故保险方面，除了全面的治疗措施外，保险公司还为被保险人和孤寡提供养老金。医疗保险方面，1955 年联邦德国颁布《法定医疗保险基金和补充保险基金协会法》(*Gesetz über die Verbände der gesetzlichen Krankenkassen und der Ersatzkassen*)，规定医疗保险基金的新架构和医疗保险基金协会的作用。此外，在同一年颁布的《医疗保险基金医师法》(*Gesetz über Kassenarztrecht－GKAR*) 中，对医生、牙医同医疗保险基金间的关系进行了重新界定。1988 年《卫生改革法》(*Gesundheits－Reformgesetz, GRG*) 颁布，对于福利资格的审查更为严格，同时进一步扩大强制医疗保险的缴费人群。此外，自雇者也可以得到相应的医疗保障。养老保险方面，1949 年 6 月 17 日颁布《社会保险调整法》(*Sozialversicherungs－Anpassungsgesetz, SVAG*)，强调养老保险随物价和工资收入应有所浮动③，以及工人和白领群体在福利制度方面的一致性。1957 年的《职员保险新规则法》(*Angestelltenversicherungs－Neuregelungsgesetz, AnVNG*) 将养老金的目标由确保基本生活水平转变为维持工人退休前的相对生活水平。1972 年 10

---

① Volker Hentschel, *Geschichte der deutschen Sozialpolitik（1880－1980）：Soziale Sicherung und kollektives Arbeitsrecht*, Berlin: Suhrkamp, 1983, p. 144.

② Manfred G. Schmidt and Gerhard A. Ritter, *The Rise and Fall of a Socialist Welfare State：The German Democratic Republic（1949－1990）and German Unification（1989－1994）*, translated by David R. Antal and Ben Veghte, Berlin/Heidelberg: Springer-Verlag, 2013, p. 44.

③ Hans F. Zacher, *Social Policy in the Federal Republic of Germany：The Constitution of the Social*, translated by Thomas Dunlap, Berlin/Heidelberg: Springer-Verlag, 2013, p. 153.

月的《养老金改革法》(Rentenreformgesetz, RRG)引入灵活退休年龄,即领取退休金的法定年龄为63岁,残疾程度非常严重的个人可以在62岁退休。① 此外,该法案还扩大了养老金覆盖范围,涵盖了自雇者和家庭主妇。

德国统一后,社会福利体系进一步完善。在长期照护方面,1994年推出的长期照护保险填补了社会保障体系的最后一个空白,成为德国社会保险体系的第五支柱。这使得法定医疗保险参保人被自动纳入社会长期照护保险范畴,而私人医疗保险参保人须购买私人长期照护保险。长期照护保险的设立缓解了国家在照护救助方面的沉重负担。而以长期照护保险为基础建立的长期照护服务体系,为照护需求者提供了多种照护方式,并在一定程度上缓解了家庭在提供照护服务方面的重担。

俾斯麦之后的德国虽历经百年动荡,社会福利体系也几经沉浮,但总体而言,体系保留了俾斯麦时期的特点并在曲折中不断完善。总结起来,德国的社会福利体系有如下特点:首先是保险原则,通过支付保费使得个人可以享受相应福利。这使得无论是弱势群体,如老人、妇女儿童、患病者、贫困者,还是高危工作人群,如海员和矿工,都可以通过所有人缴纳一定数额的保险费来缓冲个人风险,也即"人人为一人"。费用偿付既可以基于个人需求,如医疗费用的偿付;又可以基于个人缴费的多少,如养老金和失业金。当保险的偿付无法满足全部费用支出时,社会救助便会弥补这一缺口。因此,德国的社会福利体系呈现以社会保险为主、税收转移支付为辅的特点。其次是在法律框架下进行自我管理。经由《社会法典》(Sozialgesetzbuch, SGB)形成法律框架后,具体实践则由政府与不同行业的代表和组织进行商讨。例如,在医疗保险行业,相关机构同独立的、自我管理的医疗保险机构进行直接对话,从而确定具体规则。最后是保险基金多样化,这与德国的历史关系密切。以长期照护保险为例,德国并没有一个单一的、覆盖全国的长期照护保险基金,而是包含分散的各类基金。仅就法定长期照护保险而言,全德就有一百余家法定医疗保险机构及其下属

---

① Hans F. Zacher, *Social Policy in the Federal Republic of Germany: The Constitution of the Social*, p. 239.

的长期照护保险基金。① 除此之外，还有众多私人医疗保险机构及其下属的私人长期照护保险基金。这扩大了投保者的选择范围，激发了保险行业的活力。

第二节　长期照护服务体系建立的制约因素与内在动力

德国从20世纪70年代末就已开始酝酿建立长期照护服务体系。彼时，德国正面临不断增长的长期照护需求的境况。然而，经过近20年的争论，直到1994年才正式颁布《长期照护保险法》。之所以耗费如此长的时间，是因为除了要满足长期照护服务需求，还要考虑到国家传统观念的转变和政策改革所付出的代价。最终，地方政府不断增长的财政负担推动了改革的施行。

一　长期照护服务体系建立的制约因素

由于长期照护需求者及照护人员在社会中处于劣势，加之传统观念的束缚以及德国社会的固有特点，长期照护服务体系的建立面临着一系列制约因素。

首先，在现实原因方面，长期照护服务体系的照护主体为长期照护需求者（Pflegebedürftige），这一群体大多年龄较大且处于长期患病状态。他们与社会接触较少，对政治不够敏感，很难通过个人努力对生活状况加以申诉，因而无法得到社会的普遍关注。即使政府各科层中都设立了老年人协会，例如各州的老年人委员会、各党派的老年人协会，以及覆盖范围更广的联邦老年组织工作委员会（Bundesarbeitsgemeinschaft der Senioren-Organisationen，BAGSO），这些机构都无法组织起强大的力量，推动长期照护

---

① 在德国，主要法定医疗保险基金有：地方医疗保险基金（Allgemeine Ortskrankenkassen，AOK）、企业医疗保险基金（Betriebskrankenkassen，BKK）、技术人员医疗保险基金（Techniker Krankenkassen，TKK）、德国职员医疗保险基金（Deutsche Angestellten-Krankenkassen，DAK）、手工业同业公会医疗保险基金（Innungskrankenkassen，IKK）、农业医疗保险基金（Landwirtschaftliche Krankenkassen，LKK）等。凡是收入低于某一标准而高于保底线的居民，都需要参加法定医疗保险。而选择哪个法定医疗保险基金则由个人决定。收入高于这一标准的则可自愿选择加入法定医疗保险或参加私人医疗保险。此外，政府公务员和自由职业者无论收入多少，都无须强制参加法定医疗保险，可以申请加入私人医疗保险。而收入低于保底线的个人，则不必缴纳保费。

服务体系纳入国家法律。与此同时，照护人员也属于社会中的边缘群体。彼时的照护人员多为亲属或邻里，一方面他们收入较少且照护工作繁重，无暇顾及自身权益的保障；另一方面他们零散分布，缺乏统一组织，因而不易形成合力呼吁相关立法。

其次，在观念因素方面，人们一般不愿承认其依赖于长期照护的现实，尤其对于因衰老而带来的依赖性增强避而不谈。而对于年轻群体来说，其不愿就几十年后才可能面临的照护需求风险而缴费。这大大降低了相关团体组织起来向政府施压的动力。

最后，也是最重要的，传统观念限制了长期照护服务体系的建立。德国在福利国家中属于法团主义国家，其致力于维护传统的家庭关系，认为家庭是满足人们基本需求的来源。这一理论将在下一章予以具体阐述。而为了保障家庭的顺利运转，国家需要承担起社会职责，并通过制度建立来实现这一职能。具体到长期照护服务领域，传统认为照护服务的提供首先应该在家庭层面予以满足，而非由更高层级的社会机构甚至国家进行干涉。尤其在1982年联盟党（CDU/CSU）执政后，这一趋势得到了更明显的体现。按照联盟党及教会理念，其强调妇女在照顾家庭、养育后代方面的责任，甚至认为妇女外出工作会对家庭产生负面影响。因此，国家的作用是强化妇女在家庭中的传统角色，而非通过扩展福利覆盖范围而打破传统的家庭模式。这也是为什么在1984年颁布的《社会救助法》（*Sozialhilfegesetz*, *SHG*）中规定，"家庭照护服务是长期照护服务提供的优先选项"的原因。具体而言，国家只有在家庭照护服务无法承担相应职责，且通过住院照护服务才能完成的情况下，才会给予享受住院照护服务的长期照护需求者以一定的资金支持。[①] 因而，《社会救助法》鼓励家庭成员通过提供照护服务领取照护津贴（Pflegegeld），而非由专业照护人员提供实物给付（Pflegesachleistung）。[②]

上述三个原因带来国家在财政紧缩的背景下不愿采取大幅度改革措施，而是把压力转嫁给家庭和地方政府。因此，长期照护服务体系的建立

[①] Jens Alber, "The Debate about Long-Term Care Reform in Germany", in OECD: *Caring for Frail Elderly People: Policies in Evolution*, Paris, 1996, p. 263.

[②] Jens Alber, "The Debate about Long-Term Care Reform in Germany", p. 263.

面临一定程度的阻力,需要更紧迫的动力因素促使其被提上议事日程。

二 长期照护服务体系建立的内在动力

在《长期照护保险法》颁布前,需要得到长期照护的群体,尤其是老年人中,大部分由亲属邻里提供家庭照护服务(häusliche Pflege),小部分则进入养老院(Altenheim)、安老院(Altenwohnheim)享受住院照护服务(stationäre Pflege)。照护费用首先由个人支付,个人收入无法负担全部费用的情况下再由社会救助负担。然而,人口结构变化带来照护服务方式的改变,而社会救助金的捉襟见肘使得长期照护服务体系的建立迫在眉睫。

(一)人口结构变化

从第二次世界大战后的20世纪50年代到《长期照护保险法》颁布的1994年,德国老龄化程度不断加剧,65岁以上老年人口比例持续增加。如图1-1所示,根据德国联邦统计局的统计数字,1950年65岁以上老年人占总人口的9.7%,到1960年便已达到11.5%,1980年甚至达到了15.5%,即每7人中就有1位老年人。虽然由于第二次世界大战期间人口大量死亡,1990年65岁以上的老年人口比例有所下降,为14.9%,但下降趋势并不明显。到2010年,老年人口比例达到20.6%,占比超过了1/5。若按此增长速度,到2030年近26%的人口将会超过65岁,2060年这一比例甚至达到30.6%。此外,85岁以上的超老龄人的增长趋势更为明显:1950年此部分人口为14.6万,占总人口数0.21%;1980年达到67.2万,占比0.85%;1990年达到108.9万,占比1.36%。预计到2050年前后,超老龄人口占比将达到高峰,为5.5%。

老龄化程度的加剧也带来了长期照护需求者数量的增长。根据"德国老龄调查"(Deutscher Alterssurvey,DEAS)的统计数据,如果将一个人完全健康状态记为100分的话,到65岁降为约82分,75岁降为70分,85岁则仅为50分。[①] 随着年龄的增长,个人的健康状况逐年下降。鉴于此,对于65岁以上的老年人,余生需要流动照护服务的可能性约为70%,需

---

① Bundersministerium für Familie, Senioren, Frauen und Jugend, *Frauen und Männer in der zweiten Lebenshälfte – Älterwerden im sozialen Wandel*, Berlin, 2019, p.2.

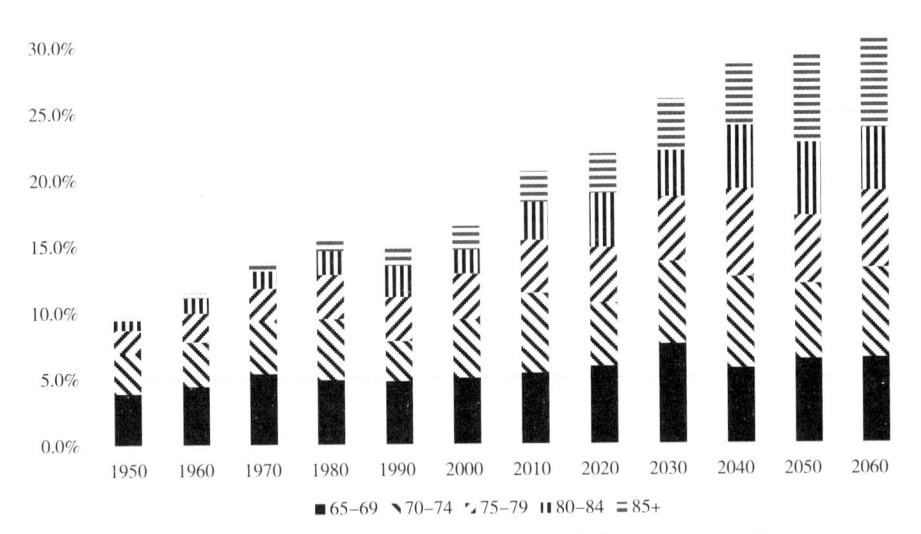

图1-1 65岁以上老年人各年龄段人口比例变化（1950—2060年）

注：1. 根据德国联邦统计局人口统计数字得出。网站链接：https://service.destatis.de/bevoelkerungspyramide/。

2. 笔者自制。

要住院照护服务的可能性约为50%。① 即使人类的健康状况同之前相比已经有了很大程度的提高，使得在一定程度上缓解了老年人健康状况大幅下降的趋势，但总体而言，随着老年人口数量的持续增加，越来越多的老年人，尤其是超老龄人将会有长期照护服务的需求。20世纪90年代初，约有2%即160万人需要长期照护服务，其中约45万人享受住院照护服务，另有约115万人享受家庭照护服务。这些人中大部分为65岁以上的老年人。② 享受家庭照护服务的人群中，70—74岁群体占同年龄段人口的3%，

---

① Robert B. Friedland, "The Coverage Puzzle: How the Pieces Fit Together", paper presented at The Annual Conference of the National Academy of Social Insurance, 2002. Cited from: Andrea L. Campbell and Kimberly J. Morgan, "Federalism and the Politics of Old-Age Care in Germany and the United States", p. 892.

② Infratest Sozialforschung, "Möglichkeiten und Grenzen selbständiger Lebensführung. Zusammenfassung wichtiger Ergebnisse der Repräsentativerhebung", München (mimeo), 1993, p. 22. Cited from: Ulrike Götting, Karin Haug and Karl Hinrichs, "The Long Road to Long-Term Care Insurance in Germany", *Journal of Public Policy*, Vol. 14, No. 3, 1994, p. 289.

75—79岁群体占6%，80—84岁群体占11%，85岁以上群体占26%。① 这一数字加上享受住院照护服务的比例，则85岁以上的超老龄群体中需要照护服务的总人数占同年龄段人口的40.5%。②

与此同时，德国劳动力人口比例在经过20世纪70—90年代的短暂上升后，便处于下降趋势。如图1-2所示，1950年，20—64岁劳动力人口数为4152.4万，占总人口比例的59.9%。1950—2000年，劳动力人口绝对值处于上升态势。然而，其占总人口的比例并不那么乐观：1950—1970年缓慢下降，到1970年为56.2%。从1970—1990年，随着第二次世界大战后生育高峰期出生的人口进入有劳动能力年龄，其比例有所上升，到1990年达到63.3%。但自此之后，劳动者比例持续下降，预计到2060年绝对劳动力人数降至3809.8万人，占比仅为51.2%。

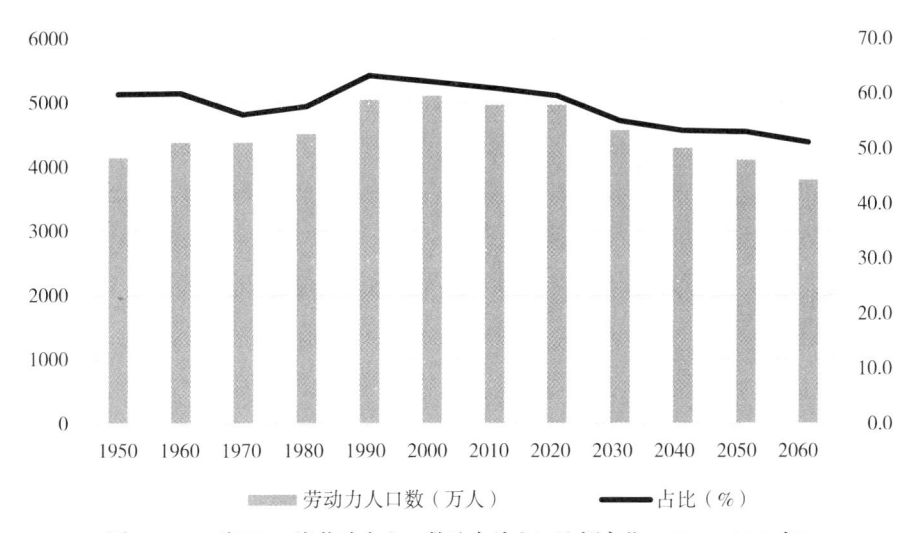

图1-2 20岁至64岁劳动力人口数及占总人口比例变化（1950—2060年）

注：1. 根据联邦统计局人口统计数字得出。网站链接：https://service.destatis.de/bevoelkerungspyramide/。

2. 笔者自制。

---

① Infratest, "Hilfe-und Pflegebedarf in Deutschland 1991", Berlin: Bundesministerium für Familie und Senioren, 1992. Cited from: Jens Alber, "The Debate about Long-Term Care Reform in Germany", p. 261.

② Walter Krug and Gerd Reh, *Pflegebedürftige in Heimen: Statistische Erhebungen und Ergebnisse*, Stuttgart/Berlin/Köln: Verlag W. Kohlhammer, 1992, p. 138.

将图 1-1 和图 1-2 的数据进行整合，便可计算出每 100 个劳动力人口需供养的老年人口数量，如图 1-3 所示：从 1950 年的每 100 个劳动力需供养约 16 位老年人，经 20 世纪 80—90 年代的缓慢下降后，保持持续上升态势，且幅度越发加大。预计到 2060 年，每 100 个劳动力人口需供养约 60 位老年人。

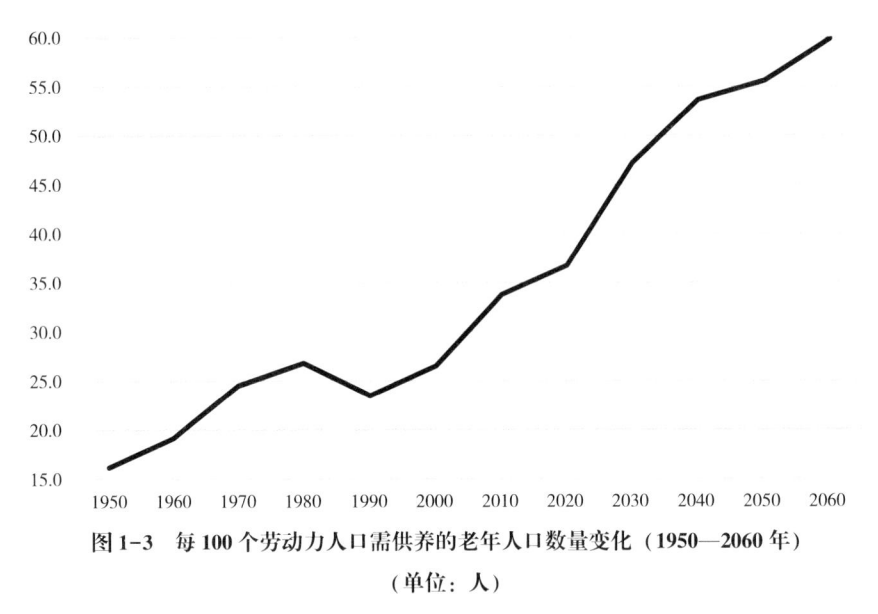

图 1-3　每 100 个劳动力人口需供养的老年人口数量变化（1950—2060 年）

（单位：人）

注：笔者自制。

更为严峻的是，潜在照护人员的数量持续下降。如前所述，由于法团主义传统对家庭的强调，多数需要得到长期照护服务的人都在家中被女性照护。然而，一方面由于人口结构变迁，另一方面由于更多女性参与到日常工作中，从事家庭照护服务的人数持续下降。1960 年，每 1000 名 75 岁以上的老年人中，有 5000 名年龄在 45—69 岁的女性存在提供照护服务的潜力，而这一数字在 1990 年下降到 2200 人。① 也就是说，对于每个长期照护需求者而言，原先可以有 5 名女性亲属轮流提供照护服务，到 1990 年只有两名亲属可以提供，且很可能由于日常工作而难以分身。因此，寻找能够替代以传统家庭为单位的长期照护服务方式势在必行。

---

① Jens Alber, "The Debate about Long-Term Care Reform in Germany", p. 261.

(二) 社会救助不堪重负

在人口趋势变化不断凸显建立长期照护服务体系紧迫性的同时，资金支持的捉襟见肘也成为催化剂。体系建立之前，国家主要从两个方面给予长期照护服务以资金支持：医疗保险和社会救助。

传统上，德国对于疾病治疗和非治疗性照护服务的福利待遇差别较大。对于前者，医疗费用的资金偿付规定从1883年的《工人医疗保险法》开始，在不断发展中已经成形。而对于照护服务的福利待遇，则直到1988年《卫生改革法》的颁布才对家庭照护服务费用予以部分偿付。法律规定，对于已经加入医疗保险且经过专业机构认定的长期患病或有残疾的人，若对于照护服务的依赖程度较高，可以申请部分费用偿付。[①] 从1991年起，医疗保险基金负责支持有长期照护需求的医疗保险参保人每月最多25次流动照护服务，或最高750马克的费用补贴。[②] 如果照护服务由家庭照护人员提供，则医疗保险基金每月给予最多400马克的费用补贴。[③] 在法案施行一年后的1992年，全德共有60万人享受这一福利。[④] 对于家庭照护人员的福利，根据《卫生改革法》的规定，从1989年1月1日起，家庭照护人员若已从事照护服务工作多于一年，每年由医疗保险基金支付最多四周的带薪休假费用，资金补助最高为1800马克。虽然《卫生改革法》的颁布给予长期照护服务以一定程度的重视，但正如上文所述，法案只给予"严重依赖程度的长期照护需求者"（Schwerpflegebedürftige）以资金支持，对于一般和中等依赖程度的长期照护需求者则不予支持。[⑤] 此外，《卫生改革法》倡导家庭照护服务，而非住院照护服务。因而虽然其提供一定程度的费用偿付，但对于住院照护服务的资金支持依然没有被提及。

[①] Bundesregierung, *Gesetz zur Strukturreform im Gesundheitswesen (Gesundheits-Reformgesetz-GRG)*, Bundesgesetzblatt, Teil I, 1988, §53.

[②] Bundesregierung, *Gesetz zur Strukturreform im Gesundheitswesen (Gesundheits-Reformgesetz-GRG)*, §55.

[③] Bundesregierung, *Gesetz zur Strukturreform im Gesundheitswesen (Gesundheits-Reformgesetz-GRG)*, §57.

[④] Detlef Rüdiger, "Belastungsausgleich für die Wirtschaft", in Bundesministerium für Arbeit und Sozialordnung, ed., *Versicherungsschutz und Leistungen. Erläuterungen zur sozialen Pflegeversicherung*, Bonn, 1993, p. 200.

[⑤] Reinhold Thiede, "Neue Ansätze zur Absicherung des Pflegerisikos: Überblick über die sozialpolitische Diskussion des Jahres 1990", *Sozialer Fortschritt*, Vol. 40, No. 3, 1991, p. 63.

即便有诸多前提限制,《卫生改革法》仍是第一个从国家层面对长期照护服务予以支持的法律,为《长期照护保险法》的制定打下基础。

然而,正如上文所述,由于医疗保险只能对家庭照护服务费用予以部分覆盖,因此大部分长期照护需求者在个人收入无法覆盖所有费用的情况下,只能寻求社会救助。根据 1961 年《联邦社会救助法》(*Bundessozialhilfegesetz*, BSHG)规定,对于长期患病或有残疾的个人,只有在连续三年存在照护需求且个人收入无法负担照护费用的情况下,才可以申请照护救助(Hilfe zur Pflege)。[①] 资金支持额度根据收入情况计算,每月最低 100 马克。[②] 鉴于此,政府不仅需划拨一部分照护救助金用于享受家庭照护服务的个人,更为严峻的是,住院照护服务的费用在《长期照护保险法》颁布前居高不下。1977 年平均每月住院照护服务费用为 1700 马克[③],到 1992 年翻了一倍多,达到每月 3600 马克。[④] 而 20 世纪 90 年代初养老金领取者月人均可支配收入为 1712 马克,在新联邦州则只有 800 多马克。[⑤] 因此,彼时只有 1/3 的享受住院照护服务的人可以自行负担全部费用[⑥],其他长期照护需求者只能求助于照护救助,其所负担的平均每人每月支出甚至多于 2000 马克。[⑦] 到 1992 年,社会救助支出中有 34% 用于照护救助,为 147 亿马克[⑧],是一笔相当高的费用。

德国联邦制的特点也促进了长期照护服务体系的建立。在税收转移支付方面,税收收入通过一定机制在联邦、州和地方政府等科层之间分配。具体而言,该机制包括联邦和州之间、州和地方政府之间的垂直转移,以及各州之间、地方政府之间的水平转移。因此,州政府和地方政府间息息相关,一个州或地方政府的资金赤字会影响其他科层政府机构的资金划拨

[①] Bundesregierung, *Bundessozialhilfegesetz* (*BSHG*), Bundesgesetzblatt, Teil I, 1961, §68.

[②] Bundesregierung, *Bundessozialhilfegesetz* (*BSHG*), §69.

[③] Aloys Prinz, *Pflegebedürftigkeit als ökonomisches Problem*, Spardorf: Wilder, 1987, p. 22.

[④] Jens Alber, "The Debate about Long-Term Care Reform in Germany", p. 262.

[⑤] DIW, *DIW-Wochenbericht*, Vol. 29, 1991, p. 405. Cited from: Jens Alber, "The Debate about Long-Term Care Reform in Germany", p. 276.

[⑥] Jens Alber, "The Debate about Long-Term Care Reform in Germany", p. 262.

[⑦] Walter Krug and Gerd Reh, *Pflegebedürftige in Heimen: Statistische Erhebungen und Ergebnisse*, p. 222.

[⑧] Ulrike Götting, Karin Haug and Karl Hinrichs, "The Long Road to Long-Term Care Insurance in Germany", p. 290.

数额。这导致如果某一科层政府的财政压力过大，相关各科层政府将会有更大动力共同向决策者施压，以便分配更多资金。就社会救助而言，根据法律规定，救助金的发放主要由地方政府负责，长期照护服务费用的不断增长带来社会救助支出的攀升，地方政府用于长期照护的费用占总支出的比例从 1970 年的 2% 扩大到 1990 年的接近 5%。① 地方政府的入不敷出以及资金转移的捉襟见肘，使得其不断向上级政府施压，寻求长期照护服务的改革。

除了长期照护服务费用的攀升导致社会救助越发无力负担，更为严峻的是，由于 20 世纪 90 年代初期处于德国刚刚统一之时，政府赤字数额巨大且失业严重，更没有足够的资金用于支付社会救助所需。因此，尽快建立一个在资金上可持续的长期照护服务体系迫在眉睫。

第三节　长期照护服务体系的建立过程

长期照护服务体系规定了长期照护需求者的权利，建立了资金支持和福利产品提供的原则和模式。这一体系的建立是一个相关行为体，主要包括相关党派、工会和雇主联合会、社会救助机构、保险公司以及非营利组织间不断妥协的过程。这些团体对于长期照护服务体系的架构存在不同设想并主要形成三种模式。最终，经过漫长的博弈，延续社会保险模式的长期照护服务体系得以建立。此模式大幅度减少从地方政府到中央政府的财政压力，转而由民众进行分担，从而形成一个可持续的资金支持体系。

一　第一阶段：面临问题的界定

虽然人口结构的变迁以及资金支持的捉襟见肘推动了长期照护服务体系的建立，但明确这一体系需要解决的问题，则主要发生在 20 世纪 70 年代。这些问题集中在对照护需求的界定、资金支持方式的确定，以及照护人员人手不足三个方面。

---

① Winfried Schmähl, "Zur Finanzierung einer Pflegeversicherung in Deutschland", *Deutschland Rentenversicherung*, Vol. 6, No. 93, 1993, pp. 358-374. Cited from: Jens Alber, "The Debate about Long-Term Care Reform in Germany", p. 262.

首先是对于"长期照护需求者"的界定，这对于需要住院照护服务的个人更加重要。德国老年人扶助协会（Kuratorium Deutsche Altershilfe，KDA）早在1974年就已指出，在养老院、安老院和照护院（Pflegeheim）居住的老年人也应被纳入社会救助对象。他们强调，对于一个在照护机构中长期居住的人，虽然其经过长时间治疗后不再需要服用大量药品，但仍需进行长期照护，那么其也应当算作长期照护需求者而领取相应福利。[①] 然而，这一提议直到《社会救助法》的颁布才得到重视，该法案将享受家庭照护服务和住院照护服务的个人都视为有"照护需求"并给予相应的社会救助支持。而在之后颁布的《卫生改革法》中，则只提及对家庭照护服务需求者的医疗保险偿付，并未关注住院照护服务需求者的费用偿付问题。因而，对"长期照护需求者"这一人群进行界定，是长期照护服务体系得以建立的基础。

其次是资金支持方式问题。该问题在20世纪70年代中期就已得到了州政府和地方政府的广泛注意。1975年9月，联邦政府要求各州就如何减轻社会救助机构的支出压力进行商讨。[②] 这一讨论从70年代持续到90年代初期，各行为体纷纷提出各自主张，即本节下一部分论述的重点。而关于长期照护服务体系建立的问题本来是作为社会政策问题进行讨论，由于财政支出的压力转而成为一个对于经济问题的讨论。[③]

最后是解决照护人员人手不足的问题。1978年，联邦青年、家庭和卫生部（Bundesministerium für Jugend, Familie und Gesundheit）发布报告，显示家庭照护人员中多是女性家庭成员或女性志愿者，其与男性照护人员的比例为8∶5。[④] 同时，由于照护人员不足导致的照护压力以及较低的工资，使得照护服务工作越发缺乏吸引力。而在长期照护需求者不断增长的情况

[①] Ulrike Götting and Karl Hinrichs, "Probleme der politischen Kompromißbildung bei der gesetzlichen Absicherung des Pflegefallrisikos – Eine vorläufige Bilanz", *Politische Vierteljahresschrift*, Vol. 34, No. 1, 1993, p. 51.

[②] Ulrike Götting and Karl Hinrichs, "Probleme der politischen Kompromißbildung bei der gesetzlichen Absicherung des Pflegefallrisikos – Eine vorläufige Bilanz", p. 51.

[③] Aloys Prinz, "Pflegebedürftigkeit – wie kann eine bessere Absicherung aussehen?" *Sozialer Fortschritt*, Vol. 36, No. 12, 1987, p. 280.

[④] Werner Brög et al., *Anzahl und Situation zu Hause lebender Pflegebedürftiger: Ermittlung der Repräsentativdaten und Situationsgruppenanalyse*, Schriftenreihe des Bundesministers für Jugend, Familie und Gesundheit, Bd. 80, Stuttgart: Verlag W. Kohlhammer, 1980, p. 65.

下，照护人员不足将导致照护服务水平无法得到保障。因此，不仅要保证家庭照护人员的数量稳定，还要通过立法保障照护人员的福利，从而有充足的人提供长期照护服务。这一报告第一次反映了长期照护需求者的数量及照护环境的现状，成为日后建立长期照护服务体系的依据。

需要指出的是，与社会福利体系中其他四个支柱不同，长期照护服务体系更加复杂。一方面，对于养老金、失业金和工伤给付来讲，福利产品提供的前提是在特殊环境下存在特殊需求，即因退休、失业和工伤而需要维持基本生活水平。[1] 因此，上述三种福利产品的提供是对收入的补充，参与方只涉及投保者和承保者。另一方面，医疗保险体系与上述三种保险体系相比更复杂，其加入了非现金的福利产品提供方式。除了因患病导致的收入下降而进行的福利给付外，医疗保险保障了福利产品根据个人生理心理的需求而提供。因此，在投保者和承保者中间还存在一个专业的福利产品提供者，即医疗机构。医疗机构需要同承保者签订合约，从而获得相应的医疗服务费用偿付。而对于长期照护服务体系而言，则需要处理一个四角关系：投保者、承保者、专业福利产品提供者和非专业福利产品提供者。其中，专业福利产品提供者是提供流动照护服务和住院照护服务的照护机构，非专业福利产品提供者则指家庭照护人员。而对于国家而言，其不仅要关心保险资金的运转问题，还因涉及两个方面的福利产品提供者而更加关注福利产品提供质量问题[2]，这增加了长期照护服务体系的复杂性。

二 第二阶段：相关行为体对体系的设想

第二阶段主要在20世纪80年代进行。1980年，由联邦和州政府组成的"流动照护和住院照护服务建立与资金支持工作组"（Aufbau und Finanzierung ambulanter und stationärer Pflegedienste）提出，要建立一个全新的长期照护服务体系，并且对新体系中的资金收支进行估算。[3] 对于主要

---

[1] Ulrike Götting and Karl Hinrichs, "Probleme der politischen Kompromißbildung bei der gesetzlichen Absicherung des Pflegefallrisikos – Eine vorläufige Bilanz", p. 53.

[2] Ulrike Götting and Karl Hinrichs, "Probleme der politischen Kompromißbildung bei der gesetzlichen Absicherung des Pflegefallrisikos – Eine vorläufige Bilanz", p. 54.

[3] Ulrike Götting and Karl Hinrichs, "Probleme der politischen Kompromißbildung bei der gesetzlichen Absicherung des Pflegefallrisikos – Eine vorläufige Bilanz", pp. 54-55.

执政党联盟党而言,最重要的是保持甚至降低对现有资金支付体系的依赖,而非继续加重政府负担。同样地,对于州政府和地方政府而言,居高不下的失业率使其需要负担大量失业金,因而也对这一改革比较积极,希望推动建立一个统一的长期照护资金支付体系。而对于雇主而言,为减少雇佣成本并提升竞争力,其更倾向于缩减保费的缴纳。

鉴于此,不同行为体提出了完全不同的方案。虽然如此,有三个原则作为所有方案的前提:首先,家庭照护服务和流动照护服务优先于住院照护服务;其次,计算照护人员养老金时应充分考虑其免费提供长期照护服务的时长;最后,住院照护服务中的食宿费用由长期照护需求者自付。①

(一) 相关行为体的立场

社会政策的制定是在一个较小且相互关联的网络中进行的。这一网络包括各党派代表、保费收缴偿付机构(社会救助机构和医疗保险机构)以及支付保费的两个群体——雇主和雇员。具体到长期照护服务体系,其重要参与者还包括主要承担福利产品提供职责的慈善照护机构(Träger der freien Wohlfahrtspflege)。

1. 主要党派立场

(1) 联盟党

对联盟党而言,虽然其意识到建立长期照护服务体系的紧迫性,但内部分歧严重。由基督教民主联盟为主要执政党的州政府主要存在以下两种观点:巴登-符腾堡州主张建立覆盖45岁以上群体的私人保险模式;莱茵兰-普法尔茨州主张建立针对60岁以上老人的有区别的联邦转移支付体系。而由基督教社会联盟执政的巴伐利亚州,则主张通过医疗保险的扩展来覆盖65岁以上有严重照护需求的老人的长期照护服务体系。②

与此同时,联邦议院中的联盟党对此问题一直没有一个统一的看法,因而没有积极推动新体系的建立。时任联邦劳动和社会事务部(Bundesministerium für Arbeit und Soziales, BMA)部长、基督教民主联盟成员诺贝特·布吕姆(Nobert Blüm)认为,长期照护服务没有改进的必要,

---

① Ulrike Götting and Karl Hinrichs, "Probleme der politischen Kompromißbildung bei der gesetzlichen Absicherung des Pflegefallrisikos – Eine vorläufige Bilanz", p. 54.

② Ulrike Götting and Karl Hinrichs, "Probleme der politischen Kompromißbildung bei der gesetzlichen Absicherung des Pflegefallrisikos – Eine vorläufige Bilanz", pp. 55-56.

因而无须建立一个全新体系。① 诺贝特·布吕姆指出，若一个人已缴纳长期照护保险40年，那么他会认为其缴纳的部分足够日后有长期照护需求时的费用支出，从而放弃继续支付保费。这样看来，国家财政支出并没有因为新体系的建立和降低，长期照护保险体系无法解决社会救助支出不断上涨的问题。此外，很多官员表示，只有将德国的负债全部清偿完毕，才可以着手建立长期照护服务体系。② 然而在1990年联邦大选前夕，诺贝特·布吕姆突然宣布，将建立一个财务独立，但在医疗保险体系领导下的长期照护服务体系。其缴费人群同医疗保险相似，但福利覆盖人群远多于医疗保险。这一社会保险体系将在下一届立法周期（1990—1994年）进行讨论。③ 这一体系得到了联盟党中支持扩大社会福利的团体的广泛赞同，却遭到了党内主张降低雇佣成本的自由市场团体和联合执政党自由民主党（FDP）的反对。

（2）自由民主党

自由民主党由于传统上较少关注社会政策领域，党派支持者对其在这方面也没有什么期待，因而该党在1984年才开始介入长期照护服务体系的建立进程。由于代表了高收入群体、医疗保险机构和商家利益，因而其强烈反对建立社会保险模式，担心会带来雇佣成本的上升。该党认为，强制社会保险使得高收入群体无法平等地享受福利收益，且福利产品很有可能流入非需求者手中。④ 由于反对强制保险，该党最初提出建立一个由税收进行适当补充的私人自愿缴费体系，后于1991年改为建立强制私人保险体系。⑤ 他们认为，强制私人保险不但能够降低雇佣成本，还能促进私人保险的发展。此外，他们主张只进行照护津贴的支付，而不提供实物给付，

---

① Ulrike Götting, Karin Haug and Karl Hinrichs, "The Long Road to Long-Term Care Insurance in Germany", pp. 292-293.

② Andrea L. Campell and Kimberly J. Morgan, "Federalism and the Politics of Old-Age Care in Germany and the United States", p. 900.

③ 一种说法是，诺贝特·布吕姆对建立长期照护服务体系态度的转变是为了在大选来临前赢得更多选票。参见Ulrike Götting, Karin Haug and Karl Hinrichs, "The Long Road to Long-Term Care Insurance in Germany", pp. 292-297.

④ Ulrike Götting and Karl Hinrichs, "Probleme der politischen Kompromißbildung bei der gesetzlichen Absicherung des Pflegefallrisikos - Eine vorläufige Bilanz", p. 66.

⑤ Jens Alber, "The Debate about Long-Term Care Reform in Germany", p. 264.

以便给长期照护需求者以更多选择。①

(3) 社会民主党

由于由社会民主党（SPD）组阁的几个州政府都面临社会救助所带来的巨大财政压力，因此，该党强烈主张建立长期照护服务体系，但对具体模式则举棋不定。1985年，由社会民主党领导的黑森州政府提出草案，主张建立完全独立的社会长期照护保险模式并强制缴费。1988年，社会民主党党代会提出建立一个由税收转移支付的长期照护服务体系，并根据《卫生改革法》的内容于当年底最终成形。② 上述两种方案在联邦政府、社会救助机构和公民应承担什么比例的费用方面存在较大差异，然而无论采取哪种方式，社会民主党都希望建立起一个由所有人承担风险、所有人共享福利的支付体系，即风险不应仅由中等收入群体承担，而应由雇员、公务员和自由职业者共同分担。由于德国统一以及由此带来的财政困境，该党最终于1991年提出建立一个由雇主和雇员共同承担保费的社会保险模式。

(4) 联盟90/绿党

联盟90/绿党（Bündnis 90/Die Grüne）提倡自主决定生活方式。因而，其倡导的长期照护服务体系包含以下几个特点：首先，以税收转移支付的方式覆盖费用支出。该模式可以在长期照护费用上涨，或者照护人员工资显著下降时作出快速反应。③ 因此，其提议对于照护费用的偿付进行全覆盖，并且不与工资收入挂钩。其次，联盟90/绿党关注长期照护需求者的自主决定权，因而主张长期照护需求者在福利产品提供的种类和方法上的决定权应有所提升。同时，该党提倡将住院照护机构逐渐转变为流动照护机构，以便让长期照护需求者可以更自如地生活，而非被拘束在固定空间中。④ 最后，将照护费用分担给更多人，而非由少数人承担。因而，其建议联邦政府和州政府各负担一半的保费。

---

① Ulrike Götting and Karl Hinrichs, "Probleme der politischen Kompromißbildung bei der gesetzlichen Absicherung des Pflegefallrisikos – Eine vorläufige Bilanz", p. 56.

② Ulrike Götting and Karl Hinrichs, "Probleme der politischen Kompromißbildung bei der gesetzlichen Absicherung des Pflegefallrisikos – Eine vorläufige Bilanz", p. 66.

③ Ulrike Götting, Karin Haug and Karl Hinrichs, "The Long Road to Long-Term Care Insurance in Germany", p. 296.

④ Jörg A. Meyer, *Der Weg zur Pflegeversicherung: Positionen-Akteure-Politikprozesse*, Frankfurt am Main: Mabuse-Verlag GmbH, 1996, p. 295.

2. 工会和雇主立场

工会立场因涉及多方利益而有所摇摆。一方面，其代表了普通雇员的利益。由于长期照护保险的直接受益者，即长期照护需求者一般来讲在需要长期照护服务时多处于失业或退休状态，不再是工会会员，因此雇员更希望降低其在受雇时社会保险支出，从而为其创造更高的被雇佣可能性，而非考虑保险直接受益者的利益。另一方面，工会还代表了受雇为照护人员的利益。其认为长期照护服务负担过重，而社会缺乏相应的制度保障，因而需要更多的资金支持来保障照护人员的利益。上述两种观点虽存在一定冲突，但无论如何，工会希望建立起一个不与收入挂钩的长期照护服务体系。因此，其最初支持税收的转移支付模式，进而支持医疗保险分支下的长期照护保险模式。总体而言，工会的立场与社会民主党观点相近。

对于雇主联合会而言，其更倾向于保持现状。雇主认为长期照护需求是纯粹的个人风险问题，与雇主关系较小。因此，雇主不应承担保费缴纳责任，从而降低雇佣成本。然而，作为"社会伙伴"，雇主联合会无法公开反对体系改革，只能做出愿意承担相应社会责任的姿态。① 因而，其没有提出明确的改革方案，只是通过直接倡议或加入其他利益集团的方式来减少自身在雇佣成本方面的支出。总结起来，雇主更倾向于私人保险体系的建立，反对有可能增加雇佣成本的社会保险模式。

3. 慈善照护机构立场

慈善照护机构属于长期照护服务的提供者。在《长期照护保险法》实施前，由于市场介入不多，而辅助性原则强调慈善照护机构在福利产品提供中的重要作用，使得国家对慈善照护机构予以特殊支持，后者处于垄断地位。20世纪80年代，慈善照护机构承担德国55%的照护院的运行，并几乎承担所有流动照护服务。② 关于慈善机构的显著优势这一问题将在后文予以详述。

多年福利产品的提供经验使得慈善照护机构强调照护质量提升的必要性。鉴于此：首先，慈善照护机构认为住院照护服务的照护质量应该同医

---

① Ulrike Götting, Karin Haug and Karl Hinrichs, "The Long Road to Long-Term Care Insurance in Germany", p. 295.

② Jörg A. Meyer, *Der Weg zur Pflegeversicherung：Positionen-Akteure-Politikprozesse*, p. 189.

院看齐，提供相应的医疗药品、康复手段和心理疏导，让长期照护需求者感到在照护机构同样可以享受医院的治疗效果。其次，其强调通过资金支持力度的提升从而保障流动照护服务质量。这一方面可以保证长期照护需求者在熟悉的环境中生活，另一方面使得长期照护需求者有更大的选择余地。最后，慈善照护机构认为，与其说照护人员不足，不如说是有一定资质的照护人员数量不足，因而提升照护人员的服务质量迫在眉睫。因此，慈善照护机构倡导在长期照护服务体系的改革过程中资金支持渠道的进一步扩展。

鉴于此，慈善照护机构认为通过自愿缴纳私人保险维持长期照护服务体系的运营，并不是理想的选择。他们指出，私人保险会存在因为非强制性而导致保费收入过低，从而形成同给付金额过多之间的张力，使得每个长期照护需求者得到的费用偿付较低。由于长期照护需求风险同医疗照护需求风险相似，因此与法定医疗保险形式相类似的费用偿付方式更适合长期照护服务体系。同时，社会保险的解决方案也能够将一直未得到足够重视的住院照护服务的费用偿付问题纳入长期照护服务体系。

因而，慈善照护机构开始寻求将长期照护保险同法定医疗保险进行类比的道路。此外，他们指出，长期照护保险同法定医疗保险还需进行适当程度的区分：一方面，慈善照护机构希望新的保险所覆盖的范围比医疗保险的范围更广。例如，工人福利协会（Arbeiterwohlfahrt，AWO）提出建立强制保险体系，个人缴纳的保费与收入水平无关。① 另一方面，慈善照护机构对于以实物给付进行福利产品提供的方式较为排斥。其指出，实物给付会带来国家更多地介入慈善照护机构的日常运营，而现金支付方式可使慈善照护机构根据个人需要进行服务提供。虽然在以上两个方面达成了共识，但具体将两个保险体系进行何种程度的区分，在不同的慈善照护机构间依旧存在差异。②

另外，需要指出的是，由于慈善照护机构并不关心照护费用如何偿付，而只关心资金支持的最大化，所以当长期照护保险基金无法满足慈善

---

① Arbeiterwohlfahrt, "Arbeiterwohlfahrt fordert Einführung einer Pflegeversicherung", *Theorie und Praxis der sozialen Arbeit*, Jahrgang 41, No. 9, 1990, p. 346.

② Jörg A. Meyer, *Der Weg zur Pflegeversicherung: Positionen-Akteure-Politikprozesse*, p. 189.

第一章 背景:长期照护服务体系的建立过程

照护机构费用支出的时候,其提出通过社会救助进行补充。①

4. 福利产品费用偿付者立场

福利产品费用偿付者主要包括社会救助和社会保险机构。与慈善照护机构所关注的尽量多地享受资金支持相异,社会救助和社会保险机构无法无限制地扩展长期照护服务的覆盖范围,否则会带来资金需求的进一步扩大。鉴于此,这些机构一方面需要收紧预算,防止入不敷出的现象持续恶化;另一方面还需要确保社会和谐,不会因保费较高而造成缴费者的不满。②

(1)社会救助机构

社会救助机构首先强调的是费用偿付的削减。同时,社会救助机构还关心长期照护需求者的利益,因而其对于长期照护服务体系的建立宗旨是,为了保障长期照护需求者的利益,需要社会保险的介入。

社会救助机构着手寻求长期照护服务体系的变革是在1974年,彼时用于照护救助费用占社会救助总支出的27.7%,为历年最高。③ 鉴于此,社会救助机构提出,将住院照护机构所产生的照护费用也纳入医疗保险的偿付范围。1976年,社会救助机构就长期照护服务体系的建立提出草案。1983年,经过同各地方机构及慈善照护机构的协商,一个改良版的长期照护服务体系立场出台,其主要包括以下几个方面:在法定医疗保险体系的框架下建立社会长期照护保险体系;所有缴纳法定医疗保险的个人都需缴纳社会长期照护保险,其中雇主负担一半费用;鼓励非义务法定医疗保险缴纳者也缴纳社会长期照护保险;仅限老年人有权享受长期照护服务的福利给付,且对流动照护服务和住院照护服务的费用都予以偿付;照护人员所提供照护服务的时间计入法定养老保险的缴纳时间。④ 从日后颁布的《长期照护保险法》来看,社会救助机构的利益诉求得到了较大程度的

---

① Jörg A. Meyer, *Der Weg zur Pflegeversicherung: Positionen-Akteure-Politikprozesse*, p. 190.
② Jens Alber, "Ausmaß und Ursachen des Pflegenotstands in der Bundesrepublik", in *Max Planck Institute for the Study of Societies (MPIfG) Discussion Paper*, No. 3, 1990, p. 2.
③ Jörg A. Meyer, *Der Weg zur Pflegeversicherung: Positionen-Akteure-Politikprozesse*, p. 156.
④ Bundesvereinigung der kommunalen Spitzenverbände et al., "Gemeinschaftsvorschlag zur Einführung einer Pflegekostenversicherung", *Theorie und Praxis der sozialen Arbeit*, Jahrgang 34, 1983, p. 122.

满足。

（2）法定医疗保险机构

20世纪70年代时，法定医疗保险机构对于长期照护服务体系的改革并不关注。然而自20世纪80年代以来，由于法律规定长期照护服务的费用也由法定医疗保险进行偿付，因而法定医疗保险机构提出需要将"患病"和"长期照护需求"两个词进行严格区分。法定医疗保险机构还指出，若要同时负担长期照护服务的费用，则需要将缴费率提升到4%。① 考虑到法定医疗保险机构需要同私人医疗保险机构进行竞争的现实，而过高的缴费率会降低其竞争力，因而法定医疗保险机构认为，不应降低社会救助机构在长期照护中的职责。他们指出，长期照护服务体系的改革应关注提升长期照护需求者的生活质量，而不仅仅是减轻国家的转移支付比例。法定医疗保险机构认为，在制定新的政策时存在对社会救助认识的偏差：虽然社会救助是社会福利体系的最后一道防线，但其是不可分割的一部分，因而不应忽视社会救助的重要性。同时，法定医疗保险机构也指出，实现长期照护服务体系良性运转的根本解决办法是建立全民统一的、独立的缴费体系。

根据日后《长期照护保险法》的规定，法定医疗保险机构同时管理社会长期照护保险基金，但在保费收取及费用偿付方面同法定医疗保险基金相互独立。这使得法定医疗保险机构作为社会长期照护保险基金的基础架构，为后者的建立提供了方便。同时，正如最初法定医疗保险机构所坚持的，社会救助并没有完全退出长期照护服务体系，起到了最后的屏障这一不可或缺的作用。因而，法定医疗保险机构的诉求也得到了较大程度的满足。

与此同时，一些其他行为体也提出了自己的立场。私人医疗保险机构希望同法定医疗保险机构一样，在长期照护服务体系中占有一席之地，并且不与社会长期照护保险基金相冲突。联邦医师协会（Bundesärztekammer）指出，联邦政府应该从税收中为长期照护需求者提供照护津贴。这一数额不但要根据照护需求情况，还要根据长期照护需求

---

① Jürgen Boese and Maria R. Heuser, "Pflegeversicherung – ein Konzept zur Lösung der Versorgungsprobleme im geriatrischen Sektor?" *Sozialer Fortschritt*, Vol. 31, No. 7, 1982, p. 159.

者的收入进行计算。职员医疗保险基金联合会（Verband der Angestellten-Krankenkassen，VdAK）① 则提出将社会长期照护保险纳入法定医疗保险范畴。为了节省支出，有资格享受费用偿付的人群仅限于极度依赖或非常依赖长期照护服务的个人。② 在给付额度上，其主张延续《卫生改革法》的标准，但可以扩展到住院照护服务领域。

综上所述，各相关行为体都基于各自的利益诉求，对长期照护服务体系的建立方案提出了设想。这些方案中有的可以进行一定程度的折中，有的则大相径庭。因而，若想建立一个最大限度满足各方利益的长期照护服务体系，需要进行进一步的讨论和妥协。

（二）模式争论焦点

通过上文的论述，我们可以将其归纳为三种模式：市场模式、转移支付模式和社会保险模式，每种模式下又涵盖几个分支模式。

1. 市场模式

主张建立市场模式的团体持这样一种观点，即并非所有人都有长期照护需求，只有少部分人存在这种需求。因此，费用承担方也应集中在小部分人群中，也就是由私人机构承担。③ 在这里，市场模式细分为三种不同的方案，如表1-1所示。

第一种方案是自由民主党提出的强制私人保险方案。这一方案强调每月缴纳33马克的统一保费，而非根据参保人的长期照护需求风险程度进行分层次缴纳。此外，其覆盖受益人群为25岁以上的公民。

第二种方案是1991年由德国雇主联合会联邦协会（Bundesvereinigung der Deutschen Arbeitsgeberverbände，BDA）提出。缴费方式包括两个层面，一个层面是25—60岁的公民均需缴纳的强制私人保险，另一个层面是60岁以上人群额外支付的、现收现付制的长期照护保险。④ 而雇主也需承担部分保费的缴纳。对于25—60岁的强制私人保险，则根据长期照护需求风

---

① 职员医疗保险基金联合会于2009年改为"补充保险公司联合会"（Verband der Ersatzkassen，vdek）。

② Reinhold Thiede, "Neue Ansätze zur Absicherung des Pflegerisikos: Überblick über die sozialpolitische Diskussion des Jahres 1990", p. 66.

③ Thomas Ruf, "Pflegeversicherung: Der falsche Weg", *Arbeit und Sozialpolitik*, 1985, pp. 223-225. Cited from: Jens Alber, "The Debate about Long-Term Care Reform in Germany", p. 269.

④ Jens Alber, "The Debate about Long-Term Care Reform in Germany", p. 265.

险程度进行保费收取。

第三种方案是在1990年由基督教民主联盟为主要执政党的巴登-符腾堡州政府提出。这一方案同样强调强制私人保险的缴纳,并且倡导政府给予低收入群体以适当救助。此方案也规定统一保费,其中45岁以上公民需缴纳私人长期照护保险,对于已退休或者已经有长期照护需求的人而言也需缴纳相应保费。① 保费标准为每月40—50马克不等。② 此外,这一方案还规定了不同照护需求等级的偿付标准。

然而,上述三种方案因分歧太大而难以弥合,无法提出一个统一的市场模式。例如,自由民主党由于主张降低雇主的雇佣成本,因此抵制雇主联合会联邦协会的雇主支付部分保费的方案。

表1-1　　　　　　　　市场模式的三种方案比较

项目	自由民主党（1991年）	雇主联合会联邦协会（1991年）	巴登-符腾堡州（1990年）
政策模式	早期方案：自愿私人保险；后期方案：强制私人保险	强制私人保险+保费额外缴纳	强制私人保险
融资方式	基金制	基金制+现收现付制	基金制
覆盖受益人群	25岁以上长期照护需求者	25岁以上长期照护需求者	45岁以上长期照护需求者（已有长期照护需求的人不受此年龄限制）
缴费方式			
缴费群体及机构	所有公民	强制私人保险：25—60岁公民；额外缴纳：60岁以上公民、雇主	45岁以上公民（辅以社会救助）
计算方式	统一保费	根据风险程度缴纳	统一保费

---

① Reinhold Thiede, "Neue Ansätze zur Absicherung des Pflegerisikos: Überblick über die sozialpolitische Diskussion des Jahres 1990", p.63.

② Jens Alber, "The Debate about Long-Term Care Reform in Germany", p.265.

续表

项目	自由民主党 (1991年)	雇主联合会联邦协会 (1991年)	巴登-符腾堡州 (1990年)
保费额度	33马克/月	方案一：25岁22马克/月至60岁88马克/月； 方案二：25岁30马克/月至60岁60马克/月； 方案三：25岁不缴费至60岁93马克/月	40—50马克/月不等
收益			
收益条件			对流动和住院照护服务有强依赖的公民
收益类型			根据需求确定福利产品
收益等级			根据照护需求等级区分： 等级一：750马克/月； 等级二：1125马克/月； 等级三：1500马克/月
预计支出（每年）	220亿马克	147亿马克来自私人保险缴纳者；59亿马克来自雇主，共计206亿马克	保险偿付费用未知 社会救助中18亿马克来自联邦政府；28亿马克来自其他所有公共部门

注：1. 资料来源：Jens Alber, "The Debate about Long-Term Care Reform in Germany", p.266。
2. 笔者略有增减。

市场模式有其固有缺陷。首先，该模式实施的前提存疑。正如前文所述，对于65岁的老年人，其余生需要得到流动照护服务的可能性约为70%，需要得到住院照护服务的可能性约为50%。这一比例如此之大，以至于市场模式所坚持的"小范围群体"有照护需求的前提无法站住脚。

其次，市场模式在实施初期，由于几乎没有资金基础，私人保险的基金制使得福利给付较少，因而对于已经或即将有照护需求的人而言，其无法得到足够的资金支持来提升照护条件。这造成各级政府依然需要提供大量救助金。

最后，根据风险进行缴费调整的方式对老年人来说更不公平。雇主联合会联邦协会提出的三种收费方案中，有一种为60岁的公民每月缴费92马克。根据当时的收入计算，这笔款项相当于人均净收入的2.65%，或占缴纳养老保险 40 年的养老金收入的 6%①，占比较高。这会导致众多收入较低的老年群体寻求社会救助，无法缓解社会救助支出过高的现状。此外，"风险"被划定为随着年龄的增长，长期照护需求风险逐步加大。然而，根据统计数字，65 岁以上的女性对于照护需求的风险远高于男性，且这一差距随着年龄的增长不断增大。② 因此若只从年龄角度考虑照护风险，而不加入性别因素，则使得"根据风险"的划分方式欠缺说服力。

2. 转移支付模式

转移支付模式基于对个人进行补贴的方式，由国家从税收收入中负担长期照护费用。其主要包括三种方案，如表 1-2 所示。

第一种方案是由绿党于 1984 年提出，并于 1988 年改进。这一方案覆盖所有人群，其中联邦政府和各州政府平分费用支出。此方案强调流动照护服务的作用，并试图逐步废止住院照护服务。因此，其更倾向于进行照护津贴的支付，少量用于实物给付。

第二种方案是由基督教民主联盟为主要执政党的莱茵兰-普法尔茨州于 1986 年提出，并于 1990 年完善。这一方案将受益者限定在 60 岁以上。在费用支付方面，联邦政府承担约 46% 的费用，负责社会救助的地方机构负责 47% 的费用，另 7% 的费用由医疗保险基金承担。这一方案也更倾向于进行照护津贴的支付，辅以根据收入的社会救助，同时对住院照护服务予以相应补贴。在费用支付额度方面，此方案将流动照护服务和住院照护服务分别计算。

第三种方案是由社会民主党于 1988 年提出，覆盖所有长期照护需求者。这一方案由联邦政府负担约 95% 的费用，余下部分由医疗保险基金负担。其倡导流动照护服务，只有在需要特殊照护时提供住院照护服务，因而也更倾向于进行照护津贴的支付。照护费用偿付仅根据照护等级进行划分，而不区分照护服务方式。

---

① Winfried Schmähl, "Zur Finanzierung einer Pflegeversicherung in Deutschland", pp. 358 - 374. Cited from: Jens Alber, "The Debate about Long-Term Care Reform in Germany", p. 269.

② 参见联邦统计局统计数字：Statistisches Bundesamt, "Pflegebedürftige, Pflegequote und Bevölkerung nach Altersgruppen", in Statistisches Bundesamt, *Pflegestatistik 2019*: *Pflege im Rahmen der Pflegeversicherung - Deutschlandergebnisse*, 2020, p. 21.

表1-2　　　　　　　　　　转移支付模式的三种方案比较

项目	绿党 （1984/1988年）	莱茵兰-普法尔茨州 （1986/1990年）	社会民主党方案一 （1988年）
政策模式	税收转移支付	税收转移支付	税收转移支付
融资方式	国家税收	国家税收	国家税收
覆盖受益人群	所有有长期照护需求的公民	60岁以上的长期照护需求者	所有有长期照护需求的公民
费用负担比例	联邦政府50%； 各州政府50%	联邦政府约46%； 负责社会救助的地方机构47%； 医疗保险7%	联邦政府95%； 医疗保险5%
收益			
收益条件	主要为流动照护服务，逐步废止住院照护服务	60岁以上的流动和住院照护服务并存，流动照护服务优先	流动和住院照护服务并存，后者是前者的延伸
收益类型	根据需求的照护津贴（少量实物给付）	根据需求的照护津贴（辅以根据收入的社会救助）	根据需求的照护津贴
收益等级	根据需求，185—1488马克/月不等	流动照护服务：照护等级一236马克/月；等级二354马克/月；等级三590马克/月；住院照护服务：统一为885马克/月	照护等级一220马克/月；等级二440马克/月；等级三550马克/月。流动照护服务和住院照护服务相等
预计支出（每年）	210亿马克	72亿马克	66亿马克

注：1. 资料来源：Jens Alber, "The Debate about Long-Term Care Reform in Germany", p. 267。
　　2. 笔者略有增减。

需要指出的是，无论是哪种转移支付方式，其支持者并不多。总体来说，只有联邦医师协会和白领联合会对转移支付方式予以支持。[①] 联邦医师协会希望将医疗保险的缴费率降低，而白领则希望自身负担较少而享受相应福利。这一模式的支持者较少，主要基于以下两方面原因：一方面，

---

① Jens Alber, "The Debate about Long-Term Care Reform in Germany", p. 270.

由于医疗照护服务和长期照护服务间的界限并不分明，而医疗照护的支出大部分由医疗保险基金提供。若长期照护服务的费用以政府转移支付的方式进行偿付，会使得资金提供部门为了减少支出而将长期照护费用转移至医疗费用，从而无法体现长期照护服务体系的建立意义。另一方面，正如前文所述，长期照护服务体系改革的其中一个原因就是社会救助的负担过重，而这一模式并没有解决该问题，因而其遭到了几乎所有政府部门的一致反对。

3. 社会保险模式

社会保险模式是介于几乎全部由政府负担的转移支付模式和由私人保险机构负担的市场模式中间的一种模式，其也有不同的方案，如表1-3所示。1986年，由基督教社会联盟执政的巴伐利亚州提出将医疗保险延伸形成长期照护保险体系。1991年，社会民主党提出将长期照护保险作为医疗保险的一个分支，但在收支方面独立核算。其中缴费率随着时间的推移逐步上涨。该方案最终成为《长期照护保险法》的主要架构。

表1-3　　　　　　社会保险模式的两种方案比较

项目	巴伐利亚州（1986年）	社会民主党方案二（1991年）
政策模式	医疗保险框架下的长期照护保险	医疗保险框架下的长期照护保险
融资方式	现收现付制	现收现付制
覆盖受益人群	65岁以上的医疗保险投保人	所有有长期照护需求的公民
缴费方式		
缴费群体及机构	缴纳医疗保险的雇主和雇员为主，联邦政府补助为辅	缴纳医疗保险的雇主和雇员为主，联邦政府补助为辅
计算方式	同收入挂钩并设定上限	同收入挂钩并设定上限
保费额度	收入的0.2%（联邦政府每年补贴35亿马克）	收入的1.4%（联邦政府每年补贴6.2亿马克）
收益		
收益条件	65岁以上的流动照护服务和住院照护服务，流动照护服务优先	流动照护服务和住院照护服务
收益类型	根据需求的照护津贴	根据需求的照护津贴和实物给付

续表

项目	巴伐利亚州（1986年）	社会民主党方案二（1991年）
收益等级	平均 600 马克/月	流动照护服务：照护等级一 500 马克/月；等级二 1200 马克/月；等级三 1500 马克/月 住院照护服务：除食宿费用外，其他费用全部由保险基金负担
预计支出（每年）	47 亿马克	260 亿马克

注：1. 资料来源：Jens Alber, "The Debate about Long-Term Care Reform in Germany", p.266。
2. 笔者略有增减。

这一模式获得了基督教民主联盟中工人和妇女团体的广泛支持，以及慈善照护机构、社会救助机构、德国工会联合会（Deutscher Gewerkschaftsbund, DGB）和法定医疗保险机构的支持。而对于雇主而言，其强调只有在长期照护保险带来的雇佣成本上升问题能够得到弥补的前提下，才有可能支持该模式。①

从上述三种模式可以看出，大部分方案都更支持以照护津贴作为偿付方式。许多方案还提出由各级政府和医疗保险基金承担部分费用。此外，市场模式和社会保险模式强调了雇主在分担保费方面的重要性。虽然如此，对于照护等级的划分标准、保费以什么样的比例进行分摊的问题上，各方案间依旧存在较大差异。这些差异是之后模式博弈时重点讨论的问题。

由于社会民主党于1982年不再联合执政，且转移支付模式的支持率较低，因而该模式逐渐被边缘化。尤其当1990年诺贝特·布吕姆宣布将保险模式作为长期照护服务体系的主要方案时，转移支付模式顿时丧失了竞争资格。因此，在1990年底，仅剩社会保险模式同私人保险模式之争，争论焦点也转变为两种模式以哪个模式为主，并且如何将两种模式进行融合的问题。

三 第三阶段：照护模式的博弈与法案的颁布

这一阶段主要是社会保险模式与市场模式之间的争论，从1990年持续

---

① Jens Alber, "The Debate about Long-Term Care Reform in Germany", p.270.

到法案颁布的 1994 年。起初，两个模式的支持者都声称，或者自己所支持的模式可以成为长期照护服务体系的最终模式，或者两个模式都无法通过。实际上，除了激烈争论外，两个团体还向对方作出了若干实质性的让步。

具体而言，由诺贝特·布吕姆带领的联盟党内主张扩大社会福利的团体提出的完全社会保险方案无法得到党内自由市场经济团体的赞同。① 同时，包括自由民主党和联盟党自由市场经济团体在内的群体坚持私人强制保险模式的立场。然而，上述两个团体由于缺乏团结，仅仅为反对社会保险方案而反对，无法提出统一的方案，因而市场模式缺乏广泛支持。到 1991 年，社会保险模式的反对者已经意识到，其所推崇的私人强制保险模式很难获得胜利，其试图阻止长期照护服务体系的建立已不切实际。

与此同时，诺贝特·布吕姆开始寻求社会民主党的支持，因为后者在联邦参议院的选举中获得多数席位。1991 年夏，社会民主党拟订了一个社会保险模式方案并提交联邦议院。然而，该方案于当年 9 月被联邦议院否决。与此同时，诺贝特·布吕姆将民众的焦点引向了社会保险模式的优势：在现收现付制的条件下，那些急需长期照护服务以及家庭照护服务的提供有困难的个人，可以马上享受到专业的长期照护服务。通过强调个人对于长期照护服务需求的紧迫性，诺贝特·布吕姆呼吁基督教民主联盟通过将长期照护保险作为第五支柱，重申其作为全民党的宗旨和对团结的承诺。②

1991 年秋，联盟党内主张扩大社会福利的团体通过一定程度的妥协，换取了党内自由市场经济团体的支持，这使得自由民主党成为唯一的市场模式的支持者。摆在自由民主党面前的只有两个选择：或退出联合政府，或接受社会保险模式。由于第一种选择会导致联盟党和社会民主党组成大联合政府，并且顺利通过社会保险模式，两害相权取其轻，自由民主党只得转而支持社会保险模式。而自由民主党在博弈中赢得了有利条件，即雇主在支付长期照护保险时只负担一半费用，并通过取消一个法定假日减轻

---

① Ulrike Götting, Karin Haug and Karl Hinrichs, "The Long Road to Long-Term Care Insurance in Germany", p. 299.

② Andrea L. Campell and Kimberly J. Morgan, "Federalism and the Politics of Old-Age Care in Germany and the United States", p. 900.

了雇主的缴费责任。①

此外，为了进一步融合自由民主党内的反对声音，基督教民主联盟提出对"病假期间工资照发"（Lohnfortzahlung）②的改动。这一改动引入了"等候时间"，即雇主本应在雇员自患病之日起就支付法定病假工资，变为其在雇员患病的第一天和第二天免除这项义务。这一政策一经提出，立刻遭到了社会民主党和工会的反对。社会民主党认为该提议存在对雇员权利的蔑视；工会则指出大约80%的雇员从病假第一天起，其工资就由集体协议确定③，而等候时间的规定不符合法律安排。社会民主党甚至指出，如果长期照护保险法案中包含等候时间问题，将不会允许该法案在联邦参议院获得通过。虽然如此，包含等候时间的长期照护保险法案还是于1993年7月提交联邦议院。

之后不久，联盟党提出取消部分公共假期的多倍工资制度，使得员工在一些假期工作却无法得到相应报偿，并将这一制度代替之前提出的"等候时间"规定。然而，这一制度依旧与社会民主党的理念背道而驰。即使两院间的协调委员会做了大量工作，社会民主党依旧强调，其不会就任何一个带薪公共假日作出让步，并于1993年12月否决了这一法案。

随着1994年大选的临近，社会民主党和联盟党之间博弈的天平发生了倾斜。由于执政党曾承诺在本届立法周期内颁布长期照护保险法案，留给联盟党的时间已经不多。随着争论的持续，联盟党的筹码越来越小，而社会民主党的诉求得以实现的可能性越发加大。

在1993年7月提交给联邦议院的法案中，已经为分阶段实施长期照护服务体系提供了时间表，并得到了普遍支持。在之后的1994年1月，时任联邦财政部部长特奥·魏格尔（Theo Waigel）提出了分阶段实施长期照护服务体系的具体方案。④ 社会民主党认为，这一方案使得两个党派间的谈

---

① Ulrike Götting, Karin Haug and Karl Hinrichs, "The Long Road to Long-Term Care Insurance in Germany", p. 300.
② 这一原则规定，雇员在因病无法正常工作的前六周内，雇主仍需对其支付工资。若六周后仍无法正常工作，则由法定医疗保险进行支付。
③ Ulrike Götting, Karin Haug and Karl Hinrichs, "The Long Road to Long-Term Care Insurance in Germany", p. 300.
④ Ulrike Götting, Karin Haug and Karl Hinrichs, "The Long Road to Long-Term Care Insurance in Germany", p. 302.

判成为可能。1994年3月，联盟党、自由民主党和社会民主党就长期照护服务体系达成一致。1994年4月，《长期照护保险法》最终获得联邦两院通过并正式颁布。《长期照护保险法》的颁布过程如表1-4所示。

表1-4 《长期照护保险法》颁布过程

时间	主要事件
1990年9月	基督教民主联盟宣布长期照护的社会保险模式作为社会福利体系的第五支柱将由下一届议会进行讨论
1991年1月	联合政府同意将对长期照护服务体系进行讨论
1991年夏	社会民主党的长期照护保险法案提交联邦议院
1991年9月	社会保险模式在联盟党中获得多数支持；社会民主党的法案被联邦议院否决
1992年6月	联合政府同意在社会保险模式下进行长期照护保险方案的讨论
1993年7月	联邦政府的长期照护保险法案提交联邦议院
1993年12月	联邦政府的法案被联邦参议院否决
1994年3月	联盟党、自由民主党和社会民主党就长期照护服务体系达成一致
1994年4月	《长期照护保险法》获得联邦议院和联邦参议院通过并颁布

资料来源：Ulrike Götting, Karin Haug and Karl Hinrichs, "The Long Road to Long-Term Care Insurance in Germany", p. 298。

小 结

德国的社会福利体系从中世纪就已现雏形，教会、地方政府和自助组织在社会福利提供方面扮演了重要的角色。1883—1889年，俾斯麦陆续颁布《工人医疗保险法》《工伤事故保险法》及《残疾和养老保险法》，创立了德国所特有的社会保险体系。在魏玛共和国时期，《职业介绍及失业保险法》的颁布使之成为德国社会保险体系的第四支柱。然而，经济大萧条和之后的纳粹时期，对德国的社会福利体系造成了一定程度的破坏。到冷战时期，西方阵营和东方阵营在各自占领区分别建立了不同的社会福利体系，民主德国设立了统一的社会保险体系，联邦德国则恢复了分类式的社会保险体系，并对该体系进行逐步完善。德国统一后，社会福利体系进一步发展。其中最值得关注的即是1994年颁布的《长期照护保险法》，长期照护保险成为德国社会保险体系的第五支柱。该法案也是本书讨论的重点。

虽然长期照护保险的设立填补了德国社会保障体系的一个空白，但以该保险为基础形成的长期照护服务体系，在建立过程中并非一帆风顺。老年人作为长期照护服务最主要对象的社会地位较低、照护人员无暇顾及个人权益、公民不愿承认有照护需求的观念束缚，以及家庭在社会服务提供中的重要作用，使得长期照护服务体系的建立遇到了一定程度的阻碍。然而，人口结构变化带来的老龄化程度加剧和潜在家庭照护人员数量的下降，以及社会救助金的捉襟见肘，最终推动了长期照护服务体系的建立。

体系的建立主要包括三个阶段，其时间从20世纪70年代延续至90年代。首先，对于"长期照护需求者"的概念、资金支持方式以及照护人员人手不足三个问题的明确，为之后长期照护服务体系的建立打下了基础。其次，相关行为体对体系提出了不同设想，这些团体包括联盟党、自由民主党、社会民主党、联盟90/绿党等主要党派，以及工会和雇主协会、慈善照护机构、社会救助机构和法定医疗保险机构等。综合各个行为体的立场，最终形成了市场模式、转移支付模式和社会保险模式三个主要资金供给方式。最后一个阶段是照护模式的博弈与法案的颁布。转移支付模式由于无法缓解资金入不敷出的压力，因而最先失去竞争力；市场模式则由于各方案间无法形成统一意见，也逐渐丧失了支持者。在社会保险模式中，主要执政党联盟党同联邦参议院的主要党派社会民主党进行了较为激烈的博弈，最终于1994年4月颁布《长期照护保险法》。

从法案博弈过程来看，新建立的长期照护服务体系有两方面优势。一方面，体系延续了德国社会保险的传统，因而更容易为多数人所接受。法案的颁布过程是路径依赖的实践。该法案延续了俾斯麦的社会保险体系，继续将长期照护保险作为社会保险的一部分，为之后制定政策时如何遵从既有路径提供实践经验。另一方面，该体系既保证了老年人的利益，又保障了年轻人的权益。现收现付制使目前有照护需求的个人，尤其是老年人能够马上得到资金支持。同时，未来存在照护需求的劳动力人口也得到了相同的保障，没有人会因为年龄和照护需求风险的差异而被排除在这一体系之外。

而从体系的实施情况来看，一方面，该体系使得国家通过税收进行转移支付的压力得到显著缓解，国家在体系建立后通过规定保费的收缴比例和费用偿付方式，指导长期照护保险机构进行具体实施并予以监督。虽然照护机构并没有从国家那里直接得到资金支持，但实际上国家借助各保险机构的"手"完成了资金提供者的职责。另一方面，长期照护服务体系的建立使得国家作为福利产品提供者的职责明显下降，其将注意力转移到履行管理职能方面；而福利产品提供者的职责则由以慈善照护机构为主的非营利组织、市场中的营利机构以及家庭三者分担。上述两点将是后文着重讨论的内容。

然而这一体系也有其劣势。一方面，由于法案实际讨论时间较短且综合各方利益，因而其政治意义较小，仅仅是最大限度地满足了各种行为体的诉求，体系设立的宗旨在实践过程中大打折扣。例如，对于照护人员不足的问题并没有在法案中得以解决，而这一问题一直持续至今。另一方面，在这一体系中，仅做到了费用负担的转移：州政府、地方政府和较为富裕的长期照护需求者，其或大幅度减少开支，或能够通过购买更多服务而提升生活质量。而对于财务状况一般的长期照护需求者，尤其是较为贫困的个人而言，由于照护费用攀升较快，而体系的完善进程相对滞后，其仍需负担较为繁重的照护费用，生活状况并没有得到明显改善。这一困境在最近几年越发突出。上述两方面劣势也将在后文进一步展开。

第二章 理论：福利多元主义理论及相关概念

通过上文对德国长期照护服务体系建立过程的阐述，我们可以发现，该体系除了缓解国家在照护服务费用方面的巨大支出，还减轻了国家在福利产品提供方面的职责，转而由家庭、非营利组织和市场共同承担。而上述四个部门架构了本书的主要理论——福利多元主义理论。因而，需要对福利多元主义理论，以及将会涉及的其他一些重要概念，如福利国家、法团主义、辅助性原则、私有化等进行简要阐述。

第一节 福利多元主义理论

一 福利多元主义理论概述

福利多元主义（welfare pluralism, Wohlfahrtspluralismus）理论首次于20世纪70年代提出，并在90年代得到越发广泛的讨论。在此之前，福利产品的提供主要由国家完成，因而也被称为"福利国家"（welfare state, Wohlfahrtsstaat）。这一概念将在后文进行详述。然而，国家提供的福利产品不断扩大，不但带来了国家权力的持续扩张，而且削弱了公民社会的互助精神，因而福利多元主义理论越发受到欢迎。这一理论认为，社会服务和医疗照护的提供需要由多部门完成，而非完全由国家承担。由于所谓的"多"部门不尽相同，因而发展出福利三角形、福利四边形和福利五边形观点。就福利三角形而言，包括国家、非营利组织和市场；福利四边形则除上述三个部门外，还包括家庭；对于福利五边形而言，则除上述四个部门外，还包括以亲戚和熟人朋友为代表的社会网络。① 由于在福利三角形中未对家庭的作用予以足够重视，而家庭正是德国社会服务领域中非常重要的服务提供者；而在福利五边形中将社会网络和家庭进行拆分又显得过于细碎，因此，本书采用福利四边形的观点，即照护服务体系需由四个部门合作完成：国家（公共部门）②、家庭（非正式部门）、非营利组织（第三部门）以及市场（营利部门）。③ 托马斯·克里和保罗-斯特凡·罗斯（Paul-Stefan Ross）在2005年提出了包含四个部门的福利多元主义理论模型，涵盖各部门的主要福利供给方、特点及核心价值等，如图2-1所示。

图2-1 福利多元主义理论的四个部门模型

资料来源：Thomas Klie and Paul-Stefan Ross, "Wie viel Bürger darf's denn sein? Bürgerschaftliches Engagement im Wohlfahrtsmix – eine Standortbestimmung in acht Thesen", *Archiv für Wissenschaft und Praxis der sozialen Arbeit*, H. 4, 2005, pp. 20-43. 转引自 Thomas Klie, "Wohlfahrtspluralismus und Subsidiarität in modernen Gesellschaften: Grundlagen für neue Antworten auf die Frage: Who cares?" p. 482。笔者略有改动。

---

① 刘涛：《福利多元主义视角下的德国长期照护保险制度研究》，《公共行政评论》2016年第4期。

② 需要说明的是，本书所述"国家"并非仅仅包括狭义上的民族国家，还包括各科层政府机构。因而，"国家"实际上代表着所有"公共部门"。

③ Thomas Klie, "Wohlfahrtspluralismus und Subsidiarität in modernen Gesellschaften: Grundlagen für neue Antworten auf die Frage: Who cares?" pp. 480-481.

从图2-1可以看出，福利多元主义理论认为，四个部门根据各自特点发挥相应作用：国家通过立法部门制定政策，承担社会福利的发起者、管理者和调解者作用，使社会福利得到尽量公平的分配，而非专注于福利产品的提供。非营利组织作为公民参与的途径持续发挥作用，其通过社会组织和公民团体，以协商的方式输出利益，并通过共同行动提供福利产品。市场作为社会福利体系的"后来者"，通过竞争带来繁荣，由企业在实现利润的前提下进行福利产品的提供，同时给予消费者一定的自由选择权。作为最基层的社会网络，家庭通过亲友和邻里间的互助提供福利产品。由于其不涉及利润获得和利益输出，因而福利产品的提供更多的是基于责任和信任。然而，家庭的作用应得到更多重视，而非仅仅被视为福利产品提供中的隐性支持者。在多元福利体系下，各部门相互配合，充分发挥各自优势，共同完成福利产品的提供和分配职能，而非等到某一部门失灵才由其他部门予以弥补。无论是从宏观层面的管理和分配，还是从微观层面的互助和利他，四个部门都是社会福利体系得以运行的必不可少的组成部分。

值得注意的是，目前对于福利多元主义理论的探讨多是围绕各部门相互配合、部门间界限较为明显，且理论对四个部门都产生了较为重要的影响这些观点进行论述。而本书试图论述，在德国长期照护服务领域中，理论对各个部门的影响不尽相同，且有些部门间的界限已越发模糊。

二 福利多元主义理论的发展历程

提到福利多元主义理论，就必须谈及"政府失灵"（government failure）。政府的失灵以及经济的衰退是福利多元主义理论得以发展壮大的沃土。在福利国家建立之初，福利产品基于国家的规划予以提供，提供者主要集中于地方机构。然而，自20世纪70年代始，福利国家陷入危机。虽然面临战后第二个经济衰退期，国家的社会福利体系依旧日渐庞大，越发难以管理；同时，国家对于福利产品的大量提供使得其财政支出不断扩大，收支难以相抵，产品提供效率不断降低。即便如此，国家的福利产品提供仍不及公民持续扩大的需求，这一现象被认为是"政府的失灵"。而当国家只生产能得到多数人支持的、有一定范围和一定数量的公共产品（public goods）时，却不可避免地使小部分人的需求无法得到满足。这部分人认为公共部门需要提供某种类型或某些数量的公共产品，但由于需求量较小，无法得到社会中多数人的支持。鉴于此，由国家提供的福利产品不但无法满足民众需求，而且妨碍了经济增长，并削弱了公民的自助能力。这一批评之声即使在社会民主主义国家中也越发常见。为解决上述问题，号召让国家从福利产品的提供中撤出，让非国家行为体予以替代的呼声日渐显现。

政府的失灵带动了学者对以志愿组织为代表的非营利组织的研究。英国学者在20世纪70年代中期通过对志愿组织的角色和作用的研究，初次对"福利多元主义理论"作出详细定义。[1] 他们认为，福利多元主义理论是介于公共部门和私营部门提供福利产品之间的模式。国家作为推动者和管理者，应对作为福利产品提供者的志愿组织和其他相关组织予以支持。这一过程中，不同类型组织的优劣势都可以由国家进行调整，其所形成的合力要大于任何一个组织的单独行动。此外，学者还阐述了国家中心主义的社会福利模式的缺陷。他们认为，这一模式是一种一元化的社会福利模式，使得无论是非营利组织还是市场，都因为被边缘化而无法弥补政府失灵的缺陷。学者指出，国家中心主义的社会福利模式一方面忽视了家庭在福利产品提供中所扮演的角色，尤其是女性的重要作用；另一方面又夸大了公共部门在福利产品提供中的作用。这一不足使得福利产品的提供方式过于僵化和单一。[2] 鉴于此，多元福利体系在保障社会公平的前提下更关注公民参与，因而更加高效。[3]

从20世纪90年代开始，福利国家经历了重要转型。首先，中央政府的职责下放，社会福利体系的资金支持和规划工作由地方政府完成，使得政策针对性更强，并提升了地方政府的灵活性和效率。其次，重新重视家

---

[1] 此方面的研究可参见：Maria Brenton, *The Voluntary Sector in British Social Services*, London and New York: Longman Group Limited, 1985, p. 15, 154; Adrian Webb and Gerald Wistow, *Social Work, Social Care and Social Planning: The Personal Social Services since Seebohm*, London and New York: Longman Group Limited, 1987, pp. 84-85; Norman Johnson, *The Welfare State in Transition: The Theory and Practice of Welfare Pluralism*; Norman Johnson, "The Privatization of Welfare", pp. 17-29。

[2] Adalbert Evers, "The Welfare Mix Approach. Understanding the Pluralism of Welfare Systems", p. 10.

[3] Adalbert Evers, "The Welfare Mix Approach. Understanding the Pluralism of Welfare Systems", p. 9.

庭在福利产品提供方面的重要作用，给予其一定程度的资金支持。再次，强调私营部门，即非营利组织和市场的参与，例如对购买私营部门福利产品的消费者予以补贴，对于捐助私营部门的机构给予税收减免，助力其发展。最后，资金支持和福利产品提供职责之间的界限越发清晰，由公共部门承担资金的支持和规则的制定，通过签订合约委托私营部门进行福利产品的提供。在上述四个方面中，后两者所鼓励的私营部门的发展以及国家和私营部门间的职能分化，即"私有化"（privatization）过程，将在后文进一步展开。

三 福利多元主义理论中四个部门合作机制

对福利多元主义理论的探讨，实际上是对于整个社会福利体系的探讨，其中各部门既发挥自身作用，又相互配合，从而形成一个多元化的社会福利体系。在这一过程中，国家的职能从福利产品的主要提供者转变为规则制定者、监督者，以及福利产品的次要提供者。而对于福利产品的提供，则主要由家庭、非营利组织和市场共同完成，上述三个部门可以从不同方面弥补国家在福利产品提供方面的缺陷。

（一）国家在多元福利体系中的作用

国家的规制和监督职能主要是通过弥补福利产品提供者，尤其是市场的弊端而发挥作用。首先，对于公共产品而言，由于其既没有排他性又没有竞争性，因而一旦被生产出来便可以由所有人享受而无须支付，公共产品的这一特点使得"搭便车者"（free rider）可以得到产品但并不为此付费。然而，对于市场而言，其本质上是根据人们生产他人愿意购买的产品而得到报酬①，因而如果无法产生经济效益，市场便会减少对某种物品的生产。由于人们有成为搭便车者而不为此买票的激励，市场无法通过生产公共产品来提升经济效率，从而无法或较少提供公共产品。这一现象在市场化的社会福利体系中，则是福利产品中那些无法产生足够经济效益的物品或服务的提供数量不断下降，而非根据社会普遍需求决定物品或服务的供给。在上述情况下，国家需要对福利产品的提供予以调配。

---

① ［美］曼昆：《经济学原理（第7版）：微观经济学分册》，梁小民、梁砾译，北京大学出版社2015年版，第13页。

其次，对于那些需要购买的服务或物品，市场刺激了竞争并开放了民众的自由选择权，但带来了消费者在面临品种繁多的商品时的一些困境。一方面，收入水平较低的消费者因经济状况而被限制了其商品选择范围，无法购买最符合个人需求的福利产品，从而带来了消费者在享受物品或服务时的不平等现象，进一步加剧社会排斥。另一方面，对于经济基础较为优越的消费者，由于市场提供的福利产品较为分散，充分了解所有福利产品的难度较大，因而很难依据自身所需选择最适合的福利产品。因此，为了能够实现更平等的福利产品供给，并尽量满足所有人的个性化需求，国家应予以适当介入。

最后，市场为了达到最大经济效率，难免会为了减少支出而降低福利产品的供给质量。此时，国家制定产品质量的标准变得尤为紧迫，这即是国家在社会福利体系中的监督作用。

（二）家庭在多元福利体系中的作用

家庭是个体最后的堡垒，也是社会福利体系的单位和支柱。在福利国家产生前，家庭是福利产品提供的最重要部门。然而，福利国家概念的流行使得对家庭作用的强调有所降低。随着多元福利体系得到更多重视，家庭成为这一体系不可分割的部分，其重要性再次得到提升。家庭既包括与个人交往最为密切的"小"家庭，也包括拥有众多亲属关系的"大"家庭以及更宽泛的社会邻里的社交网络。其中，进行福利产品提供的多为小家庭。

与非营利组织和市场不同，家庭所提供的福利产品基于责任和个人信任而形成，因而最值得依赖。就长期照护服务体系而言，作为福利产品提供的基石，由国家公共部门、非营利组织或市场设立的流动照护服务只有在家中才能够完成；而上述三个部门所提供的短期照护服务，其前提也是家庭已承担基础照护服务，在此基础上由住院照护机构进行临时性照护服务的提供。这一点将在下文予以详细阐述。

家庭虽然在福利产品提供中发挥举足轻重的作用，但也存在局限性。首先，家庭并非完全一致，不同家庭间的差异极大。家庭结构的差异、家境的富足与贫困，都会带来福利产品提供的差别。因而，家庭作为福利产品提供者并非"人人平等"。虽然国家为提升家庭的作用而实施了一系列优惠政策，但对于不同状况的家庭，其效果差异较为明显。其次，就非利组织、市场甚至国家而言，其福利产品均由专业人员提供，因而可以保证一定质量。而家庭中的亲属则缺乏专业培训，对于如何高效提供福利产品缺乏基础认识，因而也较难衡量和评估福利产品的提供效果。最后，家庭作为福利产品提供者存在"饱和"。根据传统观念，人们会更倾向于在自己熟悉的环境中生活。除非迫不得已，大多数人会选择在家中享受福利产品，而非前往住院照护机构。因而，家庭的福利产品提供潜力已基本达到饱和。鉴于此，国家需要发展其他福利产品提供方式作为补充，使照护需求者的需求可以得到最大限度的满足。

（三）非营利组织在多元福利体系中的作用

如前所述，政府只能提供为多数民众所支持的公共产品，而对于那些国家无法覆盖的公共产品，则由非营利组织负责提供。与非营利组织相比，国家在职能弥补时转换成本更高。[1] 例如，国家在意识到公共产品缺失后，首先需要相关政府官员知晓，在调动民众的积极性并征得大部分民众的同意后，经过法律程序才能提供相应的公共产品，其所花费的精力较大，时间也较长。与之对比的是，非营利组织只需一部分人的自愿行动或外部力量的支持，便足以提供公共产品。因而，小部分民众越多，且其所需公共产品的差异性越大，非营利组织所提供公共产品的广泛性就越发显现。[2] 在这里，非营利组织不但弥补了市场无法提供公共产品的问题，还弥补了国家无法提供全部公共产品的弊端。

鉴于非营利组织同国家间密不可分的关系，莱斯特·M.萨拉蒙提出"非营利联邦主义"（non-profit federalism）的概念，即将非营利组织在多元且碎片化社会中提供福利产品的优势，同国家宏观调配的优势进行融合，从而形成互补。[3] 具体而言：首先，非营利组织可以弥补国家对于少数群体在福利产品提供方面的需求无法得到满足的困境。其次，非营利组

---

[1] Burton Weisbrod, *The Voluntary Nonprofit Sector: An Economic Analysis*. Cited from: Lester M. Salamon, "Of Market Failure, Voluntary Failure, and Third Party Government: Toward a Theory of Government-Nonprofit Relations in the Modern Welfare State", *Nonprofit and Voluntary Sector Quarterly*, Vol. 16, No. 1, 1987, p. 39.

[2] Burton Weisbrod, *The Voluntary Nonprofit Sector: An Economic Analysis*. Cited from: Lester M. Salamon, "Of Market Failure, Voluntary Failure, and Third Party Government: Toward a Theory of Government-Nonprofit Relations in the Modern Welfare State", p. 35.

[3] Adalbert Evers, "Part of the Welfare Mix: The Third Sector as an Intermediate Area", p. 174.

织由于独立运营而缺乏统一规划，福利产品的提供难免存在地区和群体间分布不均，以及福利产品质量欠缺等问题。例如，不同的非营利组织有可能针对同一群体提供相同的福利产品，而忽视是否还有其他群体需要同类产品。因而，国家作为中央机构，通过资源配置能够有效弥补上述问题。最后，通过制定规则，国家可以让非营利组织为了得到福利产品提供的必要资金而保证一定的产品质量。在上述情况下，非营利组织和国家都发挥了各自优势，保障了社会福利体系的运行。

（四）市场在多元福利体系中的作用

同非营利组织相似，市场使得在福利产品提供时的个人选择成为可能。因而，原先由公共部门完成的一揽子免费福利产品的提供，转变为由市场根据需求量身定制的福利产品提供。而与非营利组织相异的是，市场还使得需求者根据自身支付水平，购买其可以负担的福利产品。由于对福利产品的购买不仅建立在个人需求的基础上，还同个人支付能力密切相关，因而市场的参与带来了消费者社会分层的出现。

除了市场中的营利机构成为越发重要的福利产品提供者，整个社会福利领域的市场化趋势也越发明显。这一趋势对非营利组织的冲击和改变尤为强烈。非营利组织不再受国家的保护，而是被推入市场，不断进行市场化改革，以便同营利机构相互竞争。因而，福利产品提供的性价比将对消费者的选择产生影响，从而直接影响福利产品提供机构的竞争力。鉴于此，市场化趋势扩展了消费者的自由选择范围，并提升了福利产品提供的效率。

然而，正如上文所述，市场的参与形成了消费者的社会分层，带来社会排斥。因而，在福利产品提供领域，完全的市场化并不能保证福利产品的公平分配。因此，国家在市场提供福利产品时应进行适当程度的介入，通过一定程度的规制来缓解越发明显的社会分层现象。也就是说，市场虽然提升了福利产品提供的效率，但不能无限制地强化市场化趋势。而应通过适度加强这一趋势，从而在保证一定程度公平的基础上提升福利产品提供效率。

根据国家在多元福利体系中的作用，以及家庭、非营利组织、市场三者在福利产品提供方面的优势，我们可以看到，多元福利体系的最终形成实际上包含两个方面。一方面，福利产品的提供部门从国家公立机构转变为私营机构；另一方面，国家鼓励私营机构在市场中发展有自身特色的福利产品提供方式。加之家庭在福利产品提供方面的重要性再次凸显，国家的角色更多地涉及福利产品提供部门之间的协调者，以及福利产品提供规则的制定者。除此之外，国家仅对于私营部门和家庭无法涵盖的福利产品进行直接提供，而此部分职责非常有限。总而言之，福利多元主义理论打破了社会福利的传统观念，后者认为如同经济中的"零和游戏"（zero-sum game），福利产品提供者中某一部门重要性的提升，必会带来另一部门重要性的下降。相反地，福利多元主义理论更强调相关部门的优势互补，而不区分各部门重要程度的高下。

由于多元福利体系是一个复杂的、相互联系的整体，某一部门的发展变化会牵涉其他部门的改变。例如，随着市场化程度的加深，在营利机构数量不断增长的同时，非营利组织的市场化倾向越发明显。因而，对于多元福利体系的探讨，实际上是对于整个机制的讨论，各分支部门既发挥自身作用，又相互配合，从而组成一个多元化的、更加平衡的福利社会。在长期照护服务领域，为了形成一个更加高效的照护服务体系，需要专业照护服务同非专业照护服务间的通力合作。这种合作方式是国家、家庭、非营利组织以及市场中任何一个部门都无法独立完成的。

四　福利多元主义理论与德国长期照护服务

长期照护服务有其特殊性，其起初多由家庭承担。20世纪70年代开始，社会变迁使得很多需要得到长期照护服务的个人由于无法享受家庭照护服务，因而由非营利组织或市场提供替代性照护服务。这一现象催生了福利多元主义理论同长期照护服务的紧密结合。

该现象在德国也不例外。德国是最早通过引入社会保险机制来提供社会保障的国家，尤其是对工人阶层的社会保障体系的建立。在社会保障体系逐步建立的一百余年间，德国福利产品的提供经历了显著的权力下放过程，提供方，尤其是专业的福利产品提供者，从国家主导下的非营利组织逐渐转变为包括非营利组织和营利机构在内的私营部门。具体而言，原先由国家控制非营利组织进行福利产品的给付，转变为赋予非营利组织和市场以权力，使其可以较为自主地为地区内有需求的个人进行福利产品的提供。基于此，个人对社会福利的期待不再仅限于国家，而是由私营部门建构的地区内专业的社会福利网络所替代。① 加之家庭始终在福利产品提供中所起到的重要作用，曾经由国家主导、家庭实施提供福利产品的方式，逐渐转变成为由家庭、非营利组织和市场共同提供。在长期照护服务领域中，家庭照护服务占据约一半的比例，且多年间变化较小；营利机构占比逐年上升，目前同非营利组织平分秋色。因而，德国的长期照护服务体系由国家、家庭、非营利组织和市场这四个部门各司其职，承担管理和福利产品提供的职责，从而形成多元福利体系。

五 福利多元主义理论的困境

虽然福利多元主义理论所强调的四个部门的合作机制优化了福利产品的提供效率，但这一理论是国家、家庭、非营利组织和市场合作模式的新探索，尚有一系列问题需进一步探讨。

首先，职责的授权或分担问题。福利产品提供的职责既可以完全授权给家庭和私营部门，也可以由国家、家庭和私营部门共同分担。因而特定职责可以授权或分担的程度有多少，进行授权或分担后会面临什么样的问题并如何处理等，都需要进一步讨论。其次，福利产品提供的效率和质量保证。诚然，市场的加入提升了福利产品的提供效率。然而，还需要考虑福利产品提供的质量：是否存在为了效率而忽视平等，福利产品的提供是否提升了社会的整体福祉和社会融合度等。鉴于此，如何检验福利产品提供质量，同时保持四个部门合作下福利产品的高效提供，都是需要解决的问题。再次，合作模式的稳定性和创新能力的发展。不可否认的是，福利多元主义理论下的社会福利体系首先是寻求各部门之间的平衡，从而更好地进行合作。然而，这种合作会造成部门之间关系的僵化，从而抑制创新能力。这一趋势原先在国家和非营利组织间的合作关系中较为普遍，尤其在法团主义（Corporatism）模式国家中。而当市场进入多元福利体系后，通过合约缔结来规范私营部门的福利产品提供，进而收到国家的资金偿付，也被认为并非国家的放权，反而是规制的进一步加深②，部门间合作

---

① Ivan Svetlik, "Regulation of the Plural and Mixed Welfare System", in Adalbert Evers and Ivan Svetlik, eds., *Balancing Pluralism: New Welfare Mixes in Care for the Elderly*, p. 47.
② Ugo Ascoli and Costanzo Ranci, "The Context of New Social Policies in Europe", p. 4.

的僵化问题更加凸显。最后，国家是否应参与福利产品的提供。某些观点认为，国家应完全从福利产品提供中撤出，只承担资金支持和管理的职能。然而，很多时候国家直接参与福利产品的提供很有必要，尤其是在这一过程中积累的经验，将是日后社会福利体系改良的基础。如果国家适当地提供福利产品，其对于福利产品的提供环节将会有更直接的了解，有助于国家和私营部门之间的信息交换和密切配合。

第二节 其他相关概念

除了上文对福利多元主义理论进行阐释外，还需要对本书涉及的其他一些概念予以说明，主要包括"福利国家""法团主义""辅助性原则"（the Principle of Subsidiarity）以及"私有化"。

一 福利国家

福利国家是一种机制的承诺，是在工业和后工业资本主义社会中公平同市场经济的有效运转两者间进行协调，从而致力于生产和分配社会福利的机制。[1] 由于市场中存在自发的竞争，并以此提升经济效率，因而产生财富分配不均、高昂的交易成本以及信息不对称等问题。这些都会导致社会中福利分配的不均。为解决上述问题，福利国家通过制定政策工具，使得市场的分配结果与国家及公民的更广泛的社会目标相吻合。因而，在由社会和经济高度异质的人口组成的复杂社会中，福利国家被认为可以在制度上表达和维护社会团结。[2] 曼昆（N. Gregory Mankiw）将福利国家解释为社会需要在效率与平等之间进行取舍，前者指社会能从稀缺资源中得到的最大利益，这是市场主要追求的目标；后者则是将这些利益平均分配给社会成员，这是福利国家产生的原因。[3] 例如，在进行社会福利政策的制定时，通过社会救助和失业保险，国家帮助了那些最需要帮助的个人；通过个人所得税的分层缴纳，让经济上成功的个人比其他人对国家予以更多

---

[1] Markus Gangl, "Welfare State", in George Ritzer, ed., *The Blackwell of Encyclopedia of Sociology*, Massachusetts/Oxford: Blackwell Publishing Ltd., 2007, p. 5250.
[2] Markus Gangl, "Welfare State", p. 5250.
[3] ［美］曼昆：《经济学原理（第7版）：微观经济学分册》，第5页。

的支持。这即是保障了更大程度的平等，但在某种程度上降低了经济效率。

哥斯塔·艾斯平-安德森（Gøsta Esping-Andersen）根据去商品化和社会分层程度的差异，将福利国家分为不同模式。第一类国家族群为自由主义模式。这一模式强调自由主义的作用，以资格审查式的救助、有限的普遍性转移或有限的社会计划为主导。① 这一模式所提供的福利产品多为迎合低收入群体，通常用以满足蓝领阶层和对国家有依赖的人的需要。因而，享受福利产品的资格相对而言较为苛刻，所提供的福利产品也有一定限度，去商品化程度最低。这一模式主要分布在英语国家，如英国、美国、澳大利亚等。第二类国家族群为法团主义模式。这一模式中，自由主义理论中的市场效率和对商品化的强调并未得到突出显现，其去商品化程度与自由主义模式相比更为明显。这一模式在欧洲大陆发展较为完善，包括法国、德国、奥地利等。下文将对法团主义予以具体阐述。第三类国家族群为社会民主主义模式。这一模式将普遍主义原则与去商品化的社会权扩展到新中产阶级。属于这一模式的国家不允许在国家与市场之间，以及工人阶级和中产阶级之间的二元分化，因而追求最高水平的公民平等，去商品化程度最高。这意味着福利产品必须上升到满足新中产阶级最具差异性的品味的层次，且通过保证工人阶级充分享受境遇较好的人所能享受的权利来实现平等。② 由于在这一模式下所有阶层都被纳入一个普遍的社会保障体系之中，因而所有人也都有义务缴纳较为高昂的税费。同时，社会民主主义模式将家庭关系的成本社会化，并不鼓励对家庭的过度依赖。这一模式在北欧国家分布较为广泛。

值得提及的是，虽然福利国家被划分为上述三种模式，但并不意味着某一国家不具备其他模式的特点。例如，北欧国家虽然属于社会民主主义模式，但其逐步发展出与收入和工作相关的福利收缴和给付方案，作为对普遍性方案的补充。同样地，法团主义国家在最近几十年也受到了新自由主义（neoliberalism）思潮的影响，越发强调市场在福利产品提供中的重要

---

① ［丹麦］哥斯塔·艾斯平-安德森：《福利资本主义的三个世界》，苗正民、滕玉英译，商务印书馆2010年版，第37页。
② ［丹麦］哥斯塔·艾斯平-安德森：《福利资本主义的三个世界》，第39页。

作用,而这一问题正是本书讨论的重点。

就其历史而言,现代福利国家的诞生同19世纪后半叶欧洲的社会、经济和政治变革紧密相连。彼时,由于工业化进程加快、城镇化加速以及人口迅速增长,社会不安感不断增加。上述变化斩断了由家庭关系网络、慈善照护机构、宗教团体、社群等组织提供福利产品的传统模式,同时导致了大量赤贫的产生。同时,民族国家和世俗化社会的形成、工业化带来的劳动生产率提升、长久的和平,以及公民社会和民主政治的传播,使得国家需要并且有能力对日益增长的社会需求寻求机制上的解决方法。[1] 因而,一方面为应对剧烈的社会变化,另一方面为抑制蓝领阶层的社会运动,欧洲国家逐步通过制度设立来保障大部分人群,尤其是蓝领阶层享受经济发展带来的红利。这使得社会观念和国家的经济运行方式都产生了重要变化,一方面充分发挥个人的最大潜能,另一方面通过增加税收使得国家可以有更多的资源用于福利产品的提供。

虽然福利国家建立的初衷是让蓝领阶层更好地进行社会融入,但20世纪以来,福利国家的政策目标和覆盖范围发生了显著扩张,其政策工具也进行了一定程度的改良。福利国家政策已嵌入国家公共教育、公共监管、司法体系以及赋税体系之中。具体而言,福利国家囊括了一系列机制、制度和政策,来保障工业社会中大部分群体的基本生活水平,例如通过社会救助机制来缓解贫困,通过社会保险来规避老龄、患病、工伤和失业带来的风险,以儿童福利、儿童照护和父母假为主要内容的家庭政策来缓解抚养儿童的负担,对于老年人的照护服务以解决养老问题,对于满足一定条件人群的公共房屋的提供以改善其生活条件等。[2] 这一扩张也带来了福利国家从第二次世界大战后到70年代的"黄金时代"。

国家通过对有需求的群体进行支持,以及通过累进税(progressive tax)对福利产品提供资金保障,使得将收入从富有人群向较为贫困人群转移,从而缓解了社会生活中的贫富差距问题,保障了贫困人群的最低生活水平。此外,公立学校的兴办显著提升了低阶层民众的技能,从而为其提

---

[1] Francis G. Castles et al., "Introduction", in Francis G. Castles, Stephan Leibfried, Jane Lewis et al., eds., *The Oxford Handbook of the Welfare State*, Oxford: Oxford University Press, 2010, p. 3.

[2] Markus Gangl, "Welfare State", p. 5251.

高生活品质打下基础;对寻求就业的个人的工作咨询和再培训项目是福利国家对人力资本的投资,从而提升潜在被雇佣者的社会技能;与反歧视相关的法律和统一的劳动力市场运行规则使得对不同人群的一视同仁成为可能,从而显著提升妇女和社会地位较低的工人的收入水平。① 上述政策都可以提高个人和家庭的收入能力,从而对劳动力市场产生影响。

尽管福利国家保证了一定程度的平等,但其也面临批评之声。有学者认为,从摇篮到坟墓的福利产品提供会导致养懒汉现象的出现。新自由主义理论指出,支撑高水平社会福利体系而带来的高赋税,使得高收入家庭通过避税的方法降低赋税金额。而以社会救助和失业救济为例的收入转移方式,会导致个人进一步降低工作积极性,因为许多低收入家庭考虑到收入上涨后所带来的高赋税,宁可选择通过税收转移方式获得社会救助。然而,反对者认为,"福利社会养懒汉"理论是新自由主义者为了削减福利产品供给而寻找的借口。据统计,作为典型的社会民主主义模式的瑞典,其就业率同自由主义模式的美国相差无几。② 这是因为,从个人偏好上来讲,拥有一份工作是体现个人价值的重要方式,因而个人不会随意通过成为"懒汉"而名正言顺地享有社会救助;同时,工业经济体制下的国家拥有较为成熟的雇佣机制,且通过工作而纳税被认为是个人能够享受社会福利的先决条件。而从国家方面而言,若公民需要存储大量的钱用于医疗、教育、养老等领域,那么就没有足够的资金用于日常消费。相反,若国家的社会福利体系得到一定程度的发展,那么个人对上述三个领域的储蓄就会相应减少,从而促进消费,使得更多的企业获得利润。企业利润的提升带来就业率的提高和劳动者工资的上涨。工资上涨促进了纳税水平的升高,国家将有更多的资金保障福利产品的供给,从而形成良性循环。

此外,就国家是否应对劳动力市场进行调控,也存在争议。就劳动力市场而言,福利国家通过制定政策以降低经济中的自然失业率,如通过国家管理的就业机构发布有关职位空缺的信息,或通过公共培训计划,使得

---

① Markus Gangl, "Welfare State", p. 5254.
② Markus Gangl, "Welfare State", p. 5253.

处于衰落行业的个人转移到增长行业中,并帮助弱势群体脱贫。① 支持者认为,上述政策可以通过促进劳动力的更充分就业而提高经济运行效率,且弱化了市场经济中固有的不平等。而反对者对于国家是否应介入劳动力市场持怀疑态度。他们认为,相比国家作为中介者,让私人市场同劳动力直接匹配是更优的解决方案。对于究竟向哪类人群传播何种就业信息,以及针对某一类人群提供哪方面的就业培训,国家所做的决策并不一定是针对性最强的,并且无法排除信息被甄选而导致的信息不对称问题。相反,如果上述决策由劳动力和雇主独立作出,将会比国家的介入更加高效。

20 世纪末到 21 世纪,福利国家再次受到挑战。如同贝弗里奇在制定英国福利政策时未预料到老龄化加剧对福利国家的冲击。近些年,随着越来越多的移民和难民涌入欧洲福利国家,福利国家的政策需要作出何种程度的调整,以及由此而引发的新的不平等将对福利国家带来何种影响,都值得进一步关注。

二 法团主义

法团主义又被称作"社团主义""社会合作主义"。两次世界大战期间,法团主义常常与法西斯政权联系在一起。而在最近的几十年中,其恢复了在政治学理论中的地位。如今,我们可以看到无论是在国际层面还是在国家层面,都有一种广泛存在的现象,即营利机构、非营利组织以及国家公立机构间各自最高层级机构的跨部门合作。这一合作网络通常会同公民社会代表、政府官员及商人一道,处理共同关心的问题。这即是法团主义的体现。

法团主义是对自由民主主义的改良。自由民主主义理论认为,个人的政策偏好通过政治党派和利益集团的协调,以选举体制传导给决策者。② 政治"市场"如同自由市场,选民如同消费者,是市场行为的主要决定者。法团主义则重新解释了自由民主主义理论中公共部门和私营部门之间的分野,突出了介于国家和公民社会之间的利益集团的作用。法团主义假

---

① [美] 曼昆:《经济学原理(第 7 版):宏观经济学分册》,梁小民、梁砾译,北京大学出版社 2015 年版,第 123 页。

② Alan Cawson, "Pluralism, Corporatism and the Role of the State", *Government and Opposition*, Vol. 13, No. 2, 1978, p. 182.

定，在多元体系下，自由竞争模式导致了利益集团间权力的不均衡分布。一部分利益集团通过一定渠道可以优先将其诉求进行反映，而其他团体则缺乏此种特殊渠道，因而对其是不公平的。这一过程会将一部分利益排除在社会整合之外。而国家是影响利益构成和团体作用的决定性力量，应当寻求在利益集团和国家之间建立制度化的联系渠道。这一联系渠道即法团主义理论的精髓。

法团主义作为制度结构而得到明确界定，是在20世纪70年代末由菲利普·C. 施密特（Philippe C. Schmitter）系统概括而成。施密特对法团主义作出如下定义：法团主义的利益代表系统由一些组织化的、数量限定的功能单位构成，它们被组合进一个有明确义务的、非竞争性的、有科层秩序的，以及功能分化的结构安排之中。它得到国家的认可（如果不是由国家建立的话），并被授予本领域内的绝对代表地位。而为了防止社会组织间因斗争而带来社会秩序的破坏，国家需要将社会组织联合起来，既要让它们在制定公共政策时发挥作用，又要让它们接受国家的管理，即在领袖选择、需求表达和组织支持方面受到国家的相对控制。① 在这一定义中，国家具有重要地位，维持社会秩序的稳定；同时社会组织通过以行业划分的功能团体的形式而存在。后者将其各自分散的利益诉求传导到国家的决策体制中。国家和社会组织通过协商制定相关政策，是两者制度化合作的过程。此外，社会组织除了对相关政策的制定有建议和咨询作用，还对政策有执行义务。社会组织通过科层秩序进行架构，一方面使得团体中科层较高的个人给国家以更多的咨询建议，另一方也使得社会组织可以有序运行，避免团体中个人的过激行为。因此这些团体虽然在该领域中处于垄断地位，但其同时受到国家的一定程度的控制。鉴于此，法团主义关注国家和社会组织之间的合作关系，而非两者之间的竞争乃至对抗关系。

法团主义所构造的利益代表体系是一种特殊的制度安排，它的作用是将公民社会中的组织化利益诉求同国家的决策相关联。② 这尤其为商业集团和工会提供机会，使其可以在国家政治系统中表达自己的诉求。这一形

---

① Philippe C. Schmitter, "Still the Century of Corporatism?" *The Review of Politics*, Vol. 36, No. 1, 1974, pp. 93-94.

② Philippe C. Schmitter, "Still the Century of Corporatism?" p. 95.

式在德国和奥地利尤为明显。参与的团体通常为伞状组织的最高科层机构，其与传统的议会不同，前者更多的是以"社会伙伴"的形式阐释需求。政府、商业集团和工会代表通过妥协折中而达成共识。这一共识也成为公共选择，从而代表了社会上大多数群体的政治诉求。①

法团主义的思想渊源被认为来自两种思想的融合：欧洲天主教的社会学说和民族主义。② 其中，天主教强调和谐与统一的社会，认为社会应统一于爱和公正，并跟随上帝的感召意愿。民族主义则重视顺应民族文化传统，个体面对民族利益时应服从和牺牲，使社会凝聚为一体。它们共同为法团主义提供了存在的合理性：提倡和谐统一的社会秩序。因而，法团主义认为社会是一个整体，需要从整体的角度解释"公共"和"个体"之间的关系，而非像自由主义认为的将社会解释为个体的简单加和。鉴于此，法团主义强调社会组织和社会集团在解决社会问题中负有责任。为了保障社会的运行，个人或团体的特殊地位需要得到一定程度的削弱并承担公共责任，而非为了使公共政策走向有利于自己的方向而在资源获取以及与政府关系方面进行竞争。因为法团主义的思想介于资本主义和社会主义之间，因而又被认为是"第三种解决办法"或"第三条道路"。③

至于法团主义为何越发受到重视，则主要基于两个因素：一是对国家职能的探讨。新自由主义者通过对国家在处理社会需求问题上的合法性和有效性的质疑，指出国家应该在此方面的职能有所后撤，取而代之的是非营利组织或市场行使国家职能。后者通常具有更广泛的代表性，并且在提供福利产品方面效率更高。然而，事实证明国家并非因此而完全后撤，而是通过监督和协调职能参与到社会福利体系中，这意味着一个新的网络的建立。这一网络多由公共机构的代表领导，负责在各方间建立充分的合作机制，确保达到国家所需效果。④ 公共机构和各类型组织间的合作带来了学者对法团主义的重视。二是由社会问题的复杂性所决定。由于社会问题

---

① Max Stephenson Jr., "Corporatism", in Helmut K. Anheier, Stefan Toepler and Regina List, eds., *International Encyclopedia of Civil Society*, New York: Springer Science + Business Media, 2010, p. 582.

② Peter J. Williamson, *Varieties of Corporatism: A Conceptual Discussion*, Cambridge: Cambridge University Press, 1985, p. 12.

③ 张静：《法团主义》，东方出版社 2015 年版，第 22 页。

④ Max Stephenson Jr., "Corporatism", p. 582.

过于复杂，许多西方国家，尤其是欧洲国家逐渐意识到，过去的完全由国家负责社会问题的解决使得国家职能不但过度扩张，而且并未达到既定目标，因此跨部门合作势在必行。政府的失灵使得其意识到在社会福利体系中需有所收缩，只采取适当行动，同时让其他部门充分发挥各自优势，如市场的高效性以及非营利组织的民主性，辅助国家满足公共需求。除此以外，这一合作模式还可以克服国家在社会福利体系中的资源浪费以及官僚化等问题。因此，国家同市场和非营利组织的合作促进了法团主义理论的发展。

在社会福利领域，哥斯塔·艾斯平-安德森将德国划分为福利国家体系中的法团主义福利模式。这一模式的突出特点是国家本位主义和法团主义（state-corporatism）的结合。前者强调国家在社会福利政策制定中的主导作用，私人市场处于边缘地位；后者强调通过职业结社形成行会，试图维持传统上得到认同的地位差异，因而社会权利附属于阶层和社会地位，并以此形成社会与经济的组织关系。同时，由于国家强调社会地位的差异，对于社会财产的再分配效果较弱。这一模式对市场效率和商品化的强调并不突出，而强调家庭和非营利组织在福利产品提供中的重要作用。[①] 就家庭的作用而言，只有当家庭无法提供福利产品时，国家才会介入，这将涉及下文提及的"辅助性原则"。因此，在德国的长期照护领域中，即使20余年间营利机构和非营利组织中长期照护服务的主要承担者——慈善照护机构发展迅速，家庭照护服务所占比例始终处于高位。同时，国家在法团主义模式下同慈善照护机构紧密合作，通过倾斜性政策扶持后者的发展，从而建立较为健全的由慈善照护机构提供专业福利产品的架构。因而，有学者认为，法团主义实际上是"一种国家介入福利产品和福利体系的安排"[②]，或者一种体系，即慈善照护机构"在国家建立的公共机构中垂直分布并履行职能"。[③]

---

① 关于德国法团主义福利模式的论述，参见［丹麦］哥斯塔·艾斯平-安德森《福利资本主义的三个世界》，第32、38-39、80-82、114、180-182页。
② Helmut K. Anheier, "An Elaborate Network: Profiling the Third Sector in Germany", in Benjamin Gidron, Ralph M. Kramer, and Lester M. Salamon, eds., *Government and the Third Sector: Emerging Relationships in Welfare States*, San Francisco: Jossey-Bass Publishers, 1992, p. 50.
③ Annette Zimmer, "Corporatism Revisited—The Legacy of History and the German Nonprofit Sector", p. 40.

此外，还应注意到的是，虽然法团主义和社会民主主义福利模式都强调国家的重要作用，但法团主义模式更注重在福利产品提供方面公民社会的作用。与社会民主主义福利模式相比，法团主义福利模式追求最低需求层次的平等。例如在德国的长期照护服务领域，通过保险基金进行照护费用偿付的方式仅能满足最基本的需求，超出部分则需要长期照护需求者自己负担。并且在多数情况下，尤其是对于住院照护服务而言，个人负担的比例甚至高于保费覆盖的比例。

法团主义虽然界定了国家和社会组织之间的合作模式，但也遭受了一些挑战。一方面是合法性问题。法团主义下的社会组织在一定程度上基于其假定的优势而拥有一定的合法性，这一优势使得参与其中的利益相关者被认为聚集了广大相关群体的普遍意愿，在面对棘手问题时达成了共识。然而，与议会不同，这些社会组织的成员并非选举产生，其集会、议程设置和在社会中所扮演的角色也未曾获得民众授权。因而，上述组织并非直接代表相关群体，其向国家提出的治理建议缺乏合法性。如果意见建议只经过组织中上层群体的讨论通过，那么其将被认为缺乏法律根基。另一方面是代表性问题。无论是国家还是国际层面，法团主义下的社会组织被认为不能完全代表其所属领域中所有人的不同利益诉求。若想真正代表该领域的利益诉求，则社会组织需要包含该团体的全部利益，并以一种整合的方式予以表达，或者接受某种形式的大众问责。然而在实际操作中，由于不同个体或团体的利益诉求差异较大甚至相反，社会组织很难能够代表团体中的全部利益。

就法团主义与多元主义的异同而言：一方面，两者都认识到利益集团的重要性持续增长的现实，以及众多利益集团所带来的利益冲突不可避免的事实。这使得公共部门和私营部门互相影响的现象成为常态。另一方面，两种理论所提供的制度设计有所不同。法团主义认为经济和利益的自然扩张需要得到控制。因而公共部门的政治整合作用应得到进一步加强，其需要更多地参与到利益协调事务中。因此，法团主义强调将分散的功能团体"组织"进社会生活中，从而改变其自由竞争的"多元"秩序。这些行业或职业分化的功能团体是该领域内的权威团体，代表领域中的个人参与国家的决策咨询，从而与国家间建立了常规的联系和沟通渠道。通过这种方法，不同行业的功能团体间的冲突也有所减弱。因此，可以将法团主义理解为"一种解决社会组织冲突的秩序模式"。① 而多元主义则认为,政治权力分散在众多社会集团中,经济和利益的扩张属于"私"领域,是公共部门不应干涉的。多元的利益集团集中了不同的社会关切和利益,它们为了捍卫自己的利益而进行竞争,而社会可以从竞争中获益:它促进了个人间的联合和服从,促进了为重要价值放弃次要需求,促进了为共同目标而采取的联盟行动。其结果是促进社会稳定,且这种稳定并没有依赖国家的强制或集体的统一性。② 也就是说,多元主义并不认为社会中存在层级秩序,权力分布格局是横向分立的,国家没有必要参与其中。因而平等秩序下的竞争不应被压制,相反这种竞争可以达到自然平衡,从而整合冲突。这与法团主义认为的权力分布格局为纵向分立、国家应成为主要的协调者有较大差异。

三 辅助性原则

"辅助性"一词源于拉丁语 subsidium,即"帮助",在古希腊时期就已开始使用。目前,辅助性原则在欧盟处理超国家机构和成员国关系中得到更广泛的应用。《欧洲联盟条约》(*The Treaty on European Union*)第 5 条规定:联盟权能的行使受辅助性原则和相称性原则约束。……根据辅助性原则,在非联盟专属权能的领域,只有在拟行动的目标不能在成员国的中央或地区和地方层面完全实现,但由于拟行动的规模或行动效果之原因在联盟层面能更好实现的情况下,联盟才可采取行动。③ 在这里,辅助性原则是一个法律原则,用于规制欧盟的权力。

辅助性原则历史悠久,其自下而上的政策决定方式可以追溯到亚里士多德(Aristotle)和托马斯·阿奎那(Thomas Aquinas)的论述中。④ 然而,直到 19 世纪罗马天主教时期,这一原则才被正式提出。天主教认为,低层

---

① 张静:《法团主义》,第 27 页。
② [英]戴维·米勒、韦农·波格丹诺编:《布莱克威尔政治学百科全书》,邓正来主编,中国政法大学出版社 1992 年版,第 536 页。
③ 《欧洲联盟基础条约——经〈里斯本条约〉修订》,程卫东、李靖堃译,社会科学文献出版社 2010 年版,第 34 页。
④ 亚里士多德和阿奎那关于辅助性原则的最初论述,参见 Nicholas Aroney, "Subsidiarity in the Writings of Aristotle and Aquinas", in Michelle Evans and Augusto Zimmermann, eds., *Global Perspectives on Subsidiarity*, Dordrecht: Springer Science+Business Media, 2014, pp. 9-27。

级团体主要包括家庭和所有的私人组织，后者如运动协会、娱乐团体、工艺协会、专业组织、商业企业、雇员团体和工会。此外，还包括地区组织，如邻里和村民组织，以及宗教组织，如地区教会和其他与宗教有关的组织。这些组织可以自发形成等级秩序，因此无须国家的过多参与。1891年，教皇里奥十三世（Pope Leo XIII）在《新事物》（Rerum Novarum）通谕中提到，当个人利益或任何阶层遭受危险，如果没有其他途径能够予以弥补或避免，国家必须介入处理。同时，教皇还强调，介入程度仅仅可以"补救或消除邪恶"，而不应过度。①

1931年，教皇庇护十一世（Pope Pius XI）在《四十年》（Quadragesimo Anno）通谕②中，第一次对辅助性原则进行了详细论述：

> ……将个人通过自己的努力和勤勉可以完成的事情转移给团体完成，是严重错误的；同样地，将更小、更低层级的组织可以完成的事情指派给更大、更高层级的组织完成，也是一种不公平，且是一种极大的恶（a grave evil）和对正常秩序的扰乱。每一个社会活动就其本质而言，都应对其社会主体成员提供帮助，这一规则不应被破坏，也不应被取代。
>
> 因此，国家的最高权威应让更低层级组织自行处理不那么重要的事情，否则会严重消解其作用。这使得国家可以更自由地、更集中精力的、更高效的处理只能由国家这个层级才能完成的事情：视情况和需要进行指导、监管、监督和规制。因此，当权者应确保，按照"辅助职能"（subsidiary function）的原则，各组织之间等级秩序保持得越完美，社会权威和效力越强，国家越发幸福和繁荣。③

---

① 参见 http：//w2. vatican. va/content/leo‑xiii/en/encyclicals/documents/hf_l‑xiii_enc_15051891_rerum‑novarum. pdf。
② 《四十年》为教皇庇护十一世在1931年，为纪念教皇里奥十三世的《新事物》通谕发表40年而作，强调社会秩序的建立。参见 http：//w2. vatican. va/content/pius‑xi/en/encyclicals/documents/hf_p‑xi_enc_19310515_quadragesimo‑anno. html。
③ 教皇庇护十一世：《四十年》通谕，第79‑80条，1931年5月15日。参见 http：//w2. vatican. va/content/pius‑xi/en/encyclicals/documents/hf_p‑xi_enc_19310515_quadragesimo‑anno. html。

在这里，辅助性原则的作用包括两个方面：一方面，该原则强调高层级组织不应该插手低层级组织可以完成的事情；另一方面，如果高层级组织合理地援助了低层级组织，那么将巩固社会的和谐。

此外，教皇约翰·保罗二世（Pope John Paul Ⅱ）在《百周年》（*Centesimus Annus*）通谕①中，将辅助性原则解释为：

> 处于更高层面的团体，不应干涉低层级组织的内在生活，剥夺其功能；反之，应将公共利益（common good）置于第一位，在低层级组织需要时予以支持，协助以使其活动可以配合社会其他方面的活动。②

因此，在罗马教会的社会理论中，辅助性原则主要强调赋予个人以权力，使问题尽量在更低层级的组织中予以解决。各个层级的组织应该行使本层级能够实现的功能，而非交予更高一级的组织。这里包括自下而上的层级制度：个人、家庭、地区组织、教会和国家。在这种层级制度下，辅助性原则对国家的干涉予以限制，即在社会治理中中央政府的附属作用，同时赋予最靠近公民的团体以最大的优先处理事务的权力。此外，这一原则还规定了在地区层面无法处理事件的情况下，中央政府有权力介入。

虽然辅助性原则来自天主教社会学说，但其对当今政治学和社会学的发展都起到了一定作用，是一个普遍性的原则。③ 其主要关注在层级制社会中，高层级团体在处理与低层级团体的关系时，如何有效行使职能，即如何高效地、自下向上地治理社会。在层级制的日常生活中，社会中最低团体具有优先权，包括机构协会、家庭和个人。这些团体不但要关注自身

---

① 《百周年》为教皇约翰·保罗二世在1991年，为纪念《新事物》通谕发表100周年而作。通谕包括维护社会和经济生活的公正性，强调保护私人财产权利，支持工会等私人团体发展，尊重个人尊严等。参见 http://w2.vatican.va/content/john-paul-ii/en/encyclicals/documents/hf_jp-ii_enc_01051991_centesimus-annus.html#%242S。

② 教皇约翰·保罗二世：《百周年》通谕，第48条，1991年5月1日。参见 http://w2.vatican.va/content/john-paul-ii/en/encyclicals/documents/hf_jp-ii_enc_01051991_centesimus-annus.html#%242S。

③ Oswald von Nell-Breuning, *Baugesetze der Gesellschaft. Solidarität und Subsidiarität*, Freiburg/Basel/Wien: Herder, 1990, p. 116.

需求，还需关注日常生活中与其有所关联的组织和个人。如果这些团体无法完成上述职能，则由更高层级的组织完成。高层级组织只有确保在行使权力时能提升低层级组织完成同样事情的效率，才可以"临时性"代替完成这一职能。反之，如果高层级组织的介入带来了低层级组织无法以最佳方式处理问题，并且损害了公共利益，则违反了辅助性原则。

需要指出的是，辅助性原则并非强调权力和援助的去中心化过程，而是政府在考虑公共利益的情况下，行使其合适的职责和权力。因此，此原则强调在层级制已经建立的前提下，各个层级各司其职，不侵占较低层级的权责。这并非降低对问题的重视程度，而是让问题最高效地予以解决。

对于国家在辅助性原则中的作用，可以理解为，作为保证公共利益的较高层级，国家有义务给予更低层级的组织以"帮助"，使其可以更好地承担应有的职责，实现其特殊需要的利益；否则，将会损伤公共利益。在这里，乔纳森·查普林（Jonathan Chaplin）指出，在辅助性原则的前提下，国家主要有三种职能：一是授权活动（enabling activities），提供必要的法律、经济和基础设施条件，以让低层级组织更有效地行使其权能；二是弥补活动（remedial activities），根据低层级组织的目标，弥补其在承担职责时的明显欠缺的能力；三是替代活动（substituting activities），即只有当低层级团体确实无法实现其权能时，政府才替代本应属于低层级团体的功能。[1] 因此，辅助性原则强调国家发挥作用的适当性，即国家只需要满足公共利益所需权能，而不应超出范围，干涉低层级团体可以自身满足的权能。

就德国而言，辅助性原则直到魏玛共和国时期才被纳入政治学和社会治理领域。在此之前，天主教和世俗国家处于并行状态，因而宗教原则一直没有在国家治理中得到重视。[2] 在辅助性原则的指导下，行业和家庭成为满足人们基本需求的来源，法律必须保障行业和家庭的顺利运转；国家需要承担起社会职责，并通过制度建立来实现这一职能。在这里，国家更多的是扮演"中间者"的角色，对行业和家庭予以规范，而非在社会生活

---

[1] Jonathan Chaplin, "Subsidiarity and Social Pluralism", in Michelle Evans and Augusto Zimmermann, eds., *Global Perspectives on Subsidiarity*, p. 74.

[2] Holger Backhaus-Maul, "Subsidiarity", in Helmut K. Anheier, Stefan Toepler and Regina List, eds., *International Encyclopedia of Civil Society*, p. 1494.

中直接承担福利产品提供的职责。在长期照护服务领域,辅助性原则为其运行的根本,国家成为规制者,行业和家庭为主要的福利产品提供者。而辅助性原则也成为维系德国政府和非营利组织间特殊关系的准则。

四 私有化

以营利机构和非营利组织为代表的私营部门进入社会福利体系的过程,实际上是"私有化"的过程。① 在社会福利领域中,私有化政策指国家为了鼓励营利机构和非营利组织承担更多职责而制定的政策。②

私有化于20世纪80年代开始发展,其与新自由主义思潮息息相关。彼时对私有化的定义较为狭窄,特指为了减少国家对社会福利体系的介入而发展的自由市场经济,认为国家职能应大幅后撤,取而代之的是让市场主导福利产品的供给。③ 然而,正如上文所述,私有化所指涉的对象不仅是市场中的营利机构,还包括非营利组织,即只要非政府机构所承担职责的增加都被认为是私有化的过程。因而,越发成熟的私有化过程应该是社会福利体系的参与者多元化的过程,包括运用多方面专业资源和经济渠道,并根据社会中面临的实际问题而提供相应的福利产品。④ 鉴于此,私有化的结果构成了社会福利体系新的组织架构,也构成了体系中参与者新的协调配合模式。这种新的组合方式显著提高了社会福利的供应效率。

私有化一般包含两个特点:一是公共部门的福利产品提供数量的下降,由私营部门进行替代;二是制定涉及公共部门给予私营部门以资金支持的政策。就后者而言,又可细分为两类私有化过程:需求主导的私有化(demand-driven privatization)和供应主导的私有化(supply-driven privatization)。需求主导的私有化过程主要表现为在福利产品提供领域中抑制国家权力的扩张,同时促进个人需求的增长。因此,在公共部门进行适当支持和刺激的情况下,个人对福利产品的需求直接由私营部门提供,从而促进福利产品市场的发展。例如,国家向个人提供优惠券或进行税收的减免,以此来间接购买私营部门的福利产品。需求主导的私有化打破了由国

---

① Ugo Ascoli and Costanzo Ranci, "The Context of New Social Policies in Europe", p. 4.
② Ugo Ascoli and Costanzo Ranci, "The Context of New Social Policies in Europe", p. 4.
③ Ugo Ascoli and Costanzo Ranci, "The Context of New Social Policies in Europe", p. 4.
④ Ugo Ascoli and Costanzo Ranci, "The Context of New Social Policies in Europe", p. 5.

第二章 理论：福利多元主义理论及相关概念

家承担的资金支持职责，同由私营部门承担的福利产品提供职责之间的壁垒。针对个人需求提供的福利产品而进行的公开竞争，抑制了公共部门对于社会福利体系的巨额支出。① 虽然需求主导的私有化有其优势，但也存在一定的劣势和不可控因素。随着福利社会的发展，该私有化模式将逐渐转变为由私营部门自己从市场中得到运营的必要资金。这带来一个趋势，即为了持续运营，私营部门会逐渐放弃针对社会弱势群体的福利产品提供，因为这些项目的投入较高而产出较低。若国家在此时无法及时予以福利产品的弥补，则该部分群体将面临越发被边缘化的风险。总结起来，需求主导的私有化模式基于经济竞争规律主导下的供需协调，带来了社会福利体系的变革。

对于供应主导的私有化过程而言，与其说是扩大对福利产品的需求，不如说是对现有福利产品提供方式的整合，而公共部门同私营部门之间的关系仅发生了不那么明显的变化。具体而言，为提供福利产品，私营部门与国家签订合约。这一私有化过程实际上是由国家来规定福利产品的提供，即国家制定框架，私营部门负责具体实施。那些遵从合约规定的私营部门，其福利产品提供数量越多，所得到的资金支持就越多。与之相比，那些富有创新意识的私营部门，由于其更有可能背离合约而不被国家所鼓励。因而，供应主导的私有化过程限制了私营部门的能动性和创新意识。长此以往，最初为了增强福利产品提供活力而进行私有化的目的被逐渐抛弃，那些获得支持最多的私营部门并非是供应福利产品效率最高、最希望寻求社会福利体系改良的机构。② 这种情况下的私营部门虽然独立于国家，但实际上是保留了国家附属机构功能的组织。他们通过参与社会福利体系使得国家对于此领域的介入更加深入且多元化。③ 因而，若采取供应主导的私有化过程，会使市场活力逐渐丧失，福利产品的提供越发僵化。在意识到这一问题后，国家对该私有化过程进行了改良。为缓解官僚化趋势，

---

① Julian Le Grand and Ray Robinson, "Privatisation and the Welfare State: An Introduction", in Julian Le Grand and Ray Robinson, eds., *Privatisation and the Welfare State*, London and New York: Routledge, 1984, p. 6.
② Adalbert Evers, "Part of the Welfare Mix: The Third Sector as an Intermediate Area", p. 177.
③ Jennifer R. Wolch, *The Shadow State: Government and the Voluntary Sector in Transition*, New York: The Foundations Center, 1990, p. 41.

国家减少对于私营部门福利产品提供项目的规定，转而对福利产品提供标准进行规制，使得私营部门依旧保持一定的独立性，从而在一定程度上鼓励了私营部门的发展。①

若将上述两种私有化趋势进行比较，我们可以总结出以下几点规律。首先，在国家的规则制定方面，需求主导的私有化过程中国家的主要作用是保证个人的自由选择权，通过税收抵免等政策刺激个人的购买力，从而提升个人对于福利产品的需求；而对于供应主导的私有化过程，虽然国家给予私营部门直接的资金支持，但资金的多寡是根据私营部门所提供的福利产品的内容和质量进行衡量。因而，对于给予私营部门资金的多少始终处于变动之中，甚至如果福利产品的质量不满足规定，私营部门还可能无法得到必要的支持。在这种模式下，国家对于福利产品提供效率的控制功能较为突出。其次，上述两种模式中私营部门的运营方式有所差异。在需求主导的私有化中，其所服务的消费者越多，并且根据市场需求不断调整福利产品的提供方向，所获得的收益也越多。因而，这种模式更倾向于鼓励创新，虽然其有可能带来私营部门对消费者的反向选择，以及因为收支严重失衡而引发的私营部门不愿承担某些花费过高的福利产品提供职责的现象；而在供应主导的私有化过程中，那些关注于公共职责以及更好地满足政策的私营部门，能够得到更多的资金回报。但这一模式面临着对国家资金的严重依赖，以及对公共部门的过度关注，而非把主要精力用于对消费者需求的关注方面。最后，两种模式下的社会福利发展方向也存在差异。就需求主导的私有化而言，其更有可能发展成为一个福利产品提供的"私人市场"，不但福利产品的供应呈现私有化，部分资金来源也呈现私有化趋势；而供应主导的私有化则会发展成为福利产品提供的"公共市场"，只是福利产品供应的私有化，资金则来自公共部门。②

通过对上述两种模式的探讨，我们可以发现，在德国的长期照护领域中，福利产品的提供遵从改良后的供应主导的私有化，即"准市场"（quasi-market）模式③：国家不再是福利产品的提供者，而仅仅承担资金

---

① Ugo Ascoli and Costanzo Ranci, "The Context of New Social Policies in Europe", p. 9.
② Ugo Ascoli and Costanzo Ranci, "The Context of New Social Policies in Europe", p. 10.
③ Julian Le Grand, "Quasi-Markets and Social Policy", *The Economic Journal*, Vol. 101, No. 408, 1991, p. 1257.

支持者的责任。在这种模式下,国家从营利机构和非营利组织购买福利产品,所有福利产品的提供者处于相互竞争状态。此外,国家通常不提供消费者以直接优惠措施,而是先由消费者自行选择,国家根据消费者的选择再决定给予某些机构以直接的资金支持。这一形式将国家对私营部门的直接支持建立在消费者对私营部门认可的基础上。这使得国家在福利产品提供方面的直接职责得到显著降低,取而代之的是在制定福利产品提供规则和确保福利产品质量的同时引入竞争机制。因而,上述模式不但形成了福利产品提供的职责从国家转移到私营部门的效果,还形成了福利产品提供者、消费者和国家之间协调配合的模式。

小 结

本章主要对福利多元主义理论及相关概念进行探讨。福利多元主义理论是在20世纪70年代,借助福利国家无法承担越发繁重的福利产品提供职责这一困境而生。20世纪80—90年代,该理论主导了福利国家的转型。福利多元主义理论认为,社会服务和医疗照护领域需要由多个部门共同完成。除国家外,还应包括以家庭、非营利组织和市场为主的三个福利产品提供部门。这四个部门在福利多元主义理论中各具特色,其主要福利供给方、特点及核心价值各有不同。各部门在社会福利体系中发挥各自作用,是体系得以运行的必不可少的组成部分。具体而言,国家是体系中的规则制定者,对福利产品的提供进行规制;家庭是重要的福利产品提供者,是个体的最后堡垒;非营利组织是国家公共部门的补充者,作为公民参与的途径发挥重要作用;市场则是体系的后来者,其提升了福利产品的提供效率,作用越发显现。四个部门相互联系、互相配合,共同构成多元福利体系。在德国长期照护服务领域中,各部门的通力合作尤为明显。然而,目前对于福利多元主义理论的分析多集中在各部门边界清晰,且理论对每个部门都产生了明显影响方面。本书则试图论证,在德国长期照护服务领域,福利多元主义理论对每个部门的影响并不一致,且部门间的界限已不再分明。

除福利多元主义理论外,福利国家、法团主义、辅助性原则和私有化也是本书将要涉及的几个重要概念。福利国家诞生于19世纪后半叶。其希冀通过政策的制定，使得市场的分配结果与国家和公民的社会目标相趋同。由于各国国情不同，福利国家被划分为三种类型，德国属于法团主义模式。虽然福利国家保证了一定程度的平等，但关于养懒汉的批评之声、官僚化趋势明显，以及移民涌入等带来的变革，推进了福利国家理论的更新发展。在福利国家体系中，法团主义模式的国家中政府发挥较为重要的作用，营利部门发展并不完善。法团主义关注国家和社会组织之间的合作关系，社会组织通过一定渠道向国家反映群体利益，国家则通过社会组织对该群体进行管理。这一理论在德国则体现为国家和非营利组织的密切关系。德国各非营利组织发展迅速，国家通过给予非营利组织以政策支持，促进福利产品的提供。根据辅助性原则的定义，国家通过赋予个人以权力，使社会中产生的问题首先在较低层级予以解决。只有当低层级组织无法解决时，才由更高层级的组织代替完成。在德国的社会服务领域，辅助性原则表现为服务的提供以家庭为主、非营利组织为辅，国家则给予必要的帮助支持。营利机构和非营利组织在福利产品提供领域的职能扩大，被称为私有化过程。私有化带来了福利产品提供的职责从国家转移到私营部门的结果，提升了福利产品提供效率，并改变了国家、非营利组织、市场和公民之间的关系。

在接下来的四章中，将分别阐述福利多元主义理论中国家、家庭、非营利组织和市场四个部门在德国长期照护服务领域的职能变迁、面临的问题及未来发展方向。

第三章 国家——规则制定者和资金支持者

通过上文对福利国家的阐述，我们可以发现，国家在社会福利体系中的职责经历了从大包大揽到权力下放的过程。而作为德国社会福利体系"后来者"的长期照护服务体系，国家在其中的作用并没有如此明显的变化。此外，作为将"辅助性原则"作为社会治理基本准则的德国，国家也没有经历扮演重要福利产品提供者的角色的阶段。虽然如此，通过本章的论述，我们依旧可以发现，随着福利多元主义理论影响程度的加深，国家职能在体系建立前后经历了转变。

本章首先讨论国家与福利多元主义理论的关系，进而阐述在长期照护服务体系建立前国家承担的职责。然后论述在体系建立后国家职责的变化，其中强调国家作为规则制定者和由规则制定职能延伸而来的资金支持者的作用。国家职责的变化也带来一些问题，这些问题的表现、解决方式和发展趋势将是接下来要讨论的内容。最后是本章小结。

第一节 国家与福利多元主义理论

对于国家权能这一问题，不同的理论提出不同的见解。无政府主义者认为，政府是不道德的，其运用强制力来执行国家权力，并侵犯诸如生存、自由和财产等个人绝对权利。因而，政府作为不公正的"始作俑者"，需要由去中心化、非科层制、民众参与的机构和议会代替，而政府则应该消失。

古典自由主义理论没有像无政府主义者那么极端，他们认为，"守夜人政府"（a nightwatchman state）的存在保障了契约的执行，保护了公民免受盗窃、欺骗和暴力威胁。因而，政府的存在有其必要性。引申到国家在社会保障方面的作用，罗伯特·诺齐克（Robert Nozick）基于"守夜人政府"的角色，在其书《无政府、国家与乌托邦》中提到，最弱意义的政府（a minimal state）可以在不侵犯个人权利的基础上形成。[1] 在自然环境下，个人在行事方式上遵从道义规则，但也无法避免争论和权力滥用情况的发生。因而，为了保障每个人的权益，将会建立起私人机构，其中一个机构将成为最主要的保护机构。这一机构在一定区域中拥有垄断权，并保护该地区内所有人的权利。在这种情况下，最弱意义的政府自然形成，而非刻意为之。作者用亚当·斯密（Adam Smith）的"看不见的手"形容这一过程。同时，最弱意义的政府的权力边界在形成之初已被限定。任何一种试图跨越边界的政府权力都会被视作对个人权利的侵犯。由于最弱意义的政府仅限于保护个人免受暴力、盗窃和欺诈，因而在社会福利领域，福利国家的再分配功能超越了政府边界，进而侵犯了个人权利。换句话说，国家没有道义规定让一个富裕的人去帮助一个贫困的人，也不能阻止个人追求自身福祉。因此，最弱意义的政府在社会福利领域并不拥有权力，其无法完成对资产的再分配。

新自由主义理论虽然没有完全否定国家的作用，但总体上对于政府和官僚体制持怀疑态度，认为其严重阻碍了个人自由和市场发展，需要限制政府权力。而个人主义、自助、创新精神和自由竞争则是新自由主义者最为看重的。在这一目标下，不平等不但无法克服，而且需要通过减少税收来刺激竞争。因而，为了整个社会的福祉而降低税收，进而减少社会福利的提供势在必行。具体到国家在社会福利体系中的作用，新自由主义理论的宗旨并非如"守夜人政府"理论试图否定福利国家，而是对其进行重塑。由于福利国家职能的拓展，新自由主义者认为其丧失了福利国家建立的宗旨，进而带来支出的不断攀升。因而，福利国家的职能需要有所削减。在其看来，福利国家应进一步重视市场在福利产品提供中的作用。通过国家的去中心化，鼓励自助组织和其他非政府机构的建立，将福利产品提供职能从国家转移到社区，国家仅在市场所无法覆盖的领域提供必要的

---

[1] Robert Nozick, *Anarchy, State, and Utopia*, New York: Basic Book, 2013, p.18.

支持。

福利多元主义理论则认为国家在福利体系中所承担的职责应多于新自由主义理论所阐述的职责。一方面，福利多元主义理论同新自由主义理论有一定共性，其对于官僚主义和国家公共部门作为福利产品提供者所带来的低效同样持排斥态度。因而，福利多元主义理论也认为国家作为福利产品提供者的功能应有所削减，而由地区性组织代替。另一方面，福利多元主义理论认为，国家并非被完全替代，而应承担更多的规则制定职责。因而，国家的作用不是被边缘化，只负责那些市场无法覆盖的福利产品的提供，而是起到推动去中心化实施的作用。

福利多元主义理论对国家职能的论述，可以在德国长期照护服务体系中得到较为充分的体现。一方面，在体系建立前，福利多元主义理论已经开始在长期照护服务领域中渗透，主要表现为国家公立机构数量的下降。这印证了上文所述福利多元主义理论和新自由主义理论的共鸣之处。另一方面，在体系建立后，福利多元主义理论得到了更加完整的体现，表现为国家职能的转变。而这又显示出福利多元主义理论同新自由主义理论观点相异之处。这两方面将是下文论述的重点。

第二节　国家在长期照护服务体系建立前的作用

在德国，虽然对于长期照护服务需求的满足一直是保障人们生活水平的一个重要因素，但传统观念认为，照护需求的满足主要依靠家庭完成，辅以一定程度的社会救助。因而，国家并没有将对长期照护服务的需求纳入社会风险范畴，需要国家介入的现实则在更晚时期才得到足够的重视。鉴于此，作为社会福利体系的"后来者"，在长期照护服务体系的建立被提上议事日程时，国家从摇篮到坟墓提供社会保障的观念已不再流行，而是福利多元主义理论下多部门共同提供福利产品。因而，同其他社会服务领域不同，长期照护服务体系中并没有经历国家从大包大揽地提供福利产品，转化为多个部门共同提供福利产品的明显转折过程。

此外，德国长期照护服务的提供在体系建立前并不系统。一方面，就资金支持而言，除社会救助外，国家职责分散地体现在医疗政策、养老金政策，以及工伤事故政策中，且不同政策间的界限以及对于长期照护职责的界定始终不够清晰。对于某些特殊人群,如老年人、重度伤残者、长期患病者的长期照护职责,在不同的福利政策中差异悬殊。另一方面,就福利产品提供而言,除家庭承担了大量的长期照护职责外,非营利组织和国家公立机构也在一定程度上参与了长期照护服务。而由于德国的自身特点,非营利组织早在长期照护服务体系建立前就已广泛参与福利产品的提供。因而,国家公立机构所提供的福利产品较少,尤其同家庭相比十分有限。并且,随着时间的推移,国家公立机构所承担的福利产品提供职责不断降低。

一 国家作为资金支持者的作用

作为资金支持者,国家除承担社会救助职责外,还通过社会保险体系进行福利给付,主要包括医疗保险、养老保险和工伤保险等,以及根据辅助性原则给予非营利组织的倾斜性资金支持。就社会救助而言,如图3-1所示,国家对长期照护需求者的照护救助支出连年上涨,从德国统一的1991年到长期照护服务体系实施的1994年,用于照护救助的资金从约合65亿欧元,增长到约合90余亿欧元。[①] 而自1995年后,照护救助支出明显下降,仅两年后的1997年就下降到约合35亿欧元,仅为1994年峰值的40%不到。对于照护救助占社会救助支出的比例而言,我们可以看到,其从1991—1994年一直保持在35%左右,而从1995年开始这一比例明显下降,到1997年照护救助支出只占社会救助支出的15.4%。因此,在法案实施前,国家通过照护救助的方式对长期照护服务予以了大量资金支持,为长期照护需求者能够获得基本照护服务起到了不可或缺的作用。

就社会保险而言,首先,德国的医疗保险体系对于"患病"和"长期照护需求"进行了严格区分,这也是为什么直到《卫生改革法》实施,医疗保险中才包含对长期照护需求的资金支持。正如本书第一章所述,《卫生改革法》只针对有严重照护需求、享受家庭照护服务或流动照护服务的个人提供一定程度的资金支持。据统计,在法案生效的第一年,即1991年

---

① 欧元于1999年1月1日作为记账和转账货币启动。为了方便进行数据比较,本书在1998年及以前的各类收支数据,均根据马克兑欧元为1∶0.51换算得出。下同。

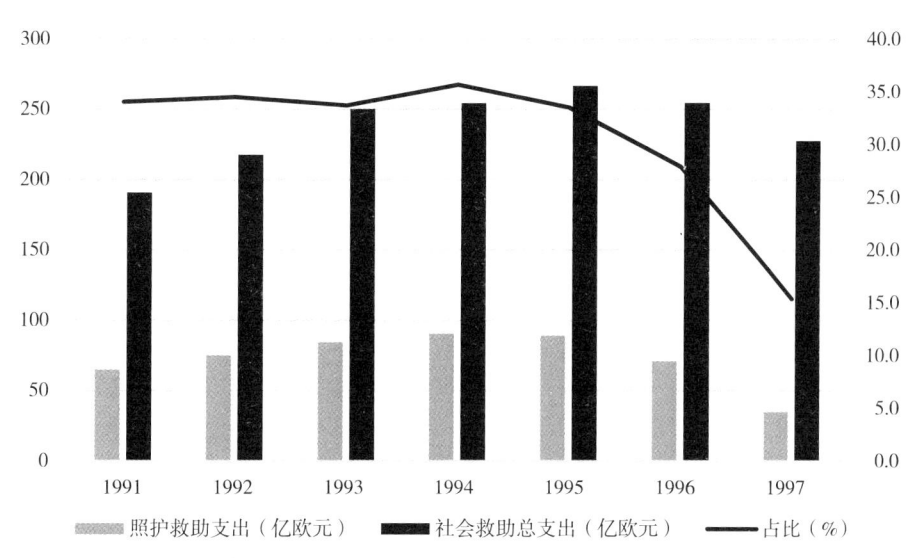

图 3-1 照护救助支出及占社会救助总支出比例变化（1991—1997 年）

注：1. 数据来源：Statistisches Bundesamt, "Sozialleistungen in: Statistisches Jahrbuch für die Bundesrepublik Deutschland", in *Statistisches Jahrbuch 1993/1994/1995/1996/1997/1998/1999*, Wiesbaden。

2. 左侧坐标轴为支出情况，右侧坐标轴为占比情况。

3. 笔者自制。

医疗保险基金共支付长期照护费用约合10.5亿欧元，1992年约合14亿欧元。① 这一支付方式自1995年《长期照护保险法》实施后便取消。其次，《社会法典第六部》（*Sozialgesetzbuch* Ⅵ, *SGB* Ⅵ）规定，个人如果需要在日常生活中享受规律性的照护服务，且每周照护服务时长不少于十小时，那么相应的医疗保险机构需要为提供照护服务的家庭照护人员缴纳养老保险。② 这一规定使得家庭照护人员即使因为参与照护服务而耽误了按照日常工作计算的养老保险的连续缴纳时间，也能够从另一种渠道缴纳保险，从而为退休后享有一定程度的生活保障奠定基础。再次，就工伤保险而言，《社会法典第七部》（*Sozialgesetzbuch* Ⅶ, *SGB* Ⅶ）规定，因事故而致工伤的个人有权利享受照护服务以及与照护服务相关的资金供给，且工伤

---

① Detlef Rüdiger, "Belastungsausgleich für die Wirtschaft", p. 200.

② Bundesregierung, *Gesetz zur Reform der gesetzlichen Rentenversicherung* (*Rentenreformgesetz 1992-RRG 1992*), Bundesgesetzblatt, Teil I, 1989, § 177.

保险机构有责任最早保障相应资金或服务的提供。① 根据规定，对于遭遇工伤事故的个人，如果其需要在日常生活中享受规律性的照护服务，工伤事故公司有责任为个人提供或联系照护资金、照护人员，以及必要时的住院照护机构，且所提供的照护资金额度随养老金的变化而改变。② 因而，工伤事故保险对于因工伤而需要长期照护的个人也予以了一定程度的支持。然而，需要说明的是，由于工伤事故保险并未对长期照护服务的支出进行单独统计，因而此部分数据较为匮乏。最后，对于国家给予非营利组织的倾斜性资金支持，由于此部分数据有限，无法进行细致的分析。但是可以肯定的是，国家为了保障非营利组织在福利产品提供中的优势，投入了数量庞大的资金。

二　国家作为福利产品提供者的作用

就福利产品提供而言，国家主要通过建立公立机构从而对长期照护需求者予以支持。根据《长期照护保险法》，照护机构被分为流动照护机构（ambulante Pflegeeinrichtung，Pflegedienst）和住院照护机构（stationäre Pflegeeinrichtung，Pflegeheim）。在此，需要有三点说明。其一，"流动照护机构"和"住院照护机构"两个概念由《长期照护保险法》首次提出，在此之前这些概念并不存在。其二，同上一点相同，"长期照护需求者"这一概念也由《长期照护保险法》首次提出。其三，由于《长期照护保险法》的实施，住院照护机构的官方统计方式在1999年前后经历了变革。从1993—1998年，住院照护机构被称为"老人院"（Alteneinrichtung），其包括四个类型的照护机构：安老院、养老院、老年照护院（Altenpflegeheim）和多功能照护机构（Mehrgliedrige Einrichtung）。从1999年起，则以"住院照护机构"这一术语进行统计，且不进行细分。而在1999年和2000年，两种统计方式都可以在官方统计数字中见到。严格来讲，两种统计方式略有出入：在1999年，"老人院"总计8243家，其中国家公立机构679家；而"住院照护机构"总计8859家，其中国家公立机构750家。同样地，

---

① Bundesregierung, *Gesetz zur Einordnung des Rechts der gesetzlichen Unfallversicherung in das Sozialgesetzbuch (Unfallversicherungs-Einordnungsgesetz – UVEG)*, Bundesgesetzblatt, Teil I, 1996, §26.

② Bundesregierung, *Gesetz zur Einordnung des Rechts der gesetzlichen Unfallversicherung in das Sozialgesetzbuch (Unfallversicherungs-Einordnungsgesetz – UVEG)*, §44.

"长期照护需求者"的统计方式也存在些许不同：体系建立前住院照护服务中长期照护需求者数量根据不同机构类型予以分别统计，体系建立后则根据照护需求等级进行统计。具体分类方式将在下文详述。因此，按照"老"的方式统计的照护需求者中有一些人可能无法达到法案中规定的最低照护等级，因而无法在1999年及之后的统计中被算作"长期照护需求者"。即便如此，总体来讲，两种统计方式差异不大，机构数量和照护需求者数量的变化趋势也基本一致。因此，为了行文统一，本书将"流动照护机构""住院照护机构""长期照护需求者"三个名称借用至《长期照护保险法》实施之前。在住院照护机构和住院照护服务中照护需求者的统计数据使用方面，为了形成更大范围的统一以寻找变化趋势，1996—1998年使用"老"的统计数据，1999年及以后使用新的统计数据。[1]

在法案实施前，关于流动照护机构的数据较为匮乏。这主要基于以下两方面原因：一方面，国家对于流动照护服务没有同家庭照护服务进行区分，例如在《卫生改革法》中对于家庭照护服务和流动照护服务均给予相同程度的资金支持；另一方面，一些流动照护服务也是住院照护机构所提供服务项目的组成部分。因此，在此部分论述中，仅探讨国家所提供的福利产品中住院照护机构的数量变迁，进而对国家所承担的职能进行分析。

从1993—1995年住院照护机构数量的发展趋势来看，如表3-1所示，国家公立机构从1452家缩减到1158家，占住院照护机构总数的比例则从17.5%下降到14.1%。因此，可以认为，在住院照护机构数量方面，国家公立机构所承担职责的重要性较低且逐年下降。

表3-1　住院照护服务中国家公立机构数量及占比变化（1993—1995年）

年份	1993	1994	1995
国家公立机构数量（家）	1452	1315	1158
占住院照护机构比例	17.5%	15.8%	14.1%

数据来源：Statistisches Bundesamt, "Sozialleistungen in: Statistisches Jahrbuch für die Bundesrepublik Deutschland", in *Statistisches Jahrbuch 1995/1996/1997*.

---

[1] 关于统计方式的具体差异，参见 Statistisches Bundesamt, "Sozialleistungen in: Statistisches Jahrbuch für die Bundesrepublik Deutschland", in *Statistisches Jahrbuch 1995/1996/1997/1998/1999/2000/2001*; Statistisches Bundesamt, *Pflegestatistik: Pflege im Rahmen der Pflegeversicherung-Deutschlandergebnisse*, *1999/2001/2003/2005/2007/2009/2011/2013/2015/2017/2019*, Wiesbaden.

如果以同时期国家公立机构中长期照护需求者人数来看,如表3-2所示,这一数量从1993年的近15万人陡降至1995年的略多于12万人。而由于同时段内,住院照护机构中长期照护需求者总人数保持在6万至7万人,因此公立机构中长期照护需求者人数占比从22.2%下降到18.9%。因此,可以认为,在体系建立前,无论是住院照护机构数量还是其中的长期照护需求者人数方面,国家公立机构所承担的职责都较小,且呈现不断下降趋势。

表3-2 住院照护服务中国家公立机构中长期照护需求者数量及占比变化(1993—1995年)

年份	1993	1994	1995
长期照护需求者数量(人)	149159	135125	122689
占住院照护机构比例	22.2%	19.8%	18.9%

数据来源:Statistisches Bundesamt, "Sozialleistungen in: Statistisches Jahrbuch für die Bundesrepublik Deutschland", in *Statistisches Jahrbuch 1995/1996/1997*。

这一趋势的形成同福利多元主义理论对长期照护服务领域影响的不断深入有关。由于福利多元主义理论强调国家在福利产品提供方面职能的后撤,因而,1993—1995年,国家公立机构所提供的住院照护服务呈现明显下降趋势。然而,需要指出的是,此时的福利多元主义理论只对国家的福利产品提供职能方面存在一定程度的影响,对于国家向规制职能的转变,也即成为福利产品的主要分配者,则在长期照护服务体系建立后才得到明显体现。

第三节 国家在长期照护服务体系中的作用

1995年后,随着长期照护服务体系的建立,国家的职能发生变化。其从资金支持者和福利产品提供者,转变为以规则制定者及资金支持者为主,以福利产品提供者为辅的方式。就规则制定者而言,国家通过《长期照护保险法》的实施并不断改进,形成了较为完善的长期照护服务体系。此外,国家还通过《长期照护质量确保法》(*Pflege-Qualitätssicherungsgesetz*, PQsG),对长期照护质量予以具体规定。就资金支持者而言,则根据《长期照护保险法》,通过长期照护保险和社会救助进行照护费用的偿付。就福利产品提供而言,国家公共部门所属的流动照护机构和住院照护机构数量在体系建立后呈现更为明显的下降。

通过体系的建立和发展,福利多元主义理论所强调的国家应发挥规制作用得到了充分的体现。这说明福利多元主义理论对国家职能界定方面的影响不断深入。国家通过长期照护服务体系的建立,完成了职能转变。

一 国家作为规则制定者的作用

国家通过1994年颁布的《长期照护保险法》和2002年颁布的《长期照护质量确保法》,以及后续一系列法案的修改完善,架构了长期照护服务体系并保障了照护质量。社会长期照护保险(soziale Pflegeversicherung,SPV)成为德国社会保险体系的第五支柱,而两个法案的颁布实施则体现了国家作为规则制定者的作用。

(一)《长期照护保险法》的主要内容

1994年通过的《长期照护保险法》是为了规避长期照护需求者的社会风险而设立的。这一法案被纳入德国《社会法典第十一部》(*Sozialgesetzbuch XI*, *SGB XI*)并不断完善。《长期照护保险法》分阶段实施:1995年4月,家庭及流动照护服务相关福利施行;1996年7月,住院照护服务相关福利施行。社会长期照护保险保障法定医疗保险(gesetzliche Krankenversicherung,GKV)的被保险人,私人长期照护保险(private Pflegepflichtversicherung,PPV)则保障私人医疗保险(private Krankenversicherung,PKV)的被保险人。这两种保险大约覆盖了99%的人群。长期照护保险希望让长期照护需求者通过享受照护服务,能够独立、符合自己意愿地生活,其身心得到一定程度或完全恢复。[①]

社会长期照护保险的投保人主要包括:工人、雇员和领取工资的学徒[②];领取失业金和失业金Ⅱ的个人;对于农民以及与其一同工作的亲属

---

① Bundesregierung, *Sozialgesetzbuch (SGB) - Elftes Buch (XI) - Soziale Pflegeversicherung (Artikel 1 des Gesetzes vom 26. Mai 1994, BGBl. I S. 1014)*, 2018, §2-(1).
② 每月450—850欧元的低收入者,雇员缴费随收入水平下降而下降,雇主缴费上升;低于450欧元的个人,由雇主承担缴费义务。

（同居伴侣），只需农民本人缴纳法定医疗保险；在青少年扶助机构、身心障碍者职业教育机构或类似机构接受职业培训的个人；包括为残疾人和盲人设立的工作坊，或从事家庭代工的身心障碍者；在慈善机构、住院照护机构或类似机构从事规律性服务的身心障碍者，其服务强度相当于具备完全工作能力者服务能力1/5的个人；在公立或国家认定的大学进行注册的学生，并且缴纳法定医疗保险的个人；接受职业教育但无薪资的个人，就读于专科学校或职业专科学校，或依规成为实习生的人；退休人员等。①

对于自愿加入法定医疗保险的投保人，可以自行选择加入社会或私人长期照护保险。若个人投保私人医疗保险，为预防长期照护风险的发生，有义务同私人医疗保险机构缔结合约并购买私人长期照护保险，一般情况下为同一家保险机构。依据相关法规，公务员的长期照护费用通过公务员补助金（Beamtenbeihilfe）予以资金支持，对于公务员补助金无法涵盖的部分，则需要投保私人长期照护保险。② 因此，投保私人长期照护保险的群体一般包括收入超过法定义务参保线（Versicherungspfhchtgrenze）的个人③、自雇者和公务员。此外，私人长期照护保险有义务根据长期照护需求及确定的照护等级，采取同社会长期照护保险一致的福利给付标准。

对于投保人的配偶（同居伴侣）及子女的家庭联保，则有如下规定：就配偶及同居伴侣而言，若其长期居住在德国境内，不符合社会长期照护保险和私人长期照护保险的投保义务，没有固定职业且收入在一定水平以下，则可以享受家庭保险。对子女而言，若符合下列条件的任意一项：未满18岁、未满23岁且未就业、未满25岁但仍在学习或接受职业教育、处于社会服务志愿年（freiwilliges soziales Jahr）或环保服务志愿年（freiwilliges ökologisches Jahr）的个人，可享受家庭保险。④ 此外，若子女患有身心障碍方面的疾病，则对于家庭保险的享受不受年龄限制。

---

① Bundesregierung, *Sozialgesetzbuch （SGB） - Elftes Buch （XI） - Soziale Pflegeversicherung （Artikel 1 des Gesetzes vom 26. Mai 1994, BGBl. I S. 1014）*，§20-（1）.

② Bundesregierung, *Sozialgesetzbuch （SGB） - Elftes Buch （XI） - Soziale Pflegeversicherung （Artikel 1 des Gesetzes vom 26. Mai 1994, BGBl. I S. 1014）*，§23-（3）.

③ 2021年，义务缴纳法定医疗保险（及社会长期照护保险）的个人的年收入上限为64350欧元，因此，年收入超过该数额的可以自愿选择缴纳私人医疗保险（及私人长期照护保险）。

④ Bundesregierung, *Sozialgesetzbuch （SGB） - Elftes Buch （XI） - Soziale Pflegeversicherung （Artikel 1 des Gesetzes vom 26. Mai 1994, BGBl. I S. 1014）*，§25-（2）.

长期照护保险的收缴和偿付所形成的基金称为"长期照护保险基金"（Pflegekasse），其具体实施由医疗保险机构完成。这意味着长期照护保险基金和医疗保险基金在资金收缴和发放上相区分，但在管理上相统一。长期照护保险基金的任务即根据长期照护需求等级，按照统一规定，对长期照护需求者提供照护服务及资金支持。通过长期照护保险基金和医疗保险基金的整合，使得因患病而需要医疗照护、长期照护和复建的需求者可以得到连续的社会服务及资金支持。

长期照护服务体系遵循两个原则。一是家庭照护服务和流动照护服务优先于住院照护服务。长期照护保险基金应先满足家庭照护和流动照护服务的福利给付，以便让长期照护需求者尽可能地在自己熟悉的环境中生活。此外，半住院照护服务（teilstationäre Pflege）和短期照护服务（Kurzzeitpflege）优先于全住院照护服务（vollstationäre Pflege）。二是预防和康复优先。医疗保险机构应致力于采取措施，通过预防、疾病治疗和康复的方式，避免个人长期照护需求的出现。在这之中，给付主体应根据照护需求程度，将个人在康复过程中的相关费用纳入给付范围，并致力于照护需求的减轻、消除和照护依赖加重的预防。[1] 虽然存在上述两个原则，长期照护需求者依旧可以自行选择住院照护或流动照护方式。

对于医疗保险机构而言，其有责任向被保险人说明和建议健康的、预防长期照护需求产生的生活方式。此外，这些机构对于被保险人及其亲属所提出的与长期照护需求相关，尤其是与福利给付有关的问题，需提供建议和指导。

1. 长期照护需求及等级的确定

如上文所述，第一次对"长期照护需求"进行规定是在《长期照护保险法》中。后经过完善，《社会法典第十一部》对于"长期照护需求"作出如下定义：长期照护需求是指由于身体健康原因而导致的在自主行动或生活能力方面的障碍，因此需要他人予以帮助。障碍所涉及的必须是个人的身体、认知或心理障碍，或因健康方面的疾病而导致的无法独立完成和胜任日常生活需求。满足长期照护需求的人，必须需要至少六个月的照护

---

[1] Bundesregierung, *Sozialgesetzbuch （SGB） - Elftes Buch （XI） - Soziale Pflegeversicherung （Artikel 1 des Gesetzes vom 26. Mai 1994, BGBl. I S. 1014）*, §5-（6）.

服务，并且符合一定的依赖程度要求。① 对于因身体健康原因而导致的自主行动或生活能力的障碍，主要通过以下六个方面进行衡量：第一，活动能力，包括床上的自主活动、保持坐姿的能力、屋内的移动能力以及上下楼梯能力。第二，认知和交流能力，包括对于他人的识别能力、方位和时间把控能力、对重大和危险事件的认知和观察能力、较复杂日常生活的操控能力、日常生活的决断能力、信息的理解能力、基本需求的处理能力以及日常交流的参与和理解能力。第三，是否存在行为和心理问题，包括夜间无法平静，自主攻击或伤害行为，对于他人的言语攻击或攻击行为，对于照护帮助等方式的排斥甚至攻击行为，处于低落情绪时的幻觉、暴躁或无力情况以及与社会生活不相符的行为等。第四，自理能力，包括自主洗澡和穿衣能力、食物准备及进食能力、自主大小便能力以及对于大小便失禁等疾病的处理能力等。第五，对于一些疾病或治疗方案的自主处理能力，包括吃药、注射、吸氧，冷暖设备的使用，身体状况的测量和处理，绷带的更换、伤口的处理、导管的插入等，对于医生或医疗机构的拜访，对于进食状况、疾病以及疾病治疗情况的记录能力。第六，日常生活和社会交往能力，包括对于日常生活和变化的应对能力、对于未来的计划能力以及直接或间接同他人互动的能力。②

明确上述六个方面后，需要对这些方面下的各个细小指标进行赋值，不同的数值对应不同的依赖程度：程度 0 到 4 分别对应自主行动或生活能力无障碍、有较小障碍、有显著障碍、有较严重障碍，以及有非常严重障碍。之后，对六个方面分别赋予不同的权重并进行加权：活动能力占 10%，认知和交流能力及行为和心理问题合计占 15%，自我照护能力占 40%，对于一些疾病或治疗方案的自主处理能力占 20%，以及日常生活和社会活动能力占 15%。最终，将总分进行核算并鉴定为不同的照护等级（Pflegegrad, PG）：12.5—27 分为照护等级一，属于自主行动能力和生活能力存在较小障碍的长期照护需求者；27—47.5 分为照护等级二，属于自主行动能力和生活能力存在显著障碍的长期照护需求者；47.5—70 分为照

---

① Bundesregierung, *Sozialgesetzbuch （SGB） - Elftes Buch （XI） - Soziale Pflegeversicherung （Artikel 1 des Gesetzes vom 26. Mai 1994, BGBl. I S. 1014）*, §14- （1）.

② Bundesregierung, *Sozialgesetzbuch （SGB） - Elftes Buch （XI） - Soziale Pflegeversicherung （Artikel 1 des Gesetzes vom 26. Mai 1994, BGBl. I S. 1014）*, §14- （2）.

护等级三，属于自主行动能力和生活能力存在严重障碍的长期照护需求者；70—90分为照护等级四，属于自主行动能力和生活能力存在非常严重障碍的长期照护需求者；90—100分为照护等级五，属于自主行动能力和生活能力存在非常严重障碍，且需要特殊照护服务的长期照护需求者。若长期照护需求者需要特殊的照护服务，但核算分数未达到90分，也可被认定为照护等级五。① 对于18岁以下儿童，其认定时的赋值稍有不同。

在长期照护需求等级的鉴定方面，医疗保险医事服务机构（Medizinischer Dienst der Krankenversicherung，MDK）或医疗保险机构委托的其他独立机构将前往申请者住处进行鉴定。上述机构应通过鉴定，明确申请人是否满足长期照护需求，以及处于哪个等级。此外，如果长期照护需求者向医疗保险机构申请医疗康复，那么鉴定机构还需在鉴定结果中提出相应的康复措施，并说明康复措施如何减轻、消除或预防照护依赖的加重。鉴定机构需要向医疗保险机构转交鉴定结果，并包括康复措施、照护给付的种类和范围，以及个人长期照护建议。如果长期照护需求者申请照护津贴，还需要在鉴定结果中说明，家庭照护服务是否可以顺利进行。这一鉴定过程需定期重复实施。申请人可以自行决定是否接受鉴定结果。若不接受，可以申请再次鉴定。

需要指出的是，德国是"少数的几个国家，对于照护依赖的可能性是通过一个完全独立的体系予以解决，并且这一体系将照护依赖和贫困进行分离"②。也就是说，照护服务的提供不是基于个人的收入多寡，而是仅基于个人对照护服务本身的需求程度。这使得对于相同照护需求程度的个人，无论其收入水平如何，都可以享受基本照护服务。

2. 组织机构与实施机构

为公民提供长期照护服务是全社会的责任③。因此，无论是州政府、地方政府、照护机构、医疗保险机构，还是医事服务机构都需要紧密合作，提供

---

① Bundesregierung, *Sozialgesetzbuch（SGB）- Elftes Buch（XI）- Soziale Pflegeversicherung（Artikel 1 des Gesetzes vom 26. Mai 1994, BGBl. I S. 1014）*，§15-（4）.

② Albert Evers, "The New Long-Term Care Insurance Program in Germany", *Journal of Aging and Social Policy*, Vol. 10, No. 1, 1998, p. 19.

③ Bundesregierung, *Sozialgesetzbuch（SGB）- Elftes Buch（XI）- Soziale Pflegeversicherung（Artikel 1 des Gesetzes vom 26. Mai 1994, BGBl. I S. 1014）*，§8-（1）.

可行性较强且较方便的流动和住院照护服务，使得公民可以得到一定程度的照护。同时，这些机构需要承担长期照护服务体系的改良职责，关注于新的照护形式，如半住院照护和短期照护服务，并着力于医疗康复的提供。此外，上述机构还需支持和促进以下照护服务：专业和志愿照护服务、亲属（同居伴侣）照护服务、邻里照护服务以及自助团体的照护服务。

（1）组织机构

首先，长期照护服务体系的建立将联邦政府的职责大大减轻，其主要负责每隔四年向立法机构进行汇报，包括长期照护保险的发展和照护服务的提供等。

其次，各州需要在每年的6月30日前向联邦卫生部（Bundesministerium für Gesundheit，BMG）提供报告，并就照护机构在过去一年的资金使用情况，以及长期照护需求者支付的投资费用（Investitionskosten）情况进行着重汇报。此外，各州还要负责维持一个具有效率、数量上足够以及经济上可行的照护服务提供架构。[①] 在机构设置方面，各州设立长期照护保险基金协会（Landesverband der Pflegekassen），由州地方医疗保险基金协会（Landesverband der Ortskrankenkassen）、州企业医疗保险基金协会（Landesverband der Betriebskrankenkassen）、州手工业同业公会医疗保险基金协会（Landesverband der Innungskrankenkassen）、德国矿业-铁路-海事养老保险公司（Deutsche Rentenversicherung Knappschaft-Bahn-See）等机构共同组成。[②] 该协会会同医疗保险医事服务机构、私人医疗保险联合会（Verband der Privaten Krankenversicherung e. V.，PKV），以及流动照护和住院照护机构代表共同制定统一规则架构，以保证为长期照护需求者提供适用的和经济的照护服务。

（2）实施机构

①医疗保险机构

长期照护保险基金的收缴和偿付，以及照护需求等级的确定等职责，均由医疗保险机构完成。具体而言，医疗保险机构的任务包括以下三个方

---

① Bundesregierung, *Sozialgesetzbuch (SGB) - Elftes Buch (XI) - Soziale Pflegeversicherung (Artikel 1 des Gesetzes vom 26. Mai 1994, BGBl. I S. 1014)*, §9.

② Bundesregierung, *Sozialgesetzbuch (SGB) - Elftes Buch (XI) - Soziale Pflegeversicherung (Artikel 1 des Gesetzes vom 26. Mai 1994, BGBl. I S. 1014)*, §52-（1）.

面：首先，医疗保险机构负责保障被保险人照护需求的满足。因此，其需要同照护机构、医疗机构和社会服务机构紧密合作，尤其通过同照护支持中心（Pflegestützpunkt）在地区内的密切合作，致力于照护服务架构的形成。其次，医疗保险机构应提供照护咨询（Pflegeberatung）服务，为有长期照护需求的个人及家属提供照护服务信息。主要包括长期照护需求等级确定的相关信息，具有针对性的、促进健康的、预防性的或医疗照护性的照护给付计划，为完成照护计划的必不可少的措施，执行照护计划的监督措施以及随长期照护需求变化而改变的照护计划，特殊情况下的照护服务申请建议及相关信息，缓解照护人员负担的相关政策等。[①] 最后，医疗保险机构需确保住院照护机构为长期照护需求者配备了所需的专科医生。此外，为保障流动照护服务的提供，医疗保险机构还可以同个别专业照护人员签订合约，包括照护服务提供内容、范围、质量要求以及福利给付等内容[②]，从而保障被保险人的需求得到满足。医疗保险机构为自我管理机构。

②照护机构

就照护机构（Pflegeeinrichtung）的性质而言，包括非营利组织、营利机构和国家公立机构。医疗保险机构在确保被保险人长期照护需求可以得到满足的情况下，同长期照护机构签订协议。其中，非营利组织和营利机构可以与医疗保险机构优先订立合约。若照护机构为国家公立机构，则合约在取得州跨地区社会救助工作委员会（überörtlicher Träger der Sozialhilfe）的同意后，由照护机构和州长期照护保险基金协会共同签订合约。照护机构需根据给付请求对长期照护需求者提供照护服务。根据专业照护人员是否可以提供上门服务，照护机构分为流动照护机构和住院照护机构。

就照护费用确定而言，应由州长期照护保险基金协会、私人医疗保险联合会，以及社会救助机构，同照护机构进行费用协商。相关机构应根据照护给付的种类和范围、与此相关的时间花费、照护服务的复杂程度或例外情形，并参考区域内相近规模的照护机构，对收费标准进行确定。在照护费用给付方面，扣除长期照护保险基金负担的费用外，余下的费用需由

---

① Bundesregierung, *Sozialgesetzbuch （SGB） - Elftes Buch （XI） - Soziale Pflegeversicherung （Artikel 1 des Gesetzes vom 26. Mai 1994, BGBl. I S. 1014）*, §7a-（1）.

② Bundesregierung, *Sozialgesetzbuch （SGB） - Elftes Buch （XI） - Soziale Pflegeversicherung （Artikel 1 des Gesetzes vom 26. Mai 1994, BGBl. I S. 1014）*, §77.

照护需求者自行承担。就住院照护机构而言，长期照护需求者所产生的费用包括照护服务相关费用、学徒费用、食宿费用和投资费用。其中，投资费用指照护机构运营所必需的费用，以及建筑物的承租、器材的使用所产生的支出。若所在州未拨款或未完全通过拨款覆盖此部分费用，则照护机构可以向长期照护需求者收取。对于不同照护机构而言，学徒费用和食宿费用差异较小，照护服务相关费用和投资费用差异较为明显。① 而由于照护服务相关费用连年上涨，扣除长期照护保险基金所负担的费用外，照护需求者需要负担的费用占总费用的一半以上。② 在额外费用方面，流动照护服务的家政服务、往返路途的车费需一次性缴清；住院照护服务可以就诸如食宿的特别给付以及额外照护服务等产生的费用向长期照护需求者收取。

③照护支持中心

经州最高主管机构同意，医疗保险机构应为被保险人设立临近的咨询机构，即照护支持中心。照护支持中心的主要任务包括：提供《社会法典》、联邦政府和州政府规定的社会给付及其他照护服务相关信息，对于临近的照护服务机构进行协调，对于照护服务供应网络进行串联。③ 照护咨询师可以是照护支持中心的专业照护人员、地区内非营利组织中的照护人员，还可以是自助组织成员或志愿者。

3. 照护方式

从提供地点来看，照护服务分为居家照护和住院照护。其中，居家照护中所提供的照护服务又分为家庭照护服务和流动照护服务。因此，长期

---

① 参见附录三访谈记录。
② 与长期照护服务体系最初建立有所不同，随着住院照护费用的不断上涨，体系建立之初所秉承的长期照护需求者仅负担食宿费用的设想已经无法实现。因而，现在的长期照护费用是在将所有相关费用合并计算，减去长期照护保险基金的费用偿付后，余额部分由个人负担。目前长期照护需求者所负担的费用已远超每月食宿费用。例如，2020年在平均个人缴纳费用的2015欧元中，食宿费用为774欧元，投资费用为455欧元，照护服务相关费用为786欧元。而按长期照护服务体系建立的初衷，个人缴纳费用中的后两项本应由长期照护保险基金负担。这一现象也体现了长期照护服务体系的"福利紧缩"特征：福利给付本应以满足个人需求为优先，实际上则是设定上限的部分福利给付。参见 "Gesundheitssektor braucht dringend mehr Personal und Investitionen", in *DGB*, 03. 12. 2020, https://www.redenwirueber.de/informationen/meldungen/gesundheitssektor-braucht-dringend-mehr-personal-und-investitionen。
③ Bundesregierung, *Sozialgesetzbuch (SGB) - Elftes Buch (XI) - Soziale Pflegeversicherung (Artikel 1 des Gesetzes vom 26. Mai 1994, BGBl. I S. 1014)*, §7c-（2）.

照护服务分为三类：家庭照护服务、流动照护服务和住院照护服务。其中，家庭照护服务由亲属及邻里提供，是流动照护服务的基础。流动照护服务由流动照护机构中常驻的专业照护人员前往长期照护需求者家中进行服务。有些长期照护需求者仅需要定时的流动照护服务，更多的长期照护需求者除需要流动照护机构提供专业照护服务外，更需要频繁的家庭照护服务。由于上述两种照护服务类型在福利给付方面存在一定程度的重叠，因而在规定福利给付时，法案对上述两种服务类型进行了合并。而住院照护服务的长期照护需求者由常驻的专业照护人员提供全天候（全住院）或仅白天或夜晚（半住院）的照护服务。

4. 资金来源与给付方式

（1）资金来源

社会长期照护保险的资金来自保费收入和其他一些补充收入。其中，保费收入根据投保人工资收入的百分比计算并规定上限。① 目前社会长期照护保险的缴费率为 3.05%，由雇主和雇员平均分担。此外，对于年满 23 岁的投保者，若尚无子女，则个人缴费率上调 0.25%，即无子女的附加保费。通过取消雇员一天假期的方式作为对雇主的补偿，以减轻雇主压力。对于社会长期照护保险自愿投保者或享受社会长期照护保险但无投保义务的个人，其保费另有规定。

私人长期照护保险的缴费率与个人所获最高给付金额和照护风险有关。平均而言，每人缴纳的私人长期照护保险的保费高于社会长期照护保险。对于投保私人长期照护保险的雇员，在其同时负有社会长期照护保险投保义务时，可以根据保费支付比例向雇主领取补助，但这一补助不能超过雇员所付保费的一半。② 对于自雇者和自由职业者，则无法领取保费补助。

对于已经缴纳社会或私人长期照护保险的人，可以自愿缴纳私人长期照护附加险（Pflege-Zusatzversicherung），作为长期照护保险的补充。然而，若被保险人不满 18 岁，或已经缴纳私人长期照护保险且被认定为长期

---

① 对于年收入高于缴费基线（Beitragsbemessungsgrenze）的个人，超出部分无须缴费。2021 年此限额为 58050 欧元。

② Bundesregierung, *Sozialgesetzbuch（SGB）- Elftes Buch（XI）- Soziale Pflegeversicherung（Artikel 1 des Gesetzes vom 26. Mai 1994, BGBl. I S. 1014）*，§ 61-（2）.

照护需求者，则无法参保长期照护附加险。长期照护附加险的补贴额度为每月 5 欧元。

对于满足享受家庭保险的群体，或领取生育津贴（Mutterschaftsgeld）、抚育津贴（Erziehungsgeld）和养育津贴（Betreuungsgeld）的人可免除社会长期照护保险保费的缴纳。对于领取照护补助津贴（Pflegeunterstützungsgeld）的个人也可免除保费的缴纳。

每个长期照护保险基金除了日常营运资金外，还需留有一定数量的准备金（Rücklage），其上限为平均每月日常支出的 50%。① 若准备金在年底补足营运资金之后仍有盈余，则汇入由联邦社会保障局（Bundesamt für Soziale Sicherung）管理的平准基金（Ausgleichsfonds）。平准基金除了包括每个长期照护保险基金汇入的资产盈余外，还包括养老金、医疗保险基金等的盈余。联邦社会保障局负责利用平准基金进行所有保险基金的财务平衡。

此外，为了保持社会长期照护保险基金的长久稳定，设立长期照护准备金（Pflegevorsorgefonds）。联邦社会保障局从 2015 年 2 月 20 日至 2033 年 12 月，每个月拿出社会长期照护保险收入 0.1% 的 1/12 用于长期照护准备金的投入。② 从 2035 年开始，照护准备金开始发挥稳定社会长期照护保险基金的作用。

（2）给付方式

就给付方式而言，长期照护保险的给付包括满足基础照护、家政服务、医疗照护所需服务给付和现金给付。对于给付的具体类型和范围，则根据长期照护需求者的照护依赖程度与其所需的照护方式而定。

具体而言，给付方式包括以下几种类型：实物给付、自行寻找照护人员的照护津贴、组合福利、日间照护服务（Tagespflege）和夜间照护服务（Nachtpflege）、短期照护服务、全住院照护服务、照护人员的社会保障以及对亲属（同居伴侣）和志愿照护人员的照护课程等。所有给付的提供都依据与医疗保险机构所订立的合约执行。由于公务员在疾病和长期照护服

---

① Bundesregierung, *Sozialgesetzbuch（SGB）- Elftes Buch（XI）- Soziale Pflegeversicherung（Artikel 1 des Gesetzes vom 26. Mai 1994, BGBl.1 S. 1014）*, §64-（2）.

② Bundesregierung, *Sozialgesetzbuch（SGB）- Elftes Buch（XI）- Soziale Pflegeversicherung（Artikel 1 des Gesetzes vom 26. Mai 1994, BGBl.1 S. 1014）*, §135-（1）.

务方面享有公务员补助金和免费医疗照护（Heilfürsorge）①，因而在上述提及的福利中最多只能获得一半的给付。②

①居家照护服务

第一，处于照护等级二至五的长期照护需求者有权利申请于家中进行包括基础照护与家政服务在内的实物给付。照护人员既可以由流动照护机构指派本机构内的专业人员，也可以由医疗保险机构直接指派。实物给付对不同照护等级的人给予如下福利：提供等级二的长期照护需求者每月689欧元的实物给付，提供等级三的长期照护需求者每月1298欧元的实物给付，提供等级四的长期照护需求者每月1612欧元的实物给付，提供等级五的长期照护需求者每月1995欧元的实物给付。③ 若每月照护服务所产生的费用超过实物给付额度，则多出部分由个人自付。

第二，处于照护等级二至五的长期照护需求者可以以照护津贴的方式代替实物给付。这一给付方式的前提是，长期照护需求者确保获得适当的基础照护与家政服务。照护津贴每月给付方式如下：提供等级二的长期照护需求者每月316欧元的照护津贴，提供等级三的长期照护需求者每月545欧元的照护津贴，提供等级四的长期照护需求者每月728欧元的照护津贴，提供等级五的长期照护需求者每月901欧元的照护津贴。④ 对处于照护等级二和等级三的长期照护需求者每半年一次、处于照护等级四和等级五的长期照护需求者一个季度一次，由照护机构的照护人员，或医疗保险机构指定的照护人员对居家照护服务进行走访。主要包括就照护服务提供咨询指导，基于照护需求对目前提供的照护服务进行评估，并提出改进建议。

第三，长期照护需求者还可以申请组合福利。享受此福利的长期照护需求者一方面通过实物给付得到部分福利，另一方面通过照护津贴得到另

---

① 该免费医疗照护主要针对警察、消防员、军人等公职人员。
② Bundesregierung, *Sozialgesetzbuch（SGB）- Elftes Buch（XI）- Soziale Pflegeversicherung（Artikel 1 des Gesetzes vom 26. Mai 1994, BGBl. I S. 1014）*, §28-（2）.
③ Bundesregierung, *Sozialgesetzbuch（SGB）- Elftes Buch（XI）- Soziale Pflegeversicherung（Artikel 1 des Gesetzes vom 26. Mai 1994, BGBl. I S. 1014）*, §36-（3）.
④ Bundesregierung, *Sozialgesetzbuch（SGB）- Elftes Buch（XI）- Soziale Pflegeversicherung（Artikel 1 des Gesetzes vom 26. Mai 1994, BGBl. I S. 1014）*, §37-（1）.

一部分福利。其中,照护津贴根据长期照护需求者享受实物给付的福利后,依百分比扣除。至于以何种比例进行分配,由长期照护需求者自行决定,但分配方式一旦确定后需要至少持续六个月不做改变。

第四,对于申请团体流动照护服务(ambulant betreute Wohngruppen)的长期照护需求者,除享受居家照护给付外,还可以申请每月最高 214 欧元的一次性额外给付。① 团体流动照护服务需满足以下条件:需要包含 3—12 位居住者,其中至少有 3 人为长期照护需求者;由一名专职人员对该照护机构的综合管理、照护服务以及日常起居负责,而非仅针对某个人提供照护服务;照护机构根据合约对该机构中的照护需求者提供必要的照护服务。② 因兴建团体流动照护机构而需要对居住环境进行改造时,照护需求者或照护机构可申请最多 4 人、每人不多于 6500 欧元的经济补助。③

第五,若照护人员由于休假、患病或其他原因无法提供照护服务,长期照护保险基金需要提供每年最长 6 周的替代照护服务。这一服务提供的前提是,照护人员已对长期照护需求者提供至少 6 个月的家庭照护服务,且长期照护需求者至少处于照护等级二。相应的福利给付最高为 1612 欧元。

第六,为方便照护服务的提供、减轻疼痛,以及使长期照护需求者更好地生活,长期照护需求者有权申请照护辅助工具(Pflegehilfsmittel)。但此照护辅助工具的提供原因不能基于医疗保险所属的相关疾病或残疾,以及其他非长期照护服务覆盖的缘由。医疗保险机构将会同专业照护人员或医事服务机构,对照护辅助工具请求的必要性进行确认。长期照护保险基金应优先以租借的方式提供照护辅助工具。对于年满 18 岁的长期照护需求者,需要负担 10% 的自付额度,但每件工具不超过 25 欧元。④ 对于消耗性

---

① Bundesregierung, *Sozialgesetzbuch (SGB) - Elftes Buch (XI) - Soziale Pflegeversicherung (Artikel 1 des Gesetzes vom 26. Mai 1994, BGBl. I S. 1014)*, §38a- (1).
② Bundesregierung, *Sozialgesetzbuch (SGB) - Elftes Buch (XI) - Soziale Pflegeversicherung (Artikel 1 des Gesetzes vom 26. Mai 1994, BGBl. I S. 1014)*, §38- (1).
③ Bundesregierung, *Sozialgesetzbuch (SGB) - Elftes Buch (XI) - Soziale Pflegeversicherung (Artikel 1 des Gesetzes vom 26. Mai 1994, BGBl. I S. 1014)*, §45e- (1).
④ Bundesregierung, *Sozialgesetzbuch (SGB) - Elftes Buch (XI) - Soziale Pflegeversicherung (Artikel 1 des Gesetzes vom 26. Mai 1994, BGBl. I S. 1014)*, §40- (3).

照护辅助工具费用的给付,长期照护保险基金每月支付额度不得超过40欧元。①

第七,为改善长期照护需求者的居住环境,长期照护保险基金还可以提供额外经济补助。针对每项居住环境的改造措施,所提供的经济补助不超过4000欧元。除团体流动照护服务外,对于以其他形式的多人共同居住的照护方式,经济补助则以人头计算:每人不超过4000欧元,且每项改造措施不得超过16000欧元。②

第八,享受居家照护服务的长期照护需求者可以获得每月125欧元的减负免税额(Entlastungsbetrag)③。这一给付专门用于缓解长期照护需求者和亲属的压力,以及提升长期照护需求者日常生活中的独立行动和自主决定能力。需要指出的是,由于只有在享受流动照护服务、替代照护服务,以及下文将要提到的日间和夜间照护服务、短期照护服务等专业照护服务的情况下,才可以享有减负免税额,因此,对于那些完全由亲属或邻里提供的家庭照护服务则无法享受此项福利给付。④

②半住院照护服务和短期照护服务

处于照护等级二至五的长期照护需求者,若居家照护服务无法得到满足,或需要住院照护服务对居家照护服务进行补充和加强,长期照护需求者可以申请日间或夜间的半住院照护服务。半住院照护服务还包括长期照护需求者往返于照护机构的接送服务。长期照护保险基金提供等级二的长期照护需求者每月689欧元的资金支持,提供等级三的长期照护需求者每月1298欧元的资金支持,提供等级四的长期照护需求者每月1612欧元的资金支持,提供等级五的长期照护需求者每月1995欧元的资金支持。⑤ 此外,在享受日间和夜间照护服务的同时,长期照护需求者可同时享受居家

---

① Bundesregierung, *Sozialgesetzbuch (SGB) - Elftes Buch (XI) - Soziale Pflegeversicherung (Artikel 1 des Gesetzes vom 26. Mai 1994, BGBl. I S. 1014)*, §40-(2).

② Bundesregierung, *Sozialgesetzbuch (SGB) - Elftes Buch (XI) - Soziale Pflegeversicherung (Artikel 1 des Gesetzes vom 26. Mai 1994, BGBl. I S. 1014)*, §40-(4).

③ Bundesregierung, *Sozialgesetzbuch (SGB) - Elftes Buch (XI) - Soziale Pflegeversicherung (Artikel 1 des Gesetzes vom 26. Mai 1994, BGBl. I S. 1014)*, §45b-(1).

④ 有关减负免税额的详细规定,参见附件三访谈记录。

⑤ Bundesregierung, *Sozialgesetzbuch (SGB) - Elftes Buch (XI) - Soziale Pflegeversicherung (Artikel 1 des Gesetzes vom 26. Mai 1994, BGBl. I S. 1014)*, §41-(2).

照护服务的实物给付、照护津贴和组合福利。

若照护机构无法提供流动照护服务和半住院照护服务,处于照护等级二至五的长期照护需求者可以申请在全住院照护机构中享受短期照护服务。短期照护每年最多八周,其资金支持不高于1612欧元。

③全住院照护服务

处于照护等级二至五的长期照护需求者可以申请全住院照护服务。长期照护保险基金提供等级二的长期照护需求者每月770欧元的资金支持,提供等级三的长期照护需求者每月1262欧元的资金支持,提供等级四的长期照护需求者每月1775欧元的资金支持,提供等级五的长期照护需求者每月2005欧元的资金支持。①

④针对照护等级一的长期照护需求者的给付

需要说明的是,上文所述的关于居家照护服务、半住院照护服务、短期照护服务以及全住院照护服务中,多数给付仅限于照护等级二至五的长期照护需求者。但这并不意味着照护等级一的长期照护需求者无法享受福利给付。这些需求者可以享受团体流动照护服务中每月最高214欧元的一次性额外给付、照护辅助工具的租借,以及为改善长期照护需求者居住环境的额外经济补助。此外,若此类长期照护需求者选择居住在全住院照护机构,则每月可以获得125欧元的照护费用偿付。然而,就笔者所了解到的信息,由于住院照护机构的供不应求,基本上不接收照护等级一的长期照护需求者。②

⑤照护人员的福利给付

根据规定,此处福利给付的对象是为向长期照护需求者提供每周至少两天、总计不少于十小时的家庭照护服务,且不因此而获得收入的家庭照护人员(Pflegeperson)。③

---

① Bundesregierung, *Sozialgesetzbuch（SGB）- Elftes Buch（XI）- Soziale Pflegeversicherung (Artikel 1 des Gesetzes vom 26. Mai 1994, BGBl.I S. 1014)*, §43-（2）.

② 参见附件三访谈记录。

③ Bundesregierung, *Sozialgesetzbuch（SGB）- Elftes Buch（XI）- Soziale Pflegeversicherung (Artikel 1 des Gesetzes vom 26. Mai 1994, BGBl.I S. 1014)*, §19. 需要说明的是,根据《长期照护保险法》的定义,此处家庭照护人员称为"照护人员"。但为了防止将该类照护人员同在照护机构中提供照护服务的专业照护人员混淆,因而接下来对于在家庭中提供照护服务的个人,统称为"家庭照护人员"。

长期照护保险体系涉及对上述家庭照护人员提供必要的社会保障和照护课程。法定医疗保险机构和私人医疗保险机构还应为处于照护等级二至五的长期照护需求者提供照护服务，且每周日常工作时间少于 30 小时的家庭照护人员，缴纳养老保险和工伤事故保险。[1] 对于结束照护工作而返回职场的家庭照护人员，则享受一定期限的生活补助。

对于从事照护任务而短期内无法工作，因而无法得到固定收入且没有相应补偿的家庭照护人员，可以申请最长 10 个工作日的照护补助津贴。[2] 处于照护补助津贴领取时期的家庭照护人员，长期照护保险或医疗保险相关福利连续计算。

就照护课程提供而言，医疗保险机构应免费向家庭照护人员和志愿照护人员提供一定数量的照护课程，以改善照护服务的提供，降低上述人员在服务提供时的身体和心理负担。

综上所述，《长期照护保险法》设立长期照护保险基金，其在组织机构上隶属于医疗保险机构，但在收支方式上同医疗保险基金并行。已缴纳医疗保险的个人自动缴纳长期照护保险。法案规定，长期照护服务体系遵从"两个优先"原则：家庭照护服务和流动照护服务优先于住院照护服务，预防和康复优先。法案首次对长期照护需求进行了详细定义，并引入照护等级。这成为对福利给付额度进行划分的基本标准。其还对长期照护服务体系的组织机构和实施机构予以规定，即由联邦政府和州政府组织，由医疗保险机构、长期照护机构和照护支持中心具体实施。在资金来源方面，主要由长期照护保险基金负责照护费用偿付。法案对照护服务方式进行划分，主要包括居家照护服务、半住院照护服务和短期照护服务，以及住院照护服务，其给付方式也因此而有所差异。此外，体系还为家庭照护人员提供特殊的福利给付。

---

[1] Bundesregierung, *Sozialgesetzbuch（SGB）- Elftes Buch（XI）- Soziale Pflegeversicherung（Artikel 1 des Gesetzes vom 26. Mai 1994, BGBl. I S. 1014）*, §44-（1）&（2a）.

[2] Bundesregierung, *Sozialgesetzbuch（SGB）- Elftes Buch（XI）- Soziale Pflegeversicherung（Artikel 1 des Gesetzes vom 26. Mai 1994, BGBl. I S. 1014）*, §44a-（3）. 另，由于新冠肺炎疫情导致流动照护机构纷纷停止服务，家庭照护人员需要承担更多的照护职责，2020 年 5 月，德国政府将照护资助津贴的领取天数扩展到 20 个工作日。参见 Bundesregierung, "Akuthilfe für pflegende Angehörige", 12. November 2020, https://www.bundesregierung.de/breg-de/aktuelles/akuthilfe-fuer-pflegende-angehoerige-1752924。

(二)《长期照护质量确保法》的主要内容

2002年1月1日,《长期照护质量确保法》颁布实施,并成为《社会法典第十一部》的第十一章。此后,这一法规经多次修改,尤其是在2008年由《长期照护继续发展法》(Pflege-Weiterentwicklungsgesetz,PfWG)和《第二个长期照护保险加强法》(Zweites Pflegestärkungsgesetz,PSG Ⅱ)大幅度完善。虽然在1994年的《长期照护保险法》中已对照护质量作出相关规定,但其较为粗略。而2002年的专门法律是第一个在国家层面颁布的关于照护质量的法规,旨在让照护机构对照护质量的提供、确保和改善承担责任。

1. 长期照护质量核查的组织机构和实施机构

(1)组织机构

长期照护质量标准需由联邦卫生部和联邦家庭、老年人、妇女和青年事务部(Bundesministerium für Familie, Senioren, Frauen und Jugend)审议通过。质量核查结果的报告,则由联邦医疗保险基金总会医事服务机构(Medizinischer Dienst des Spitzenverbandes Bund der Krankenkassen,MDS)每三年向联邦卫生部,联邦家庭、老年人、妇女和青年事务部以及联邦劳动和社会事务部报告,以便上述部门对长期照护质量进行总体评估并予以改进。因此,就长期照护质量核查的组织而言,无论是质量标准的审核,还是对长期照护质量的宏观把控,抑或是下文将要提到的对实施机构的授权,均由国家相关政府部门完成。

(2)实施机构

在实际操作方面,包括长期照护质量标准的制定、质量核查的执行和结果公布,由一系列经政府授权的专业机构完成。主要包括以下几个机构:联邦医疗保险基金总会医事服务机构、州医疗保险医事服务机构;联邦长期照护保险基金总会(Spitzenverband Bund der Pflegekassen)、州长期照护保险基金协会;私人医疗保险联合会、私人医疗保险联合会核查服务机构(Prüfdienst des Verbandes der Privaten Krankenversicherung e.V.)。其中,联邦医疗保险基金总会医事服务机构为联邦层面的专业机构,下属各州层面的医疗保险医事服务机构,共同对联邦医疗保险基金总会(GKV-Spitzenverband)负责。联邦长期照护保险基金总会为联邦层面的法定医疗保险机构代表组成的组织,下属各州长期照护保险基金协会。私人医疗保险联合会为联邦层面的私人医疗保险机构代表组成的组织,其所属核查服务机构负责医疗和长期照护服务的核查工作。

就照护质量标准的制定而言,由联邦层面的机构完成,包括联邦医疗保险基金总会医事服务机构、联邦长期照护保险基金总会以及私人医疗保险联合会。长期照护质量标准为医疗照护和康复服务的操作规定基本原则,适用于所有医疗保险机构及其协会,以及长期照护机构。

就质量核查的执行而言,主要由联邦机构的下属机构完成,包括医疗保险医事服务机构和私人医疗保险联合会核查服务机构,此外还包括州长期照护保险基金协会指定的独立专家。州长期照护保险基金协会每年将需要核查的照护机构分配给上述三个机构及个人。此外,医疗保险医事服务机构和私人医疗保险联合会核查服务机构每三年向联邦医疗保险基金总会医事服务机构提交关于长期照护质量核查结果、实践经验,以及长期照护质量现状和发展趋势的报告。

就质量核查结果的公布而言,则由州长期照护保险基金协会完成。质量核查的执行机构需将核查结果以及所获得的数据和信息,报告给州长期照护保险基金协会,后者负责将结果予以公布。州长期照护保险基金协会还要将上述信息提供给私人医疗保险联合会以便信息共享。

简言之,联邦层面的机构负责长期照护服务标准的制定,联邦机构的下属机构及其指定的个人负责质量核查的执行,各州机构则负责核查结果的公布。

2. 照护质量标准

照护质量标准根据照护机构区分为流动照护服务标准和住院照护服务标准。其中,流动照护服务标准涵盖四个部分。第一,照护服务供给。包括17个标准,涉及照护服务提供、食物提供、失禁患者的特殊照护服务、对于褥疮的防治、对活动功能提升的照护服务、认知障碍症患者的特殊照护服务、照护服务进程的记录情况等。第二,医疗供给。包括8个标准,涉及医疗提供同医嘱是否相同、血压血糖测量是否遵医嘱、注射过程是否合规、同医生交流是否顺畅等。第三,照护机构的日常运营。包括9个标准,涉及协议签署前是否已让长期照护需求者知晓费用情况、信息保护是否到位、照护人员对于紧急情况的处置能力、投诉处理情况、照护人员培训情况等。第四,对长期照护需求者的提问。包括12个标准,涉及是否提供纸质合同及涉及的费用情况、照护提供是否守约、洗浴是否频繁、是否注重个人隐私、是否提供合理的照护服务建议、投诉后照护服务是否有所改善、照护人员态度是否良好等。①

住院照护服务标准涵盖五个部分。第一，照护服务和医疗供给。包括32个标准，涉及褥疮记录和防治、营养供给与保证、疼痛管理与治疗、失禁患者的特殊照护服务、对于跌倒等危险情况的特别关注、同医疗机构的配合，以及身体、口腔护理情况和照护人员对于紧急情况处置的能力等。第二，对认知障碍症患者的照护服务。包括9个标准，涉及特殊照护服务、照护方式是否征求患者及其亲属意见、照护日程的记录、是否拥有安全的活动范围、是否参与适当的集体活动等。第三，照护方式的设计。包括9个标准，涉及是否设计有针对性的照护服务方式、日常社交情况、对新入住者适应生活的引导、安宁服务情况以及投诉处理情况等。第四，室内环境、食宿和卫生情况。包括9个标准，涉及室内物品摆放是否符合居住者的个人习惯、居住者是否参与到公共区域的设计中、照护机构是否干净整洁、食物供应是否及时等。第五，对居住者的提问。包括18个标准，涉及每日照护服务时间是否统一、洗浴是否频繁、是否注重个人隐私、投诉后照护服务是否有所改善、照护机构卫生情况是否符合期待、照护人员态度是否良好、对食物的满意程度、社交需求是否得到满足、是否有足够的户外活动时间等。②

3. 照护质量核查的执行

为了对长期照护质量进行核查和监督，由相关机构承担对照护质量的核查工作。核查分为规律核查（Regelprüfung）、要因核查（Anlassprüfung）以及重复核查（Wiederholungsprüfung）。③ 其中，所有照护机构每年都要经历一次规律核查；要因核查是以照护质量结果为导向的全面核查。若

---

① Medizinischer Dienst des Spitzenverbandes Bund der Krankenkassen e. V., ed., *Grundlagen der Qualitätsprüfungen nach den §§ 114ff SGB XI, Teil 1-Ambulante Pflege*, Köln: inpuncto, 2018, pp. 200-203.

② Medizinischer Dienst des Spitzenverbandes Bund der Krankenkassen e. V., ed., *Grundlagen der Qualitätsprüfungen nach den §§ 114ff SGB XI, Teil 2-Stationäre Pflege*, Mülheim an der Ruhr: BestPage Kommunikation RheinRuhr KG, 2018, pp. 136-139.

③ Bundesregierung, *Sozialgesetzbuch (SGB) - Elftes Buch (XI) - Soziale Pflegeversicherung (Artikel 1 des Gesetzes vom 26. Mai 1994, BGBl. 1 S. 1014)*, § 114.

某照护机构的照护质量受到投诉，则相关机构及其指定的个人可以针对投诉事件而对该机构进行要因核查。根据规律核查和要因核查的结果，对于未达标的照护机构还需进行重复核查，以确定存在的问题是否得到解决。

就质量核查的执行而言，相关机构及个人根据照护质量核查的相关规定，实地核查照护机构是否满足福利给付和照护质量的要求。对于住院照护服务的照护质量核查一般不事先通知；对于流动照护机构的规律核查一般在实施前一天通知，要因核查则不予事先通知。核查人员进入照护机构寻访，并同长期照护需求者、亲属、员工及委托人交流。只有在半天内无法完成某些照护质量核查的情况下，才可以在夜间继续核查。对于流动照护服务，核查人员可以在长期照护需求者允许的情况下，进入家中对照护质量进行核查。

4. 照护质量核查的结果公布

照护质量核查结果的公布由州长期照护保险基金协会完成。该结果需要向长期照护需求者及其亲属以可理解、一目了然以及可对照的方式通过网络及其他渠道无偿公开。公开内容包括：照护质量核查种类、核查时间、结果等级以及结论。这些内容同时需要在被核查的照护机构展示。此外，州长期照护保险基金协会需要确保，照护机构关于医疗照护、专业照护、牙科诊疗的提供，药品供给的规定，同医疗网络和药店的合作情况，以及同临终关怀机构的合作等信息，也向长期照护需求者及其亲属进行无偿公开。

若某照护机构的照护质量存在缺陷，州长期照护保险基金协会将会同照护机构共同商议，要求照护机构在规定期限内进行整改。若未完成整改，州长期照护保险基金协会将同照护机构解除合约。

二 国家作为资金支持者的作用

作为资金支持者，德国政府主要承担两方面职责：保险基金的偿付和税收的转移支付。其中，就保险基金的偿付而言，由于长期照护保险的引入，《卫生改革法》中医疗保险基金对符合条件的长期照护需求者的资金支持被废止。而由医疗保险基金为照护人员缴纳的养老保险，也转为由长期照护保险基金完成。对于工伤保险而言，由于长期照护保险的给付实际上是因故致伤残者超过工伤保险给付覆盖时间的后续资金支持，因而工伤保险的资金支出金额也同《长期照护保险法》的实施与否无必然联系。而由于国家对非营利组织和营利机构的一视同仁，使得其对非营利组织的资金支持也不复存在。① 因此，国家实际上通过设立长期照护保险，承接并大幅扩展了原先医疗保险在长期照护服务方面的职责。其具体的保险基金的偿付体现在社会长期照护保险和私人长期照护保险中。就税收的转移支付而言，则国家依旧作为社会救助的承担者对部分长期照护需求者进行照护费用的补充。

（一）社会长期照护保险和私人长期照护保险

需要说明的是，虽然德国没有单一的、覆盖全国的保险机构，且现有的保险机构都是独立运营、自我管理，但这些机构实际上只负责保费收缴和偿付的具体操作。对于社会福利体系的制度设计、收缴和偿付规则等均由国家进行统一规定。此外，正如前文所述，联邦社会保障局所管理的平准基金负责对保险收支进行平衡并起到对全国保险公司的监督作用。因此，在长期照护服务体系中，国家只是借助各保险公司的"手"完成福利给付。其通过《长期照护保险法》完成对资金收缴和分配的规定，进而间接起到资金支持者的作用。

具体来讲，就社会长期照护保险而言，如图3-2所示，其总支出从1995年的约合49.7亿欧元，增长到2019年的439.5亿欧元，增长了近10倍。尤其是从2014年起，社会长期照护保险支出迅猛增长，这是由于2015—2016年长期照护福利给付的额度上涨，以及照护等级的调整，使得更多人有权享受长期照护服务。

---

① 根据笔者对非营利组织的采访，长期照护服务体系建立后，国家在两个方面对非营利组织予以支持，一是对该类组织的免税；二是在非营利组织建立之初，国家会给予一定程度的建设费用。而在日常运营方面，非营利组织并不占优势，其大部分资金来源于长期照护保险基金，国家不再给予特殊的资金倾斜政策。基督新教慈善照护协会在其官方网站中指出，辅助性原则强调，非营利组织担任为所有人提供福祉的职责。这使人们意识到，尤其是经历了纳粹政府后，国家不应对一切事务负责。只有在非营利组织完成某些特殊社会职责，如根据《联邦社会救助法》的规定承担社会救助职责，才由国家给予一定程度的资金支持。参见"Über uns: Die Diakonie stellt sich vor", in *Diakonie Deutschland*, https://www.diakonie.de/auf-einen-blick。另参见附件三访谈记录。

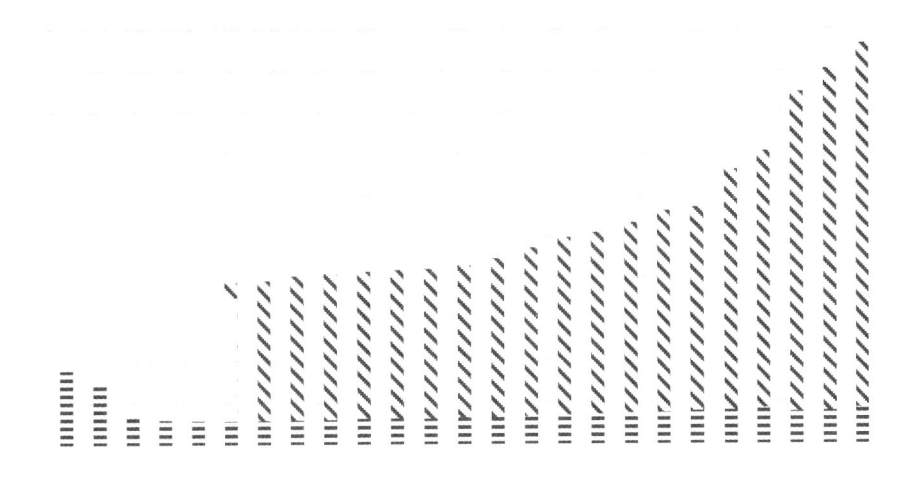

第三章 国家——规则制定者和资金支持者

图 3-2 长期照护服务体系支出变化（1995—2019 年）（单位：亿欧元）

注：1. 照护救助支出数据来源：Statistisches Bundesamt, "Sozialleistungen in: Statistisches Jahrbuch für die Bundesrepublik Deutschland", in *Statistisches Jahrbuch 1997/1998/1999/2000/2001/2002/2003/2004/2005/2006/2007/2008/2009/2010/2011*; Statistisches Bundesamt, "Soziales in: Statistisches Jahrbuch für die Bundesrepublik Deutschland", in *Statistisches Jahrbuch 2012/2013/2014/2015/2016/2017/2018/2019*; Destatis, "Bruttoausgaben, Einnahmen, Nettoausgaben der Sozialhilfe: Deutschland, Jahre, Sozialhilfearten", https://www-genesis.destatis.de/genesis/online?operation=ergebnistabelleUmfang&levelindex=2&levelid=1610522577833&downloadname=22111-0003#abreadcrumb。

2. 社会长期照护保险支出数据来源：Statistisches Bundesamt, "Sozialleistungen in: Statistisches Jahrbuch für die Bundesrepublik Deutschland", in *Statistisches Jahrbuch 1997/1998/1999/2000/2001/2002/2003/2004/2005/2006/2007/2008/2009/2010/2011*; Statistisches Bundesamt, "Soziales in: Statistisches Jahrbuch für die Bundesrepublik Deutschland", in *Statistisches Jahrbuch 2012/2013/2014/2015/2016/2017/2018/2019*; Bundesministerium für Gesundheit, "Zahlen und Fakten zur Pflegeversicherung", Stand: 28 Juli 2020。

3. 私人长期照护保险支出数据来源：Verband der Privaten Krankenversicherung e.V., *Die private Krankenversicherung Zahlenbericht 2004-2005*, Köln; Verband der Privaten Krankenversicherung e.V., *Zahlenbericht der Privaten Krankenversicherung 2005-2006/2006-2007/2007-2008/2008-2009/2009-2010/2010-2011/2011-2012/2012/2013/2014/2015/2016/2017/*, Köln; Verband der Privaten Krankenversicherung e.V., *Zahlenbericht 2018/2019*, Köln。

4. 笔者自制。

就私人长期照护保险而言,虽然总支出与社会长期照护保险相比较小,但其也呈逐年增长态势,从 1995 年的约合不到 1 亿欧元,增长到 2019 年的 15.7 亿欧元。同社会长期照护保险相同,私人长期照护保险的支出数额也是从 2014 年起呈现明显增长的趋势。

(二)社会救助

如图 3-2 所示,社会救助中的照护救助支出从 1995 年《长期照护保险法》实施开始,到 1998 年明显下降,从约合近 90 亿欧元下降到约合 30 亿欧元。于 2000 年达到最低值后开始有所上升,直至 2016 年因为将更多的长期照护需求者纳入长期照护服务体系,照护救助支出达到 43.3 亿欧元。虽然在 2017 年其支出再次下降,但很快又呈现上升趋势。然而无论如何,用于照护救助的社会救助支出都显著低于《长期照护保险法》实施前的数额。

若将社会长期照护保险、私人长期照护保险和照护救助的支出进行比较,我们可以看出,社会长期照护保险支出所占比例逐年增长,从 1995 年的 35.6%迅速增长到 1998 年的 82%。保持一段时间的缓慢增长后,2008 年起再次快速增长,目前稳定在 88%左右。与此同时,照护救助的支出比例不断下降,目前维持在 9%左右。而私人长期照护保险的比例虽然较小,但也呈现逐年上涨趋势。因此,《长期照护保险法》的施行带来国家作为资金支持者的费用偿付方式发生了相应转变,由通过税收进行大量转移支付,变为通过保险基金的偿付,不但国家财政不再那么捉襟见肘,还给予长期照护需求者较为体面的资金支持,使其可以享受与身体状况相匹配的基本长期照护服务。

需要指出的是,虽然在体系建立前,国家也承担资金支持者的职能,但这一职能同体系建立后存在差异。体系建立前国家通过税收转移支付的照护救助,实际上承担的是一种"补缺"职能,只有在个人无法负担长期照护服务相关费用的情况下才予以支持。国家对非营利组织的资金支持同样是因为非营利组织承担着社会救助的职责。而医疗保险基金的偿付仅针对部分照护需求者,未覆盖全体有需求的人。与之相对比的是,体系建立后国家主要通过长期照护保险,对所有符合条件的个人征缴,并对所有有照护需求的人予以福利给付。而保险的征缴和给付规则基于《长期照护保险法》。因而,国家在此所承担的资金支持者角色实际上是其规则制定者的衍生。

三 国家作为福利产品提供者的作用

总体而言，国家在福利产品提供方面的职能呈现较为明显的后撤趋势。这一趋势无论在流动照护服务还是在住院照护服务中均有所体现。下文拟对两类服务领域中照护机构数量和照护机构中长期照护需求者总人数进行分别论述。

（一）流动照护服务中国家公立机构的发展变化

就国家公立机构数量而言，其延续了体系建立前的不断后撤趋势，然而其所承担的流动照护服务和住院照护服务职能并未完全消失。从流动照护机构数量来看，如图3-3所示，从体系建立后的第一次统计数据即1999年起，国家公立机构数量从213家减少到2011年的171家。虽然近几年有一定程度的上升，但仍未超过200家。

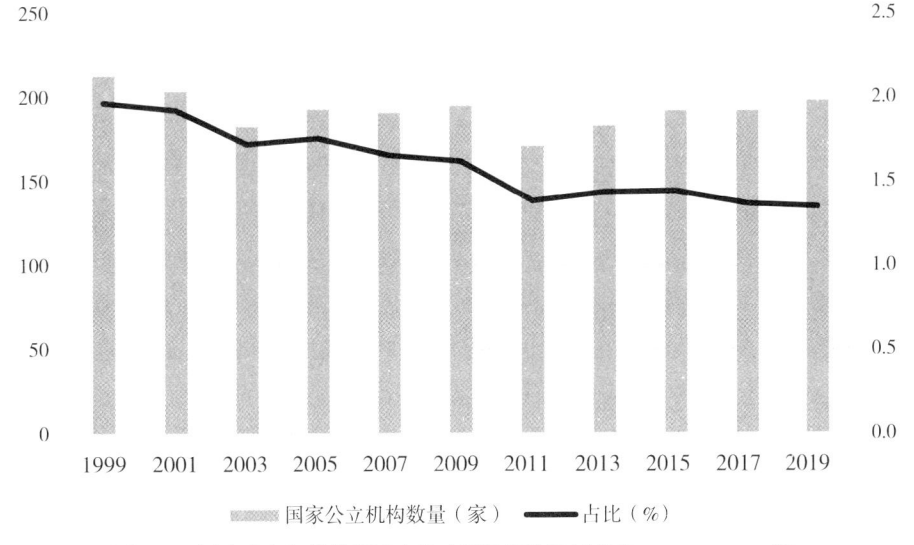

图3-3 国家公立机构数量及占流动照护机构比例变化（1999—2019年）

注：1. 数据来源：Statistisches Bundesamt, *Pflegestatistik*: *Pflege im Rahmen der Pflegeversicherung-Deutschlandergebnisse*, 1999/2001/2003/2005/2007/2009/2011/2013/2015/2017/2019。
2. 左侧坐标轴为公立机构数量，右侧坐标轴为占比情况。
3. 笔者自制。

与流动照护机构总数大幅度上升形成鲜明对比的是，国家公立机构占流动照护机构的比例呈现明显下降趋势，从1999年的近2%下降到2019年的不足 1.4%。虽然 1999 年之前的流动照护机构数量缺乏统计数字，但根据此变化趋势，我们仍旧可以认为，国家公立机构所承担的流动照护服务比例不断下降，国家作为福利产品直接提供者的职能持续后撤。

就国家公立机构中长期照护需求者人数而言，如图 3-4 所示，该人数同流动照护机构的总人数相比微乎其微。虽然其从 1999 年的 0.8 万人增长到 2019 年的 1.5 万人，但同总人数的 98.3 万人相比，国家公立机构所起到的作用仍极其微小。

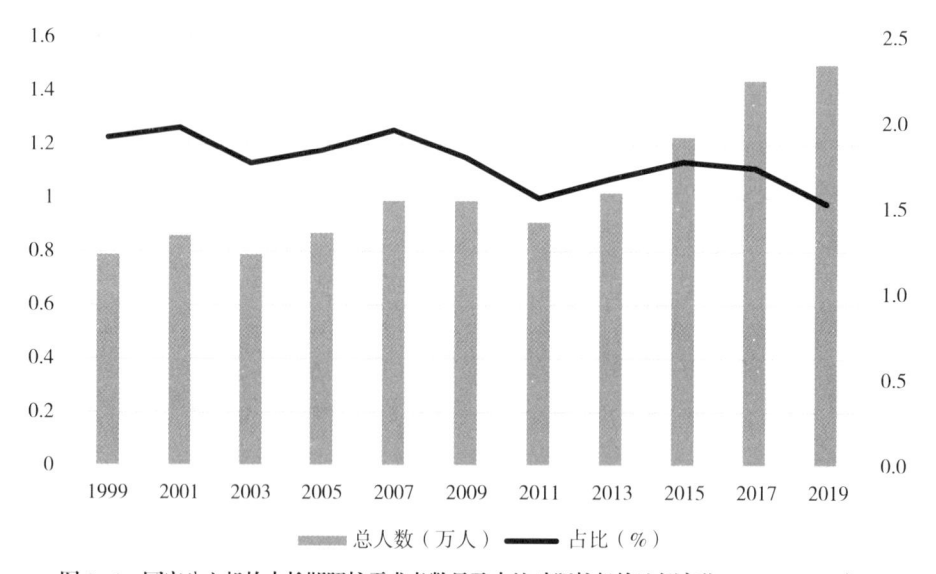

图 3-4　国家公立机构中长期照护需求者数量及占流动照护机构比例变化（1999—2019 年）

注：1. 数据来源：Statistisches Bundesamt, *Pflegestatistik*：*Pflege im Rahmen der Pflegeversicherung-Deutschlandergebnisse*，*1999/2001/2003/2005/2007/2009/2011/2013/2015/2017/2019*。
2. 左侧坐标轴为公立机构中长期照护需求者数量，右侧坐标轴为占比情况。
3. 笔者自制。

在占比方面，国家公立机构服务的人数占总人数的比例经历了小幅波动，其总体趋势在接近 2% 到略高于 1.5%。其中，从 2007 年开始，该比例逐步下降，到 2019 年仅为 1.53%，为历史最低值。按此趋势，在 1995—1998 年，国家公立机构中长期照护需求者在数量上应不足 1 万人，在比例上则依旧保持较低水平。这一比例虽然并不稳定，但总体来讲，国家公立机构中长期照护需求者数量几乎可以忽略不计。

（二）住院照护服务中国家公立机构的发展变化

同流动照护服务相比，住院照护服务中国家公立机构所起的作用也逐步后撤，但总体来讲，其依旧承担了一定程度的照护服务职能，且重要性略高于流动照护服务。需要指出的是，《长期照护保险法》中的住院照护服务从1996年开始施行。因而，1995年时，还处于"老体制"中的住院照护机构数量达到了1158家。[①] 法案正式实施后，如图3-5所示，住院照护机构数量经历了明显下降。尤其是法案刚开始实施的前4年，国家公立机构数量从1114家减少到750家，减少了350余家。而到2013年则降至最低值，为618家。虽然近几年有所上升，但也未超过700家。在占比方面，与住院照护机构总数大幅上升相反，国家公立机构占住院照护机构的

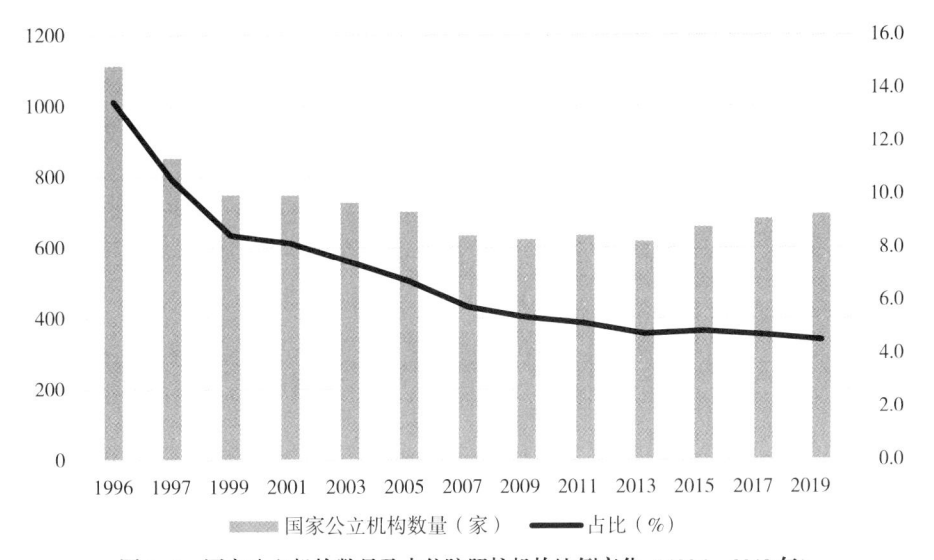

图3-5　国家公立机构数量及占住院照护机构比例变化（1996—2019年）

注：1. 1996年和1997年数据来源：Statistisches Bundesamt, "Sozialleistungen in: Statistisches Jahrbuch für die Bundesrepublik Deutschland", in *Statistisches Jahrbuch 1998/1999*；1999—2019年数据来源：Statistisches Bundesamt, *Pflegestatistik: Pflege im Rahmen der Pflegeversicherung-Deutschlandergebnisse*, 1999/2001/2003/2005/2007/2009/2011/2013/2015/2017/2019。

2. 左侧坐标轴为公立机构数量，右侧坐标轴为占比情况。

3. 笔者自制。

[①] Statistisches Bundesamt, "Sozialleistungen in: Statistisches Jahrbuch für die Bundesrepublik Deutschland", in *Statistisches Jahrbuch 1997*.

比例明显下降，从1996年的13.5%下降到2019年的4.5%。虽然国家公立机构占住院照护机构的比例略高于占流动照护机构的比例，但绝对值依旧较低，且下降幅度较大。

就国家公立机构中长期照护需求者人数而言，如图3-6所示，其不但数量较少，且呈现下降趋势，从1996年的不足12万人减少到2019年的5.3万人。同样地，法案实施的前4年，国家公立机构中长期照护需求者人数大幅减少了5.5万人，降幅接近50%。与此同时，国家公立机构服务的人数占总人数的比例始终处于下降状态：1996年为18%，到2019年仅剩5.5%。虽然同流动照护机构相比，住院照护服务中国家公立机构的长期照护需求者占比较大，但依旧不能改变国家公立机构作为福利产品提供者的重要性不断下降的事实。

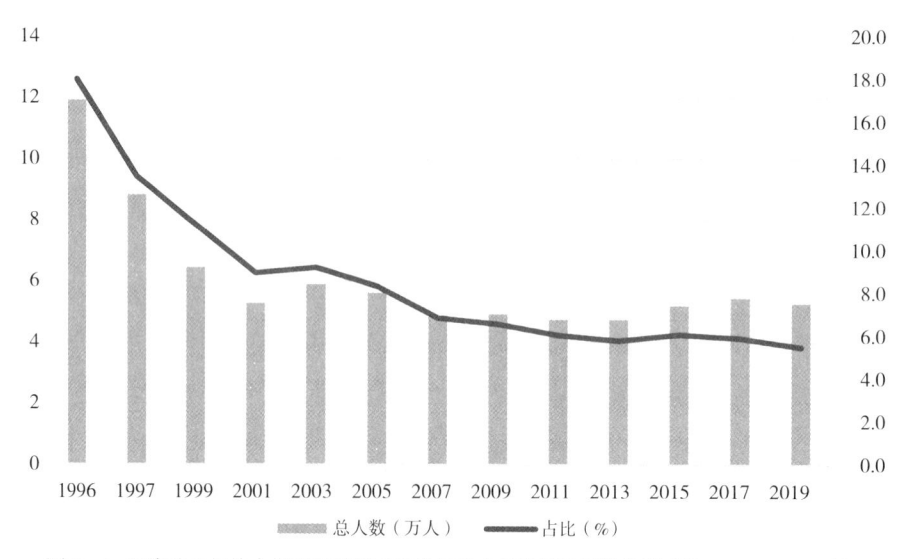

图3-6 国家公立机构中长期照护需求者数量及占住院照护机构比例变化（1996—2019年）

注：1. 1996年和1997年数据来源：Statistisches Bundesamt, "Sozialleistungen in: Statistisches Jahrbuch für die Bundesrepublik Deutschland", in *Statistisches Jahrbuch 1998/1999*；1999—2019年数据来源：Statistisches Bundesamt, *Pflegestatistik: Pflege im Rahmen der Pflegeversicherung-Deutschlandergebnisse*, 1999/2001/2003/2005/2007/2009/2011/2013/2015/2017/2019。

2. 左侧坐标轴为国家公立机构中长期照护需求者数量，右侧坐标轴为占比情况。

3. 笔者自制。

需要说明的是，如上文所述，由于官方统计方式的差异，1996—1997年住院照护机构中长期照护需求者人数可能会高于《长期照护保险法》实施后，根据"长期照护需求"所定义的人数。鉴于此，对于这两年国家公立机构中长期照护需求者数量而言，其实际数字可能并没有这么高。即便如此，由于国家公立机构数量大幅度削减，在其中的照护需求者数量也随之下降，因而并不影响我们对国家公立机构的趋势判断。

总结起来，首先，长期照护服务体系建立后，国家的职责发生了较为明显的转变，主要通过规则制定对体系进行规范。其中最重要的两个政策即《长期照护保险法》和《长期照护质量确保法》。两个法案明确提出了长期照护服务体系的基本运行规则，并为确保该体系的高质量运转设立了监督核查机制。其次，与体系建立前国家通过税收的转移支付来负担大量照护费用不同，体系建立后，国家的资金支持作用更多地由保费承担，社会救助只占较小比例，对非营利组织的资金支持政策则予以取消。最后，就福利产品的提供者而言，无论是流动照护机构还是住院照护机构，国家所承担的福利产品提供职能都存在明显后撤的现象。具体而言，无论是国家公立机构数量同照护机构总数相比，还是照护机构中长期照护需求者人数同整体服务人数相比，国家职责都呈现较大程度的下降，在流动照护服务领域甚至已显得微不足道。

因此，我们可以发现，国家在长期照护服务体系建立后的职能转变体现了福利多元主义理论对于国家作用的论述。国家通过扮演规则制定者的角色，印证了福利多元主义理论强调的国家应发挥管理职能的观点。而资金支持者的角色是国家作为规则制定者的现实反映。此外，国家作为福利产品提供者的角色继续后撤。因此，国家的职能已从福利产品提供者转变为福利产品分配者。如果说在长期照护服务体系建立前，福利多元主义理论中国家职责的观点开始在体系中渗透，那么在体系建立后，该观点则得到了充分体现。

第四节　国家在长期照护服务体系中面临的问题

虽然德国政府在长期照护服务体系中通过法案的颁布和实施起到了规则制定作用，并且以资金支持的方式保证了体系的顺利运转，但其也面临一些问题。《长期照护质量确保法》被认为是官僚化的凸显，对专业照护人员的支持力度有限也造成了人员的缺失。

一 官僚化趋势明显

虽然长期照护服务体系的建立带来了国家在服务提供方面的重要性持续下降，但其依旧面临官僚化的问题。照护机构纷纷指出，国家作为规则制定者的官僚化日益明显，这一点尤其体现在有关照护质量的规定方面。

不可否认的是，照护质量核查规则由于具有国家统一标准，照护机构的照护质量结果在全德范围内均具有一定程度的可参考性。此外，较为频繁的核查可以进一步督促照护机构对于长期照护质量的提升。然而，由于这一核查规则主要基于照护服务过程中对标准的满足，使得照护机构不由自主地会根据照护标准而进行照护服务的提供，进而忽略了长期照护服务的特殊性。鉴于此，自《长期照护质量确保法》颁布以来，遭到了包括专家学者和一线照护人员的诸多批评。

为反映照护服务提供的具体过程，照护人员需详细记录每一天的服务情况。这些照护服务记录都将是核查过程中的重要参考。然而，这些记录不但过于烦琐，而且不能有效提升照护质量。比起提供实际照护服务，照护人员需要花费更多时间用于照护情况的记录。[①] 因此，真正分配给照护服务的时间大量减少。例如，笔者在2017年对柏林的一些照护机构走访中发现，每个照护机构都对每位长期照护需求者建立纸质档案。上面详细记录了长期照护需求者每天的进食、洗漱、穿衣、活动等情况，甚至对于长期卧床的长期照护需求者，还需记录翻身情况。这不但花费了大量时间用于照护过程记录，还造成了照护机构需要保留大量纸质档案的困境。[②] 针对后者，自2017年起，德国开始逐步推广电子档案，以方便保存和查找。虽然电子档案在一定程度上缩短了照护服务记录时间，但记录项目的细致和烦琐程度并未改变。另有照护人员指出，即使存在某位活动能力本已很差的长期照护需求者，在一个时期内活动能力都没有得到显著改善的现

[①] Tina Groll, "Das schlechte Gewissen arbeitet immer mit", *Zeit Online*, 17. Juli 2018, https://www.zeit.de/wirtschaft/2018-06/altenpflege-arbeitsbedingungen-fachkraeftemangel-pflegenotstand/komplettansicht.

[②] 参见附件三访谈记录。

象，也不能因此而根据照护质量标准，认定照护机构没有提供相应的特殊照护服务和康复服务。

上述观点在住院照护机构的负责人中也得到了印证。一些负责人认为，国家已经规定了每个照护机构的照护技术人员（Pflegefachkraft）和照护助理（Pflegehilfskraft）的数量比例，并且无论是哪种照护人员，都已完成必要的职业培训，对于如何从事照护服务已经具备基本的认知和必要的技能支持。因而，无论是照护机构的负责人，还是真正从事照护服务工作的个人，都知晓如何提供必要的、高质量的照护服务，从而不必受到官僚机构的严格监督，更无须花费大量时间填写相关表格。他们还指出，照护服务不仅是机械地进行数量和结果的统计，还需要用心对待长期照护需求者，且后者是长期照护服务成败的关键之一。然而为达到一定的质量标准而花费大量时间记录照护过程，严重挤压了照护人员同长期照护需求者的沟通时间，不利于长期照护服务体系的发展。①

更为严重的是，政策规制甚至并不一定能有效改善长期照护质量。根据 2018 年 Infratest dimap 的一项针对 1000 名长期照护需求者的调查，有 46% 的受访者认为政府政策对于改善长期照护质量没有明显作用，其中 37% 的受访者甚至认为政策规制对于改善长期照护质量没有任何作用。只有 13% 的人认为政府政策在改善长期照护质量方面起到了较大作用。在所有受访者中，有 80% 的人对于住院照护质量信心不足。② 这说明即使对于长期照护服务的质量核查已经进行十余年，多数长期照护需求者依旧认为照护质量有很大的提升空间，且质量的改善并非依靠政府规制。因此可以认为，要想提高长期照护质量，政府政策至少无法起到显著的正面作用，甚至有可能降低长期照护需求者对于照护质量的评价。

根据笔者对德国住院照护机构的调查，发现照护质量核查结果的差异较小。照护机构的分数多在 1.1—1.4 分，平均值为 1.2 分③，也即基本上

---

① 参见附件三访谈记录。
② 关于公众对长期照护质量的满意度调查，参见 "Wenig Vertrauen in die Pflege"，*RP Online*，11. Juni 2018，https：//rp-online.de/politik/deutschland/umfrage-wenig-vertrauen-in-die-pflege_aid-23337075? utm_source=twitter&utm_medium=referral&utm_campaign=share。
③ "Heimbewertungen sollen aussagekräftiger werden"，*aerzteblatt.de*，30. Juli 2018，https：//www.aerzteblatt.de/nachrichten/96775/Heimbewertungen-sollen-aussagekraeftiger-werden。

一半的照护机构都接近于完美。一些明明已经无人问津而面临倒闭的照护机构，却拥有近乎完美的照护质量评估结果。① 这样的分数既没有达到《长期照护质量确保法》中对于长期照护质量予以监督从而区分优劣的最初目的，也不利于实现长期照护需求者及其亲属在选择照护机构时进行必要参考的功能。因而，质量核查的实际意义并不大。

总之，就《长期照护质量确保法》中对于照护机构的质量核查而言，虽然法案颁布之初的目的是可取的，但从结果来看，其并没有显著改善照护机构的照护质量，反而增加了照护人员的工作压力，减少了其照护服务时间和与长期照护需求者的沟通时间。并且，长期照护需求者及其家属也无法通过质量核查结果选择照护质量较高的机构。因而，与其说这一法案的颁布是为了提升照护质量，不如说是增加了官僚化趋势。

二 专业照护人员支持力度有限

需要指出的是，此部分所描述的"专业照护人员"为照护机构从业者，其在照护机构中提供专业照护服务。专业照护人员分为两类：照护助理和照护技术人员。照护助理不必须经过培训，但照护机构更倾向于雇佣经过400个小时以上培训的个人。照护技术人员则必须通过3年的专业培训。这同下一章将要论述的未经过必要培训的家庭照护人员有所区别。

（一）专业照护人员数量现状

自《长期照护保险法》实施以来，包括从事流动照护服务和住院照护服务的专业照护人员的数量不断增长。如表3-3所示，1999—2019年，专业照护人员的数量从62.5万人增长到121.8万人，涨幅近一倍。这一趋势在流动照护人员和住院照护人员中颇为相似。而住院照护人员数量始终多于流动照护人员，为后者的两倍左右。

---

① Sandra Stalinski, "Gewinne statt Gemeinwohl: Der Profit mit der Pflege", *Tagesschau.de*, 12.12.2018, https://www.tagesschau.de/wirtschaft/profite-pflege-101.html.

表 3-3　　　　　　　专业照护人员数量变化（1999—2019 年）　　　（单位：万人）

年份	1999	2001	2003	2005	2007	2009	2011	2013	2015	2017	2019
流动照护人员	18.4	19.0	20.1	21.4	23.6	26.9	29.1	32.0	35.6	39.0	42.2
住院照护人员	44.1	47.5	51.5	54.6	57.4	62.1	66.1	68.5	73.0	76.5	79.6
合计	62.5	66.5	71.6	76.0	81.0	89.0	95.2	100.5	108.6	115.5	121.8

注：1. 数据来源：Statistisches Bundesamt, *Pflegestatistik: Pflege im Rahmen der Pflegeversicherung-Deutschlandergebnisse*, 1999/2001/2003/2005/2007/2009/2011/2013/2015/2017/2019。

2. 笔者自制。

虽然专业照护人员的数量在近 20 年始终呈现增长趋势，但全职从业者的人数无论在流动照护服务还是住院照护服务中的增长趋势都呈现一定程度的放缓。进行部分时间工作的照护人员则增长较快，尤其是照护服务时间多于日常工作时间的个人。这与德国所大力推动的短时工作政策息息相关。具体来讲，就流动照护服务中专业照护人员而言，如图 3-7 所示，其总体数量从 1999 年的 18.4 万人增长到 2019 年的 42.2 万人，翻了一倍多，且从 2007 年起便呈现大幅增长趋势。其中，进行部分时间照护，且从事照护的时间多于日常工作时间的人数增长最为明显，从 4.9 万人增长到 15.8 万人，翻了两倍多。并且其人数从 2002 年左右起便已超过全职照护人员人数，位居第一。

就住院照护服务中专业照护人员而言，如图 3-8 所示，其总体数量从 1999 年的 44.1 万人增长到 2019 年的 79.6 万人，增长率为 80.5%。然而，除了进行部分时间工作的照护人员数量呈现明显增长，其他照护形式，如全职照护人员数量基本上或增长缓慢，或保持不变。对于全职照护人员，其在 1999 年为 21.2 万人，到 2019 年为 23.2 万人。对比明显的是进行部分时间工作，且照护服务时间多于日常工作时间的人，其在 1999 年的从业人数为 10.1 万人，到 2019 年达到 32.9 万人，翻了两倍多。同流动照护人员相同，该部分人员人数从 2009 年就已超过全职照护人员，且增长迅速。

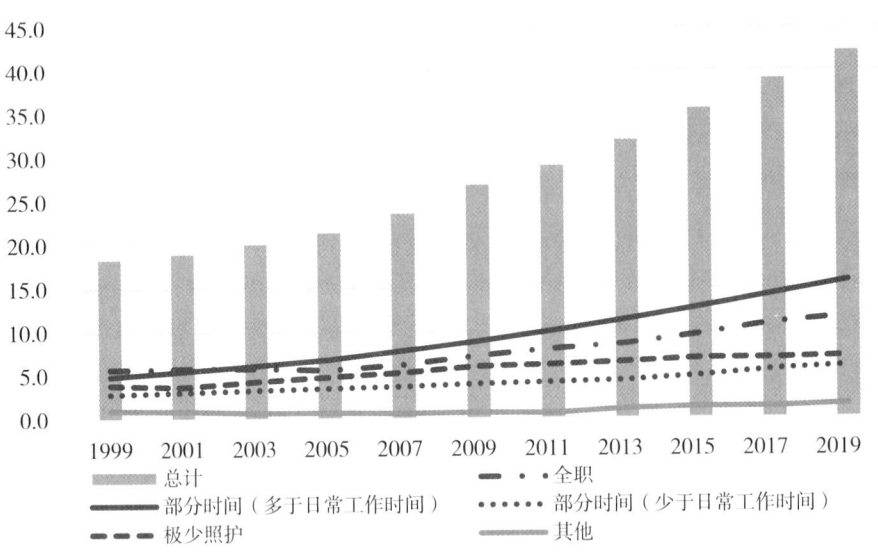

图 3-7　流动照护服务中专业照护人员数量变化（1999—2019 年）（单位：万人）

注：1. 数据来源：Statistisches Bundesamt，*Pflegestatistik：Pflege im Rahmen der Pflegeversicherung–Deutschlandergebnisse*，1999/2001/2003/2005/2007/2009/2011/2013/2015/2017/2019。

2. 笔者自制。

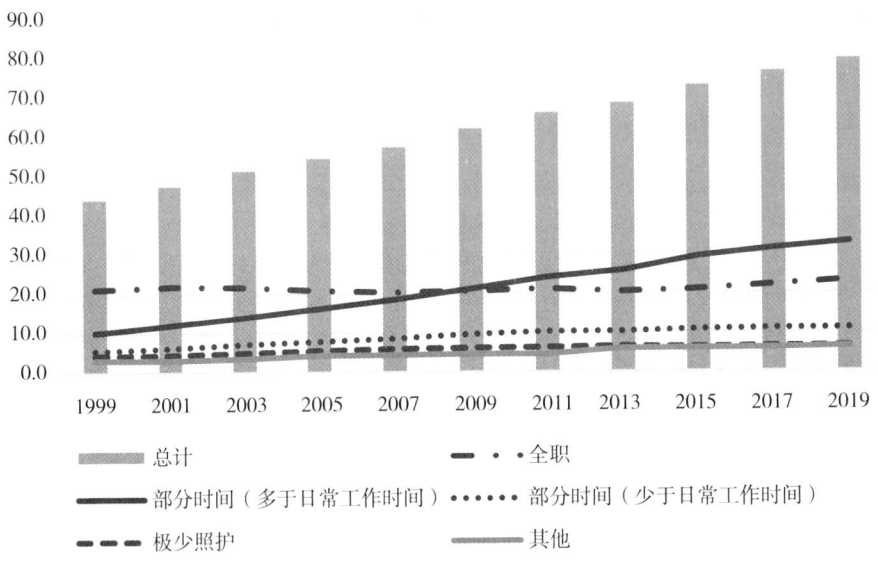

图 3-8　住院照护服务中专业照护人员数量变化（1999—2019 年）（单位：万人）

注：1. 数据来源：Statistisches Bundesamt，*Pflegestatistik：Pflege im Rahmen der Pflegeversicherung–Deutschlandergebnisse*，1999/2001/2003/2005/2007/2009/2011/2013/2015/2017/2019。

2. 笔者自制。

总之，对于专业照护人员数量而言，其在《长期照护保险法》实施后的20余年中，始终保持增长态势。无论是哪种照护形式，进行部分时间工作的照护者，尤其是照护服务时间多于日常工作时间的个人，增长速度最快。相比较而言，全职照护人员数量或增长速度较为缓慢，或基本保持不变。

（二）专业照护人员面临的问题

若将上文专业照护人员的部分照护时间折合为全职工作时间，则实际上从事照护服务的专业照护人员并没有看上去那么多。如表3-4和表3-5所示，1999年流动照护服务中相当于全职专业照护人员总数为12.5万人，到2017年增长到26.6万人，仅翻了一倍。[①] 而住院照护服务中1999年此数据为34.5万人，到2017年为55.3万人，实际增长约20万人，远低于同时间段内专业照护人员绝对总数的30余万人的增长量。如果再观察每个全职专业照护人员服务的长期照护需求者人数，则可以发现专业照护人员的照护压力并没有得到显著缓解：在流动照护服务中这一数据从1999年每个全职照护人员服务3.3名长期照护需求者，到2011年减少到3名，然而从2015年起又增长到3.1名；至于住院照护服务，则从1999年的1.7名缓慢减少到2017年的1.5名。根据2020年的统计数字，要想满足住院照护服务需求，还需补充36%的照护人员数量。[②] 也即，看似专业照护人员绝对数量和折合为全职专业照护人员的总数都呈现一定程度的增长，但如果考虑到长期照护需求者的增长幅度，实际上专业照护人员数量短缺的状况并没有得到明显改善。此外，据统计，住院照护服务中，当每位长期照护需求者平均每日需要照护服务时长为141分钟的情况下，实际上照护机构只能提供99分钟的照护服务，这其中还包括27分钟的准备和整理时间。[③] 因此，长期照护服务面临严重供小于求的情况。

---

① 就照护从业者相当于全职照护人员的情况而言，由于2018年及之后的统计数据尚未发布，在此仅探讨1999—2017年的趋势。

② Kristina Antonia Schäfer, "So groß ist das Pflege-Problem wirklich", *WirtschaftsWoche*, 19. Mai 2020, https://www.wiwo.de/blick-hinter-die-zahlen/blick-hinter-die-zahlen-17-pflege-so-gross-ist-das-pflege-problem-wirklich/25842770.html?share=twitter.

③ Barbara Dribbusch, "Altenheime nach Corona: Bessere Pflege für 17 Euro", *taz*, 29.4.2020, https://taz.de/Altenheime-nach-Corona/!5681235/.

表 3-4　流动照护服务中专业照护人员数量及每个照护人员服务长期照护需求者数量变化（1999—2017 年）

年份	1999	2001	2003	2005	2007	2009	2011	2013	2015	2017
照护人员总数（万人）	18.38	18.96	20.09	21.43	23.62	26.89	29.07	32.01	35.56	39.03
相当于全职照护人员总数（万人）	12.54	13.0	13.45	14.03	15.5	17.69	19.33	21.32	23.88	26.6
每个全职照护人员服务的长期照护需求者人数	3.3	3.3	3.3	3.4	3.3	3.1	3.0	3.0	3.1	3.1

数据来源：Heinz Rothgang und Rolf Müller, *Barmer Pflegereport 2019*, Berlin: Barmer, 2019, p.75。

表 3-5　住院照护服务中专业照护人员数量及每个照护人员服务长期照护需求者数量变化（1999—2017 年）

年份	1999	2001	2003	2005	2007	2009	2011	2013	2015	2017
照护人员总数（万人）	44.09	47.54	51.09	54.64	57.35	62.14	66.12	68.54	73.01	76.46
相当于全职照护人员总数（万人）	34.51	36.98	38.87	40.54	42.06	45.27	47.95	49.09	52.52	55.25
每个全职照护人员服务的长期照护需求者人数	1.7	1.6	1.6	1.7	1.7	1.6	1.5	1.6	1.5	1.5

数据来源：Heinz Rothgang und Rolf Müller, *Barmer Pflegereport 2019*, p.82。

虽然急需专业照护人员，但应聘者寥寥无几。根据联邦劳动局（Bundesagentur für Arbeit）的统计数据，2019 年全德照护人员的职位空缺为 2.4 万个①，

---

① Tina Groll, "Altenpflege: Das schlechte Gewissen arbeitet immer mit".

其中流动照护服务空缺1.6万个。① 然而平均每100个职位空缺中只有27名应聘者。② 这一现象的出现主要基于三方面原因。首先，专业照护人员中85%为女性，其需要平衡工作与家庭责任。繁重且无固定工作时间的照护服务让平衡工作与家庭更为困难。其次，专业照护人员承受生理和心理疾病的概率更大，导致其很难常年坚持承担照护服务工作。Inifes-Institut的一项调查显示，3/4的专业照护人员很难想象将照护服务作为一生的职业选择。另一项调查表明，若以十年为期限，曾经从事照护服务的个人，十年后只有1/3的还在从事相同工作。③ 这造成了照护服务职业的稳定性较差、流动性较大的困境。最后，专业照护人员的工资收入普遍较低，使得照护服务工作更加缺乏吸引力。上述困境将在下文予以进一步展开。④

第五节　国家在长期照护服务体系中的发展趋势

针对长期照护服务体系的官僚化问题，联邦政府于2019年10月制定了新的照护质量标准。这一标准在一定程度上降低了官僚主义倾向，但依旧难免被一些照护人员所诟病。同时，为缓解专业照护人员数量短缺、工作环境较差、工资较低等问题，联邦政府制定了一系列吸引专业照护人员的政策。虽然如此，国家还有很长的路要走。总体而言，从未来发展方向来看，国家依旧扮演规制者的角色，为长期照护服务体系的发展制定框架。

一　改革照护质量标准

由于《长期照护质量确保法》中对照护质量的核查方式存在过于官僚化的问题，联邦政府着手进行照护质量核查细则的改革。改革专注于对照

---

① Torben Lenz, "Personalmangel in der ambulanten Pflege gefährdet gute Versorgung", *Stiftung ZQP*, 25. September 2019, https://www.zqp.de/personalmangel-ambulante-pflege/?utm_source=ZQP+Newsletter&utm_campaign=aa66169887-EMAIL_CAMPAIGN_2019_10_28_07_16&utm_medium=email&utm_term=0_08b9f0520e-aa66169887-141110181.

② "Pflegekräfte: Pflege soll besser bezahlt und attraktiver werden", *Zeit Online*, 24. Januar 2020, https://www.zeit.de/politik/deutschland/2020-01/pflegekraefte-hubertus-heil-franziska-giffey-pflege-kongress-fachkraeftemangel?wt_zmc=sm.ext.zonaudev.twitter.ref.zeitde.share.link.x.

③ Tina Groll, "Altenpflege: Das schlechte Gewissen arbeitet immer mit".

④ Tina Groll, "Altenpflege: Das schlechte Gewissen arbeitet immer mit".

护质量标准的改进，并进一步强化非预先通知的核查。联邦医疗保险基金总会医事服务机构、联邦长期照护保险基金总会及私人医疗保险联合会核查服务机构，已于2019年11月1日颁布新的照护质量标准。新的标准根据照护质量的核查结果、医疗技术的发展，以及对照护服务认知的变化，每两年进行一次完善。

新的照护质量标准涉及医疗保险医事服务机构的每年核查以及照护机构的自评两部分。该标准将不再局限于机械化的表格填写，而是关注长期照护需求者真正得到了什么程度的照护服务。评估结果同样会在网上公布，便于长期照护需求者及家属进行选择。

新的照护质量标准主要基于长期照护需求者的真实健康状况，以及对照护机构设施和服务供给情况的核查。其分为三个部分：第一部分是对于日常数据的标准化核查。涵盖10个主题的15个指标，包括个人的营养状况、个人卫生、伤口护理、行动能力、独立生活能力，以及其是否存在跌倒等意外情况发生和体重减少等新情况。这些指标每半年由所有照护机构的长期照护需求者进行打分，进而得到平均分。所得分数分为5个等级：严重低于平均水平、相对低于平均水平、平均水平、相对高于平均水平和大幅度高于平均水平。第二部分是由医疗保险医事服务机构所进行的核查。其一次性随机抽取9个长期照护需求者作为样本，对照护机构所提供的照护服务情况进行核查，从而确定第一部分自行打分的真实性。具体而言，这一部分包括进食进水服务、日常活动、身体照护服务、碰伤照护服务、看听帮助、每日沟通的帮助等。核查结果包括没有质量缺陷、有中等缺陷、有较大缺陷，以及有非常大的缺陷4个等级。第三部分是照护机构情况，如关于员工个人和员工结构的信息，包括员工中照护技术人员的数量，有多少人在6个月内离职，是否提供培训以及员工是否会多种语言等。①

在具体实施过程中，住院照护机构从2019年10月初至2020年6月30日对长期照护需求者进行访谈，以评判其是否接受了应有的照护服务。照

---

① 关于新的照护质量标准，参见：Medizinischer Dienst des Spitzenverbandes Bund der Krankenkassen e. V. und GKV-Spitzenverband, eds., *Richtlinien des GKV-Spitzenverbandes für die Qualitätsprüfung in Pflegeeinrichtungen nach § § 114 ff SGB XI-Vollstationäre Pflege*, Mülheim an der Ruhr: BestPage Kommunikation RheinRuhr KG, 2019.

护机构的自评程序需每半年进行一次。① 包括每个住院照护机构的内部评估，以及医疗保险医事服务机构于 2019 年 11 月开始的外部评估结果，计划于 2020 年春进行首次公开。到 2020 年底，全德所有住院照护机构都要经历一次新的照护质量核查。然而，受疫情影响，上述核查程序从 2020 年 10 月才着手进行，目前尚未公布核查结果。

新的照护质量标准更加关注长期照护需求者的主观感受，使得核查人员不再是高高在上的检查者，而有更多时间同从事照护工作的基层照护人员以及长期照护需求者进行交流。这使得核查人员从一个"奖优罚懒"的机构代表转变为照护服务的建议者。虽然如此，依旧有人担心，由于该评价体系还需要一定程度的表格填写，因而依然存在用较完美的表格内容去掩盖实际上并不完美的照护质量的隐患。另有人担心，由于新的照护质量结果取消了最终分数的评判，这虽然避免了几乎所有照护机构的分数都接近于完美的问题，但不利于长期照护需求者及家属一目了然地了解某个照护机构的照护质量，使得其对于照护机构的选择更加复杂。而对于照护机构的自我评价部分，由于需要所有专业照护人员学习如何评价、如何填写表格，占用了大量的照护服务时间，也被一些专业照护人员及照护机构负责人所诟病。②

二 提升职业吸引力

（一）现有专业照护人员的改革措施及评价

为缓解专业照护人员数量短缺的问题，联邦政府自 2017 年起颁布了一系列关于照护人员的法规措施。措施期待通过细则的制定解决相关问题，但也招致了一些批评。

1. 关于长期照护培训的相关政策

2017 年 7 月，《照护职业法》（*Pflegeberufegesetz*，*PflBG*）颁布。该法案包括疾病照护、幼儿照护和老年人长期照护三类专业资格的培训规定，其中在长期照护方面希冀建立一个可持续、高质量的长期照护培训体系。这一方案将原先分离的《老年人照护法》（*Altenpflegegesetz*，*AltPflG*）和

---

① "Neuer Pflege-TÜV gestartet"，*tagesschau. de*，01. 11. 2019，https：//www. tagesschau. de/inland/pflege-tuev-109. html.

② 参见附录三访谈记录。

《疾病照护法》(*Krankenpflegegesetz*, *KrPflG*) 中的长期照护培训合二为一，以一个法案囊括所有相关照护培训的规定。法案指出，只有经过统一的、系统的、为期三年的培训才可以成为照护技术人员。在这三年中，首先培训者需要完成两年的课程学习并通过中期测评。之后，培训者可以在统一的实践培训、专业的幼儿疾病照护培训和专业的老年人长期照护培训中自由选择，考核合格者将会成为照护技术人员。长期照护培训不但不收取任何费用，接受培训的人还可以申请相应补助。第一期培训于2020年开始。

《照护职业法》颁布后又经历了不断的改革完善。2018年6月，《照护职业教育和考试条例》(*Pflegeberufe-Ausbildungs-und-Prüfungsverordnung*, *PflAPrV*) 颁布，作为对《照护职业法》的补充。条例中关于培训结构、内容、考试的规定，以及对于他国职业资格的认定规则予以明确，并于2020年1月1日起施行。2018年9月，《照护职业教育资金条例》(*Pflegeberufe-Ausbildungsfinanzierungsverordnung*, *PflAFinV*) 颁布，对于长期照护职业培训的资金来源及给予培训者的补助予以具体规定。

上述三个政策对于长期照护服务的职业教育进行了较为详细的规定，并对培训过程中的资金支持也给予了一定程度的保障，既规范了职业教育，有利于培养更多合格人才，又解决了参与培训人员对于资金支持的担忧，从而吸引更多人进入长期照护服务领域。然而，也有一些人对上述政策持怀疑态度。首先，部分学者对于培训质量存在担忧。根据法案规定，完成两年培训即可获得照护助理资格。从尽快就业的角度来看，成为照护助理即可进行照护服务的提供，无须再经过一年的培训以成为照护技术人员。因而，培训政策的施行并不能有效解决住院照护机构对于照护技术人员的需求。但德国政府规定，住院照护机构中照护技术人员的比例应达到50%。鉴于此，为了让照护机构雇佣到更多照护人员，政府在一定程度上降低了培训标准，以便让大批年轻人更快地通过培训，从而降低了照护质量。① 其次，由于长期照护人员的工资水平较疾病照护、儿童照护更低，因而培训者在第三年进行照

---

① Gregor Waschinski, "Große Koalition verständigt sich bei Reform der Pflegeausbildung", *Handelsblatt*, 08.06.2018, https://www.handelsblatt.com/politik/deutschland/gesundheitspolitik-grosse-koalition-verstaendigt-sich-bei-reform-der-pflegeausbildung/22663598.html?ticket=ST-378906-4LZ2eqA7fCedDSQmVdV4-ap1.

护服务方向选择时，更倾向于选择疾病照护或儿童照护，这并不能缓解长期照护人员缺乏的问题。再次，对于培训费用的减免意味着职业培训中心需要大量的资金支持，因而会不可避免地提高长期照护保险的缴费率。最后，另有学者指出，专业照护人员面临的首要问题是工资收入与付出的不平等，因而最需要解决的是工资收入较差和工作环境恶劣等基本问题，而非职业培训。

2.《长期照护人员强化法》

2019年1月1日，《长期照护人员强化法》（*Pflegepersonal-Stärkungsgesetz, PpSG*）开始实施，该法案又被称为"紧急照护计划"（Sofortprogramm Pflege）。法案旨在通过更科学的人员配置和建立更好的工作环境，提升专业照护人员的日常工作和生活水平。法案规定，再设立13000个照护岗位，并对每一个住院照护机构都给予同等程度的支持。具体而言，对于拥有40名及以下长期照护需求者的照护机构，补充一半的照护岗位；41—80名长期照护需求者的照护机构，补充一倍的照护岗位；81—120名长期照护需求者的照护机构，补充1.5倍的照护岗位；120名以上长期照护需求者的照护机构，补充2倍的照护岗位。[①] 对于部分时间岗位的补充也计算在内。如果这样还是无法获得足够的照护技术人员，可以将照护助理通过4个月的培训，转化为照护技术人员。这一计划的目的在于部分覆盖照护机构对医疗照护服务的需求。此外，为了同基层医生更好地合作，照护机构有责任同医生签订合作条款。法定医疗保险医师协会（Kassenärztliche Vereinigung, KV）有责任在3个月内，为申请合作条款签订的相关照护机构寻找合适的医生。私人医疗保险机构根据投保者中照护需求的比例进行一定程度的参与。

虽然此法案较为雄心勃勃，意在快速缓解专业照护人员数量紧缺的问题，但也招致了不少批评之声。第一，同长期照护职业培训的相关政策相同，政府最需要解决的是现有照护人员的工资水平较低和工作环境较差的问题，而非雇佣更多的专业照护人员。第二，若考虑到全德约15400个住院照护机构，看似雄心勃勃的岗位提供计划实际上平均到每个住院照护机

---

① Bundesregierung, *Gesetz zur Stärkung des Pflegepersonals（Pflegepersonal-Stärkungsgesetz, PpSG）*, Bundesgesetzblatt, Teil I, 2018, §11.

构中还不到一个职位，可谓杯水车薪。因此，法案提及的对专业照护岗位高达两倍的补充，也只是纸上谈兵。第三，由于关于照护培训的政策从2020年才开始执行，而《长期照护人员强化法》从2019年已经开始实施，因而紧急参与到长期照护服务体系中的照护人员尚未经过专业培训，无法保证照护质量。第四，关于该法案所强调的照护机构与专业医生签约问题，有人认为，这是政府把责任转嫁给法定医疗保险医师协会的行为。协会中的医生并非协会雇员，协会无法强求医生进行签约。此外，对于体系中照护人员数量和培训缺乏的现状，不能通过同医生签订合约来解决，进而滥用门诊医疗服务。第五，该法案只试图解决住院照护服务中专业照护人员缺失的问题，但忽视了流动照护服务中专业照护人员同样不足的现状。从实际效果看，在法案实施后一年半的2020年7月，仅有2631个岗位得以补充，占计划的约1/5。① 因此，该促进法案所达到的效果并不尽如人意。

3. 照护协同行动

"照护协同行动"（Konzertierte Aktion Pflege）由联邦卫生部、联邦劳动和社会事务部以及联邦家庭、老年人、妇女和青年人事务部三位部长于2018年7月倡议，其希望通过此行动让更多的人参与到长期照护服务中。具体而言，在专业照护人员方面，进一步引入相关照护服务规则；鼓励外国照护人员参与照护服务并提供语言和专业技能培训；通过同医生的合作，扩大照护人员的照护服务决定权；进一步提升照护人员工作环境，例如关注照护人员健康状况、支持继续教育，让照护人员更好地平衡家庭、照护服务和日常工作等。在照护人员培训方面，计划到2023年照护培训机构数量增长10%；新增5000个继续教育培训位置；建立有关数字化培训项目，让照护人员更好地适应科技发展。在资金支持方面，提升专业照护人员最低工资水平并缩小新老联邦州照护工资收入差异。在信息化建设方面，建立远程照护服务，使得远距离指导长期照护需求者及其家属进行必要的照护服务成为可能；在住院照护机构中普及数字化建设，从而留给照

---

① "Sofortprogramm Pflege: Maßnahmen zeigen kaum Wirkung", *BibliomedPflege*, 15.07.2020, https://www.bibliomed-pflege.de/news/massnahmen-zeigen-kaum-wirkung.

护人员更多的时间进行照护服务的实际提供。① 该计划由五个工作组构成，包括培训及职业认证工作组，员工管理、职业安全和健康保障工作组，供给创新和数字化工作组，外国照护人员引进工作组，以及照护工资支付情况工作组。五个工作组由联邦卫生部统筹。

2019 年 6 月，相关机构就照护协同行动更细致的目标达成共识，主要包括五个方面：更多照护人员、更高收入水平、更多教育和培训机会、更多个人自主性以及数字化推广。截至 2020 年 11 月，上述目标在以下方面已经或正在实施：第一，在更多的照护人员方面，从 2021 年 1 月 1 日起，将为照护机构逐步添加两万个照护助理岗位。所产生的费用由长期照护保险基金拨付，不增加长期照护需求者的额外负担。此外，建立专门机构用于外国照护人员的培训、认证和工作许可办理等工作；另设机构帮助外国照护人员进入德国后的社会融入和生活适应等工作；歌德学院致力于对非德语国家照护人员的语言培训。第二，在更高收入水平方面，从 2022 年 4 月 1 日起，已完成两年培训的照护助理最低工资收入提高到 12.55 欧元/小时，完成三年专业培训的照护技术人员的最低工资达到 15.4 欧元/小时。② 到 2023 年 1 月，照护助理最低工资为 15 欧元/小时，照护技术人员最低工资为 18.5 欧元/小时。③ 鉴于照护人员工资上涨将不可避免地需要更多资金，目前相关机构正在研究如何不增加长期照护需求者的负担。第三，在更多教育和培训机会方面，联邦卫生部和家庭、老年人、妇女和青年人事务部已拨款 1900 万欧元用于支持各州的照护培训工作。而鉴于 2020 年起已着手落实新的照护人员培训政策，相关数据计划于 2021 年公布。虽然联邦政府的数据尚未公布，但目前来看，几个州的培训效果较为明显。此外，照护培训工作还包括鼓励大专院校开设长期照护课程；同照护培训中心合作，开展照护服务的普及性培训；通过数字化方式扩宽照护培训的渠道。第四，在更多的个人自主性方面，组成专家组，就医疗和照护服务间

---

① "Konzertierte Aktion Pflege", *Bundesministerium für Gesundheit*, 4. Juni 2019, https://www.bundesgesundheitsministerium.de/konzertierte-aktion-pflege.html.

② "Höhere Mindestlöhne für Beschäftigte in der Altenpflege", *Bundesministerium für Arbeit und Soziales*, https://www.bmas.de/DE/Startseite/start.html.

③ "Pflegeversicherung droht ein Milliardendefizit", *Altenheim*, 06. Jan 2011, https://www.altenheim.net/artikel/2021/2021_1/2021_01_06_tarifvertrag-und-pflegeversicherung.

的跨专业合作进行研判；专业照护人员可以在伤口处理、居家疾病照护以及某些特定的照护辅助工具的指导方面拥有自主决定权。第五，在数字化推广方面，照护机构已经通过政府的财政支持，在电子档案和照护培训方面开启了数字化进程。此外，建立病患或长期照护需求者的个人电子化档案，并在个人同意的情况下对其信息进行调取，方便照护人员提供有针对性的照护服务。而通过电子处方的普及，可以让居家医疗更加方便快捷。[①]

相较而言，照护协同行动提出的政策眼光更为长远，不再专注于解决某一类问题。然而，这一计划也遭到了一些人的质疑。例如，有人认为，对专业照护人员的培训计划以及数字化进程的设立，将会产生更多费用。虽然政府已经明确长期照护需求者无须负担此部分费用，而是转移到长期照护保险中，但是这意味着缴费率的进一步提升。

（二）专业照护人员改革措施的发展方向

虽然上述一系列政策遭到了一定程度的诟病，但联邦政府通过政策的实施，旨在提升专业照护人员的工资水平、为其创造更好的工作环境，并缓解照护人员短缺的问题。目前，政府还在两个方面做着新的努力，包括试图统一照护人员工资，并吸引更多外国照护人员从事照护服务工作。

1. 照护人员工资的统一

如前文所述，德国专业照护人员的工资收入明显低于全国平均水平。截至 2018 年，德国平均工资为 20.08 欧元/小时，而照护技术人员工资为 15.41 欧元/小时，照护助理为 11.80 欧元/小时。通常，照护人员没有圣诞、旅游的带薪休假，周日、休息日和夜间照护也没有额外工资。此外，德国境内不同州的专业照护人员工资差异较大：萨克森-安哈尔特州平均每月为 1985 欧元，而巴登-符腾堡州平均每月为 2937 欧元。[②]

鉴于此，联邦卫生部拟制定专业照护人员统一工资。联邦卫生部认为，由于照护人员流动性较大，许多住院照护机构和流动照护机构都没有

---

① "Konzertierte Aktion Pflege legt Umsetzungsbericht vor: Mehr Ausbildung, mehr Personal, mehr Geld", *Bundesministerium für Gesundheit*, 13. November 2020, https://www.bundesgesundheitsministerium.de/kap-umsetzungsbericht.html?fbclid=IwAR3SJddGSIbKPU0MrMhNKGCUGJE-HHHGUsSabbJtA3xyi0NlDKLhDWzNles.

② Tina Groll, "Spahn will Tarifvertrag für alle Pflegekräfte", *Zeit Online*, 7. Mai 2018, https://www.zeit.de/politik/deutschland/2018-05/pflege-jens-spahn-tarife-verbindlichkeit-2019.

工会组织。因此,通过集体谈判而确定员工工资较为困难。而由政府为照护人员设立统一工资,从而保障照护人员的利益将是更好的解决办法。

然而,该倡议遭到了一些反对之声。例如,营利机构由于市场化倾向更为明显,因此其大多根据需求设定照护人员工资。如果采取统一工资,其运营成本将大幅增加,从而有可能以降低照护质量为代价减少日常支出。此外,提升照护人员工资就意味着缴费率的升高,而照护人员工资的提高并不能直接带来照护质量的提升。因此,正如上文所述,目前仅就照护服务最低工资达成了统一。

2. 外国照护人员的引入

正如"照护协同行动"中提到的,德国正尝试大力引入外国照护人员。照护人员主要来自中东欧、北非以及中东地区。实际上,外国照护人员数量在前几年已经有了很大程度的提升。根据联邦政府统计数字,在2012年,外国照护人员仅为7.9万人。[1] 2012—2017年,每年新增外国照护人员数量持续攀升,从2012年的1482人增长到2017年的8835人。[2] 在短短的6年间,前往德国的外国照护人员增长近3.2万人。目前,联邦政府已经同一系列国家签订了合作协议,负责培训及雇佣照护人员,包括波黑、塞尔维亚、突尼斯、越南、菲律宾等。2013—2019年,已有5797名来自上述国家的专业照护人员通过协议前往德国,从事专业照护服务工作。[3]

然而,雇佣外国照护人员也面临一系列问题。一方面,由于在短时间内取得合法移民资格的难度较大,外国照护人员不得不从事一些以家庭照护为代表的非专业照护服务。例如,虽然2012—2017年外国照护人员数量大幅上升,但其中正式雇佣人数仅为5900人。[4] 这说明,外国照护人员并

---

[1] "Zahl ausländischer Pflegekräfte deutlich gestiegen", *Zeit Online*, 11. Juni 2018, https://www.zeit.de/gesellschaft/2018-06/bundesregierung-pflege-fachkraefte-ausland-afd-anfrage-mangel?wt_zmc=sm.ext.zonaudev.twitter.ref.zeitde.share.link.x.

[2] Hans-Böckler-Stiftung, "Ausländische Pflegekräfte: Voneinander lernen braucht Zeit", *Böckler Impuls 5/2019*, 21. März 2019, p.4.

[3] "Rund 5800 ausländische Pflegefachkräfte angeworben", *aerzteblatt.de*, 29. Januar 2020, https://www.aerzteblatt.de/nachrichten/109018/Rund-5-800-auslaendische-Pflegefachkraefte-angeworben.

[4] "Zahl ausländischer Pflegekräfte deutlich gestiegen".

不能有效解决照护机构中专业照护人员短缺的问题。另一方面,外国照护人员通常语言水平受限,而语言水平的形成需要一定时间的培训和学习。这不但需要更多的时间使其成为符合要求的专业照护人员,而且培训所产生的费用若通过长期照护保险基金支付,则会继续提升缴费率。

总而言之,针对专业照护人员的进一步改革措施尚处于不断完善中,其成效还需要持续观察。

小　结

作为后来者,在德国的长期照护服务体系建立之时,福利多元主义理论已经成为社会保障领域中为多数人所接受的理念。加之传统观念带来的家庭照护服务占比较大,非营利组织承担更多的专业照护服务职能,因此,就长期照护服务体系而言,我们无法看到国家的职能从大包大揽转变为规则制定者这样一个明显的变化过程。虽然如此,国家的职能依旧呈现了一定程度的变化。在《长期照护保险法》颁布前,一方面国家通过资金支持保障了长期照护服务的运行。具体而言,国家通过税收转移支付,以照护救助的方式对长期照护服务予以大量的资金支持,其数额在长期照护服务体系建立前逐年攀升;国家还以保险偿付的方式,通过医疗保险和工伤保险,对长期照护需求者或照护人员给予一定程度的保障;而对非营利组织的大幅度的资金支持,则保障了非营利组织的优势地位。另一方面国家承担了部分福利产品提供者的职能,其所拥有的照护机构和机构中长期照护需求者人数总体来讲占比较小且呈现下降趋势。

长期照护服务体系建立后,国家的职责转变为以规则制定者及资金提供者为主、福利产品提供者为辅的形式。就规则制定者而言,国家以《长期照护保险法》为基础设立的长期照护保险成为社会保险体系的第五支柱。此外,国家通过《长期照护保险法》建立长期照护服务体系。该体系以流动和康复服务为优先、以家庭照护服务和流动照护服务为主,通过长期照护保险基金的偿付对不同等级长期照护需求者予以相应的资金支持,并关注对于照护人员的社会保障和支持体系。除《长期照护保险法》外,国家为保证一定的照护质量而制定了《长期照护质量确保法》。法案针对流动照护机构和住院照护机构,通过联邦政府的组织领导和与长期照护服务有关的各层级机构的具体实施，对照护机构进行核查。

作为资金支持者，由于国家通过设立长期照护保险，承接并大幅扩展了原先医疗保险在长期照护服务方面的职责，从而承担了大部分长期照护服务费用，照护救助的支出在《长期照护保险法》生效后呈现了明显下降趋势，对非营利组织的倾斜性支持政策则予以取消。虽然近些年照护救助支出再次缓慢上升，但其占总支出的比例远低于长期照护保险予以支付的比例。值得注意的是，由于国家作为资金支持者的角色实际上是基于《长期照护保险法》的规则予以实现，因而这一角色是国家作为规则制定者的衍生。

而作为福利产品提供者，无论是流动照护机构还是住院照护机构，国家所提供的照护服务在法案生效后都呈现出明显下降的趋势。

长期照护服务体系的建立转变了国家职能，也解决了国家通过税收转移支付负担大量费用的难题。然而，其也面临一些问题。一方面，照护质量标准的核查被认为是官僚化的体现，其不但没有达到规制并改善照护质量的目的，反而增加了照护人员的工作量，减少了照护人员同长期照护需求者沟通的时间。另一方面，全职照护人员数量增长缓慢、进行部分时间工作的照护人员数量快速增长，使得同长期照护需求者数量相比，实际上每个照护人员的负担并未显著减轻，专业照护人员依旧不足。

鉴于此，国家提出并实施了一系列改革举措。在照护质量方面，国家颁布新的照护质量标准，更加关注长期照护需求者所得到的实际照护服务及主观感受。然而，也有人指出，新的标准仍旧免不了表格的填报，因而存在占用照护人员时间并且以表格掩盖照护质量缺陷的隐患。此外，新的标准取消了对照护机构的打分，更加不利于长期照护需求者及亲属选择更适合的照护机构。在专业照护人员方面，联邦政府已在近几年颁布了一系列法规和计划，旨在规范专业照护人员培训体系、科学配置照护人员，并鼓励更多的人参与到长期照护服务中。然而，一些学者和照护服务从业者担心，改革措施并不能解决专业照护人员数量不足、工作环境较差、工资水平较低等问题，反而会提升保险缴费率。目前，联邦政府正着手统一照护人员工资，制订引进外国照护人员的改革方案，其效果还有待进一步观察。

纵观长期照护服务体系建立前后及其20余年的发展历程，我们可以看到福利多元主义理论在体系中不断深化的趋势，以及由此带来的国家职能的转变。体系建立前，福利多元主义理论所秉持的降低国家在福利产品提供方面的职责的观点，已经使得国家公立机构的数量不断下降；体系建立后，国家通过《长期照护保险法》和《长期照护质量确保法》的实施，印证了福利多元主义理论所强调的规则制定者的角色。而资金支持者的角色则是国家作为规则制定者的延伸。此外，国家通过颁布一系列后续法案，以及继续降低在福利产品提供方面的职责，越发清晰地体现了福利多元主义理论中对国家职能的界定。

第四章　家庭——主要的福利产品提供者

在开启本章讨论前,需要先作一个说明。"家庭"所提供的福利产品实际上包含两个方面,其一是将"家庭"作为福利产品提供的方式,主要由家庭成员进行照护服务的提供;其二是将"家庭"作为一个基本场所,保证照护服务的顺利进行。后者将居家照护服务与住院照护服务相对应,不但包括第一类中家庭成员所提供的照护服务,还包括流动照护机构所提供的上门专业照护服务。由于流动照护服务将在后两章予以具体论述,因而本章"家庭"所起到的作用仅专指第一类,即主要由家庭成员提供的照护服务。此外,由于多数享受流动照护服务的个人会同时享受家庭成员提供的照护服务,而为了将家庭照护服务这种非专业的照护服务方式,同以非营利组织、市场中的营利机构所提供的专业照护服务相区分,本章的统计数字也将既享受流动照护服务,又享受家庭照护服务的照护需求者人数排除在外。该部分人群数量将会被纳入接下来两章之中。

对于欧洲国家来讲,提供家庭照护服务是一种广泛存在的现象。欧盟委员会认为家庭照护服务有如下特点:一般由家庭成员、近亲、朋友或邻居提供照护服务;照护人员未经过专业培训,但在某些情况下接受过一定程度的特殊培训;照护人员没有签订关于照护职责的合约;照护人员没有因提供服务而拥有固定收入,虽然其越来越多地享有一定程度的经济支持;照护人员承担广泛的照护任务,包括情感支持和日常生活帮助;照护人员提供照护服务的时间较为灵活,没有固定上下班时间;照护人员不享受所谓的"社会权利"。① 然而，需要指出的是，随着国家对家庭照护人员的越发重视，照护人员也可以享受一定程度的福利给付及社会权利，如德国的长期照护服务体系中的附加福利给付、社会保险、照护假等。这一点将在后文详细阐述。

实际上，家庭作为福利产品提供者的重要作用曾得到国家的肯定，但随着福利国家的兴起，对家庭的重视程度有所下降。直到20世纪80年代，这一作用再次得到重视。因而，20世纪90年代起，许多欧洲福利国家转变政策方向，一方面鼓励妇女和年龄较大的群体融入劳动力市场，另一方面让照护亲属的工作更多地由家庭承担。在鼓励就业方面，1997年欧盟委员会的《欧洲就业战略》(*European Employment Strategy*) 指出，要鼓励女性和50岁以上的人群融入劳动力市场。②《里斯本议程》(*Lisbon Strategy*) 中，欧盟再次将提升就业率放在重要位置。具体而言，欧盟总体就业率从2000年的61%需提升至2010年的70%。其中，女性就业率从51%提升到60%，55—64岁人口的就业率则从35%提升至50%。③ 各成员国根据《里斯本议程》制定本国相应的就业率提升政策，其中德国的哈茨改革起到了明显的效果。

数据显示，德国就业率经过2002—2004年的小幅下降后，从2005年起一直处于快速上涨状态，2010年甚至达到了75%，仅低于瑞典（78.1%）、荷兰（76.2%）和丹麦（75.8%）。其中，女性就业率为69.7%，仅低于丹麦、瑞典、芬兰等北欧国家。④ 值得一提的是，55—64岁人口的就业率从2002年的38.5%大幅提升至2010年的57.8%，仅低于

---

① Judy Triantafillou et al., *Informal Care in the Long-Term Care System: European Overview Paper*, Athens/Vienna: Interlinks, 2010, p. 11.

② Hilary Arksey and Marjolein Morée, "Supporting Working Carers: Do Policies in England and The Netherlands Reflect 'Doulia Rights'?" *Health and Social Care in the Community*, Vol. 16, No. 6, 2008, p. 649.

③ European Parliament, "Briefing Note for the Meeting of the EMPL Committee 5 October 2009 regarding the Exchange of Views on the Lisbon Strategy and the EU Cooperation in the Field of the Social Inclusion", http://www.europarl.europa.eu/meetdocs/2009_2014/documents/empl/dv/lisbonstrategybn_/lisbonstrategybn_en.pdf.

④ Eurostat, "Employment (as % of the population aged 20 to 64) of Germany", https://ec.europa.eu/eurostat/statistics-explained/index.php?title=Employment_statistics.

丹麦和瑞典，甚至超过了芬兰。①

然而，就业率的大幅度提升带来了上文所述的另一个目标的难以施行：如何保持甚至提升家庭照护服务的比例。当欧盟就业率不断上涨的同时，2009年参与日常工作的家庭照护人员中，男性为20%，女性为27%。② 而德国有一半以上的55—64岁的女性有固定职业，这其中有很多人要兼顾家庭照护服务。因而如何平衡家庭照护人员的日常工作和照护服务，是每个国家需要解决的问题。加之人口结构变化带来越来越多的个人，尤其是老年人存在照护需求，使得平衡点的寻找更加艰难。

基于上文的阐述，我们可以发现，由于家庭照护人员是家庭照护服务得以持续的根本，因而多元福利体系下家庭的作用将会更倾向于对家庭照护人员的论述，尤其是其所面临的困境和发展趋势方面。鉴于此，本章首先阐述家庭与福利多元主义理论的关系，进而讨论在长期照护服务体系建立前家庭所承担的职责。之后，通过数据分析阐明体系建立后，家庭所承担职责的演变趋势。然而，家庭照护人员的重要作用同其服务提供环境的巨大反差，使得照护人员面临诸多问题和困难，为家庭持续承担重要福利产品提供职责的可行性埋下隐患。为缓解这些问题，政府已制订一系列计划并逐步开展实施。最后是本章小结。

第一节　家庭与福利多元主义理论

正如上文所述，由于国家需要削减支出，降低作为福利产品直接提供者的作用，家庭照护服务于20世纪80年代再次得到重视。1981年，欧洲共同体委员会指出，近些年，在欧洲共同体内广泛存在这样一种现象，即在福利产品提供领域中，住院照护机构的长期照护需求者数量不断减少，取而代之的是以家庭照护服务为主、辅以流动照护的服务提供方式。很多

---

① Eurostat, "Senior employment (as % of the population aged 55 to 64) of Germany", https://ec.europa.eu/eurostat/statistics-explained/index.php?title=Employment_statistics.

② Robert Anderson et al., *Second European Quality of Life Survey: Overview*, Dublin: European Foundation for the Improvement of Living and Working Conditions, 2009, p. 25.

成员国政府都在鼓励这种趋势,无论是基于人道主义还是为了减少政府支出。① 因而,无论是国家政府部门、福利产品提供部门还是政策制定者,都倾向于以家庭照护服务代替住院照护服务的方式,虽然这一政策遭到了代表住院照护机构中照护人员的工会组织的反对。

除家庭成员外,家庭作为多元福利体系中的重要组成部分,其福利产品提供者还包括朋友和邻里。然而,上述两种社会关系网络所提供的照护服务较为有限。一方面,朋友所提供的福利产品多建立在"互助"的平等基础上,这是同亲属相比差异最大的地方。如果由朋友提供照护服务,则基于"互助"而提供是不太现实的事情,那么只能是建立在金钱基础上的回馈。而朋友间的服务购买较为罕见。因而,朋友作为福利产品提供者的作用有限。另一方面,作为邻里,虽然在某种程度上其所提供的福利产品比亲属更加及时,但就长期照护服务而言,其涉及更多的私密场景。在这方面,邻里对于长期照护需求者的私人生活状况因为没有血缘关系而无法清晰知晓,因而其在提供服务方面的比例也远低于亲属,仅承担临时性的、紧急的服务提供。总结起来,在长期照护服务领域,家庭照护人员中绝大部分由亲属构成。

就家庭同福利多元主义理论的关系而言,可以确定的是,家庭所承担的福利产品提供职能远多于非营利组织、市场,毋庸提国家。以家庭成员为主提供的照护服务是长期照护服务体系中最主要的服务方式。即使对于享受流动照护服务的个人来说,在无须专业照护人员提供服务的时候,其也有可能需要家庭照护人员提供必要的帮助支持。以家庭照护服务为基础,以非营利组织、市场甚至国家提供的流动照护服务和住院照护服务为补充,成为长期照护服务的基本形式。可以说,"实际上,法定照护服务②是福利产品提供的次要伙伴"。③

然而,这种方式也遭到了一些质疑。有学者认为,家庭照护服务建立在口头承诺的基础上,缺乏统一管理,因而对于缺少专业培训的家庭照护

---

① Norman Johnson, *The Welfare State in Transition: The Theory and Practice of Welfare Pluralism*, pp. 67-68.
② 此处包括流动照护服务和住院照护服务。笔者注。
③ Norman Johnson, *The Welfare State in Transition: The Theory and Practice of Welfare Pluralism*, p. 65.

人员而言，其在照护服务提供时有可能承担无法胜任的专业照护服务，如医疗服务，从而从总体上降低照护服务提供的质量。而专业的照护服务正是非营利组织、市场以及国家作为福利产品提供者所应承担的职责。

同时，对于多元福利体系下对家庭作用的重新重视，也有学者认为，家庭的作用建立在对照护人员"剥削"的基础上。因而，在鼓励家庭作用回归的同时，还应认识到，所有有关家庭照护服务政策的提出，都不应该以给家庭造成更大负担为前提，而应该是鼓励潜在照护人员的自由选择。如果潜在照护人员选择了家庭照护服务的提供，那么国家就应该提供更多的政策支持。而对于未选择家庭照护服务的个人，其也应该通过其他的方式得到很好的照护。正如乔纳森·A. 约德（Jonathan A. Yoder）和罗伯特·A. B. 利柏（Robert A. B. Leaper）所指出的，家庭在提供照护服务方面已达到饱和，继续挖掘家庭照护服务的潜力不再现实。因而，更加可行的是通过促进家庭照护服务来建设照护型社会，辅以专业照护服务的支持，但不能寄希望于让家庭照护服务承担越来越繁重的照护需求。[1]

家庭的重要作用，在德国的长期照护服务领域也得到了充分体现。然而，家庭的作用并没有因国家是否重视而有所上升或下降，相反，家庭照护服务占长期照护服务比例始终较大。而家庭照护服务在德国已处于基本饱和状态，该比例同其他三个部门提供的照护服务相比，变化并不大。因此，福利多元主义理论对家庭所承担照护服务职责的影响并没有其他三个部门那么明显。这将是下文论述的重点。

第二节　家庭在长期照护服务体系建立前的作用

如前所述，家庭始终是德国长期照护服务体系的重要支柱。此外，社会治理理念也使得德国大力提倡家庭照护服务。然而，对于具体有多少人从事家庭照护服务则难以统计。这是因为对于家庭照护人员，首先，其没有像专业照护人员那样由固定的机构对其雇佣，因而无法像后者一样以照

---

[1] Jonathan A. Yoder and Robert A. B. Leaper, "Conference Recommendations", in Jonathan A. Yoder, ed., *Support Networks in a Caring Community: Research and Policy, Fact and Fiction*, Dordrecht/Boston/Lancaster: Martinus Nijhoff Publishers, 1985, p. 230.

护机构为单位进行数量统计;其次,其一般提供的是免费照护服务,较少享受相应的福利给付,因而也无法通过长期照护保险基金予以统计;最后,对于某一个长期照护需求者而言,为其提供的家庭照护人员数量不固定,所以无法根据长期照护需求者的数量对家庭照护人员数量进行计算。基于此,有关家庭照护人员数量的统计多是通过抽样完成。

此外,绝大多数由家庭提供的照护服务都缺乏详细记录。无论是家庭照护人员还是长期照护需求者,都倾向于认为家庭照护服务中所采取的服务措施是自然而然的,因而无须特殊记录。退一步讲,即使照护服务内容和频率能够记录,也很难评估。例如,对于到底应该进行多少次、持续多长时间的照护服务,以及对服务效果的评价而言,由于家庭照护人员缺乏专业知识,且其更多是基于情感关怀提供照护服务,因而很难进行标准化设定。而各个家庭的基本条件也千差万别,收入高低、照护需求人数同照护人员的比例都存在很大差异,因而无法将家庭进行宽泛的概括,从而找出家庭照护服务的共性特点。

虽然如此,由于家庭在长期照护服务体系建立前后所承担的职责没有明显变化,我们可以根据体系建立后的照护服务情况,大致分析体系建立前家庭所承担的职能。1999年,仅享受家庭照护服务的个人占长期照护需求者总人数的51%,涵盖流动照护服务后,享受居家照护服务的个人占总人数的71.6%。[①] 而在长期照护服务体系建立前,由于流动照护服务发展水平较低,带来家庭照护服务占比相对更高,因而可以认为,家庭照护服务所占比例将高于体系建立后所占比例,即超过一半。因此,在体系建立前,家庭照护服务承担了非常重要的职责。

这一趋势的形成可以归结为两方面原因。一方面,家庭照护服务有诸多优势,例如可以同家人紧密相连,减少住院照护服务的孤独感;由亲近的人予以照护服务,可以降低他人提供照护服务时的不安全感;时间安排上更加灵活,无须根据住院照护机构的规定安排作息等。另一方面则是在第二章提到的德国所属的法团主义福利模式和辅助性原则。在法团主义福利模式中,对家庭和非营利机构的重视程度要高于对市场和商品化的重

---

① Ulrike Götting, Karin Haug and Karl Hinrichs, "The Long Road to Long-Term Care Insurance in Germany", p. 289.

视。因而，国家更强调家庭在社会福利提供中的重要作用。而辅助性原则则强调在社会治理中，家庭作为满足人们基本需求的重要来源。上述两方面原因共同促成了家庭照护服务占比较高的事实。

第三节 家庭在长期照护服务体系中的作用

长期照护服务体系建立后，有关家庭照护服务的统计数据有所增多。家庭照护服务的给付方式主要为照护津贴，通过提供给长期照护需求者以资金的方式使其可以用照护津贴进行福利产品的购买，或者支付给家庭照护人员部分费用。而资金具体如何分配，法案则没有给予明确规定。这一方面使得长期照护需求者可以自行选择家庭照护人员或购买商品；另一方面鉴于照护津贴仅为每月316欧元至901欧元不等，这一额度远不能满足每月照护服务开支，使得家庭照护服务更多的是一种基于亲情而提供的服务，而非建立在专业照护服务基础上的商品化行为。[①] 所以，照护津贴所给予的社会福利更多的是一种形式上的给付政策[②]。

除对于照护津贴额度进行规定外，德国对于家庭照护服务的细则基本上没有规定。对于是否签订合约、劳动力市场的介入程度、具体照护服务目标、照护人员的专业要求等，都未曾作出明确规定。在照护质量衡量方面，虽然在《长期照护保险法》颁布之初就指出，专业照护人士需定期前往长期照护需求者家中查看照护服务质量，并给予适当的意见建议，但这一检查缺乏约束性，无法从根本上衡量家庭照护服务的实际质量。[③] 这种方式带来了一定弊端：由于没有一个可遵循的框架，使得照护人员在基于家庭责任和社会义务的基础上，承担了大量的，甚至超过了自身能力的照护工作，因而带来了过重的负担。这一问题将在下一节予以具体说明。

---

① Statistisches Bundesamt, "Pflegestatistik 1999: Pflege im Rahmen der Pflegeversicherung-Deutschlandergebnisse", p. 6.

② Viola Burau, Hildegard Theobald and Robert H. Blank, *Governing Home Care: A Cross-National Comparison*, p. 107.

③ L. H. Butler and P. W. Newacheck, "Health and Social Factors Relevant to Long-Term Care Policy", in Judith Meltzer, Frank Farrow and Harold Richman, eds., *Policy Options in Long-Term Care*, Chicago: University of Chicago Press, 1981, pp. 38-75. Cited from: Pamela Doty, "Family Care of the Elderly: The Role of Public Policy", *The Milbank Quarterly*, Vol. 64, No. 1, 1986, p. 112.

就家庭照护服务占比而言，长期照护服务体系建立后，家庭照护服务依旧是主要照护方式。2001年，领取照护津贴人数占居家照护人数的87.8%，而彼时享受居家照护人数占照护需求者总人数的70%。[①] 也即，领取照护津贴人数占照护需求者总人数约61.5%。因此，多于3/5的照护需求者需要得到家庭照护人员的帮助。这一重要性在仅享受家庭照护服务人数的变迁方面得到更明显的体现。如图4-1所示，1999—2019年，仅享受家庭照护服务人数除在2001—2005年呈现短暂下降趋势外，其他时间都呈现上升趋势。尤其是从2009—2019年，这一人数快速上涨，从102.8万人上升到232.5万人，增长率为126.2%。关于家庭照护服务占总人数的比例，

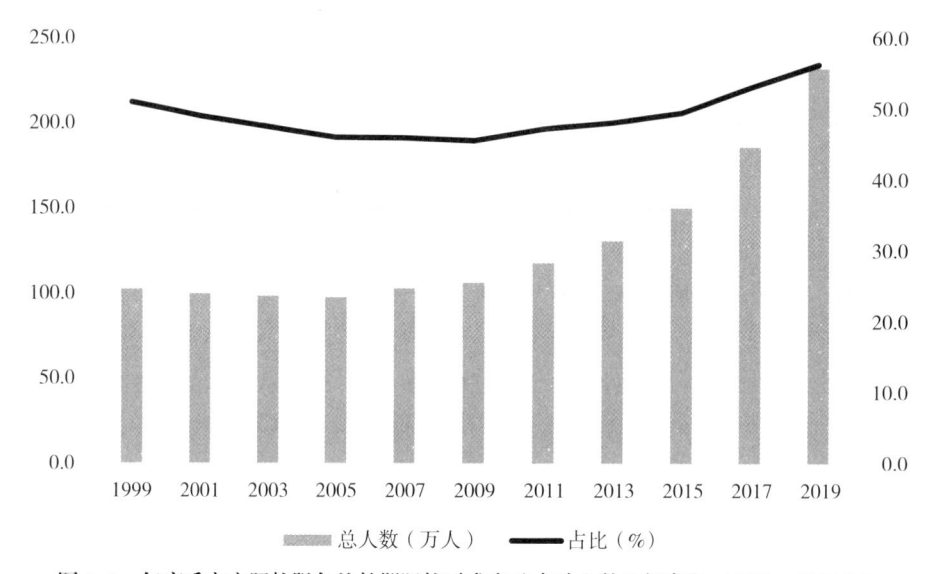

图4-1 仅享受家庭照护服务的长期照护需求者及占总人数比例变化（1999—2019年）

注：1. 数据来源：Statistisches Bundesamt, *Pflegestatistik*: *Pflege im Rahmen der Pflegeversicherung-Deutschlandergebnisse*, *1999/2001/2003/2005/2007/2009/2011/2013/2015/2017/2019*。
2. 左侧坐标轴为仅享受家庭照护服务的长期照护需求者数量，右侧坐标轴为占比情况。
3. 笔者自制。

---

① Heinz Rothgang, "Long-Term Care for Older People in Germany", in Adelina Comas-Herrera and Raphael Wittenberg, eds., *European Study of Long-Term Care Expenditure*, Report to the European Commission, Employment and Social Affairs DG., Grant No. VS/2001/0272, PSSRU Discussion Paper 1840, 2003, p. 33.

总体来讲其经历了先降后升的过程。从 1999 年的占比 51% 下降到 2009 年的 45.6%。之后则呈现攀升态势，到 2017 年已超过 1999 年的比例，达到 51.7%①，且在 2019 年继续快速上涨，达到 56.3%。另据地方医疗保险基金 2016 年的统计数据，在该保险所覆盖的 270 万长期照护需求者中，有 200 万人享受非住院长期照护服务。其中有 65% 的人仅享受家庭照护服务。② 因此，在所有投保地方医疗保险的长期照护需求者中，有约 48% 的人仅享受家庭照护服务，基本接近 2015 年的官方统计数据。

虽然家庭照护服务占比呈现了一定程度的波动，并在近几年增长速度较快，但总体来讲，这一变化并不明显，尤其与下文要谈及的非营利组织和营利机构占比变化相比而言。并且，纵观 1999—2019 年的 20 年间，家庭照护服务占比仅增长了约 5.3%。因而可以认为，家庭照护服务始终占有较高比例，但总体而言增长趋势并不明显。

---

① 长期照护需求等级从长期照护服务体系建立时到 2015 年分为三个等级，具体而言，照护等级 Ⅰ、Ⅱ、Ⅲ 分别对应"相当依赖程度的长期照护需求者"（erhebliche Pflegebedürftige）、"严重依赖程度的长期照护需求者"以及"最严重依赖程度的长期照护需求者"（Schwerstpflegebedürftige）。每个照护等级都可以因为享受家庭照护服务而得到相应的照护津贴。因此，在 2015 年及之前的联邦统计数字中，对长期照护需求者的数量统计是根据各长期照护保险基金中领取相关福利的人数而确定。而根据 2015 年 12 月颁布的《第二个长期照护保险加强法》，从 2016 年起将照护等级细化为五个。照护等级一的长期照护需求者对应原先低于相当依赖程度标准的长期照护需求者；等级二对应原先为相当依赖程度的长期照护需求者；等级三对应原先为严重依赖程度的长期照护需求者；等级四对应原先为最严重依赖程度的长期照护需求者；等级五则对应不但为最严重依赖程度，且处于"困难情况"（Härtefall）的长期照护需求者。此外，日常生活能力受限但未达到相当依赖程度的，且存在认知障碍的长期照护需求者，一般也会被列为照护等级二。根据本书第三章对福利给付方式的论述，改革后的法案对处于照护等级一、享受家庭照护服务的长期照护需求者未提供照护津贴。因而按照传统的照护需求者人数统计方式，这一人群将会被遗漏。鉴于此，根据联邦统计局关于 2017 年统计数字的说明，由于照护等级认证的转换需要一定时间，各医疗保险机构尚未将该部分人群进行系统统计，因而未将此类人群纳入长期照护需求者总人数。即便如此，联邦统计局依旧指出，初步估算此类人群大约为 10 万人。所以，在本书 2017 年的统计数字中，将官方公布的仅享受家庭照护服务的长期照护需求者的人数（照护等级二至五）同处于照护等级一的、仅享受家庭照护服务的长期照护需求者人数进行加和，为当年所有享受家庭照护服务的长期照护需求者人数，即在当年官方数据的基础上加 10 万人。鉴于此，这一人数和所占的比值为估算值。这一人数在 2019 年的最新统计数字中已准确统计，因而不再存在该问题。参见，Statistisches Bundesamt, *Pflegestatistik: Pflege im Rahmen der Pflegeversicherung-Deutschlandergebnisse*, 2015/2017/2019。

② "Viele pflegende Angehörige nutzen Hilfsangebote nicht, Aus Scham überfordert", *Der Tagesspiegel*, 07.03.2016, https://www.tagesspiegel.de/politik/viele-pflegende-angehoerige-nutzen-hilfsangebote-nicht-aus-scham-ueberfordert/13064574.html.

尽管如此，还需对2017—2019年无论是仅享受家庭长期照护服务的人数还是占比，都呈现明显上涨趋势这一现象进行说明。这一现象的出现需要从两方面予以解释。一方面，与照护等级计算方式的变化相关。如第三章对于福利给付部分的论述，新的照护需求等级中，处于照护等级一的个人不但无法得到照护津贴，而且若享受流动照护或住院照护服务，也只能领取非常低的福利给付。这与上文所述的旧的照护等级分级及对应的福利给付方式相差较多。这使得新的处于照护等级一的个人更倾向于享受较经济的家庭照护服务。此外，该等级群体为存在一定照护依赖，但未被纳入原最低照护需求等级的个人，因而其对照护服务的依赖相对较小，对于专业照护服务的需求更低，一般而言家庭照护服务即可满足所需。这带来处于该等级的群体在这段时间内增长了20余万人。① 另一方面，除去照护等级一的群体，其他享受家庭照护服务的长期照护需求者的数量及占比也呈现一定增长态势。② 而这一情况的发生同专业照护服务的市场化趋势越发明显，带来专业照护服务费用不断上升，从而有更多的人选择家庭照护服务有关。在德国，长期照护费用负担不与收入挂钩，无论是福利给付还是个人负担部分。也就是说，照护服务所产生的费用除去福利给付后，无论收入多少，剩余费用都需自行承担。如果个人和亲属无法承担，才可以求助于社会救助机构。而同为国家中心主义—法团主义福利模式的荷兰，其长期照护服务的给付金额和个人负担部分均与收入高低相关，因此收入水平较低的个人无须承担与其收入不相称的照护费用。③ 基于此，在德国，同专业照护服务相比，家庭照护服务花费更少。所以，对于那些收入有限的个人，其在家庭条件允许的情况下，更倾向于接受较为廉价的家庭照护服务。而专业照护服务费用的攀升所带来的问题将在下文予以详述。因

---

① Statistisches Bundesamt, *Pflegestatistik*: *Pflege im Rahmen der Pflegeversicherung–Deutschlandergebnisse*, 2017/2019。

② 在新照护等级标准体系下的2017年和2019年，照护等级二至五中仅享受家庭照护服务的长期照护需求者的人数及占总照护需求者的比例分别为：照护等级二99.6万和118.3万，占比分别为63.6%和65.9%；照护等级三52万和64.5万，占比分别为50.9%和53%；照护等级四19.9万和21.7万，占比分别为36.2%和37.8%；照护等级五5万和7.2万，占比分别为22.1%和30.1%。

③ Pieter Bakx et al., "Going Formal or Informal, Who Cares? The Influence of Public Long-Term Care Insurance", p.633.

而，虽然享受家庭照护服务的人数和占比都有所上升这一现象同新政策的计算标准变化相关，但不可否认的是，家庭照护服务或多或少受市场化趋势的影响。然而，同专业照护服务相比，家庭照护服务在体系建立后的变化幅度依然较小。

总之，纵观20世纪90年代初到2019年，长期照护服务体系从无到有并不断发展。然而，相异于国家受福利多元主义理论的影响较为显著，家庭受该理论的影响并没有那么明显。这一趋势的形成有两方面的原因。一方面，由于人们的传统观念、国家所特有的治理理念，加之法律规定使得家庭照护服务更为经济划算，家庭照护服务始终占比较大。另一方面，由于家庭照护服务的可挖潜力并没有那么大，因而其持续增长的空间较小，占比变化并不明显。然而，近几年，随着专业照护服务中市场化作用的越发凸显，照护费用上涨较快，带来更多的照护需求者不得不选择家庭照护服务，因而其占比呈现一定程度的上升。尽管如此，这一比例变化同福利多元主义理论中其他三个部门——国家、非营利组织和市场中的营利机构的长期照护需求者比例变化相比，并不那么明显。概言之，在德国长期照护服务体系中，家庭照护服务较其他三个部门而言，存在一定程度的政策刚性。

第四节　家庭在长期照护服务体系中面临的问题

就家庭照护服务所面临的问题而言，首先需要指出的是，由于家庭照护服务多是由未经培训的非专业照护人员承担，而对于专业照护服务，无论是流动照护服务还是住院照护服务，其都是由拥有一定资质的专业照护人员从事。这导致了家庭照护服务质量和专业照护服务质量间的差距。因此，家庭照护服务虽然占据了德国约一半的照护服务比例，但其照护质量很难予以保证。

除此之外，家庭照护服务还对照护人员产生了一定程度的负面影响。如果按照家庭照护服务中性别分工进行划分，可以分为五种类型，包括两种传统类型和三种新兴类型。两种传统类型为："家庭经济模式"（family economic gender model），即家庭成员在家庭式作业中分工合作且互相依赖，因而各人对于家庭的贡献不分多寡。在这种模式中，一般不存在日常工作和照护服务相冲突的现象。"男主外、女主内模式"（male breadwinner/female home carer），即双方对于外出挣钱和提供家庭照护服务有明显的界限和分工，因此也无须考虑日常工作和照护服务相冲突的情况。对于新兴类型而言：第一种是"男主外、女部分时间工作模式"（male breadwinner/female part-time carer），是一种比前两种模式更现代化的模式。在这种模式中，男性和女性在孩子出生和需要提供长期照护服务之前，都平等地参与日常工作。而在这之后，一般希望女性减少工作时间，因而存在女性平衡日常工作和照护服务的情况，男性则没有这种担忧。第二种是"双职工、政府照护模式"（dual breadwinner/state carer），即无论何时夫妻双方都可以完全投入日常工作，长期照护服务则留给福利国家提供。第三种是"双职工、双照护模式"（dual breadwinner/dual carer），即夫妻双方都平等地投入日常工作和照护服务中，这需要两人都进行日常工作和照护服务的平衡。[①] 对于德国来讲，其家庭照护模式从原先的"男主外、女主内模式"或"男主外、女部分时间工作模式"逐渐向"双职工、双照护模式"转变。[②] 但这种转变还不完全，女主内依然占据更大比例。同时，德国还发展出一种更加新型的照护模式，即"双职工、市场照护模式"（dual earner/marketized carer），通过从市场购买照护服务，使得夫妻双方都可以从日常工作和照护服务的张力中得以解脱。[③] 其中，德国的"双职工、双照护模式"带来的一个严重问题，即大部分家庭照护人员都需要平衡日常工作与照护服务，家庭照护人员数量短缺；而"双职工、市场照护模式"则促进了移民的引入，甚至是非法雇佣群体数量的不断增长。这两方面是

[①] Birgit Pfau-Effinger, "The Modernization of Family and Motherhood in Western Europe", in Rosemary Crompton, ed., *Restructuring Gender Relations and Employment. The Decline of the Male Breadwinner*, Oxford: Oxford University Press, 1999, pp. 60-79. Cited from: Andreas Hoff and Kate Hamblin, *Cares @ Work, Carers between Work and Care. Conflict or Chance? International Report*, The Oxford Institute of Population Ageing, Oxford: University of Oxford, 2011, p. 10.

[②] Susan Yeandle, "Women, Men and Non-Standard Employment: Breadwinning and Caregiving in Germany, Italy and the UK", in Rosemary Crompton, ed., *Restructuring Gender Relations and Employment. The Decline of the Male Breadwinner*, p. 100. Cited from: Andreas Hoff and Kate Hamblin, *Cares @ Work, Carers between Work and Care. Conflict or Chance? International Report*, p. 12.

[③] Rosemary Crompton, "Discussion and Conclusions", in Rosemary Crompton, ed., *Restructuring Gender Relations and Employment. The Decline of the Male Breadwinner*, pp. 201-214. Cited from: Andreas Hoff and Kate Hamblin, *Cares @ Work, Carers between Work and Care. Conflict or Chance? International Report*, p. 12.

接下来讨论的重点。

此外，正如前文所述，由于国家鼓励提高家庭照护服务的比例，因而在一定程度上减少由政府支持的专业照护机构的数量，从而降低总体支出。然而，一味地减少住院照护机构的数量并不能保证家庭照护服务比例的提升。这需要同时确保足够的配套政策。否则，只会让更多的长期照护需求者无法得到照护服务。很多家庭不愿或没有足够的人力提供福利产品，这一现象尤其在患有认知障碍症的个人身上得到更明显的体现。该趋势加重了家庭照护人员数量不足的困境。长此以往，将降低长期照护需求者的生活质量，从而造成照护服务总体水平的后退。

而由于家庭照护服务的基础地位，在德国，家庭照护人员被认为是"基础照护者"，其每天用最多时间提供照护服务，并同长期照护需求者进行最直接的交流。他们也是所有照护服务的规划者，一方面提供非专业照护服务，另一方面在必要时寻求流动照护服务的帮助。正因为照护人员需要承担较为繁重的照护服务责任，因而带来了一系列问题，如参与照护服务工作对日常工作、身心健康、家庭满意度等造成了不同程度的影响。

鉴于此，家庭在长期照护服务体系中的困境包括家庭照护人员数量短缺，照护服务对日常工作、身心健康和家庭满意度的影响，以及非法雇佣群体数量的增长五个方面。

一 家庭照护人员数量短缺

家庭中提供照护服务的个人通常为照护需求者的配偶和子女。这是因为，若老年男性需要长期照护，其多由妻子予以承担；若妻子无法提供照护服务，或老年女性本身就是长期照护需求者，则多由女儿或儿媳来完成。虽然男性作为家庭照护人员并不罕见，但其占总照护人员的比例依旧较小。并且，对于长期照护需求，尤其是为老年人提供的长期照护服务中，如果儿子是主要照护人员，那么与此同时，儿媳也承担了大量的照护工作；反之，如果女儿是主要照护人员，儿子参与照护服务的程度却并不深。[①] 正如前文所述，这一现象的原因是德国对于男性的期待主要是参与劳动力市场，而女性即使拥有稳定的工作，也更倾向于被认为应该花更多

---

① Norman Johnson, *The Welfare State in Transition: The Theory and Practice of Welfare Pluralism*, p.72.

的时间照顾家庭。

然而，如本书第一章所述，由于德国人口结构的变化，在长期照护需求者数量不断上升的同时，能够提供照护服务的亲属比例持续下降。同时，家庭结构也从三代共居一室转变为以小家庭为主，子女多不与父母共同居住，这为家庭照护服务的提供带来了一定程度的困难。更为重要的是，随着就业率，尤其是女性就业率的提升，使得原先女性所能提供的照护服务时间被日常工作占据，更进一步降低了家庭照护人员的数量。据2018年的粗略统计，全德有370万长期照护需求者，其中有190万仅享受家庭照护服务。承担这些家庭照护服务的照护人员达430万人，其中约2/3为女性。由于这一庞大群体的存在，其为长期照护保险基金"节约"了约440亿照护服务支出。① 根据最新统计数字，2020年提供家庭照护服务的照护人员达到了470万人②，其中有约173万人需要兼顾家庭照护服务和日常工作③。虽然目前来看，照护人员可以基本满足家庭照护服务需求，但从图3-4长期照护保险基金支出情况来看，其金额逐年攀升。因而国家更需要进一步提升就业率来保证足够的保费收入。这形成了刺激就业和从事家庭照护服务之间的张力，就业率提升的同时，会带来家庭照护人员数量的持续下滑。

二 家庭照护服务对日常工作的影响

首先，提供家庭照护服务是一项费时的工作，兼顾照护服务和日常工作较为困难。因此，家庭照护人员为保证照护服务质量，需要减少工作时间甚至放弃工作。研究指出，每提升照护时长1%，家庭照护人员放弃工作的概率提升10%。④ 此外，在社会上处于劣势的人会更多地从事家庭照

---

① Milena Hassenkamp, "Pflegende Angehörige: Zu Hause mit Mama", *Spiegel*, 14.05.2020, https://www.spiegel.de/politik/deutschland/corona-krise-und-pflegende-angehoerige-mit-mama-zu-hause-a-e37737b2-ef29-41bf-b0c8-58e68620107d?sara_ecid=soci_upd_KsBF0AFjflf0DZCxpPYDCQgO1dEMph.
② "Schutz vor dem Corona-Virus: Was pflegende Angehörige jetzt tun können", *Stiftung ZQP*, 16. April 2020, https://www.zqp.de/schutz-corona-angehoerige/.
③ Milena Hassenkamp, "Pflegende Angehörige: Zu Hause mit Mama".
④ OECD, *Help Wanted? Providing and Paying for Long-Term Care*, 2011, p.93.

护服务。① 鉴于此，对于失业或部分时间工作的个人，由于其有更多的自由时间，因而更倾向于提供家庭照护服务。为提供家庭照护服务而进一步减少日常工作时间，这反过来又促进对提供家庭照护服务的依赖，从而为照护人员在社会竞争力方面带来了一定程度的恶性循环。

针对欧洲多国的一项调查显示，20%的家庭照护人员因为提供照护服务而不得不减少日常工作时间，10%的家庭照护人员只能偶尔工作，另有8%的家庭照护人员因此而放弃工作。另外，对于本身没有工作且提供家庭照护服务的人中，有近30%的人认为因为提供家庭照护服务而更加无法寻找工作。② 就德国而言，在2014年，有26.7%的女性以及17.2%的男性表示，由于提供家庭照护服务，其不得不减少工作时间。这一比例在欧洲六国中仅分别为19.7%和15.1%，而德国为6国最高。③ 到2019年，因提供家庭照护服务而减少工作时间的人群上涨到近50%。④ 另有12.5%的女性和6.9%的男性表示，由于提供家庭照护服务，其只能偶尔进行日常工作。这一比例也高于欧洲6国的平均水平。⑤ 这进一步说明承担家庭照护服务会降低个人在职场的表现。另一项统计数据显示，在德国劳动力市场上，2011年兼顾家庭照护服务和日常工作的人占所有工作群体的48.2%，处于参与调查的17个国家的平均水平。⑥ 与此同时，约有55%的家庭照护人员每周提供照护服务小于10小时，但每周提供照护服务超过20小时的亲属则达到30%。后者远高于欧洲其他发达国家，如丹麦（约15%）、瑞士（约20%）、瑞典（约13%）、荷兰（约25%）、法国（约26%）、英国

---

① Katrin Hohmeyer and Eva Kopf, "Caught between Two Stools? Informal Care Provision and Employment among Welfare Recipients in Germany", *Ageing and Society*, 2018, p. 2.

② Caroline Glendinning et al., *Care Provision within Families and its Socio-Economic Impact on Care Providers*, Report for the European Commission DG EMPL, 2009, p. 37.

③ 这一统计所涉及的国家为希腊、意大利、英国、瑞典、波兰和德国。参见 Andrea Principi et al., "Work Restrictions Experienced by Midlife Family Care-Givers of Older People: Evidence from Six European Countries", *Ageing and Society*, 2014, pp. 209-231.

④ "Alterspflege: Pflege von Angehörigen erhöht Armutsrisiko von Frauen", *Zeit Online*, 29. Oktober 2019, https://www.zeit.de/wirtschaft/2019-10/alterspflege-familienmitglieder-altersarmut-frauen-einkommen?wt_zmc=sm.ext.zonaudev.twitter.ref.zeitde.share.link.x.

⑤ Andrea Principi et al., "Work Restrictions Experienced by Midlife Family Care-Givers of Older People: Evidence from Six European Countries", p. 219.

⑥ OECD, *Help Wanted? Providing and Paying for Long-Term Care*, p. 92.

（约26%）。① 仅略微低于17国的平均值（每周提供照护服务小于10小时的占约54%，多于20小时的占约35%）。② 然而，到2019年，德国兼顾家庭照护服务和日常工作的人群上升到了65%，照护服务总时长呈现持续4年、平均每周提供21小时的特点。③ 这说明，众多工薪阶层在参与日常工作的同时，不得不兼顾较为繁重的家庭照护服务。

其次，家庭照护服务的提供也会影响个人收入。虽然与专业照护服务相比，家庭照护服务花费较少，但提供照护服务会使照护人员减少工作时间甚至失去工作，从而缺少了稳定的收入来源，并带来了日后更低的养老金收入。正如一项报告所指出的，照护服务不可避免地会限制工作选择范围，个人只能选择那些就近且时间弹性较大的工作。一般情况下，这种工作的工资待遇较低，且日后升职空间较为有限。因而，照护服务和雇佣之间的矛盾使得照护人员同全职工作的同事相比处于劣势。研究显示，承担家庭照护服务的雇员平均每小时工资收入损失约3%。④ 随着照护时间的增加，工资收入将持续减少，甚至面临失业。在德国所有领取失业金Ⅱ（Arbeitslosengeld Ⅱ）的人中，有7%的15—64岁群体从事家庭照护工作；而未领取失业金Ⅱ的人中，只有5%的15—64岁群体同时从事家庭照护工作。⑤ 其中，女性因提供家庭照护服务而对于收入的影响大于男性。

最后，提供家庭照护服务除了会降低雇佣可能性、影响日常收入，还会影响工作质量。研究显示，从事家庭照护服务的日常工作者中，有46.3%的人表示他们的日常工作质量因此而受到影响；31.6%的人表示由于承担家庭照护任务，他们无法保证每天按时上下班；另有36%的人曾经因为接到亲属的紧急电话而不得不离开工作岗位；41.9%的人因为照护亲属而旷工。⑥ 因承担家庭照护服务而分心，使得个人无法高质量完成日常

---

① OECD, *Help Wanted? Providing and Paying for Long-Term Care*, p. 90.

② OECD, *Help Wanted? Providing and Paying for Long-Term Care*, p. 93.

③ "Alterspflege: Pflege von Angehörigen erhöht Armutsrisiko von Frauen".

④ "Vermischtes: Pflege von Angehörigen mindert Einkommen", *Aerzteblatt.de*, 14. Januar 2020, https://www.aerzteblatt.de/nachrichten/108614/Pflege-von-Angehoerigen-mindert-Einkommen.

⑤ Katrin Hohmeyer and Eva Kopf, "Pflegende in Arbeitslosengeld-Ⅱ-Haushalten: Wie Leistungsbezieher Pflege und Arbeitsuche vereinbaren", *IAB-Kurzbericht*, 5/2015, p. 2.

⑥ R. Colin Reid, Kelli I. Stajduhar and Neena L. Chappell, "The Impact of Work Interferences on Family Caregiver Outcomes", *Journal of Applied Gerontology*, Vol. 29, No. 3, 2010, p. 279.

工作，也会带来工资收入的下降和升迁机会的流失。

虽然家庭照护服务的现状已有所改变，但不可否认的是，其依旧更多地被认为是女性的职责。因此，在提供家庭照护的人群中以女性群体占优，尤其是45—64岁的人群。① 在2019年，德国女性提供进家庭照护服务的比例为68%。② 相比较而言，男性只有在配偶为长期照护需求者，或者提供接送服务和资金支持方面，才更多地参与到家庭照护服务中来。③ 而女性则从事相对繁重、更加细致，尤其是对于长辈的照护服务。然而，第二次世界大战后，由于越来越多的女性参与到日常工作当中，为了平衡日常工作和照护服务，很多女性不得不提早下班，从而对其日常工作造成影响。若无法进行二者的平衡，则女性更倾向于放弃工作。④ 一项研究显示，因提供家庭照护服务而带来的减少工作时间、偶尔工作甚至完全放弃工作的人群中，女性占比均高于男性。尤其是减少工作时间这一项，女性的比例比男性高近10个百分点。⑤

需要指出的是，另有学者提出，从事家庭照护服务并不必然带来在劳动力市场竞争力的大幅度降低。第一，从事家庭照护的个人由于受教育程度较低或身体健康状况欠佳，本质上更有可能在劳动力市场中竞争力不足，所以选择提供家庭照护服务作为替代。⑥ 第二，对于每周从事家庭照护服务工作强度较小，即每周少于10小时的家庭照护人员，其依旧可以较好地兼顾日常工作和照护服务。⑦ 这些人不必花费多年的时间进行家庭照护服务，因而其并没有脱离社会并有动力在提供家庭照护服务后再次寻找

---

① OECD, *Caring for Frail Elderly People: Policies in Evolution*, p. 19.
② "Alterspflege: Pflege von Angehörigen erhöht Armutsrisiko von Frauen".
③ Julia Twigg, "Issues in Informal Care", in OECD, *Caring for Frail Elderly People: Policies in Evolution*, p. 81.
④ Axel Heitmueller and Kirsty Iglis, "The Earnings of Informal Carers: Wage Differentials and Opportunity Costs", *Journal of Health Economics*, Vol. 26, 2007, pp. 821-841.
⑤ Andrea Principi et al., "Work Restrictions Experienced by Midlife Family Care-Givers of Older People: Evidence from Six European Countries", p. 220.
⑥ F. Carmichael, S. Charles and C. Hulme, "Who Will Care? Employment Participation and Willingness to Supply Informal Care", *Journal of Health Economics*, Vol. 29, 2010, pp. 182-190.
⑦ 关于此观点的论证，参见Katrin Hohmeyer and Eva Kopf, "Caught between Two Stools? Informal Care Provision and Employment among Welfare Recipients in Germany", pp. 1-26。

工作。① 更为重要的是，从事照护服务的经验可以帮助他们在照护领域有更强的竞争力，如经过培训后从事专业照护服务工作。而后者正是目前急需人才的领域。第三，不可否认的是，虽然家庭照护服务压力较大，但正是通过这种照护服务，使得家庭照护人员同亲属关系更加紧密，不但有利于家庭团聚，还使得照护人员更加认为自己是有益于社会的人，从而增长了其自信心。② 因此，对于服务压力较小的个人，其提供家庭照护服务有可能不会显著影响日常工作。但若照护服务繁重，则对日常工作的影响还是较为明显的。

三 家庭照护服务对健康的影响

家庭照护服务与照护人员的健康问题常常相挂钩。这是因为一方面，家庭照护占据了大量时间，白天需要持续提供照护服务，夜晚也需要承担较高频率的照护工作，使得照护人员难以平衡照护服务与日常生活；另一方面，照护服务是一项繁重的体力劳动，尤其是认知障碍症患者更有可能产生行动上的问题甚至是暴力倾向，因而需要家庭照护人员的特殊关照。长此以往，照护人员会缺觉、疲惫，甚至导致生理疾病。此外，还会产生一系列心理问题，如抑郁、焦虑等。较差的健康状况会影响家庭照护的强度，从而降低照护质量、减少照护时间，使得对于专业照护服务的依赖性更加明显。因此，保障家庭照护人员的健康状况非常重要。

就家庭照护服务对心理健康的影响而言，第一，从事家庭照护服务的人比非照护人员更有可能产生心理疾病。根据OECD的统计数据，从事家庭照护工作的人群存在精神健康方面问题的比例，比非家庭照护群体高20%③，德国同这一比例基本相当。这一现象随着照护强度的增大而更加明显，尤其对于为认知障碍症患者提供家庭照护服务的人群，其更有可能

---

① Michael Grüttner, "Informelle Pflege, Arbeitslosigkeit und soziale Exklusion: Kumulierende oder kompensierende Risiken?" *Sozialer Fortschritt*, Vol. 65, No. 12, 2016, pp. 290-297.
② Emma Bacon, "Positive Experiences in Caregivers: An Exploratory Case Series", *Behaviour and Cognitive Psychotherapy*, Vol. 37, 2009, p. 101.
③ OECD, *Help Wanted? Providing and Paying for Long-Term Care*, p. 98.

存在沮丧和焦虑情绪。① 第二，亲属关系越近的长期照护需求者，越容易对家庭照护人员产生更大心理影响。而这一影响会随着长期照护需求者的精神障碍严重程度的提升、家庭经济状况下滑以及社会支持措施不足而更加严重，从而显著降低家庭照护人员的幸福感。② 第三，就性别差异而言，女性家庭照护人员拥有更明显的情绪低落、焦虑和幸福感下降的问题，并且心理问题的严重程度高于男性。与女性不同，随着家庭照护服务时间的延长，男性的焦虑程度会有所稳定甚至出现一定程度的下降。③ 这是因为同女性相比，男性所承担的照护工作时间较短、强度较小。④ 第四，就代际差异而言，与提供家庭照护服务的配偶相比，子女因家庭照护而造成的心理压力更小。这可能是因为子女承担的照护责任更小，而配偶在照护另一半时需要负担更多责任。相较于子女，由于配偶的年龄更大，其在进行照护服务时会更加感到力不从心，进而进一步加大了配偶的心理负担。⑤ 第五，更为严重的是，随着家庭照护人员提供照护服务时间的增加，其对于社会接触的机会逐渐减少，导致其接受心理疏导的机会降低，从而增加了孤独感，进一步加重了他们的心理负担。他们会倾向于认为，没有人可以为他们提供实质性帮助，其短期内无法逃脱繁重的照护服务任务。虽然照护人员通过参与日常工作的方式可以接触社会，从而在一定程度上降低这种心理困扰，但同时，正如上文所提，提供照护服务就意味着对日常工

---

① Richard Schulz et al., "Psychiatric and Physical Morbidity Effects of Dementia Caregiving: Prevalence, Correlates, and Causes", *The Gerontological Society of America*, Vol. 35, No. 6, 1995, pp. 771-791; Claudia Cooper et al., "A Systematic Review of the Prevalence and Covariates of Anxiety in Caregivers of People with Dementia", *International Psychogeriatrics*, Vol. 19, No. 2, 2007, pp. 175-195.

② Sally Savage and Susan Bailey, "The Impact of Caring on Caregivers' Mental Health: A Review of the Literature", *Australian Health Review*, Vol. 27, No. 1, 2004, pp. 111-117. Cited from: Jan M. Bauer and Alfonso Sousa-Poza, "Impacts of Informal Caregiving on Caregiver: Employment, Health, and Family", *Population Ageing*, Vol. 8, 2015, p. 134.

③ Jamila Bookwala, "The Impact of Parent Care on Marital Quality and Well-Being in Adult Daughters and Sons", *Journal of Gerontology: Psychological Sciences*, Vol. 64B, No. 3, 2009, pp. 339-347.

④ Martin Pinquart and Silvia Sörensen, "Gender Differences in Caregiver Stressors, Social Resources, and Health: An Updated Meta-Analysis", *Journal of Gerontology: Psychological Sciences*, Vol. 61B, No. 1, 2006, pp. 33-45.

⑤ Martin Pinquart and Silvia Sörensen, "Associations of Stressors and Uplifts of Caregiving with Caregiver Burden and Depressive Mood: A Meta-Analysis", *Journal of Gerontology: Psychological Sciences*, Vol. 58B, No. 2, 2003, pp. 112-128.

作时间的大量挤压,更加重了照护人员在职场的挫败感。因而,以职场雇佣的方式解决照护人员的心理问题并不是一个最有效的方法。第六,需要指出的是,家庭照护人员生理健康的状况也会影响心理健康。[1]

就家庭照护服务对生理健康的影响而言,提供家庭照护服务会带来骨骼、肌肉、关节等组织的慢性疾病的发生;由于家庭照护服务耗时较长,因而照护人员没有足够时间进行合理饮食和日常锻炼,从而影响健康;此外,由家庭照护带来的心理问题会对生理健康产生一定影响,例如由低落情绪导致的高血压和心脏病的发生。[2] 而对于认知障碍症患者,家庭照护人员将投入更多体力精力,从而更容易影响其生理健康。若家庭照护人员年龄较大、经济水平较低,则更有可能面临健康问题且没有足够的钱去治疗。还需强调的是,虽然有时候家庭照护工作不会立刻产生生理健康问题,但高负荷的工作会降低家庭照护人员的抵抗力,进而给其他疾病的发生创造条件。例如,虽然有的家庭照护人员在提供照护服务的时间段内没有不适或疾病发生,但在结束照护服务后,其进行身体检查的可能性更大。[3]

四 家庭照护服务对家庭满意度的影响

家庭照护服务对家庭满意度也产生一定影响。家庭照护服务占据了照护人员的自由支配时间。而这些时间多是用于同朋友以及其他家庭成员在一起,以维持健康的社交和家庭关系。此外,承担照护服务工作还影响了个人的自由行动空间。由于长期照护需求者需要随时予以帮助,因而照护人员无法自由离开。这一问题在对于认知障碍症患者的照护方面更为明显。因此,就家庭照护服务对已婚子女家庭的影响而言,家庭照护人员对个人家庭的满意度、婚姻幸福感比非提供家庭照护服务的人更低。而由于照护人员没有足够的时间用于兴趣的培养,生活较为枯燥,也降低了其对

---

[1] Åsa Franzén-Dahlin et al., "Predictors of Psychological Health in Spouses of Persons Affected by Stroke", *Journal of Clinical Nursing*, Vol. 16, No. 5, 2007, pp. 885–891.

[2] Martin Pinquart and Silvia Sörensen, "Correlates of Physical Health of Informal Caregivers: A Meta-Analysis", *Journal of Gerontology: Psychological Sciences*, Vol. 62B, No. 2, 2007, pp. 126–137.

[3] Emlar Gräsel, "When Home Care Ends–Changes in the Physical Health of Informal Caregivers Caring for Dementia Patients: A Longitudinal Study", *American Geriatrics Society*, Vol. 50, No. 5, 2002, pp. 843–849.

于生活和家庭的满意度。

同时，家庭照护人员对于婚姻中不平等的感觉更为明显，这一现象在女性当中尤甚。随着时间的推移，家庭照护人员的心理不平衡感越发强烈，其沮丧感不断增强。这使得个人对生活满意度下降，进而影响到家庭满意度。① 此外，女性往往需要调节家庭氛围。而如果家庭中有长期照护需求者，尤其是需要进行长时间、高频率照护服务的老人，则家中的孩子和丈夫的不适感会更为强烈。因而，女性不但需要花大量时间照护老人，还需要抽出时间维持家庭的和谐，从而加大心理负担。

五 移民的涌入与非法雇佣群体数量的增长

除了由亲属提供的家庭照护服务，在德国，由移民提供的家庭照护服务也越发流行。这一方式延续了家庭作为长期照护服务主体的模式，但其不再是传统意义上的由家庭成员承担的照护服务，而是由他人代替服务的提供。虽然如此，家庭依旧是长期照护服务的主要承担者。在这种照护模式中，家庭成员成为照护服务的组织者和管理者，制订照护服务的提供计划；有移民背景的照护者则进行具体服务的提供。其提供一对一的全天候服务，但照护费用低于专业照护服务。这不但使得长期照护需求者可以享受同亲属照护类似的服务，还缓解了可提供照护服务的亲属数量短缺的问题。

然而，在合法移民提供照护服务的同时，非法雇佣群体的数量也在增长，这是在雇佣移民提供家庭照护服务过程中衍生出的灰色地带。此方式虽然在一定程度上缓解了照护人员不足的情况，但也产生了一系列问题。一方面，这一群体由于缺乏法律保护，其雇佣成本更低，从事照护服务时间更长，且缺乏来自专业机构的培训，无法保障基本的照护质量。而由非法照护人员提供照护服务的家庭，由于没有登记在册，因而专业人员无法前往家中进行照护服务的指导。这使得照护质量的保证更加困难。另一方面，由于家庭照护服务工作是非法雇佣群体的唯一一份工作，其对雇主有较强的依赖性。而家庭成员同非法雇佣群体所签订的服务合同往往存在不

---

① Jan M. Bauer and Alfonso Sousa-Poza, "Impacts of Informal Caregiving on Caregiver: Employment, Health, and Family", p. 238.

规范的现象，合同中的漏洞使得亲属可以扩大非法雇佣群体的照护服务范围、克扣工资，并且让后者始终处于解约的风险之中。① 这些移民的个人权益无法得到保障，而他们既无法申明自己的需求，也无法拒绝那些较难完成的照护任务。据统计，在 2007 年，约有 10 万名来自中东欧国家的女性前往德国从事家庭照护服务工作，其中绝大多数为非法雇佣群体。② 在 2020 年，这一数字为 20 万，其中 90% 为非法雇佣群体。③

虽然中东欧国家在为德国提供家庭照护服务方面做出了巨大贡献，但这些国家本身也面临着越发严峻的老龄化趋势。这一现象在苏联解体前并不明显：彼时，由于较稳定的出生率、相对较低的人均寿命，以及较少的人口流动，使得其人口平均年龄较西欧国家更为年轻。而苏联解体后，中东欧国家的人口出生率不断降低，加之预期寿命的增加和年轻人更倾向于向西移民以寻找发展机会，使得这些国家的人口平均年龄不断攀升。其同西欧国家相比较而言的人口结构优势正在持续缩小。这一现象在维谢格拉德集团（Visegrád Group）中更为明显。2014 年，维谢格拉德集团老年人口的抚养比是 22.9，而欧盟国家平均值为 28.1。④ 据预测，到 2050 年，维谢格拉德集团四国将会是欧盟"最老"的国家。⑤ 因而，其国内家庭照护人员的数量也面临越发短缺的问题。更值得注意的是，作为以家庭照护服务为主的中东欧国家，其对亲属提供照护服务的依赖程度较西欧和北欧国家更高，因而需要更多的家庭照护人员。因此，虽然从目前来看，中东欧国家的家庭照护人员需求还不如德国那么急迫，但根据发展趋势分析，这些国家对于家庭照护人员需求的增长将会导致输往德国的照护人员数量

---

① Helma Lutz, "Who Cares? Migrantinnen in der Pflegearbeit in deutschen Privathaushalten", in Christa Larsen, Angela Joost and Sabine Heid, eds., *Illegale Beschäftigung in Europa*: *Die Situation in Privathaushalten älterer Personen*, München: Rainer Hampp Verlag, 2009, p. 46.

② Helma Lutz, "Who Cares? Migrantinnen in der Pflegearbeit in deutschen Privathaushalten", p. 43.

③ "Pressmitteilung Berlin 21.04.2020", *Verband für häusliche Betreuung und Pflege e.V.*, 21.04.2020, https://www.vhbp.de/aktuelles/detail/pressemitteilung-berlin-1/.

④ Alejandro Rada, *Migration of Health-Care Workers from the New EU Member States to Germany*: *Major Trends, Drivers and Future Perspective*, Frankfurt a. M.: Institute for Social Work and Social Education, 2016, p. 18.

⑤ Alejandro Rada, *Migration of Health-Care Workers from the New EU Member States to Germany*: *Major Trends, Drivers and Future Perspective*, p. 19.

减少，对于德国而言将是一个较为棘手的问题。

第五节　家庭在长期照护服务体系中的发展趋势

考虑到家庭照护服务存在的上述困境，改善家庭照护人员的服务环境成为迫切需要解决的问题。基于此，德国政府在为家庭照护人员提供更好的照护环境方面作了很多努力，试图增加照护服务的吸引力。此外，为解决照护人员缺乏、非法移民不断增长的问题，政府也颁布了一系列法律对移民和非法移民进行管理。

一　改善家庭照护服务环境

为改善家庭照护人员的照护服务环境，联邦政府已出台一系列措施，如替代照护服务、照护课程及自助机构、附加福利给付、照护假等。此外，政府还颁布了多代房屋计划（Mehrgenerationenhaus），该计划目前已实施到第四阶段。

（一）现有措施及评价

为真正改善家庭照护人员的照护服务环境较为恶劣的现状，提升照护人员的社会权益，联邦政府从长期照护服务体系建立之日就提出了一系列措施。措施起到了一些成效，但效果并不明显。

1. 替代照护服务

将替代照护服务作为家庭照护服务的临时替代，在长期照护服务体系建立之日就已明确。由于在第三章已对替代照护服务作了介绍，在此仅作一些补充。长期照护需求者可以享受每年不多于1612欧元的福利给付的前提是，进行替代服务的照护人员不是长期照护需求者近亲，且其不与长期照护需求者共同居住。① 如果替代照护服务人员与长期照护需求者存在亲属或共同居住关系，则福利给付可以在照护等级所对应的照护津贴的基础上有所提升，但一般不多于1.5倍的照护津贴额度，且替代照护服务时长依旧不多于6周。此外，对于该类型的照护人员，如果可以提供相关证明，

---

① Bundesregierung, *Sozialgesetzbuch（SGB）- Elftes Buch（XI）- Soziale Pflegeversicherung（Artikel 1 des Gesetzes vom 26. Mai 1994, BGBl. I S. 1014）*, §39-（1）.

如交通支出或因为提供照护服务而带来的日常收入减少,则长期照护保险基金可以依证明为长期照护需求者进行额外福利给付。①

部分短期照护服务的福利给付还可以挪到替代照护服务中。如果长期照护需求者不需要 8 周那么长时间的短期照护服务,却需要适当延长替代照护服务,那么最多 50% 的短期照护服务费用,即 806 欧元可以挪到替代照护服务中。因此,替代照护服务最多可以给予 2418 欧元的福利给付。②

就原先承担家庭照护服务职责的家庭成员而言,在替代照护服务期间,其养老保险、失业保险和工伤保险继续由长期照护保险基金缴纳。

替代照护服务给予了家庭照护服务以喘息时间,在一定程度上减轻了家庭照护人员的照护压力。同时,还可以让家庭照护人员平衡照护服务和日常工作。此外,替代照护服务的改进措施使得那些承担替代服务,但属于长期照护需求者近亲或共同居住的照护人员也可以享受一定程度的福利给付。这进一步鼓励了将亲属作为家庭照护服务最基本照护人员的趋势,大大减少了专业照护人员承担替代照护服务的比例。还需要指出的是,由于将替代照护服务和短期照护服务打通,一定程度上增加了照护服务选择的灵活性,使得长期照护需求者及家属可以灵活选择服务方式,并进一步增加替代照护服务的比例,从而减少住院照护机构的介入。

然而,替代照护服务也面临一些困境。该措施虽然在 1995 年就已开始实施,但并没有取得预期效果。根据联邦卫生部的统计数据,2014 年在进行家庭照护服务的 195 万长期照护需求者中,只有 10.7 万人使用了替代照护服务,占比 5.4%。由于如此低的使用率,替代照护服务为长期照护保险基金"节省"了 28.6 亿欧元。③ 这一情况的出现可以从两方面予以评判。其一是由于对政策缺乏了解,很多人不知道如何使用或申请这一福利给付。根据照护质量中心(Zentrum für Qualität in der Pflege, ZQP)2017 年 12 月的调查数据,在 900 位 40—85 岁的家庭照护人员中,大多数人对于

---

① Bundesregierung, *Sozialgesetzbuch(SGB)- Elftes Buch(XI)- Soziale Pflegeversicherung(Artikel 1 des Gesetzes vom 26. Mai 1994, BGBl. I S. 1014)*, §39-(3).

② Bundesregierung, *Sozialgesetzbuch(SGB)- Elftes Buch(XI)- Soziale Pflegeversicherung(Artikel 1 des Gesetzes vom 26. Mai 1994, BGBl. I S. 1014)*, §39-(2).

③ "Verhinderungspflege: Angehörige rufen Geld nicht ab", *Der Tagesspiegel*, 15.06.2015, https://www.tagesspiegel.de/politik/verhinderungspflege-angehoerige-rufen-geld-nicht-ab/11913284.html.

长期照护服务相关政策并不知晓。其中 1/3 的照护人员不知道长期照护需求者可以享受什么类型的照护服务，另有约 1/2 的人不知道具体福利给付标准是多少。① 其二则是基于许多长期照护需求者并不希望由陌生人前往家中进行照护。长期照护需求者对于陌生人的照护服务排斥比例甚至接近 60%。随着年龄的增长，这一趋势更加明显。② 虽然替代照护服务也允许亲属作为照护人员的替代，但能承担照护服务职责的亲属毕竟较为有限。因而，如何让长期照护需求者从心里接受替代照护服务这种方式，并且让家庭照护人员更清楚地了解长期照护服务过程中可以享受的福利给付，是接下来需要着重努力的方向。

2. 照护课程及自助机构

对于大多数家庭照护人员而言，其缺乏相应的专业照护知识和技能，如照护服务安全、出院后的特殊照护服务、必要的医疗照护知识，以及压力管理的技能等。此外，对于如何使用照护辅助工具以及相关注意事项，也缺乏必要了解。因此，医疗保险机构需要为家庭照护人员提供免费课程，以促进和强化照护领域的社会投入、提高照护服务质量、降低个人在照护服务提供时的身体和心理负担。这些课程即"照护课程"（Pflegekurs）。医疗保险机构既可以单独提供，也可以会同其他保险机构共同提供照护课程。州长期照护保险基金协会可以通过课程架构的设立，统一规范照护课程的内容。③ 此外，一些"软技能"，例如如何更好地与长期照护需求者交流，以了解他们的实际需要等，是无法通过日常培训课程解决的。因此，在家庭照护人员或长期照护需求者的要求下，照护课程也可以在家中进行。需要指出的是，随着数字化的发展，很多现代化设备纷纷进入了家庭照护服务中。例如，线上照护课程的开设使得家庭照护人员可以足不出户便享受便利的专业培训。

---

① "Entlastung im Alltag, Pflegende Angehörige lassen sich Millionen entgehen", *Der Tagesspiegel*, 26. 02. 2018, https://www.tagesspiegel.de/politik/entlastung-im-alltag-pflegende-angehoerige-lassen-sich-millionen-entgehen/21002878.html.

② "Viele pflegende Angehörige nutzen Hilfsangebote nicht, Aus Scham überfordert", *Der Tagesspiegel*, 07. 03. 2016, https://www.tagesspiegel.de/politik/viele-pflegende-angehoerige-nutzen-hilfsangebote-nicht-aus-scham-ueberfordert/13064574.html.

③ Bundesregierung, *Sozialgesetzbuch (SGB) - Elftes Buch (XI) - Soziale Pflegeversicherung* (*Artikel 1 des Gesetzes vom 26. Mai 1994, BGBl.I S. 1014*), § 45-（2）/（3）.

2008 年 5 月，《长期照护继续发展法》设立了自助小组（Selbsthilfegruppe）、自助机构（Selbsthilfeorganisation）和自助联系点（Selbsthilfekontaktstelle）。自助服务的提供使得家庭照护人员在自助小组中可以自由交流在照护服务中遇到的问题并得到建议。自助机构则是自助小组的集合，为长期照护需求者和家庭照护人员提供信息交换的场所，是长期照护服务体系中必不可少的组成部分。此外，自助机构还提供专业的照护建议。自助机构的资金支持包括每位长期照护保险投保者每年支出的 0.15 欧元，占比 25%，另 75% 由地方机构出资。① 根据联邦卫生部的统计数字，由长期照护保险基金支出的相关资金，从 2011 年的 34 万欧元，增长到 2015 年的 83 万欧元。②

无论是照护课程还是自助机构，都提供给家庭照护人员以学习专业照护技能、信息交换，甚至心灵抚慰的功能，不但在一定程度上提升了家庭照护人员的专业水平，还给予其一个得以放松和喘息的窗口。虽然如此，考虑到照护课程从开始提供到现在已 20 余年，课程的普及程度让人有些失望。同样根据照护质量中心 2017 年 12 月的调查数据，仅有 42% 的家庭照护人员接受过专业照护人员的照护服务指导。而前往相关机构参加免费照护课程的家庭照护人员仅占 8%。③ 当考虑到长期照护需求者除了需要穿衣、洗漱、进食等每日生活必需的照护外，还需要一些专业的照护服务时，会发现参加专业培训的家庭照护人员数量过少。此外，对于线上培训而言，其相关应用程序还处于开发初期阶段，普及率及所产生的效果有待进一步观察。

3. 照护服务提供期间的附加福利给付

对于因提供家庭照护服务而短期缺勤的雇员，以及在家庭照护服务期间无法领取全额工资的雇员，可以领取最长为十个工作日的照护补助津贴作为补偿，补偿额度为净工资的 90%。如果多个申请者为同一个长期照护

---

① Bundesregierung, *Sozialgesetzbuch (SGB) - Elftes Buch (XI) - Soziale Pflegeversicherung (Artikel 1 des Gesetzes vom 26. Mai 1994, BGBl. I S. 1014)*, §45d.

② Bundesministerium für Gesundheit, *Sechster Bericht der Bundesregierung über die Entwicklung der Pflegeversicherung und den Stand der pflegerischen Versorgung in der Bundesrepublik Deutschland*, 2016, p. 63.

③ "Entlastung im Alltag, Pflegende Angehörige lassen sich Millionen entgehen".

需求者提供照护服务，则所有照护人员可以领取合计不超过十个工作日的照护补助津贴。领取照护补助津贴期间，其医疗保险和长期照护保险等缴纳时间连续计算。

对于照护服务提供期间的附加福利给付政策，是由2014年12月23日的《家庭、照护服务与职业协调改善法》(*Gesetz zur besseren Vereinbarkeit von Familie, Pflege und Beruf*) 颁布并实施的。上述政策的施行在一定程度上打消了照护人员因提供照护服务而收入受损，并且中断保险缴纳而在日后缺少保障的后顾之忧，从而让照护人员可以更加安心地为亲属提供长期照护服务。然而，就普及率来看，据统计，2015年的照护补助津贴支出为350万欧元。① 根据法定医疗保险基金总会的统计数据，2015年上半年有4552人接受了照护补助津贴的给付补偿。② 而彼时，仅需要家庭照护服务的长期照护需求者已达到150万人，更不用提既享受家庭照护服务、又享受流动照护服务的长期照护需求者数量。从这方面来看，照护补助津贴的普及率还非常有限。

4. 照护假、家庭照护假

德国早在20世纪80年代就已开始提倡弹性工作时间，并着力解决因减少工作时间而带来的收入下降问题。1994年，《工作时间法》(*Arbeitszeitgesetz, ArbZG*) 颁布。2001年，《企业组织法》(*Betriebsverfassungsgesetz, BetrVG*) 颁布，规定企业董事会必须支持员工平衡日常工作和家庭生活，而员工可以通过工会保障自身利益。

为了让家庭、照护服务和工作更好地融合，2008年5月，德国引入《照护假法》(*Pflegezeitgesetz, PflegeZG*)，用以支持那些因为需要为亲属提供照护服务而不得不暂时离开工作岗位的人。照护假（Pflegezeit）有两种形式，一种是因为需要照护急病亲属或者为需要长期照护服务的亲属安排照护服务，而必须离开工作岗位不超过十天的员工。起初，这方面的假期由于不支付工资，很少有员工申请。而《家庭、照护服务与职业协调改善法》的颁布实施，使得长期照护人员可以获得照护假期间对于工资损失的

---

① Bundesministerium für Gesundheit, *Sechster Bericht der Bundesregierung über die Entwicklung der Pflegeversicherung und den Stand der pflegerischen Versorgung in der Bundesrepublik Deutschland*, p.56.

② Bundesministerium für Gesundheit, *Sechster Bericht der Bundesregierung über die Entwicklung der Pflegeversicherung und den Stand der pflegerischen Versorgung in der Bundesrepublik Deutschland*, p.56.

补偿给付，即上文提到的照护补助津贴。另一种是，对于雇佣至少 15 名员工的企业，雇员可以因为提供家庭照护服务而享受每年最多 6 个月的完全离职或仅进行部分时间工作的照护假，其工作岗位予以保留。在此期间，由于雇主不支付完全离职员工的工资，员工可以向相关机构申请无息贷款。贷款额约为原净工资的一半，按月发放。这一照护假的前提是，需要照护的亲属已经被认定为有长期照护需求并享受长期照护相关福利给付。此外，照护人员还可以申请最多 3 个月的陪伴假，用于亲人最后在世期间的陪伴。

2011 年 12 月，《家庭照护假法》（*Familienpflegezeitgesetz*，*FPfZG*）颁布施行，并由《家庭、照护服务与职业协调改善法》予以进一步完善。其中，家庭照护假（Familienpflegezeit）规定，对于雇佣 25 名以上员工的公司，原先全职工作的员工若需要承担长期照护服务，可以在每周至少工作 15 小时的情况下最多享受 24 个月的家庭照护假。在假期期间，雇主可以只负担职工部分工资。且假期期满职工重新开始全日制工作后，在假期等长时间内，职工只能得到与假期内同等的工资。同样地，员工可以从相关机构申请无息贷款以保障正常生活。对于每位需要照护的亲属，照护假和家庭照护假的总计时长不能超过 24 个月，可以根据长期照护需求者的情况将两种假期进行拆分。2015 年，全德享受照护假及家庭照护假的人数为 6.8 万人。①

值得注意的是，雇员如果因为提供家庭照护服务而暂时完全地或部分地脱离工作岗位，依旧可以连续缴纳社会保险。为保障照护人员的社会权益，长期照护保险基金应为那些对照护等级二级及以上的长期照护需求者提供照护服务，且因此而每周日常工作时间少于 30 小时的家庭照护人员，缴纳养老保险和工伤事故保险。此保费额度同自愿投保人所缴纳的最低保费额度相同。此外，医疗保险医事服务机构或由长期照护保险基金指定的独立专家还需要对个案进行认定，包括某一照护人员是否为一个或者多个长期照护需求者提供每周至少十小时，且规律性地每周持续至少两天的照护服务。而如果多个人共同照护一个长期照护需求者，那么每个照护人员

---

① Bundesministerium für Gesundheit, *Sechster Bericht der Bundesregierung über die Entwicklung der Pflegeversicherung und den Stand der pflegerischen Versorgung in der Bundesrepublik Deutschland*, p. 58.

的照护时间也需要进行专门认定。①

照护假、家庭照护假的规定让需要承担家庭照护服务的照护人员可以更好地平衡家庭和日常工作，大大缓解了照护人员的压力。然而，需要指出的是，虽然在照护假或家庭照护假期间，照护人员还可以以其他方式获得一些经济上的补助，但由于并非全职工作，有的甚至不工作，使得其收入或多或少会有一定程度的损失。这造成其缴纳的社会保险费用降低，从而影响相关福利给付。长此以往，对于那些本来就比较贫困的家庭，因为提供照护服务而请假后的收入将进一步下降。

对于上述两种假期的普及率而言，虽然2015年享受两种假期的家庭照护人员有6.8万人，但考虑到全德约有36万家庭照护人员②，这一比例实际上并不高。同时，对于申请照护假的个人，由于超过十天的假期将可能无法领取工资，且国家所提供的福利给付额度较低，造成照护人员的收入大量削减，从而降低了照护人员申请假期的意愿。

(二) 未来发展方向——多代房屋

除了通过给予适当的福利给付、提供相关专业课程以及设立假期来支持照护人员平衡日常工作和照护服务，从而改善照护人员的境况并提升家庭照护服务比例，国家还通过支持"多代房屋"的建设，进一步改善照护服务环境。

联邦家庭、老年人、妇女和青年事务部于2006年开始在全国支持多代房屋的设立。多代房屋是指，包括老年人、儿童、妇女等居住在附近的邻里，可以在一个固定的地点见面交流。多代房屋通过举办活动来加强邻里间的沟通，使得小区人文环境呈现良性发展。这里所提供的活动包括，对儿童和成人提供学习课程和创意活动，对计划再次进入职场的个人提供专门的培训课程，对长期照护需求者和照护人员提供支持，以及对移民群体提供语言课程等。

多代房屋计划分为四个阶段。第一阶段是2006—2011年，为多代房屋行动计划Ⅰ（Aktionsprogramm Mehrgenerationhäuser Ⅰ），主要目标是将小

---

① Bundesregierung, *Sozialgesetzbuch （SGB） - Elftes Buch （XI） - Soziale Pflegeversicherung （Artikel 1 des Gesetzes vom 26. Mai 1994, BGBl. 1 S. 1014）*, §44a-（1）.

② "Wie die Familienpflegezeit genutzt wird", *Haufe*, 28.10.2016, https://www.haufe.de/personal/arbeitsrecht/familien-pflegezeit-ergebnisse-und-wie-sie-genutzt-wird_ 76_ 383216. html.

家庭的理念拓展到社会中。年轻人和老年人通过多代房屋这一中介，互相交换技能、交流经验，共同培养兴趣爱好。其主要包括7个方面的行动：四代共居，包括儿童、青少年、成年人和老年人；代际间交流沟通；儿童照护服务，以方便家长更好地平衡家庭和日常工作；志愿精神；信息和服务提供；地区融合，多代房屋同区域内公司、机构和其他团体进行合作；开放见面地点，欢迎所有人群。第二阶段是2012—2016年，为多代房屋行动计划Ⅱ。前述的7个方面整合为4个优先方面，并在全德兴建约450家多代房屋。[①] 这四个优先方面包括：鼓励老年人独立自主生活，并为照护人员更好地平衡照护服务和日常工作而提供临时照护服务，尤其是针对认知障碍症患者的照护工作；为所有年龄和文化背景的人提供咨询、教育、支持和融合服务；为个人更好地平衡家庭和工作而提供居家服务；继续强调志愿文化的发展。第三阶段是2017—2020年，升级为联邦多代房屋计划（Bundesprogramm Mehrgenerationenhaus），并将多代房屋扩展到约540家。[②] 其中对两个方面予以着重关注：一方面是对于人口规模变化的关注，多代房屋根据本地区人口的特点，对其有可能存在的问题进行改善，例如为了更好地平衡日常工作和家庭生活，鼓励老年人的自主决定和行动能力。这是每个多代房屋都必须予以着重关照的方面。另一方面是对于移民群体的融合，主要提供的服务包括语言、文化课程，以及有关移民融合的咨询服务。这是多代房屋非强制性关照的方面。此外，多代房屋还为家庭照护人员提供照护建议，为长期照护需求者提供照护服务。在这一阶段，每个多代房屋可以得到4万欧元的资助，其中3万欧元来自联邦家庭、老年人、妇女和青年事务部，另一万欧元来自地方政府。

2021年1月1日，多代房屋计划再次升级为多代房屋——互相、互为（2021—2028）[Mehrgenerationenhaus. Miteinander – Füreinander（2021—2028）]。该计划继续支持已建立的多代房屋，每个多代房屋可以得到5万欧元的资助，其中4万欧元来自联邦家庭、老年人、妇女和青年事务部，另一万欧元来自地方政府。此外，联邦家庭、老年人、妇女和青年事务部

---

① 参见联邦家庭、老年人、妇女和青年事务部对多代房屋的介绍：https://www.mehrgenerationenhaeuser.de/programm/programmhistorie/。

② 参见联邦家庭、老年人、妇女和青年事务部对多代房屋的介绍：https://www.mehrgenerationenhaeuser.de/mehrgenerationenhaeuser/was-ist-ein-mehrgenerationenhaus/。

同联邦劳动局密切合作，意在促进就业、提升劳动力市场整合，并进一步融合家庭、日常工作和照护服务。①

纵观多代房屋的发展历程，其提出四个阶段的行动计划中，对于照护人员平衡照护服务和日常工作的关注贯穿始终。并且，其重要性不断显现：从最初的七个主要行动中的一项，到后来经整合后为四个方面中的一项，到唯一一个必须予以关注的方面，并在最新行动计划中进行再次重申。因此，通过多代房屋的设立，一方面可以让家庭照护人员更好地平衡日常工作和照护服务，另一方面也可以让长期照护需求者更多地接触社会。此外，多代房屋计划还鼓励老年人在晚年以更加积极的心态生活。这一形式能够提升老年人的沟通能力，加大其社会参与度，从而减轻家庭照护人员的负担。

二　引导和限制移民

如前文所述，当移民通过提供家庭照护服务的方式在德国生活的同时，一些非法雇佣群体也随之进入德国。鉴于此，德国政府制定一系列措施，一方面鼓励合法移民的到来，弥补家庭照护人员不足的现状；另一方面控制非法移民的涌入，最大限度地管控照护服务行业的恶性竞争，保障照护人员的合法权益。

德国政府对移民的认知经历了历史变迁。在 2005 年之前，移民被当作德国的临时劳动力，认为这些人在完成工作后会返回自己国家。由于这些劳动力为短期移民，不带来长远的社会影响和后果，因而德国在很长一段时间内没有出台有关移民的法律，而是依据 1965 年颁布的《外国人法》（*Ausländersgesetz*, AuslG）及其修改法案来处理外国人的出入境问题。然而，根据法律规定，客籍劳工在德国生活一定时间便可获得续期权，这使得德国已经是事实上的"移民国家"。直到 2005 年颁布《移民法》（*Zuwandersgesetz*），德国首次承认了自身移民国家的身份。该法案对移民进行了"区别性调控"：主动吸纳所需移民、限制非必要移民、驱逐非法移民。

---

① Bundesministerium für Familie, Senioren, Frauen und Jugend, "Bundesprogramm 'Mehrgenerationenhaus': Neue Förderphase beginnt", 23.02.2021, https://www.bmfsfj.de/bmfsfj/aktuelles/alle-meldungen/bundesprogramm-mehrgenerationenhaus-neue-foerderphase-beginnt-173648.

其中，照护人员是德国需要主动吸纳的移民。移民申请者可先获得为期三年的居留许可（Aufenthaltserlaubnis），三年后需要进行再次审查。2007 年，《移民法》经过修订，改革的内容主要包括确定移民的居留权、通过法律约束促进移民融合、减少外国专业人才入德的限制等。2020 年 3 月 1 日，《技术人员移民法》（Fachkräfteeinwanderungsgesetz）正式生效，主要吸引对象为包括照护人员在内的中等技术移民。该法案扩展了在他国获得的、可经德国认可的职业资格范围，因而具有一定专业技术的人员在德国以工作或寻找工作为目的而居留成为可能。法案取消了地方政府的"优先审查"（Vorrangprüfung）部分[1]，使得有一定专业技术的外国人不再只能从事德国或欧盟公民没有从事的工作。就长期照护服务体系而言，这一法案的实施可以在一定程度上缓解人才不足的问题。在家庭照护服务领域，则可以通过引进有一定技术的专业照护人员，提升照护质量，并在一定程度上控制非法移民的涌入。

对于上述从事家庭照护的移民的管理工作，由联邦劳动局下属的外国人和技术人员职业介绍中心（Zentrale Auslands-und Fachvermittlung, ZAV）完成。这一组织通过与中东欧国家的相关就业机构合作，引入照护人员从事家庭照护工作。对于未雇佣非法照护人员的家庭，则有资格接受由外国人和技术人员职业介绍中心统一分配的有移民背景的家庭照护人员。[2] 被分配的家庭照护人员通过合约的签订，可以获得一到三年的全职照护服务工作。

上述措施取得了一定成效。在《移民法》改革后的两年，根据 2009 年德国应用照护研究所（Deutsches Institut für angewandte Pflegeforschung, DIP）的统计数字，约有 14.5 万来自中东欧的移民参与合法的非照护机构雇佣的工作，其中绝大部分从事家庭照护服务工作。[3] 2010 年的另一项统计数字表明，约有 15—20 万的中东欧移民从事家庭照护服务工作，其中全

---

[1] "优先审查"规定，在允许外国人就业前，必须先审查这一职业有无本国或欧盟的申请者。

[2] Karl Mingot, *Informal Care in the Long-Term Care System: Germany*, Interlinks, 2011, p. 23.

[3] Alejandro Rada, *Migration of Health-Care Workers from the New EU Member States to Germany: Major Trends, Drivers and Future Perspective*, p. 9.

职工作占绝大部分。① 在这些移民中，很多人来自经过一定程度培训的波兰，其占移民总数的1/5。② 此外，还有一些来自拉丁美洲、亚洲和非洲的移民从事家庭照护服务工作。需要说明的是，在提供家庭照护服务的移民中，很多人还提供多项服务，例如家政服务、儿童照护服务等，而这些服务项目通常互相穿插，因而很难进行单独统计。

然而，在移民保障和融合方面，德国还存在一些问题。一方面，由于联邦劳动局及其下属机构很少委派专人前往家中就照护服务进行检查和指导，并且若照护服务存在争议，往往也是以打电话的方式敷衍了事，而非进行实地调查③，导致矛盾的产生。另一方面，由于语言和文化的差异，拥有移民背景的照护人员能否提供合适的服务，也需要进一步探究。值得注意的是，德国政府已经认识到移民在融入德国社会时所面临的困难以及解决此问题的紧迫性，近些年逐步出台了一系列移民融合政策。例如，在《移民法》中对于移民参加融合课程进行了规定，并成立联邦移民与难民局（Bundesamt für Migration und Flüchtlinge，BAMF），负责协调移民融合事务。2007年联邦政府出台《国家融合计划》（*Der Nationale Integrationsplan*，*Neue Wege-Neue Chancen*），对联邦、州、地方政府以及社会团体的职责作了划分，并从语言、教育、劳动力市场等领域对移民融入的现状、目标和促进措施予以说明。④ 而2016年生效的《融合法》（*Integrationsgesetz*）中通过对相关法案的修改，进一步鼓励移民参与融合课程，为参加岗位培训的移民提供法律保障并提升就业机会。法案规定，对积极融入的移民可以缩短获得永久居留许可所需时间，而对于拒绝融入者则予以惩罚。目前，关于移民的融入情况，尤其是提供家庭照护服务的移民的融入情况还需要进一步观察。但可以肯定的是，加快融合进程可以提升家庭照护服务质量，有效缓解家庭照护人员短缺的问题。

---

① Alejandro Rada, *Migration of Health-Care Workers from the New EU Member States to Germany: Major Trends, Drivers and Future Perspective*, p. 10.

② Alejandro Rada, *Migration of Health-Care Workers from the New EU Member States to Germany: Major Trends, Drivers and Future Perspective*, p. 2.

③ Helma Lutz, "Who Cares? Migrantinnen in der Pflegearbeit in deutschen Privathaushalten", p. 45.

④ 郑春荣、倪晓姗：《难民危机背景下德国难民融入的挑战及应对》，《国外社会科学》2016年第6期。

小　结

家庭作为福利产品提供者，其重要性经历了小幅度波动：在福利国家兴起前，家庭是最重要的福利产品提供者；而福利国家的兴起在一定程度上改变了这一格局，家庭的作用有所下降。直到20世纪90年代，资金的入不敷出和国家无法满足所有人的需求，导致国家职能后撤，家庭的重要性再次得到凸显。因而，就当今家庭与福利多元主义理论的关系而言，家庭所承担的福利提供职能远多于国家、非营利组织和市场，是主要的福利产品提供者。

由于德国自身特点，在长期照护服务体系建立前，家庭已经是福利产品的重要提供者。然而，由于家庭照护服务的规范性较弱，缺乏机构的统一管理，因而此方面数据较为有限。虽然如此，通过一些数据，我们还是可以推断，家庭照护服务占长期照护服务的比例超过了50%。

长期照护服务体系建立后，家庭照护服务依旧是主要照护服务方式。从1999—2019年，享受家庭照护服务人数处于快速增长趋势，并从2009年开始，其占长期照护需求者总人数的比例大体处于持续攀升态势。总体来看，家庭照护服务所占比例在55%上下徘徊，近20余年的增长率为5.3%。

然而，家庭照护服务也面临困境。为了保证充足的保费收缴，包括德国在内的欧洲福利国家在近30年间努力促进就业率的提升，却因此带来了家庭成员无法有效支撑亲属对长期照护服务的需求，从而引发了一系列问题。第一，照护人员数量短缺，女性在完成日常工作的同时，还需要照顾家庭。然而，日常工作占据了大量时间，加之家庭模式从大家庭变为小家庭，拉长了父母与子女之间的实际距离，不利于照护服务的提供。第二，承担照护服务由于需要兼顾家庭和日常工作，而从全职工作变为部分时间工作则意味着收入减少，这不但影响生活水平，还不利于职业发展。第三，承担过于繁重的照护服务工作会对心理和生理健康造成影响，而心理和生理问题还会互相作用，形成恶性循环。第四，上述几个原因使得亲属提供照护服务的比例进一步减小，从而为移民，甚至非法移民的涌入提供了机会。虽然这一趋势缓解了照护人员紧张的现状，但非法雇佣群体也带来家庭照护服务的混乱。

鉴于此,为解决家庭在长期照护服务体系中存在的问题,政府出台了一系列政策,一方面改善家庭照护人员的工作环境,另一方面引导和限制移民入境。对于前者而言,替代照护服务的施行、照护课程及自助机构的设立、针对照护人员的附加福利给付、一系列照护假的实施等,缓解了照护人员的困境,但其普及程度有限。从2006年延续至今的多代房屋计划历时四个阶段,将照护人员平衡照护服务和日常工作放在越发重要的位置,一定程度上减轻了照护人员的压力,同时提升了长期照护需求者,尤其是老年人的社会参与感。而为了引导和限制移民,政府颁布了一系列法案,并积极鼓励移民进行社会融合。但对于非法移民的控制,除了法案的规定,在家庭照护服务中的成效缺乏统计数字。这些法案,尤其是有关社会融合法案的实施效果还有待观察。

与国家在长期照护服务体系中的职能转变相比,福利多元主义理论对家庭的影响并不显著。这一现象的出现一方面是因为人们的传统观念、国家的治理原则,以及《长期照护保险法》的规定使得家庭照护服务更为经济;另一方面则是基于家庭照护服务的潜能已基本释放。然而,最近几年,随着市场化作用的越发显现,专业照护费用持续攀升,带来家庭照护服务占比小幅度提升,但同其他三个部门相比,这一变化趋势并不明显。鉴于此,虽然福利多元主义理论随着体系的建立和完善而对体系的影响不断深化,但家庭作为福利产品提供者所发挥的作用一直较为重要且变化程度并不是特别显著。可以说,与多元福利体系中其他三个部门相比,家庭对于政策的刚性更强。

第五章　非营利组织——转型中的
　　　　福利产品提供者

非营利组织是一系列私营的、志愿的、为大众福祉而设立的组织和团体的集合。① 由欧盟委员会等机构联合撰写的报告《国民账户体系2008》(*System of National Accounts 2008*)中，对非营利组织作出如下定义：非营利组织是这样一类法律或社会实体，其为生产物品或提供服务而设立，但无法通过建立、监管或支持它们的部门获得收入或利润。如果其所生产的物品产生盈余，也不能在该组织内部自由分配。② 英国将非营利组织定义为一类价值驱动的非政府型组织，并且将其产生的剩余价值用于实现一定社会、环境或文化目标。这类组织包括志愿者组织、慈善照护机构和社会团体等。③ 德国的《税收通则》(*Abgabenordnung*, *AO*)则对非营利组织给予如下定义：非营利组织必须为实现公众福祉或宗教信仰的目的而建立，包括为了民众在物质、精神和道德层面有所提升而进行的完全利他的活动。④

非营利组织可以被分为"基于会员的组织"(member-based institutions)

---

① Helmut K. Anheier, *Nonprofit Organizations: Theory, Management, Policy* (1st Edition), New York: Routledge, 2005, p.4.
② European Commission, IMF, OECD, UN and World Bank, *System of National Accounts 2008*, New York, 2009, p.72.
③ National Audit Office, *Building the Capacity of the Third Sector*, London, 2009, p.5.
④ Bundesregierung, *Abgabenordnung* (*AO*), 2019, §51-52.

以及"非基于会员的组织"(nonmember-based institutions)。① 前者包括私人协会(体育俱乐部)、商业组织中的公开团体(银行中的储户组织)、公共团体(某些专业协会),以及宗教组织(天主教或新教等教会组织);后者如基金会、社会服务机构等。非营利组织的经营范围涵盖了社会大部分领域,如社会服务、医疗、教育、环保、国际关系,以及文化艺术等。其中,以教育、社会服务和医疗照护的服务性非营利组织最多,占所有非营利组织的约2/3。②

联合国指出,非营利组织需满足如下条件:自主经营、非营利且不分红、同公共机构相互独立,以及非强制性。③ 莱斯特·M.萨拉蒙对非营利组织需要具备的特点进行了细化,主要包括两个方面:"制度性"(institutional)和"个人性"(individual)④。就制度性而言,非营利组织是拥有一定制度和结构的组织;虽然有可能从政府部门获得资金支持,但组织结构独立于政府机构,不附属于政府也不行使政府职能;产生利润,但将利润上缴,而非用于分红;自主经营,不受其他实体控制的自我管理组织;加入非营利组织不基于法定义务,是非强制性的。就个人性而言,非营利组织中的成员自愿参与相关活动;成员参与的活动不仅为了服务对象,还要对更多人和整个社会有所裨益。⑤ 非营利组织享受一定程度的税收减免,这是同营利机构最大的区别。然而需要指出的是,并非所有非营利组织都满足上述要求,非营利组织同国家公立机构和营利机构之间的界限也并非泾渭分明。例如,有的非营利组织的服务提供人员并非出于志愿服务,而是以雇佣关系为前提。在这类非营利组织中,通常由专业的雇员提供服务,如在长期照护服务中照护机构所提供的服务;有的非营利组织虽然名

---

① Wolfgang Seibel and Helmut K. Anheier, "Sociological and Political Science Approaches to the Third Sector", in Helmut K. Anheier and Wolfgang Seibel, eds., *The Third Sector: Comparative Studies of Nonprofit Organizations*, Berlin/New York: de Gruyter, 1990, pp. 11-12.

② Helmut K. Anheier, *Nonprofit Organizations: Theory, Management, Policy* (1st Edition), p. 82.

③ UN, *Handbook on Non-Profit Institutions in the System of National Accounts*, New York, 2003, p. 17.

④ Lester M. Salamon and S. Wojtek Sokolowski, *Policy Brief No. 01/2015, What is the "Third Sector"? A New Consensus Definition for Europe*, 2015, p. 2.

⑤ Lester M. Salamon, Helmut K. Anheier et al., "Civil Society in Comparative Perspective", in Lester M. Salamon, Helmut K. Anheier et al., *Global Civil Society: Dimensions of the Nonprofit Sector*, Baltimore: The John Hopkins Center for Civil Society Studies, 1999, pp. 3-4.

义上为自主经营，但实际上受政府机构管理，或者由政府机构拨款以保障非营利组织的运行，因而难免要听从政府机构的安排；有的机构在一个组织中既包含营利成分，又包含非营利成分。

非营利组织的兴起同两方面因素密切相关。一方面，如第二章所述，非营利组织作为政府职能的"替代者"，实现对公民需求的进一步满足。原先，政府承担了帮助社会上的弱势群体、提供社会服务、保护环境、为科学研究提供便利等职能。如果政府的上述职能能够满足公民的全部需求，则非营利组织无须发展。然而，若一国人口结构较为复杂，政府提供的社会职能虽然能够满足多数人需求，但仍会让少数人的需求无法得到满足，此时非营利组织便成为满足少数公民社会需求的一个替代性组织。[①] 因此，当一个社会的同质性较为明显，公民的需求更加趋同，非营利组织发展缓慢；而当一国人口结构多元，拥有不同的文化背景和家庭环境，则非营利组织相对庞大。另一方面，政府职能的转变带动了非营利组织的发展。非营利组织的兴起还源于学者开始思考在公共部门和私人组织中如何进行分工，以及如何降低国家在社会福利提供中的职责问题。由于社会福利体系的发展、公民社会理念的深入人心，加之民众对国家完全掌管社会福利和社会发展的能力的质疑，学者开始寻求市场导向和政府导向的中间道路。[②] 这条道路的主要承担者就是非营利组织。因而，为了满足民众对于全方位服务的需求，以及为国家转变职能寻找出路，非营利组织越发壮大。如今，非营利组织已经成为重要的经济和社会力量，其在地区、国家，以及国际层面（如大赦国际、国际红十字会等非政府组织）都得到了广泛的发展。

非营利组织作为多元福利体系的重要组成部分，同国家、家庭和市场都有着密不可分的关系。而德国的非营利组织又有其自身特点，辅助性原则的实践使得非营利组织，尤其是以慈善照护机构为代表的、提供社会服务和医疗照护的非营利组织同国家关系极为密切。鉴于此，本章首先阐述非营利组织与福利多元主义理论的关系，而后讨论在长期照护服务体系建

[①] Burton A. Weisbrod, "The Future of the Nonprofit Sector: Its Entwining with Private Enterprise and Government", pp.541-555.

[②] 关于第三条道路的探索，参见 Anthony Giddens, *The Third Way: The Renewal of Social Democracy*, Cambridge: Polity Press, 1998。

立前，非营利组织在福利产品提供方面所拥有的巨大优势。体系建立后非营利组织职能的变化趋势是接下来要探讨的问题。而体系建立后由于市场的开放，非营利组织面对固有的劣势而不得不寻求转型，也将是讨论的重点。最后是本章小结。

第一节 非营利组织与福利多元主义理论

由于非营利组织一方面独立于国家公共部门，另一方面又与营利机构相异，因而又被称为第三部门（the third sector）。① 虽然同上述两个部门相区分，但非营利组织兼具国家公共部门"为大众提供福祉"，以及营利机构的私有性的特点。② 关于非营利组织与福利多元主义理论这一问题，最早予以阐述的是美国学者，其探讨在国家公共部门和营利机构之外，第三部门作为另一种类型的正式机构的多元作用。这些学者注意到包括营利机构在内的市场所追求的利润最大化，以及国家公共部门的官僚化弊端，认为非营利组织可以融合市场的灵活性和高效性，以及国家公共部门的公平性和可预测性的优点。③ 同时，非营利组织在运营过程中的独立性也被用于解释其处理与国家和市场关系的关键。这一视角是基于市场化趋势下，探讨福利多元主义理论中各部门如何运行并相互影响，进而将非营利组织、国家和市场都看作福利产品提供的竞争者。然而，这一解释忽视了非营利组织作为福利产品提供者，所起到的通过社会救助促进社会团结的特殊作用。同时，在国家公共部门和营利机构之间，非营利组织起到协调者的作用：面对营利机构的经济利益和国家公共部门及其下属机构的政治利益，非营利组织需要将社会和政治需求同经济目标进行一定程度的整合。

在欧洲，将非营利组织作为多元福利体系的一部分是在1978年英国的《沃芬顿报告》（*Wolfenden Report*）中首次提出，其指出非营利组织兴起的

---

① Helmut K. Anheier, *Nonprofit Organizations: Theory, Management, Policy* (1st Edition), p. 4.
② Helmut K. Anheier, *Nonprofit Organizations: Theory, Management, Policy* (2nd Edition), p. 13.
③ Amitai Etzioni, "The Third Sector and Domestic Missions", *Public Administration Review*, Vol. 33, No. 4, 1973, p. 322.

最大优势是让政治和社会机构更加多元化。① 具体而言，非营利组织同国家的关系更多的是合作者。这在国家中心主义—法团主义福利模式下的德国尤为明显：非营利组织在提供社会服务时是国家的重要合作伙伴，拥有较高的自治权，但在资金来源上较依赖国家的支持。在社会服务领域中，一方面，当非营利组织与国家提供不同种类的福利产品时，如长期照护服务体系中互助小组、多代房屋的设立，非营利组织承担了国家无法提供的社会服务的职能，是一种互补性作用；另一方面，当非营利组织同国家提供相同类型的福利产品时，如均为住院照护服务，非营利组织则可以扩展长期照护需求者的选择范围，从而完成了对国家增益的职能。并且，基于德国所特有的社会治理理念，增益职能尤为明显，非营利组织提供的福利产品已远超国家所提供的福利产品。同时，不可否认的是，由于国家给予非营利组织以倾斜性资金支持，也使得非营利组织面临在福利产品提供时需要遵守国家各项规定的境遇。

非营利组织同家庭的关系可概括为"替代"（replacement）、"缓解"（relief）和"强化"（reinforcement）。② 就替代而言，当家庭无法完成相应的福利产品提供时，非营利组织可以及时进行补充供给；就缓解而言，非营利组织可以暂时替代家庭作为福利产品的提供者，从而缓解家庭负担，如长期照护服务体系中的短期照护服务和日间照护服务；强化则指非营利组织通过心理辅导、提供必要的技能培训和辅助工具，提升家庭照护服务能力。在这里，替代和缓解职能主要由专业的非营利组织完成，而强化职能除了专业机构可以承担，如互助组织、多代房屋等非营利性质的民间自助机构也可以承担部分职责。

就非营利组织同市场的关系而言，不可否认的是，随着多元福利体系的发展，非营利组织同市场之间的界限越发模糊。这一点在当今社会服务领域尤其明显。除享受税收抵免的优待外，由于市场化程度的加深，非营利组织不得不与市场中营利机构竞争，通过同政府签订协议来售出福利产品。而由于政府一般只通过保险偿付和社会救助的方式间接购买福利产

---

① Norman Johnson, *The Welfare State in Transition: The Theory and Practice of Welfare Pluralism*, p. 115.
② Norman Johnson, *The Welfare State in Transition: The Theory and Practice of Welfare Pluralism*, p. 115.

品，对于非营利组织的运营不承担资金支持的职责，因而非营利组织也需要自负盈亏，迫使其更加市场化。

非营利组织除了同国家、家庭和市场的关系密切外，还被认为是解决国家提供福利产品方面的弊端和市场失灵（market failure）问题的良药。国家所提供的公共产品无法完全满足少数群体的需求，以及市场中福利产品的价格不完全受供求关系的影响，导致了投机行为和市场效率的降低。因而，当国家因直接提供福利产品的职能有所后撤，而选择福利产品提供的替代者时，其更倾向于同非营利组织签订合约。这除了可以有效解决市场失灵的问题，非营利组织还被广泛认为能够对国家提供的资金进行更合理的利用。国家对非营利组织的信任在一定程度上限制了营利机构在社会福利领域的占有比例。同样地，就个人而言，当面临琳琅满目的相似的福利产品时，其更有可能选择较为简单易懂的非营利组织提供的产品，而非在各种各样的营利机构中进行挑选。此时，非营利组织在福利产品提供的空缺地带发挥了重要作用，供需平衡得以实现。

在德国长期照护服务体系中，非营利组织虽然没有如国家那样实现职能的转变，但其作为福利产品提供者的一员，是受福利多元主义理论影响相当明显的部门。在体系建立前，市场未完全开放，加之德国鲜明的法团主义模式，使得非营利组织承担了大量的专业照护服务职责。体系建立后，福利多元主义理论影响的深入使得市场得以进入，非营利组织为了在体系中生存，不得不寻求转型。这些方面将是下文论述的重点。

第二节 非营利组织在长期照护服务体系建立前的作用

正如上文所述，德国的非营利组织既具有普遍特点，也有自身特点。基于辅助性原则和法团主义福利模式，德国的非营利组织同政府联系更为密切，因而在长期照护服务体系建立前，市场的未完全开放使得非营利组织所承担的福利产品提供职能远大于营利机构。

一 德国的非营利组织

在德国，由于不涉及营利目的，非营利组织又被称为"理想协会"（Idealverein）。德国的非营利组织并不是为寻求中间道路发展起来的，而是通过同国家公共机构的紧密合作不断壮大。因而，如果严格按照国家—第三部门这一二分法对的非营利组织进行区分，则无法完全适用于德国的特殊情况。[①] 在福利产品提供方面，德国非营利组织的角色更加重要，尤其在社会服务和医疗照护领域中。联邦制的政治制度使得国家对地方情况无法完全了解，因而留给各地区非营利组织更多发展空间。这一点在长期照护服务体系建立前尤为明显。

（一）非营利组织的发展脉络

德国的非营利组织既是公民社会的最基本机构，也是福利国家不可或缺的一部分。[②] 其发展历程同国家在19世纪晚期的快速工业化道路和由此带来的经济迅速崛起相关。一方面，非营利组织同教会交流密切。1871—1878年的"文化斗争"（Kulturkampf）使得普鲁士民族国家同教会进行职能分权，国家更关注于教育、文化和社会保险制度的发展，教会则专注于社会服务的提供。而如今德国承担社会服务职能的非营利组织中，以教会为背景的机构占比较大，也同19世纪末期文化斗争的结果密切相关。然而，彼时教会对于普鲁士政府在文化斗争期间的禁令存在不满，并指出现代民族国家将完全接管曾经属于教会的权能，成为国家运行的主体。[③] 因此，教会颁布了一系列通谕，并逐渐确定了当今处理非营利组织和政府之间关系的"蓝本"——辅助性原则。关于辅助性原则的发展演变和现实应用已在第二章阐述，在此不再赘述。

另一方面，非营利组织同政府广泛合作，一些地区性的非营利组织开始蓬勃发展。与英国和法国不同，德国缺乏广泛的民主和革命传统，使得民众没有相应的政治代表，这反而为非营利组织的发展创造了条件。19世纪末期，随着工业化的快速发展，国家和工人间的矛盾凸显。为将新兴的工人阶层纳入德意志帝国体系，而不改变原有社会结构，俾斯麦不得不提

[①] Wolfgang Seibel, "Government/Third Sector Relationships in a Comparative Perspective: The Case of France and West Germany", *Voluntas*, Vol. 1, No. 1, 1990, p. 45.

[②] Helmut K. Anheier and Wolfgang Seibel, *The Nonprofit Sector in Germany: Between State, Economy and Society*, p. 3.

[③] Helmut K. Anheier, *Nonprofit Organizations: Theory, Management, Policy (2nd Edition)*, p. 44.

供给工人一定的社会福利，以保障他们的利益。① 因此，在国家向工业化方向转型时，非工人阶层的社会融合和脱贫问题被国家所忽视。这给地区性非营利组织的发展提供了契机：对于非工人阶层社会服务的提供，尤其是贫困问题的解决，通常由地方层面的相关组织完成，如地方公共部门，以及更多的由非营利组织承担。1850—1900 年，一系列非营利组织成为经济快速发展时期相当有影响力的经济和政治代表机构。② 彼时，那些地区性的非营利组织以及上文述及的教会支持的非营利组织，正是当今德国承担相当大部分福利产品提供的机构——慈善照护机构的先驱。③ 具体而言，这些非营利组织发挥对弱势群体的支援帮助作用，除了为老年人、儿童提供照护服务，还为成年人提供基础教育、为移民群体提供必要的融合服务，以避免贫困和社会排斥现象的发生。魏玛共和国时期，各种类型的非营利组织都经历了比较明显的扩张。到 20 世纪 30 年代初期，非营利组织发展成较为成熟的组织体系。

20 世纪 50 年代，在执政党基督教民主联盟的倡导下，"辅助性原则"成为规定国家和非营利组织之间关系的基本原则，非营利组织成为连接社会和国家间稳定的纽带。在辅助性原则的作用下，由于非营利组织拥有更多资源，同营利机构相比，其具备更强的竞争力。因此，非营利组织经历了再一次的快速发展，而这一波的兴起除了辅助性原则外，还有着深刻的经济、政治和社会原因。就经济原因而言，由于 20 世纪 70 年代初期，德国从工业化国家向后工业化国家转型，制造业雇佣的比例有所下降，服务业雇佣的增长开始显现。这一增长同时带动了非营利组织作为社会服务提供机构的发展。该趋势由于战后婴儿潮一代的成长得到更加明显的体现：20 世纪 50 年代儿童照护机构的发展、60 年代中小学校的兴起、70 年代大学的兴建，以及之后提供长期照护服务的非营利组织的扩展，正好符合婴

---

① Helmut K. Anheier and Wolfgang Seibel, "Germany", in Lester M. Salamon and Helmut K. Anheier, *Defining the Nonprofit Sector: A Cross-National Analysis*, p.134.
② Helmut K. Anheier, "A Profile of the Third Sector in West Germany", in Helmut K. Anheier and Wolfgang Seibel, eds., *The Third Sector: Comparative Studies of Nonprofit Organizations*, p.317.
③ Annette Zimmer et al., "Germany: On the Social Policy Centrality of the Free Welfare Associations", in Jeremy Kendall, ed., *Handbook on the Third Sector Policy in Europe: Multi-level Processes and Organized Civil Society*, Cheltenham/Northampton: Edward Elgar, 2009, p.25.

儿潮一代的成长轨迹。① 就政治原因而言，政策的施行是在政府给予资金支持的条件下，根据非营利组织的能力可以恰好满足社会需求为根本。这一方式使得非营利组织和政府间达成了合作关系，促进了非营利组织的发展。就社会原因而言，正如上文所述，战后婴儿潮的出现需要大量的相关社会照护机构等非营利组织的支持，而婴儿潮过后的下一代由于人口出生率急剧下降和预期寿命的增加，年轻人口比例减少，更加剧了对社会福利和医疗照护等方面的需求。同时，由于越来越多的妇女进入劳动力市场，使得对儿童、老年人和残疾人的照护需求增加，相关的非营利组织应运而生。而人口的流动带来移民的增多，针对移民群体的相关组织的需求增长。因而，非营利组织作为由公民组成的社会组织，承担了更多的福利产品提供职能，国家在这方面的作用则持续下降。

（二）非营利组织的特点

总体而言，德国的非营利组织包含比较明显的三个特点：第一，自我管理。这一原则源自19世纪末期地区性非营利组织的蓬勃发展，但那时其只享有部分自主性。之后，自我管理原则得到拓展，强调国家只为非营利组织提供必要的政治优先权，后者享有自我管理的权利。这一原则主要存在于科学研究、高等教育和文化艺术领域的非营利组织中。② 第二，辅助性原则。辅助性原则随着非营利组织的发展而逐步得以确定。该原则给予非营利组织在提供公共服务时的优先权，并带来了下文将要提及的德国最大的六个慈善照护机构的绝对重要地位。这一原则主要应用于非营利组织的社会服务和医疗照护领域中。③ 值得注意的是，这一类型的非营利组织在遵从辅助性原则的同时，也拥有自我管理的特点，并享受政府给予的倾斜性资金支持。第三，公共经济（Gemeinwirtschaft）。这一原则旨在扩大公共产品的提供，而不仅仅专注于个人收益的获得④，主要集中于住房、保

---

① Helmut K. Anheier and Wolfgang Seibel, *The Nonprofit Sector in Germany: Between State, Economy and Society*, p. 189.

② Helmut K. Anheier and Wolfgang Seibel, *The Nonprofit Sector in Germany: Between State, Economy and Society*, pp. 72-73.

③ Helmut K. Anheier and Wolfgang Seibel, *The Nonprofit Sector in Germany: Between State, Economy and Society*, p. 72.

④ Gerhard Himmelmann, "Public Enterprises in the Federal Republic Germany", *Annalen der Gemeinwirtschaft*, No. 3, 1985, pp. 365-391.

险和提供贷款服务的非营利组织中。① 然而，需要指出的是，该原则在科尔政府时期的私有化改革中逐渐被边缘化。② 这些领域的非营利组织转型成为商业部门。尽管如此，上述三个原则为非营利组织的发展提供了便利：自我管理形成了非营利组织同政府机构间的分界；辅助性原则带来了社会服务提供和福利供给的扩展；公共经济则开拓了非营利组织的新的经济模式。③

除上述三个特点外，德国非营利组织的组织架构也富有特色。德国比较庞大的非营利组织呈伞状结构排列，即在每一级政府中，都有相对应同一科层的非营利组织，非营利组织的顶端为各自的"总会"。这一伞状结构一方面使得非营利组织可以较好地代表自身利益从而影响决策，另一方面还成为不同科层政府相互沟通的桥梁。从横向来看，非营利组织垂直分布的结构同公共部门的科层制相符。不同科层的非营利组织同本科层相应的政府成员，如党派代表、政府中的专家等合作协商，并在联邦层面代表整个非营利组织同其他相关组织及联邦政府进行沟通。从纵向来看，德国的"合作联邦制"（Politkverflechtung）使得联邦政府一方面同各地方政府紧密合作，另一方面不同科层的政府有其各自专属的治理领域。因而，在合作联邦制中，各科层政府机构都有一定的互不干涉的权利。这一制度安排留出来了一些空间用于不同科层政府的相互调整、适应和配合，从而需要一些中间组织或机构完成中央政府和各地方政府之间的协调。这些中间机构即非营利组织。④ 因而，非营利组织实际上联结了国家和公民社会，以及不同科层的政府机构。⑤ 正如卡彼特·赞斯坦（Peter Katzenstein）所提到的，德国的去中心化结构实际上是由非常中心化的社会团体实现，以

---

① Helmut K. Anheier and Wolfgang Seibel, *The Nonprofit Sector in Germany: Between State, Economy and Society*, p. 73.

② Helmut K. Anheier and Wolfgang Seibel, "Germany", p. 138.

③ Helmut K. Anheier and Wolfgang Seibel, *The Nonprofit Sector in Germany: Between State, Economy and Society*, p. 11.

④ Peter Katzenstein, *Policy and Politics in West Germany: The Growth of a Semisovereign State*, Philadelphia: Temple University Press, 1987, p. 15.

⑤ Annette Zimmer, "Corporatism Revisited—The Legacy of History and the German Nonprofit Sector", p. 40.

伞状组织为特点的社会团体直接参与政策的制定和实施。①

（三）非营利组织的分类

德国的非营利组织主要分为两大类，一类是文化、娱乐、体育、环境保护等领域的非营利组织，其多为会员制，体现了更强的公民参与性，资金来源主要是会费以及自愿捐款。这部分非营利组织占全德非营利组织比例相对较小。另一类是医疗照护和社会服务领域的非营利组织，其是非营利组织中占比非常庞大的部分。就德国而言，由于医疗和社会服务提供需要很强的专业性，因而公民参与性并不明显，其资金来源主要是保险基金的偿付和国家的救助金，以及根据辅助性原则对非营利组织的倾斜性支持，个人捐赠则微乎其微。具体而言，1995年，德国所有非营利组织的收入来源中，64%来自公共部门的支付，32.3%来自会费收费，慈善捐助比例仅占3%。② 因此，可以认为，对于第二类非营利组织，实际上具有准政府的性质。③ 这一准政府性质随着20世纪福利国家的发展得以进一步强化，最终形成以慈善照护机构为主要代表的庞大的非营利组织体系。关于慈善照护机构的架构，将在下文予以详述。

以慈善照护机构为主要代表的非营利组织在社会服务方面具有巨大优势，甚至远远超过了非营利组织中志愿服务组织。这是因为公共部门在社会服务提供方面须为慈善照护机构及类似机构让路，且必须支持后者完成其目标。这一规定在《联邦社会救助法》中第十款有所体现，其规定公共部门需要在为慈善照护机构提供社会援助方面予以适当支持，同时要保证慈善照护机构在提供援助过程中的独立性。如果某一类型的社会援助确定由慈善照护机构完成，那么公共部门就无须提供同样类型的援助服务。④ 由于政府为慈善照护机构提供政治上的优先性和经济上的基础，其无须同营利机构相竞争，因此以慈善照护机构为主要代表的非营利组织发展迅猛，逐渐成为德国非营利组织中占比最大的一部分。在长期照护服务领

---

① Peter Katzenstein, *Policy and Politics in West Germany: The Growth of a Semisovereign State*, p. 15.
② ［美］莱斯特·M. 萨拉蒙等：《全球公民社会：非营利部门视界》，第92页。
③ Annette Zimmer, "Corporatism Revisited—The Legacy of History and the German Nonprofit Sector", p. 39.
④ Bundesregierung, *Bundessozialhilfegesetz* (*BSHG*), §10-（1）.

域，这一优势直到《长期照护保险法》颁布前一直存在。

相比较而言，由于政府—慈善照护机构间的资金支持模式在教育、文化娱乐等领域的非营利组织中并不显现，该类型非营利组织的发展也没有那么突出。① 由于国家并未在相关法案中明确对上述领域的非营利组织的资金支持，这意味着，对于会员制的协会和教育机构，地方政府不需要进行专门拨款。然而，地方政府还是尽量对上述机构给予一定程度的资助，以保障其正常运营并提升公民的参与度。就具体的资金支持数额而言，其与慈善照护机构间的差异较为明显。政府对慈善照护机构的资金支持数额由地方政府和相关组织商议形成，因而其得到了大量的资金支持，不断发展壮大。而对于以会员制为主的非营利组织而言，则是由地方政府自行决定资金支持额度的多寡，因此同当地的财政状况紧密相连。② 因而，对于同一类型的会员制非营利组织，由于其所在地区不同，所得到的资金支持额度将会有很大差异。这使得一些地方政府，尤其是新联邦州和鲁尔区的政府资金十分有限，对该类非营利组织提供的支持较少；同时，这类组织的其他资金来源渠道亦受限，使得其生存环境较为艰难，发展情况同慈善照护机构相比差距不断加大。

（四）非营利组织的架构

承担医疗照护和社会服务的非营利组织主要分为两大类：慈善照护机构和其他非营利组织。虽然慈善照护机构承担了绝大多数服务提供职能，但其他非营利组织也承担了一部分职责。后者数量同慈善照护机构相比虽然不在同一个水平上，但扩大了服务需求者的可选择范围。

1. 德国的慈善照护机构

德国的慈善照护机构呈现伞状结构。在伞状结构的顶层，由联邦慈善照护工作总会（Bundesarbeitsgemeinschaft der Freien Wohlfahrtspflege）搭建沟通协调的平台。下设六个法定的相互独立的慈善照护总会（Spitzenverband der Freien Wohlfahrtspflege）：工人福利协会、德国红十字会

---

① Helmut K. Anheier, *Nonprofit Organizations: Theory, Management, Policy (1st Edition)*, p. 298.
② Lars S. Henriksen, Steven R. Smith and Annette Zimmer, "At the Eve of Convergence? Transformations of Social Service Provision in Denmark, Germany, and the United States", *Voluntas*, Vol. 23, 2012, p. 479.

(Deutsches Rotes Kreuz，DRK)、基督新教慈善协会（Diakonie Deutschland-Evangelischer Bundesverband）、明爱天主教慈善协会、平等福利协会（Deutscher Paritätischer Wohlfahrtsverband）以及犹太人中央福利会（Zentralwohlfahrtsstelle der Juden in Deutschland，ZWST）。联邦慈善照护工作总会、六个慈善照护总会，及各州和地方的照护服务分支机构共同组成了德国慈善照护机构的伞状架构。这些慈善照护机构负责德国医疗照护、长期照护及其他社会照护服务的提供。

联邦慈善照护工作总会在20世纪20年代就已现雏形，并于1949年重建。起初，联邦慈善照护工作总会负责对其所属慈善照护机构提供经济支持，之后则逐步扩大到为所属慈善照护机构争取有利政策。具体而言，该机构主要负责对联邦所有慈善服务的协调；在制定法律时代表各组织的共同利益参与决策，并与政府和决策部门沟通；同联邦政府、州政府、地方政府以及其他公共部门合作，其中只有联邦慈善照护工作总会能够在联邦政府相关部门发声；参与与慈善照护有关的专业组织；加强公民参与慈善工作的责任感以及维持慈善工作在社会中的地位等。其包括全体大会和主席团会议。其中全体大会每年举行，每个慈善照护机构派三人出席。主席团由一名主席和两名副主席组成，每两年轮换一次，负责报告的审核。①

就各慈善照护机构而言，工人福利协会成立于1919年，起初为社会民主党中的"工人福利委员会"（Hauptausschuss für Arbeiterwohlfahrt），致力于改善工人在社会福利中被歧视的状况。第二次世界大战期间停止运行，后于1946年重建，并在四个占领区分别建立了地区协会。自那时起，协会成为独立的慈善照护机构。1990年11月，两德的工人福利协会合并，并开始对所有社会活动和有需求的人予以支持。工人福利协会由于建立在民主社会的社会政策之上，因此至今依然同政治紧密相连，也成为对社会政策影响最大的团体之一。目前，该协会包括3865个州和地方协会，各类型照护机构1.8万家，雇佣23.8万名正式员工及8.3万名志愿者。工人福利协会在长期照护方面提供的服务比较广泛，包括日间照护、流动照护、住院照护、医疗供给、对认知障碍症患者的特殊照护、安宁照护服务，以及

---

① 参见联邦慈善照护工作总会网站，https://www.bagfw.de/ueber-uns/satzung。

第五章 非营利组织——转型中的福利产品提供者

自助小组等。①

德国红十字会是世界红十字会的一部分，成立于1921年。其前身为1866年成立的红十字会爱国妇女联合会（Vaterländischer Frauenverein vom Roten Kreuz）。成立之初是为了帮助战争中的受害者。魏玛共和国时期，其宗旨扩大到防止和减少因健康状况恶化、经济拮据和精神诊疗带来的生活困难，包括医疗照护、卫生健康、家庭照护服务和社会工作等。红十字会在纳粹时期免于解体，但服务覆盖范围大幅缩减，沦为为纳粹军队提供医疗服务的机构。第二次世界大战后，联邦德国红十字会（Deutsches Rotes Kreuz in der Bundesrepublik Deutschland e. V.）于1950年重建，民主德国红十字会（Deutsches Rotes Kreuz der DDR）于1952年重建。1990年11月，两德红十字会合并为如今的德国红十字会。目前，德国红十字会包括19个州机构以及4500余个地方机构。在长期照护服务方面，德国红十字会提供住院照护、流动照护、日间照护、短期照护、安宁照护等服务。②

基督新教慈善协会是隶属于德国福音派的宗教福利机构，但其提供帮助的对象没有宗教信仰限制。其前身为1848年的德国福音派教会内部事务中央委员会（Central-Ausschuss für die Innere Mission der Deutschen Evangelischen Kirche）。该慈善照护机构建立之初的宗旨为对社区中有困难的人予以援助。由于以国家为中心的福利体系的建立，基督教慈善协会在魏玛共和国早期达到了顶峰。纳粹时期，协会的保护对象遭到了大范围的迫害。第二次世界大战后，协会建立德国福音派教会援助会（Hilfswerk der Evangelischen Kirche in Deutschland），并开辟了对外援助服务，使得大量战后返乡者、无家可归的人以及难民得到了帮助和照护。1975年所有分支援助机构合并为基督新教慈善协会。1991年，两德的机构合并。至2018年初，该协会共有3.2万家机构，包括118万张床位，并雇佣60万名全职员工和约70万名志愿者。其中，在长期照护领域的工作人员为19.1万人，占比16%。对于长期照护服务，其已经从边缘福利项目提升为重要服务提供领

---

① 参见工人福利协会官方网站，https://www.awo.org/ueber-uns/awo-historie，https://www.awo.org/die-awo-zahlen-und-fakten。

② 参见德国红十字会官方网站，https://www.drk.de/das-drk/geschichte/。

域，包括住院照护、流动照护、日间照护等服务。此外，协会还致力于开发新的照护方式，例如同居养老。①

明爱天主教慈善协会成立于1897年，是德国最大的慈善照护机构之一。成立不久，其覆盖范围就已非常广泛，包括教育，对生理心理上有缺陷的人、海员、受伤感染者的特殊帮助，以及对于妇女儿童保护等方面。同样归功于以国家为中心的福利体系的建立，明爱天主教慈善协会在魏玛共和国早期达到了顶峰。在纳粹时期，虽然其没有遭到解体，但由于受到了严格监控，只能勉强维持运营，无法进行正常的工作。第二次世界大战后，明爱天主教慈善协会成为德国第一个超地区慈善照护机构，帮助了战后众多难民和家庭团聚。截至2018年底，协会共包括25064家机构和服务中心，拥有69.3万名员工和数以十万计的志愿者。长期照护方面，该慈善组织共有3009家机构提供13.5万张床位，雇佣12.4万名员工。②

平等福利协会成立于1924年。当时，在明爱天主教慈善协会、德国红十字会、德国福音派教会内部事务中央委员会（基督教新教慈善协会的前身）纷纷成立后，位于法兰克福的23家医院不希望加入任何拥有宗教或意识形态背景的组织，因此其成立独立机构，即德国非营利性慈善组织协会（Vereinigung der freien privaten gemeinnützigen Wohlfahrtseinrichtungen Deutschlands e. V）。1925年更名为第五福利联合会（Fünfter Wohlfahrtsverband），1932年更为现名。纳粹时期，平等福利协会解散。1945年，一些州的协会陆续恢复建立慈善照护机构。其注重对社会公平的追求，旨在为社会上有缺陷的人群提供帮助。目前，平等福利协会共有15个州协会和280余个地方团体，超过1万家独立组织机构和团体负责社会救助和医疗照护服务。③ 在长期照护方面，平等福利协会主要提供流动照护、住院照护、安宁服务，为长期照护需求者提供舒适居住环境，以及照护人员培训

---

① 参见基督教新教慈善协会官方网站，https：//www.diakonie.de/unsere-geschichte-im-ueberblick/，https：//www.diakonie.de/die-diakonie-in-zahlen。

② 参见明爱天主教慈善协会官方网站，https：//www.caritas.de/diecaritas/wofuerwirstehen/geschichte-der-caritas，https：//www.caritas.de/diecaritas/wir-ueber-uns/die-caritas-in-zahlen/statistik。

③ 参见平等福利协会官方网站，https：//www.der-paritaetische.de/verband/ueber-uns/。

第五章 非营利组织——转型中的福利产品提供者

等服务。

犹太人中央福利会成立于 1917 年，为宗教福利机构。第二次世界大战期间曾解散，1951 年再度建立，旨在缓冲大屠杀带来的冲击，重建德国的犹太人团体。由于 20 世纪 90 年代大量苏联的犹太移民涌入德国，犹太人中央福利会将主要精力放在移民的社会和宗教融合方面。此外，其还致力于对于反闪族人及极右翼团体的反对活动。现在，犹太人中央福利会的社会服务范围大幅度扩大，包括教育、照护、培训等，而其主要服务群体依旧为犹太人。截至 2017 年，该组织拥有 103 家社会服务机构，雇佣员工 97791 人。在长期照护服务方面，其专注于对照护人员的培训、对大屠杀幸存者的特别关照以及对认知障碍症患者的特殊照护。[1]

2. 其他非营利组织

除了上述重要的六个慈善照护机构，其他一些非营利组织也承担了一定数量的长期照护服务工作。这些非营利组织以马蒂泽救济机构（Malteser Hilfsdienst e. V.）、德国工人志愿联盟（Arbeiter-Samariter-Bund Deutschland, ASB）、博德尔施文格基金会（贝塞尔）（v. Bodelschwinghsche Stiftungen Bethel）、人民团结组织（Volksolidarität），以及圣约翰救济机构（Johanniter-Unfall-Hilfe e. V., Die Johanniter）为代表。虽然这些机构的规模不及上文的大型慈善照护机构，但其存在扩大了非营利组织的多样性，丰富了长期照护需求者的选择范围。

马蒂泽救济机构于 1953 年在明爱天主教慈善协会的支持下建立，为天主教国际社会救助机构。在德国境内，该机构有 4.7 万名志愿者，2.3 万名全职员工。其目前拥有分支机构超 700 家，其中住院照护机构 32 家，在心灵慰藉、安宁照护和认知障碍症患者的照护方面富有经验。此外，机构还包含数家流动照护机构和 8 家住区式养老服务（betreutes Wohnen）机构。[2]

德国工人志愿联盟由 1888 年的工人运动发展而来。截至 2018 年，该机构拥有 16 个州机构、194 个地方机构、31 家有限责任公司，雇佣超 4 万名全职员工以及超 2 万名志愿者。在社会服务方面，工人志愿联盟提供长

---

[1] 参见犹太人中央福利会官方网站，https://zwst.org/de/zwst-ueber-uns/。
[2] 参见马蒂泽救济机构官方网站，https://www.malteser.de/ueber-uns.html。

期照护服务、安宁服务、儿童和青少年救助以及残疾人照护服务,拥有住院照护机构170家,多家流动照护机构和住区式养老服务机构。①

博德尔施文格基金会成立于1867年,是一个新教非营利组织。其建立的初衷是为癫痫病患者提供社会服务。后经过不断发展,该组织的服务职能大幅度扩展,服务提供对象涵盖残疾人、心理疾病患者、生理疾病患者、老年人及长期照护需求者、有社会融入障碍的年轻人以及无家可归人士。其机构也从贝塞尔这一小城扩展到德国的8个州。截至2019年,博德尔施文格基金会拥有员工约2万名,年服务23万人。在长期照护服务方面,可提供包括流动照护服务、全住院照护服务、日间照护服务和短期照护服务等服务方式。其中,住院照护可服务2741名长期照护需求者。②

人民团结组织于1945年10月在原民主德国成立,旨在缓解战后社会困苦的状况。其在建立之初就致力于帮助老年人、长期患病者、长期照护需求者、儿童和青少年,以及社会边缘群体尽快融入社会。目前,人民团结组织在3个方面均有所建树,包括协会组织、社会服务提供以及利益代表。其共有87个地方协会,3027家照护机构,雇佣约1.9万名员工及1.9万名志愿者。在长期照护方面,该组织拥有153家流动照护机构和131家全住院或半住院照护机构,共为超5.1万人提供照护服务。③

圣约翰救济机构于2004年成立,专注于医疗照护和社会服务的提供。截至2019年,其拥有逾100家医疗和照护机构,包括9家医院、8家专业康复中心、95家长期照护机构、3家救济院、7家医疗照护中心等。该公司有员工16004名,其中,在住院照护机构中工作的员工有7228名,另有2261名在后勤支持中心提供诸如长期照护服务咨询、流动照护服务以及家政服务等。而95家住院照护机构可以提供约8000个照护床位以及约1500

---

① 参见德国工人志愿联盟官方网站,https://www.asb.de/ueber-uns/der-arbeiter-samariter-bund。
② 参见博德尔施文格基金会官方网站,https://www.bethel.de/ueber-uns/struktur-zahlen-fakten.html。
③ 参见人民团结组织官方网站,https://www.volkssolidaritaet.de/ueber-uns-bundesverband/。

第五章 非营利组织——转型中的福利产品提供者

家独居公寓。这些机构可提供的服务包括全住院照护、针对认知障碍症患者的特殊照护、短期照护、日间照护以及住区式养老服务。①

二 非营利组织在长期照护服务体系建立前的作用

在长期照护服务体系建立前，非营利组织是除家庭外最重要的福利产品提供部门，其机构数量远超国家公立机构和营利机构。

正如本书第三章所提及的，由于体系建立前流动照护机构的数据缺乏，因而我们仅根据住院照护机构的数量来观察非营利组织的作用。如表5-1所示，在住院照护机构中，1993—1995年非营利组织数量从4376家上涨到4522家。虽然1995年非营利组织数量与1994年相比有小幅度下降，但其占比呈现稳中有升趋势，从1993年的52.7%增长到1995年的55.2%。由于非营利组织的数量在体系建立前的几年占住院照护机构比例一直处于50%以上，因此可以认为，非营利组织承担了重要的福利产品提供职责。

表5-1 住院照护服务中非营利组织数量及占比变化（1993—1995年）

年份	1993	1994	1995
非营利组织数量（家）	4376	4582	4522
占住院照护机构比例	52.7%	55%	55.2%

数据来源：Statistisches Bundesamt, "Sozialleistungen in: Statistisches Jahrbuch für die Bundesrepublik Deutschland", in *Statistisches Jahrbuch 1995/1996/1997*。

而如果以同时期非营利组织中长期照护需求者人数来看，在国家公立机构的数量显著减少的同时，如表5-2所示，非营利组织则保持基本平稳，1993—1995年在40万至43万人波动，而其占比则在60%至63%波动。值得注意的是，这一比例比非营利组织数量占住院照护服务机构数量的比例还高。这再次说明非营利组织在体系建立前所承担的重要职责。

---

① 参见圣约翰救济机构官方网站，https：//www.johanniter.de/die-johanniter/startseite/。

表 5-2　住院照护服务中非营利组织的长期照护需求者数量及占比变化
（1993—1995 年）

年份	1993	1994	1995
长期照护需求者数量（人）	404344	431036	402084
占住院照护机构比例	60.1%	63.2%	62%

数据来源：Statistisches Bundesamt,"Sozialleistungen in：Statistisches Jahrbuch für die Bundesrepublik Deutschland", in *Statistisches Jahrbuch 1995/1996/1997*。

通过上文对非营利组织在长期照护服务体系建立前作用的阐述，我们可以再次验证辅助性原则对非营利组织发展所起到的重要作用。在长期照护服务体系建立前，非营利组织所承担的职责更多的是社会救助，即对照护服务需求最为急迫的个人提供救助式照护服务。根据辅助性原则，地方政府以资金支持的方式进行"补缺"，弥补非营利组织资金来源有限这一劣势，使得非营利组织同地方政府紧密合作。具体来讲，地方政府一方面给予长期照护需求者以社会救助金的方式，使得其可以享受专业照护服务，进而促进同营利机构相比收费较低的非营利组织的发展；另一方面则承担了非营利组织运营的基本资金，进一步促进其蓬勃发展。

非营利组织在长期照护服务领域中所提供的社会救助职能，加之政府在资金支持上的"补缺"职责，使得在体系建立前，福利多元主义理论在福利产品提供领域展现了一定程度的影响力。即通过非营利组织承担大量的社会服务提供职责，降低国家公立机构在该职责中的重要性。而由于该影响尚处于初级阶段，缺少"市场"这一重要部门，因而非营利组织不断壮大。

第三节　非营利组织在长期照护服务体系中的作用

诚然，在长期照护服务体系建立前，政府对非营利组织的倾斜性政策使得后者拥有更加稳定的收入来源，因而更利于对发展方向进行长远规划。此外，非营利组织还通过同政府机构的紧密联系，使得前者将政府政策贯彻实施。然而，这一紧密关系也带来了一定弊端：政府的大力支持使得相关领域非营利组织对政府的依赖性增强，逐渐成为准政府性质的机构。从非营利组织的角度来看，为持续性得到政府的资金支持，其不得不迎合政府的规定和需求，而不再是照护需求导向型，从而越来越缺乏自治和灵活运营的能力，效率不断降低。这带来政府对非营利组织的资金提供政策，无法完全转化为非营利组织在提供福利产品时所产生的积极效果。[①] 随着时间的推移，非营利组织在为社会弱势群体提供福利产品时，其至已经同营利机构所提供的服务和收取的费用相同，并且前者在福利产品提供的开拓和创新方面甚至不如营利机构。因而，为了提高福利产品的提供质量，越来越多的人注意到机构运行效率的重要性，提倡政府取消对非营利组织的支持政策，代替以社会服务领域的市场化政策。鉴于此，国家放开了曾经对与营利机构签订合约的排斥倾向，促进市场环境的建立，不再过多介入福利产品的提供，而是让非营利组织和营利机构都可以在市场中平等地提供社会服务。

因此，德国的非营利组织处于十字路口：不得不放弃曾经优越的运营环境，而面对日益激烈的市场竞争。自20世纪90年代起，政府通过对支出的控制，使得非营利组织赖以在社会中立足的经济支持停滞。因而，非营利组织也开始发生转变，不仅是规模和内部结构方面，还包括同政府间关系的变化方面。而就长期照护服务体系而言，这一转变的重要特点就是随着《长期照护保险法》的颁布，政府取消对非营利组织的资金支持政策，取而代之的是对所有福利产品提供机构的一视同仁。由于非营利组织缺乏适应新环境的能力，无法抓住足够的市场份额，其在服务提供方面的职责呈现一定程度的下降。

从《长期照护保险法》实施到2019年，通过对非营利组织数量和机构中长期照护需求者人数变化的分析，我们可以对其在长期照护服务体系中的特点和作用有一个更加清晰的认识。

一 流动照护服务中非营利组织的发展变化

对于流动照护服务而言，如图5-1所示，1999年非营利组织的数量为5103家。后处于下降状态，到2011年为最低值4406家。虽然在之后的几

[①] M. Gregg Bloche, "Should Government Intervene to Protect Nonprofits?" *Health Affairs*, Vol. 17, No. 5, 1998, pp. 14–15.

年，非营利组织的数量呈现一定程度的增长，并在 2019 年达到 4720 家，但依旧比 1999 年减少了近 400 家。而就非营利组织占流动照护机构比例而言，则呈现持续下降趋势，其从 1999 年的 47.2%下降到 2019 年的 32.1%。而按此趋势，1995—1998 年非营利组织的数量和占比也应呈较为明显的下降。这是由于营利机构的数量在这一时间段内明显增长，挤占了非营利组织的份额。这一趋势将在下一章具体论述。

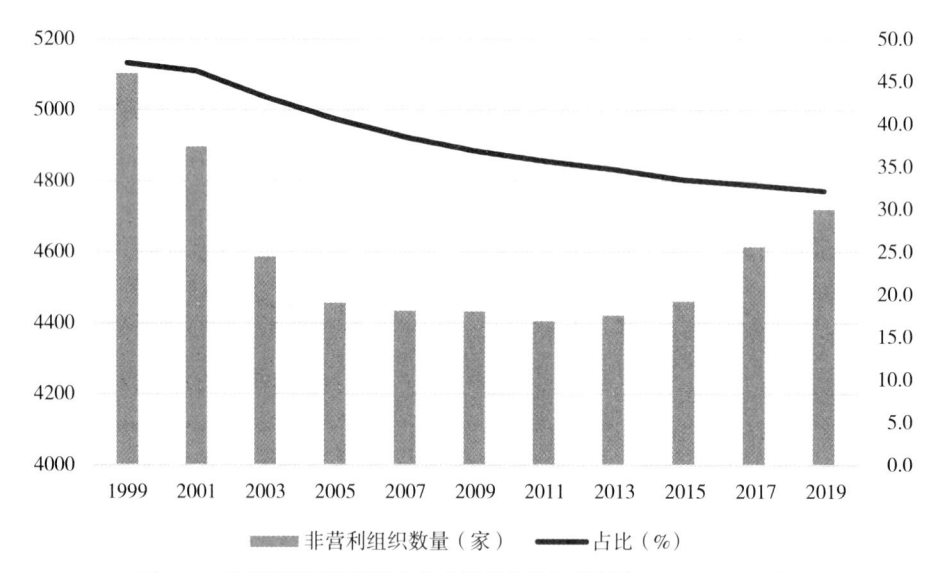

图 5-1 非营利组织数量及占流动照护机构比例变化（1999—2019 年）

注：1. 数据来源：Statistisches Bundesamt, *Pflegestatistik*：*Pflege im Rahmen der Pflegeversicherung-Deutschlandergebnisse*, 1999/2001/2003/2005/2007/2009/2011/2013/2015/2017/2019。
2. 左侧坐标轴为非营利组织数量，右侧坐标轴为占比情况。
3. 笔者自制。

就非营利组织中长期照护需求者人数而言，如图 5-2 所示，其经历了一个先降后升的趋势，从 1999 年的 26 万人小幅度降至 2003 年的 25.7 万人。后逐年攀升，到 2019 年升至 45.3 万人。从绝对数值来看，非营利组织中长期照护需求者人数呈现了较为明显的增长。然而，非营利组织服务的人数占总人数的比例则逐年下降，从 1999 年的 63.3%下降到 2019 年的 46%。若按此趋势，1995—1998 年非营利组织中长期照护需求者数量应保持在 26 万人左右，而其占比则持续下降。同样地，这一趋势的变化同营利机构进入照护服务市场密不可分。虽然平均每家非营利组织中长期照护需求者人数多于营利机构,① 但由于非营利组织的机构数量下降较快,在流动照护服务中,其长期照护需求者总人数占比也随之下降。

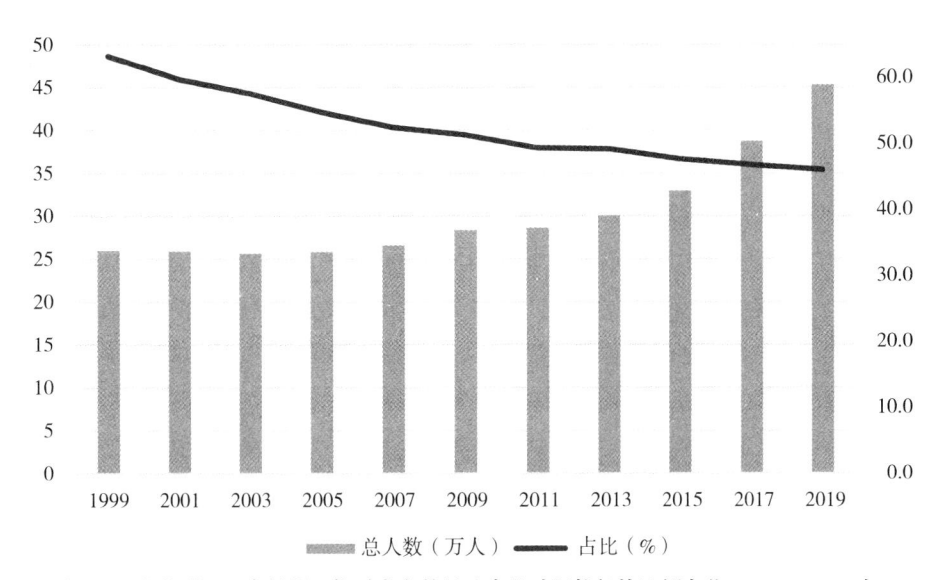

图 5-2　非营利组织中长期照护需求者数量及占流动照护机构比例变化（1999—2019 年）

注：1. 数据来源：Statistisches Bundesamt, *Pflegestatistik*：*Pflege im Rahmen der Pflegeversicherung-Deutschlandergebnisse*, *1999/2001/2003/2005/2007/2009/2011/2013/2015/2017/2019*。
2. 左侧坐标轴为非营利组织中长期照护需求者数量，右侧坐标轴为占比情况。
3. 笔者自制。

二　住院照护服务中非营利组织的发展变化

对于住院照护服务而言，如图 5-3 所示，在住院照护给付开始实施的 1996 年，非营利组织数量为 4563 家。从那时起，其绝对数量始终处于快速增长状态，到 2019 年达到 8115 家。而其占住院照护机构的比例则呈现先上升后下降趋势，从 1996 年的 55.3%，小幅上升至 1997 年的 57.6%。

---

① 1999 年，平均每家非营利组织中长期照护需求者人数为 51 人，营利机构为 27 人；2001 年这一数字分别为 53 人和 30 人；2003 年为 56 人和 32 人；2005 年为 58 人和 32 人；2007 年为 60 人和 33 人；2009 年为 64 人和 35 人；2011 年为 65 人和 36 人；2013 年为 68 人和 37 人；2015 年为 74 人和 40 人；2017 年为 84 人和 46 人；2019 年为 96 人和 53 人。数据来源：Statistisches Bundesamt, *Pflegestatistik*：*Pflege im Rahmen der Pflegeversicherung-Deutschlandergebnisse*, *1999/2001/2003/2005/2007/2009/2011/2013/2015/2017/2019*。

这是因为同期国家公立机构数量大幅下降，使得住院照护机构总数较为明显地减少。在 1997 年之后，非营利组织数量则持续下降至 2017 年的 52.7%。尤其在 2013—2015 年，这一比例呈现较为明显的下滑趋势。虽然 2019 年该比例小幅度上升，达到 52.8%，但幅度并不明显。即便如此，非营利组织占比依旧高于 50%，说明其在住院照护服务中始终占据较为重要的位置。然而，需要指出的是，与此同时营利机构数量及占比处于不断上升态势，不断挤占非营利组织的份额。这一趋势将在下一章进行具体论述。

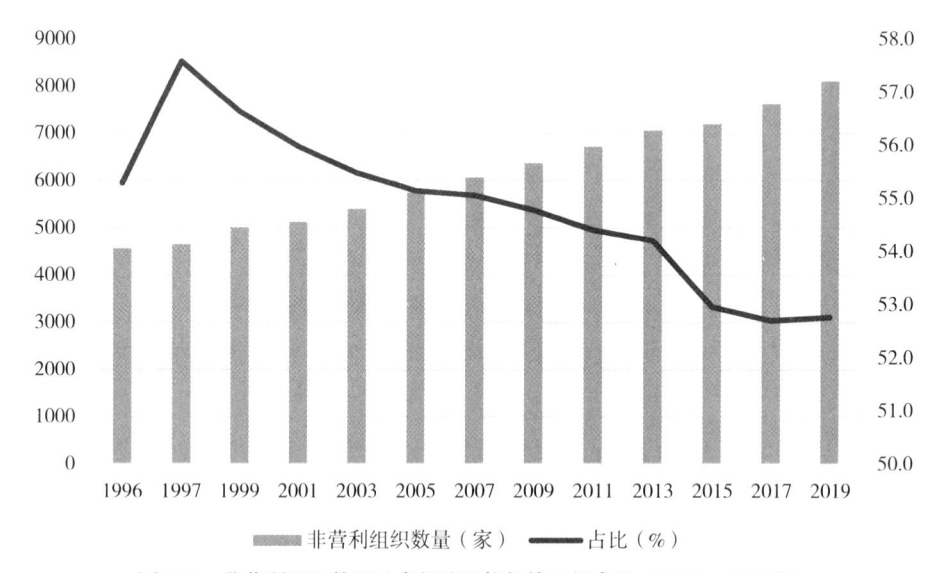

图 5-3　非营利组织数量及占住院照护机构比例变化（1996—2019 年）

注：1. 1996 年和 1997 年数据来源：Statistisches Bundesamt, "Sozialleistungen in: Statistisches Jahrbuch für die Bundesrepublik Deutschland", in *Statistisches Jahrbuch 1998/1999*；1999—2019 年数据来源：Statistisches Bundesamt, *Pflegestatistik*: *Pflege im Rahmen der Pflegeversicherung-Deutschlandergebnisse*, *1999/2001/2003/2005/2007/2009/2011/2013/2015/2017/2019*。

2. 左侧坐标轴为慈善照护机构数量，右侧坐标轴为占比情况。

3. 笔者自制。

就非营利组织中长期照护需求者人数而言，如图 5-4 所示，其人数在体系建立后的 20 余年间经历了先增长后下降，再缓慢增长的趋势，从 1996 年的 40.9 万人上涨至 1997 年的 43 万人。而 1999 年则下降至 36.6 万人，直至 2019 年持续增长至 52.8 万人。而就非营利组织服务的人数占总人数的比例而言，则经历了先增长再下降的趋势：初期从61.9%上涨至65.4%，之后则持续下降，到2019年为55.3%。虽然其占比依旧高于50%，但若按此趋势继续发展，非营利组织的市场份额将持续缩小。即便如此，截至2019年，非营利组织在住院照护服务中依旧发挥了绝对重要的作用。

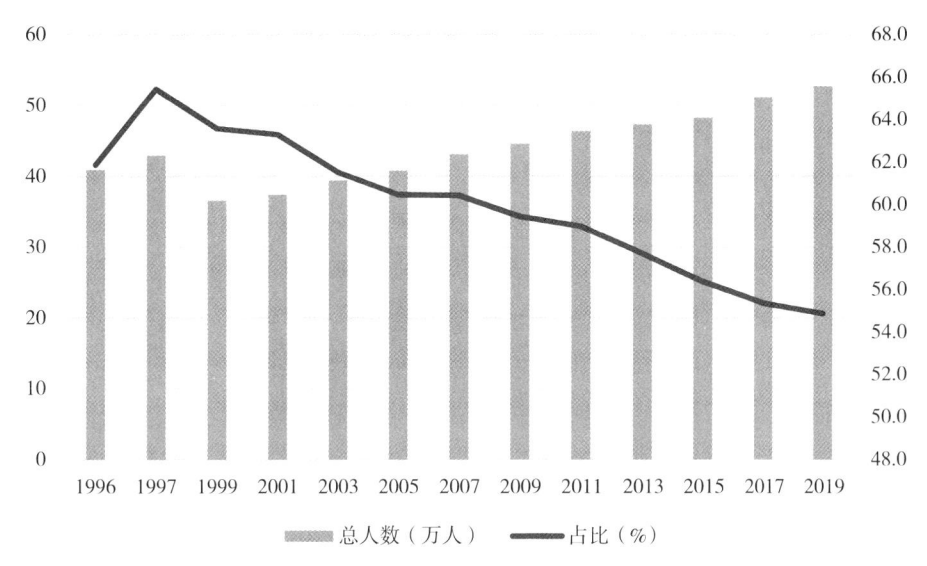

图5-4 非营利组织中长期照护需求者数量及占住院照护机构比例变化（1996—2019年）

注：1. 1996年和1997年数据来源：Statistisches Bundesamt, "Sozialleistungen in: Statistisches Jahrbuch für die Bundesrepublik Deutschland", in *Statistisches Jahrbuch 1998/1999*；1999—2019年数据来源：Statistisches Bundesamt, *Pflegestatistik*: *Pflege im Rahmen der Pflegeversicherung-Deutschlandergebnisse*, *1999/2001/2003/2005/2007/2009/2011/2013/2015/2017/2019*。

2. 左侧坐标轴为非营利组织中长期照护需求者数量，右侧坐标轴为占比情况。

3. 笔者自制。

正如上文对国家公立机构中长期照护需求者数量的阐述，1996—1997年非营利组织中长期照护需求者数量较多且呈现增长趋势的原因，也与官方统计方式的差异有一定关联。即便如此，我们依旧可以看到，体系建立后，非营利组织在住院照护服务中虽然发挥较为重要的作用，但这一作用正在持续下降。

从上文的分析可以看出，体系建立后，无论是流动照护服务还是住院照护服务，无论是照护机构数量还是长期照护需求者数量，非营利组织占比大体上都呈现下降趋势。只是同住院照护服务相比，流动照护服务的下降趋势更为明显，非营利组织的市场占有率更低。这一趋势的形成是因为体系建立所带来的市场开放。至于为何打开市场，则基于两方面的原因。一方面如上文所提，非营利组织因依赖政府资金而独立性降低，运行效率不断下降，需要营利机构的进入增加市场活力和竞争力；另一方面则是政府逐渐认识到，对于长期照护服务的需求不再集中于少数人，而是普遍性需求，因而非营利组织不再局限于社会救助职能，政府也不再承担"补缺"的作用。政府以保险的形式代替社会救助金的发放，也促进了营利机构同非营利组织的竞争。

因此，体系建立后，福利多元主义理论中最后一个部门——市场得以进入体系。该理论同体系更紧密的结合对非营利组织产生了重要影响：从机构数量上看其占有率不断降低，因而不得不寻求转型，越发向市场化方向靠近。而这将是下文着重讨论的问题。

第四节 非营利组织在长期照护服务体系中面临的问题

正如前文所述，非营利组织在20世纪70—80年代面临广泛的批评：作为政府在福利产品提供方面最重要的合作者，非营利组织在政府的资金倾斜性支持政策下同政府的依赖程度不断加深。因此，非营利组织处于福利产品提供的垄断地位，而其效率则持续降低。这一趋势在提供社会服务的慈善照护机构中尤为明显。鉴于此，呼吁降低政府对非营利组织的政策支持，通过开放市场的方式让非营利组织同营利机构共同竞争的声音越发高涨。

这一呼声在遵循新自由主义理论的政策中得到充分体现。新自由主义理论认为，当前无论是发达国家还是发展中国家，所面临的问题都可以通过释放和鼓励私有市场的办法得到最有效的解决。① 因而，在社会政策领域，新自由主义倡导政府减少对私营部门的管理和对非营利组织的资金支持。国家不再是社会服务的主要提供者，"大政府"的职能应有所缩减。虽然德国的长期照护服务领域是这一进程的"后来者"，我们依旧可以通

---

① ［美］莱斯特·M.萨拉蒙等：《全球公民社会：非营利组织视界》，第4页。

第五章 非营利组织——转型中的福利产品提供者

过对第三章国家职能转变的论述,看到在长期照护服务体系建立后,国家改变了只与非营利组织签订照护服务合约的方式,而是将非营利组织和营利机构一视同仁,并且根据福利产品提供的数量和效果通过保险基金偿付的方式对相关机构予以相同标准的资金补偿。市场的开放增加了非营利组织同营利机构的竞争强度,营利机构开始逐渐"吞噬"曾经由非营利组织占据主导地位的领域。这一趋势在上一节对非营利组织数量变化的分析中得到了鲜明的体现。

同时,市场的开放带来非营利组织不得不面临自负盈亏的境遇。为了增加收入、保持机构的良好运营,非营利组织也开始追赶市场化潮流。传统的以最优结果为导向,从而有可能消耗大量时间和人力物力财力的方式不再被认为是最高效的福利产品提供方式。相反,非营利组织不得不以法案所规定的福利产品提供标准为导向,在完成服务提供的同时压缩所消耗的时间、提升效率、降低支出,并根据环境的发展不断调整政策。① 通过这种方式,非营利组织倡导更加经济的运作模式,逐步摸索最佳投入—产出比。

固然需要肯定的是,非营利组织的市场化转型提高了运行效率,但也带来一些问题。而这些问题始终伴随着非营利组织,其在长期照护服务体系建立之初就已经存在,并一直延续至今。首先,在住院照护服务中,由于政府只对照护机构所产生的部分照护服务费用予以支付,在支付额度之外的其他费用则由长期照护需求者自行负担,而费用收取标准由长期照护机构、医疗保险机构及社会救助机构协商完成,因而为了能够保证足够的运营资金,照护机构不得不尽量提升收费标准。对于无法通过企业获得资金支持的非营利组织而言,尤其需要通过费用收取来维持运营,因而非营利组织的收费标准已经与营利机构不相上下。此外,为降低支出,非营利组织在提供服务时可能会以降低服务质量为代价,仅满足最低服务标准,从而从整体上拉低了照护质量。其次,《长期照护保险法》规定,对于日常照护服务之外的特殊照护服务的提供需要单独付费。② 而对于经济基础

---

① Ingo Bode, "Flexible Response in Changing Environments. The German Third Sector in Transition", pp. 190-210.

② Bundesregierung, *Sozialgesetzbuch (SGB) - Elftes Buch (XI) - Soziale Pflegeversicherung (Artikel 1 des Gesetzes vom 26. Mai 1994, BGBl. I S. 1014)*, § 88.

较差的长期照护需求者，若特殊照护服务的需求并不强烈，则其更倾向于不享受相应服务。这使得非营利组织已经逐渐背离其建立之初所秉承的对所有需要帮助的人，尤其是对社会边缘和底层人群的无条件协助的宗旨，社会救助的特点逐渐湮没在对资金追求的目标之下。最后，根据《长期照护质量确保法》的规定，照护机构所提供的服务项目只有在符合规定、满足一定质量标准的情况下才可以得到相应的保险基金的费用偿付，否则将会被取消服务提供资格。因而，非营利组织依旧根据政府的标准提供相应的照护服务，这与体系建立前并无二致。由于不同的长期照护需求者对于照护服务的需求存在个体差异，而这种差异无法通过同一个标准完全涵盖，因而有些长期照护需求者的特殊需求无法得到满足。这背离了非营利组织作为政府职能的替代者，为满足少数公民需求而兴起的宗旨。总结起来，除了最后一个方面之外，其他两个方面都是非营利组织的在市场化趋势中所形成的弊端。

第五节　非营利组织在长期照护服务体系中的发展趋势

正如前文对非营利组织数量发展趋势的描述，市场的开放使得非营利组织的传统优势地位遭到了一定程度的挤压。为了扭转这一趋势，非营利组织一方面转变同政府部门的关系，使得无论是非营利组织还是政府都取长补短，达到双赢；另一方面非营利组织—营利机构间的界限模糊，进而发展出社会企业这一新的社会组织类型。上述两个变化使得曾经的公共部门—非营利组织—营利机构三者间的关系，逐渐转化为公共部门—私营部门之间的关系。其中私营部门里包括界限越发模糊的非营利组织和营利机构。同样需要指出的是，这一转变也是从长期照护服务体系建立之初就已存在，并且尚处于变化发展之中。

一　非营利组织—政府部门关系转变

由于公共部门资金支持方式的转变，非营利组织丧失了在资金来源方面的传统优势，使得其必须同营利机构竞争，以确保可以在市场上继续生存。这一市场化趋势增强了福利产品提供的灵活性，并提升了分配效率。这还使得非营利组织和政府部门的职能发生变化，并带来了二者之间关系

第五章 非营利组织——转型中的福利产品提供者

的转变。

这一转变即形成公共部门—私营部门合作机制（public-private partnership）。其中，非营利组织为私营部门的重要组成部分。而就政府公共部门在机制中的作用而言，其从"制度型政府"（constitutional state）转变为"合作型政府"（cooperative state）和"保障型政府"（guarantor state）。①制度型政府是指，对于公共产品的分配基于政策性决定，政府通过行政手段进行分配。在这种类型政府的管理下，非营利组织作为政府的补充者，负责按照政府的指示对公共产品予以进一步分配。这种类型的合作方式同长期照护服务体系建立前的政府部门—非营利组织关系类似。

合作型政府和保障型政府则打破了制度型政府中政府部门和非营利组织间的传统关系。具体而言，合作型政府同私营部门紧密合作，共同对公共产品的分配和使用进行规定。对于如何分配，则通过政府和私营部门签订合约来完成。非营利组织成为公共部门—私营部门合作机制的重要参与者，并且同营利机构和国家公共部门密切合作。保障型政府则将公共产品的提供看作是政府和私营部门进行劳动分工的方式②，而政府在其中只参与一定程度的监管和基本的资金保障。在这种模式下，非营利组织是劳动分工的一部分，成为国家公共产品提供机制的一个重要选择。具体到长期照护服务体系，政府同非营利组织间的关系既涵盖合作型政府的特点，也包括保障型政府的特点。一方面，合作型政府通过同非营利组织和营利机构签订合约，加强政府部门和私营部门间的合作；另一方面，保障型政府通过制度的规制和资金的保障，让非营利组织作为服务提供的重要参与者，同营利机构共同完成劳动分工。

合作型政府或保障型政府的建立，带动了公共部门—私营部门合作机制的深化，增强了两个部门之间在提供福利产品方面的互补作用。公共部门由于具备宏观把控能力，可以通过提供稳定的资源来消除服务提供方面

---

① Gunnar F. Schuppert, "Staatstypen, Leitbilder und Politische Kultur: Das Beispiel des Gewährleistungsstaates", in Ludger Heidbrink and Alfred Hirsch, eds., *Staat ohne Verantwortung? Zum Wandel der Aufgaben von Staat und Politik*, Frankfurt and New York: Campus Verlag, 2007. Cited from: Helmut K. Anheier, *Nonprofit Organizations: Theory, Management, Policy (2nd Edition)*, p. 446.

② Gunnar F. Schuppert, "Staatstypen, Leitbilder und Politische Kultur: Das Beispiel des Gewährleistungsstaates". Cited from: Helmut K. Anheier, *Nonprofit Organizations: Theory, Management, Policy (2nd Edition)*, p. 446.

的不平等，并通过建立规则来提高服务质量，使得私营部门可以在较为公平的环境下提供社会服务；同时，私营部门由于具备更强的实践能力，可以更好地通过适应不同地区的特殊发展环境提供有特点的社会服务项目，从而弥补公共部门无法因地制宜、提出有针对性的福利产品的不足。

两个部门的合作机制也为双方都带来了益处。对于公共部门而言，公共部门—私营部门的合作机制使得在经济方面，私营部门由于更注重投入—产出比，在提供同样福利产品的前提下会采取更高效的措施。因此，将福利产品的提供由私人组织承担，可以减轻公共部门从财政收入中进行转移支付的比例。在管理方面，公共部门无须关注具体的福利产品提供层面的问题，而是把这些交给私营部门完成。私营部门比公共部门具有更大的灵活性，使得在面对较复杂的福利产品提供问题时，私营部门可以比公共部门更容易、更快地采取应对措施。在政治方面，公共部门有更强的宏观把控能力，因而同私营部门相比，其可以更准确地指出在福利产品提供方面的首要问题①，从而进行从上至下的调整。

对于包含非营利组织的私营部门而言，这一机制使得在经济方面，私营部门的资金来源和相关保障性支持可以直接从公共部门获取，从而在一定程度上降低了其运营成本。在管理方面，由公共部门兴建的基础设施可以作为私营部门提供福利产品的基本保障，因而公共部门起到了作为私营部门托底者的作用，为私营部门提供更优质的社会服务提供便利。在政治方面，同公共部门的合作成为私营部门提供福利产品合法性的基础，私营部门通过政府批准得以合法运营。②

就长期照护服务体系而言，公共部门—私营部门合作机制给政府部门和非营利组织都带来了变化。对政府部门而言，一方面，其在社会救助方面的资金投入比例大幅度降低，缩减了财政支出；另一方面，政府部门通过对长期照护服务体系的法律规制及合约签订，引导非营利组织在框架下提供福利产品。对私营部门而言，政府部门根据福利产品提供的项目和效果进行的费用偿付，保障了私营部门的运行；合约的签订也保证了私营部

---

① Helmut K. Anheier, *Nonprofit Organizations: Theory, Management, Policy (2nd Edition)*, p. 447.
② Helmut K. Anheier, *Nonprofit Organizations: Theory, Management, Policy (2nd Edition)*, p. 447.

门提供福利产品的合法性。

具体来讲,体系建立后,由于需要社会救助人群数量显著下降,大大降低了政府部门的开支,政府部门直接参与体系运行的职能大幅度缩小,取而代之的是更多的宏观把控。而就非营利组织而言,通过订立契约,非营利组织不再从政府得到倾斜性的资金支持,而是通过以下三种方式满足运营成本:一是根据福利产品提供的内容和质量,从长期照护保险基金得到相应的照护服务费用;二是对于长期照护保险基金无法覆盖的照护相关费用,以及食宿费用和投资费用,由长期照护需求者自行负担;三是对于生活确实困难的个人,从社会救助机构获得一定程度的社会救助金。这种安排方式使得公共部门无法通过对非营利组织予以专门的资金补偿而规定其发展方向和规模,带来非营利组织的数量和服务分布更加遵从市场规律。因此,照护服务提供越熟练、服务的长期照护需求者越多的非营利组织得到的资金偿付也越多。因而,照护服务提供的效率和产生的效果成为照护机构竞争的标准,提升了非营利组织的服务效率。

二 非营利组织—营利机构间界限模糊

通过上文对公共部门—私营部门合作机制的论述,我们发现,一方面公共部门保障了私营部门在福利产品提供领域的有效运营,另一方面私营部门中的非营利组织和营利机构在同公共部门合作的过程中面临着竞争。然而,非营利组织在市场竞争环境下处于劣势。究其原因,除了上文提到的非营利组织曾经对政府依赖性较强,使得其运营方式无法融入市场化的运作方式外,还有一个问题不容忽视,即非营利组织无法通过市场方式筹集资金。因而,在非营利组织的照护服务提供中,一些最基本的设施和物品,如住院照护服务中照护用品购买、设备保障等方面缺乏像营利机构一样充足的资金支持。例如,在笔者对照护机构的访谈中,负责人表示,在长期照护服务收费项目中,投资费用在不同机构会有很大差异:那些收费较高的机构可以有更充足的资金来进行设备的购买,但会面临对长期照护需求者吸引力降低的事实;而投资费用收费较低的照护机构,虽然在吸引长期照护需求者方面有一定优势,但用于设备更新等方面的资金会捉襟见肘,从长远来看不利于提升照护服务质量。面对这一问题,营利机构由于能够从投资中获得资金支持,无须过多担心基础设备更新的费用问题,而非营利组织只能从有限的资金中不断腾挪。①

面对这一不利情况,非营利组织积极寻求转型,逐渐向企业化方向发展,非营利组织—营利机构间的界限越发模糊。其中,最重要的趋势就是"社会企业"(Sozialunternehmen)的诞生和壮大。对于社会企业一词还没有形成统一的定义。有学者指出,社会企业是一种融合了社会和经济的目标以及经营方法的混合企业。② 对这一类型企业的含义在美国和欧洲略有不同。在美国,社会企业既有非营利组织的特点,也包含营利机构的特色。该类型企业的基本目标是维持并促进社会发展,而不仅仅是为了企业建立者、运营者和雇员的经济利益而服务。在欧洲,这一企业被认为不同于传统的非营利组织,而更多地融合合作式企业和共享社会的特点,以服务社会或某一群体为宗旨。③ 虽然这类企业不以追求资本投资为最主要目标,但也需要承担与社会经济活动有关的风险。④ 尽管在不同国家和地区的意义有略微差异,我们依旧可以认为,社会企业的建立是为了促进社会正义和社会团结。⑤

社会企业的内在特点是通过对福利产品和社会服务的售出,实现商业化运营。⑥ 因而,社会企业解决了福利国家的一系列问题,包括经济生活中的高失业率、不断变差的工作环境,政治生活中的民主赤字、决策效率低下,以及社会生活中的社会排斥、社会信任度降低等问题。⑦ 具体而言,一方面,社会企业通过商业活动的开展,以商业化的运作方式使市场逻辑正当化;另一方面,其在运营过程中以满足社会需求为目标,使得社会福

---

① 参见附件三访谈记录。
② Helmut K. Anheier, *Nonprofit Organizations: Theory, Management, Policy (2nd Edition)*, p. 10.
③ Helmut K. Anheier, *Nonprofit Organizations: Theory, Management, Policy (2nd Edition)*, p. 10.
④ Simone Baglioni, "A Remedy for All Sins? Introducing a Special Issue on Social Enterprises and Welfare Regimes in Europe", *Voluntas*, Vol. 28, 2017, p. 2327.
⑤ Helmut K. Anheier, *Nonprofit Organizations: Theory, Management, Policy (2nd Edition)*, p. 10.
⑥ Florentine Maier, Michael Meyer and Martin Steinbereithner, "Nonprofit Organizations Becoming Business-Like: A Systematic Review", *Nonprofit and Voluntary Sector Quarterly*, Vol. 45, No. 1, 2016, p. 71.
⑦ Simone Baglioni, "A Remedy for All Sins? Introducing a Special Issue on Social Enterprises and Welfare Regimes in Europe", pp. 2327-2329.

利正当化。因此，社会企业很好地体现了在一个组织中，不同种类运营方式共存的例子，在拥有一定收入来源和为社会谋福利的宗旨间搭建了桥梁。

社会企业向营利机构学习，采取职业化的机构管理方式。而具备一定专业素养的管理团队，以及不再深嵌于社会生活中的事实，使得社会企业的合法性受到质疑。① 为了同营利机构相区分并回应质疑，一些较大的社会企业试图为自己寻找特殊的企业文化，以期可以在市场竞争环境中拥有一席之地。②

在长期照护服务体系中，当今德国很多照护机构已经成为社会企业。一方面，这些社会企业一直秉承为长期照护需求者提供照护服务的宗旨；另一方面，由于国家对这些机构不再进行完全的资金支持，而为了可以持续运营，这些机构不得不通过其他方式收取一定的福利产品提供费用。虽然从目前来看，就满足社会企业类型的照护机构而言，其管理层更多的还是那些拥有专业照护服务资质的人员，而非管理资质的人员，但不可否认的是，以慈善照护机构为主的提供长期照护服务的非营利组织，在市场化的改革浪潮中正越发类似社会企业。

如果将在此之前的阐述归结为长期照护服务体系的慈善照护机构在面对市场化趋势中寻求的向社会企业方向的转型，则现在还存在一些新兴的社会企业，其并非庞大的慈善照护机构中的一员，但也在为社会服务的提供贡献自己的力量。这些新兴的社会企业并非像慈善组织一样，进行大范围、多领域的社会服务的提供，而是通过探寻慈善照护机构在福利产品提供方面尚未覆盖的领域，进行专门的福利供给。③ 同时，这些新的社会企业紧跟时代步伐，通过诸如手机应用软件的使用，进行更有针对性、更高

---

① Annette Zimmer and Katharina Obuch, "A Matter of Context? Understanding Social Enterprises in Changing Environments: The Case of Germany", *Voluntas*, Vol. 28, 2017, p. 2354.

② Anette Zimmer, "Money makes the world go round! Ökonomisierung und die Folgen für NPOs", in Annette Zimmer and Ruth Simsa, eds., *Forschung zu Zivilgesellschaft, NPOs und Engagement: Quo vadis?* Wiesbaden: Springer VS, 2014, p. 175.

③ C. hristina Grabbe, Katharina Obuch and Annette Zimmer, "Social Innovation in Niches", in Mario Biggeri et al., eds., *Social Entrepreneurship and Social Innovation: Ecosystems for Inclusion in Europe*, London: Routledge, 2018, pp. 145-163. Cited from: Annette Zimmer and Katharina Obuch, "A Matter of Context? Understanding Social Enterprises in Changing Environments: The Case of Germany", p. 2354.

效的福利产品提供。由于它们的服务提供种类相对单一，因而无论是雇员数量还是资金支持方面的体量均较小。① 这些社会企业多为有限公司和股份公司，使得其一方面为某一社会问题的解决提供了相应的社会服务，另一方面也很好地展现了其管理方式和组织文化特点。② 虽然目前来看，这些新兴的社会企业多是基于志愿服务，但随着被更多人所熟知和认可，其未来将向专业管理团队和专业服务人员的方向转变。

慈善照护机构向社会企业的转型和新兴的社会企业间存在一定程度的差异。对于前者而言，其在某种程度上是为了生存而不得不转型。因而，转型前的组织架构和合作模式会或多或少地得以保留。例如，慈善照护机构的伞状架构使得其在运行方式上依旧遵从政府部门的科层制，而非完全如企业的运作模式。而对于新兴的社会企业而言，由于其没有条条框框的限制而更加灵活。对于社会问题，其可以通过商业模式较为迅速地予以解决。从这方面来看，新兴的社会企业更符合"社会企业"这一概念的本质，即通过市场化的运行模式解决社会问题。而就长期照护服务领域而言，这种新兴的社会企业还没有形成大气候，其发展壮大尚需时日。

无论是哪种类型的社会企业，我们都可以看到非营利组织面临的"双市场化"趋势。③ 一方面，非营利组织的市场占有率大幅度降低，被以营利机构为代表的市场所替代；另一方面，非营利组织在服务提供方面越发向营利机构靠拢，形成社会企业，非营利组织—营利机构间界限越发模糊。

小　结

虽然目前对于非营利组织还没有形成统一定义，但非营利组织被广泛地认为需满足一定条件：自主经营、非营利且不分红、同公共机构相互独

---

① Ann-Kristin Achleitner, Judith Mayer and Wolfgang Spiess-Knafl, "Sozialunternehmen und ihre Kapitalgeber", in Stephan A. Jansen, Rolf G. Heinze and Markus Beckmann, eds., *Sozialunternehmen in Deutschland: Analysen, Trends und Handlungsempfehlungen*, Wiesbaden: Springer VS, 2013, pp. 153-166.

② Annette Zimmer and Katharina Obuch, "A Matter of Context? Understanding Social Enterprises in Changing Environments: The Case of Germany", p. 2355.

③ Frank Bönker, Michael Hill and Anna Marzanati, "Towards Marketization and Centralization? The Changing Role of Local Government in Long-Term Care in England, France, Germany and Italy", p. 185.

立以及非强制性。由于其一方面独立于国家公共部门，另一方面又与营利部门相异，因而又被称为第三部门。

就非营利组织与福利多元主义理论的关系而言，首先，非营利组织同国家更多的是合作关系，其既可以完成对国家福利产品提供的补充作用，又可以承担福利产品提供的增益作用；其次，非营利组织或替代家庭成为福利产品的提供者，或短暂缓解家庭的福利产品提供压力，抑或通过支持手段强化家庭的福利产品提供职责；最后，非营利组织面临市场化的趋势不得不寻求转型，因而同市场中营利机构的界限越发模糊。

德国非营利组织的兴起同19世纪末期工业化道路和经济崛起有关。一方面，文化斗争使得教会支持的提供社会服务的非营利组织得以建立；另一方面，由于俾斯麦的社会保险制度最初仅覆盖了新兴工人阶级，对于非工人阶级的社会服务则由地区性非营利组织承担。之后，随着20世纪50年代德国将辅助性原则作为处理国家和非营利组织之间关系的基本准则，加之国家的后工业化转型及人口规模的变化，非营利组织再次经历快速发展。德国的非营利组织享有三个比较明显的特点：自我管理、辅助性原则及公共经济。此外，由于非营利组织的伞状结构排列方式同政府的科层制相似，因而非营利组织成为沟通政府和公民之间的桥梁。

德国的非营利组织分为两类，一类是以会员制为基础的非营利组织，涉及文化、娱乐、体育等领域；另一类是关于医疗照护和社会服务的非营利组织。后一类非营利组织由于享受国家根据辅助性原则的倾斜性资金支持，因而组织机构庞大，最终形成以六个慈善照护机构为主的社会服务提供体系。这六个慈善照护机构包括工人福利协会、德国红十字会、基督新教慈善协会、明爱天主教慈善协会、平等福利协会以及犹太人中央福利会。各协会呈伞状结构排列，上设相互独立的慈善照护总会。在六个总会之上，设联邦慈善照护工作总会。除慈善照护机构外，以马蒂泽救济机构、德国工人志愿联盟、博德尔施文格基金会（贝塞尔）、人民团结组织，以及圣约翰救济机构为代表的其他非营利组织，也承担了一定数量的长期照护服务工作。虽然这些非营利组织数量同庞大的慈善照护机构相比分量轻很多，但其扩大了非营利组织在福利产品提供方面的选择性。

在长期照护服务体系建立前，非营利组织是最重要的福利产品提供部门，无论从机构数量还是所照护的人数方面，都超过国家公立机构和营利机构之和。国家对非营利组织的支持政策虽然扩大了非营利组织的规模，但也使得其对政府的依赖性增强，具有了准政府的性质。随着长期照护服务体系的建立，国家开放了照护服务市场，非营利组织的优越性消失，不得不面对营利机构的冲击。而非营利组织缺乏适应新环境的能力，无法在市场中保有稳定份额，其在长期照护服务体系中的比例有所下降。就提供流动照护服务的非营利组织而言，无论是机构数量还是机构中的长期照护需求者人数，都在近20余年呈现一定程度的下降趋势；就提供住院照护服务的非营利组织而言，这一比例变化虽然没有流动照护服务那么明显，但也大体呈现下降趋势。

由于面对开放的市场而向企业运作方式靠拢，从而提升福利产品提供效率的同时，非营利组织在一定程度上背离了其建立之初所秉承的对所有需要帮助的人，尤其是对社会边缘群体和底层人群的无条件协助的宗旨，转而根据经济效率的高低来进行服务的提供。这一问题在长期照护服务体系建立之初就已存在，并延续至今。

就非营利组织的发展趋势而言，主要包括两个方面。一方面，非营利组织—政府部门间的关系发生转变。合作型政府和保障型政府的诞生，使得非营利组织和政府部门间的关系从前者对后者的依赖转变为公共部门—私营部门的合作机制。在这一机制中，两个部门取长补短，既发挥了公共部门的宏观把控能力，也充分利用了非营利组织灵活性较强、能够因地制宜地提供福利产品的优势，从而达到双赢的局面。另一方面，非营利组织—营利机构间界限模糊。非营利组织在市场化浪潮中向企业化方向发展，逐渐转型为社会企业。在长期照护服务体系中，这种类型的社会企业已经在慈善照护机构中广泛存在，但并没有如典型的社会企业那样配有大量的专业管理人员。与此同时，一种新兴的社会企业正在发展，其完全摆脱了慈善照护机构类似政府部门的科层制架构，不存在路径依赖，因而在运营方式方面同企业更为相似。虽然该类社会企业在长期照护服务体系中尚未普及，但这或许成为未来发展趋势。

纵观非营利组织在长期照护服务体系建立前后的变化，我们可以发现，福利多元主义理论的不断深化对非营利组织产生了较为明显的影响。这一影响与国家的职能转变不同，非营利组织的职责虽然都是承担照护服务，但其重要程度因体系的建立而产生了变迁，其发生了职能演变。在体系建立前,非营利组织的社会救助作用,加之政府作为"补缺者"提供资金支持,使得在市场尚未完全开放的前提下,非营利组织发展壮大。体系建立后,基于非营利组织的固有弊端,以及对长期照护的普遍性需求,非营利组织的社会救助作用和政府的"补缺"职能消失,同时福利多元主义理论中的最后一个部门——市场得以进入。福利多元主义理论同长期照护服务体系的紧密结合,带来非营利组织数量持续下降,从而寻求转型。

第六章　市场——兴起的福利产品提供者

20世纪70年代,福利国家面临空前压力。经济全球化让民族国家管理本国事务的能力大幅度降低;金融市场的融合、资本流动的加速以及新型工业化国家快速兴起而带来的竞争,使得发达工业社会依靠税收进行大量转移支付的福利模式越来越无法持续。因而,产生一种广泛流行的说法,即新的国际环境更适合一种更加中和的社会服务提供模式:既非国家的大包大揽,也非市场的完全掌控。虽然变革势在必行,但福利国家在社会福利政策中的惯性和僵化趋势,以及担心因改革而失去选民支持,使得这一改革过程任重道远。

此外,一些现象也凸显民族国家由工业化向后工业化时代转变:首先是劳动生产率增长速度减缓,并因此而带来经济增速放缓,曾经的第二产业雇佣逐渐转变为第三产业雇佣;其次是政府职能的不断扩大和成熟,直至最后达到增长的极限;最后则是人口老龄化的加剧。上述三个现象都加大了福利国家在福利产品提供方面的压力,使得财政需求不断提升,进而成为福利国家的不稳定因素。[1]

就劳动生产率增长速度放缓而言,第三产业的劳动生产率增长无法同第二产业相比,尤其对于那些劳动密集型的服务业而言,如教育、医疗照护、儿童照护,以及本书所研究的长期照护服务领域。由于制造业中标准化和可复制程度较高,因而其效率也更高,可以在短时间内生产大量的产

---

[1] Paul Pierson, "Irresistible Forces, Immovable Objects: Post-Industrial Welfare States Confront Permanent Austerity", *Journal of European Social Policy*, Vol. 5, No. 4, 1998, p. 541.

品从而得到较高利润。而在服务业领域，实际上购买的是劳动本身。每个被服务的个体差异性较大，因此每次所付出的劳动的差异性也很大。鉴于此，服务业是一个无法对"产品"进行高效复制的产业，无法像制造业一样产生大量的持续性的劳动生产率增长。然而，制造业生产产品的相对价格会随着时间的推移而降低。相比较而言，对服务业的需求则一直较高，使得其相对价格保持高位。这会导致越来越多的人在服务业中寻找就业机会。也即，由于对服务业和制造业需求不同，且制造业随着生产效率的提高而对员工的需求降低，使得制造业中的员工雇佣持续减少，而服务业中的雇佣稳定增加。这一现象在所有发达工业化经济体中均有所体现。

虽然去工业化是成功的经济增长的自然结果，并且这一趋势通常同民众生活水平的提升紧密相连。然而，正如上文所述，本来就改良程度有限的服务业涌进了大量劳动力人口，但无法使劳动生产率得到快速提升；同时由于制造业劳动力人口的下降而减缓了劳动生产率改良的动力，导致国家总体生产效率降低，经济增长放缓。① 劳动生产率增长速度的放缓以及服务业的不断扩张对福利国家产生了深远影响。最为直接的是，缓慢的经济增长速度阻碍了工资的上涨，而后者所缴纳的税款是福利国家得以维系的基础。同时，低经济增长带来了更高的失业率，除了税收减少，还会造成社会福利支出的大幅度增加。如果还持续沿用彼时的福利国家政策体系而不采取任何调整措施变得越发不现实。经济形势下滑带来的对就业和工资的影响，以及税收的降低，使得原先支持福利国家建设的利益集团内部产生了分歧。他们逐渐认识到，为了保证社会福利的提供，仅仅依靠税收进行转移支付不再现实，福利国家需要根本改革。

就政府职能的扩大而言，正如本书第二章中所述，福利国家体系从战后到 20 世纪 70 年代迅速发展。国家通过扩大职能范围，将工业化过程中有可能形成的社会对个人的风险因素予以承担，从而发展出相应的社会福利体系，如养老保险、失业保险、工伤保险等。通过这一体系，可以保障失业人口基本的生活水平，因工致伤、患病的个人可以得到治疗费用的部

---

① 参见 Eileen Appelbaum and Ronald Schettkat, "The End of Full Employment? On Economic Development in Industrialized Countries", *Intereconomics*, May/June, 1994, p. 127; Robert Rowthorn and Ramana Ramaswamy, "Deindustrialization: Its Causes and Implications", Washington, D. C.: International Monetary Fund, 1997, p. 3。

分偿付。虽然福利国家的发展步伐在20世纪70年代后开始放缓，但其依旧保持一定程度的增长。政府职能的扩大保障了劳动力人口的生活水平，但同时带来了不断增长的财政压力以及僵化的政策。国家财政支出的攀升速度甚至高于本国国内生产总值的增速。此外，为了对个人提供足够的保障，政府不得不提高赋税水平。就德国而言，各类社会保险的征收占总工资的百分比从1965年的25.2%增长到1996年的41%。① 在这15.8%的增长中，失业保险的保费增长占5.2%，另外10.6%包括养老保险、医疗保险以及长期照护保险。② 在个人负担比例高增长的同时，雇主还要负担相同数额的保费，使得雇主在保费方面的支出也逐年升高。而雇佣成本的上升导致失业率的上涨，并不可避免地引发社会不满。这些都导致了无论是政府还是民众，对社会福利的关注度越来越高。政府在社会福利方面支出的增多，导致其赤字不断增加，一直在不停地进行费用偿付，而无暇关注社会福利提供中存在的问题，进而形成恶性循环。

就人口不断增长而言，则主要体现在人口趋势的变化和成熟的社会福利体系间的张力上。正如第一章所述，由于几乎所有福利国家的社会服务体系都将关注点放在老年人身上，例如德国的社会福利体系五支柱中，养老金和长期照护服务都主要针对老年人，而医疗照护中很大一部分也是对老年人提供。因而，老龄化程度的不断加剧导致公共支出的持续扩张。需要指出的是，虽然劳动生产率增长速度减缓、福利国家职责扩张，以及人口不断增长的发展趋势均较为缓慢，但随着时间的推移，其持续性影响逐渐显现，且三个现象互相作用。

德国在福利提供方面也面临着上述问题。正如前几章所述，长期照护服务体系建立前，除了家庭照护服务占一半的份额，专业照护服务领域多由公共部门进行资金支持，由非营利组织完成照护服务任务。然而，经历了从战后的经济增长到20世纪70年代中期增速的减缓，福利国家不得不寻求转型。即便如此，正如保罗·皮尔逊（Paul Pierson）所指出的，就福利国家的发展道路而言，大多集中在如何减少开支，而非对福利国家体系

---

① Philip Manow, "Social Insurance and the German Political Economy", *MPIfG discussion paper*, No.97/2, Köln: Max-Planck-Institut für Gesellschaftsforschung, p.40.
② Philip Manow, "Social Insurance and the German Political Economy", p.40.

第六章 市场——兴起的福利产品提供者

的改良。①

新自由主义政策直到 20 世纪 90 年代才开始在欧洲大陆流行，进而深刻影响了欧洲大陆福利国家的改革道路。彼时，由时任总理赫尔穆特·科尔（Helmut Kohl）领导的德国政府受撒切尔政府影响较深。其更倾向于市场开放，对当时存在的福利国家体系持批判态度。科尔认为，对公共政策的调整势在必行，并提倡重新回到激励政策。社会福利体系设立时基于缓冲风险、保护公民基本权益的宗旨逐渐被新的社会政策所取代：让国家更适合市场竞争。② 因此，曾经由政府对社会服务机构予以偿付的模式发生改变：通过加强竞争、提高效率，进而达到市场开放。这一变化使得曾经维持了几十年的公共部门—非营利组织的合作模式转变为后工业化社会的服务模式。③ 具体而言，主要表现为营利机构和非营利组织在同一平台上竞争，政府通过社会保险基金的偿付和社会救助的转移支付，用于照护服务费用的偿付。

基于上文的背景阐述，本章关注长期照护服务体系中市场的作用。需要指出的是，在分析市场在体系建立前后的职责演变时，将以市场化趋势最明显的体现——营利机构的数量为分析对象。因此，本章首先阐述市场与福利多元主义理论的关系，进而分析在长期照护服务体系建立前市场的作用。由于德国的长期照护服务体系建立在众多部门间相互协调的基础上，因而体系建立后，非营利组织和营利机构占比发生了明显改变，市场化趋势不断加强。但是，市场化也带来一些问题，因而需要国家的适当介入予以平衡和改善。最后是本章小结。

---

① 关于保罗·皮尔逊对于福利国家的论述，参见 Paul Pierson, *Dismantling the Welfare State? Reagan, Thatcher, and the Politics of Retrenchment*, Cambridge: Cambridge University Press, 1994, p.14; Paul Pierson, "The New Politics of the Welfare State", *World Politics*, Vol. 48, No. 2, 1996, pp. 143–179; Paul Pierson, "Irresistible Forces, Immovable Objects: Post-Industrial Welfare States Confront Permanent Austerity", *Journal of European Social Policy*, Vol. 5, No. 4, 1998, pp. 539–560。

② Antonio Brettschneider, "Jenseits von Leistung und Bedarf. Zur Systematisierung sozialpolitischer Gerechtigkeitsdiskurse", *Zeitschrift für Sozialreform*, Vol. 53, No. 4, 2007, p. 372; Adalbert Evers et al., "Einleitung: Soziale Dienste – Arenen und Impulsgeber sozialen Wandels", in Adalbert Evers, Rolf G. Heinze and Thomas Olk, eds., *Handbuch Soziale Dienste*, Wiesbaden: VS-Verlag, 2010, p. 28.

③ Lars S. Henriksen, Steven R. Smith and Annette Zimmer, "At the Eve of Convergence? Transformations of Social Service Provision in Denmark, Germany, and the United States", p. 475.

第一节 市场与福利多元主义理论

"市场"是一种社会结构,在其中通过对产权的交换,使得个人、公司以及产品能够被评估并计价。① 市场的存在确保了"市场正义"(market justice),其通过赋予合法性,使得商品和服务在价格和支付能力的基础上得以分配。② 在社会服务领域,福利产品在市场中成为可以进行分配的物品,通过赋予需求者基本能力以购买其可以负担的物品或服务。由于对服务的购买不仅建立在消费者需求的基础上,还建立在其支付能力的基础上,因而社会服务,包括长期照护服务中市场的介入带来了消费者社会分层现象的出现。

纵观福利国家的发展历程,其大体经历了从国家进行大包大揽的服务提供,到非营利组织作为政府福利产品提供职能的替代者,再到市场发挥越发重要的作用三个阶段。然而,无论进行何种程度的变化,我们都可以看到,福利国家的发展是三个方面的整合:市场经济、协商民主和政府机构。③ 而这三方面正是本书研究对象长期照护服务体系中非常重要的三个部门:市场、非营利组织和国家。因而,市场作用的凸显并不意味着其可以单独撑起福利产品的提供,其与国家、非营利组织以及家庭的相互配合必不可少。

正如上一章所提,在德国的福利产品提供方面,国家职能后撤的同时,非营利组织也在越发具有市场运营的特点。因而,当我们讨论市场在长期照护服务体系中的作用时,不可避免地要讨论市场化的作用。这里市场化的机构既包括本身就作为市场中的福利产品提供机构——营利机构,还包括非营利组织。就市场化而言,其主要涵盖以下几个方面:商业服务的扩大以及国家公共部门服务的缩小,国家公共部门资产的售出,所有服

---

① Patrik Aspers, "Sociology of Markets", in Jens Beckert and Milan Zafirovski, eds., *International Encyclopedia of Economic Sociology*, London and New York: Routledge, 2011, p. 427.

② Robert E. Lane, "Market Justice, Political Justice", *The American Political Science Review*, Vol. 80, No. 2, 1986, p. 383.

③ Norman Johnson, *The Welfare State in Transition: The Theory and Practice of Welfare Pluralism*, p. 124.

务项目或部分服务项目的外包,减少公共资金的支持,通过财政和其他经济手段以促进私营部门的服务提供,为获得公共部门资金支持或服务而规定的更为严格的准入标准,以及放松对市场的监管。① 就福利产品提供的市场化而言,则主要有两种形式,一种是消费者对于福利产品的直接购买,另一种是通过保险偿付的形式进行产品购买。② 在德国的长期照护服务体系中,我们可以看到上述两种情况共同存在:在从保险基金进行费用偿付无法覆盖的情况下,通过长期照护需求者个人进行福利产品的购买。

由于市场化趋势将非营利组织和市场均包括在内,因而国家、非营利组织、市场三者的关系转变为国家同市场的关系。虽然市场化趋势放松了国家监管,但不可否认的是,国家也进行了一定程度的介入:有些情况下国家对市场环境予以调整;有些情况下则对市场进行部分或相当程度的替代。就国家和市场在福利产品提供方面的关系而言,总体来说有三种情况:市场和国家均作为福利产品的重要提供者;市场作为福利产品的提供者,其他部分多由国家承担;以及市场作为主要提供者,国家只承担较小部分。③ 就德国长期照护服务体系而言,国家和市场间的关系主要被归为第三类:除家庭外,市场提供大多数福利产品,国家进行补足。虽然如此,不可否认的是,这种分类方法过于宽泛,而且未考虑到国家作为福利产品提供的规则制定者的作用。除提供给个人以一定程度的资金支持,包括照护机构等基础设施的兴建,以及对专业照护人员的培养,都离不开国家的政策支持和资金提供。

至于为何倾向以市场化的方式提供福利产品,主要基于两点理由:提升效率和促进自由选择。④ 一方面,就提升效率而言,同国家公共部门相比,市场通过竞争提升了福利产品的供给水平,从而拥有更高的效率。此

---

① Norman Johnson, *The Welfare State in Transition: The Theory and Practice of Welfare Pluralism*, p. 140.
② Norman Johnson, *The Welfare State in Transition: The Theory and Practice of Welfare Pluralism*, p. 126.
③ Norman Johnson, *The Welfare State in Transition: The Theory and Practice of Welfare Pluralism*, p. 125.
④ Norman Johnson, *The Welfare State in Transition: The Theory and Practice of Welfare Pluralism*, p. 127.

外，通过价格调节达成的供需平衡也提升了经济效率。对于那些效率较低、利润低下的福利产品提供者则会被挤出市场。而由国家公共部门提供的福利产品成本较低且补助较多，消费者不会有意识地根据需求而节约使用，从而造成了福利产品和资金的浪费。在这种情况下，由于没有根据价格决定供需的机制，因而只能通过其他方法来完成供需平衡，如等候名单的设立。① 对于长期照护服务领域而言，在市场进入前，更多的是根据个人经济背景等因素来安排照护服务提供，以一种社会救济的方式呈现，而非以经济效率最优为原则。另一方面，就促进自由选择而言，不仅指消费者对福利产品的自由选择，还包括更广泛意义上的消费者从政府的介入中得到解脱，② 从而缩减政治权力在福利产品提供领域的介入程度。

鉴于此，对于市场和国家关系的研究，不再仅仅是谁来承担福利产品提供，国家可以从中得到何种程度的解脱这一问题；还应包括国家在福利产品提供方面应起到何种程度的支持作用，国家和市场在资金支持方面应如何分配等问题。此外，在一定程度财政支持的框架下对市场中福利产品提供机构的适当检查，从而遵从福利产品提供的宗旨——利他主义，以防止过度市场化带来的对非营利组织的并购③，也都是国家需要考虑的方面。因而，福利多元主义理论强调对市场的适度加强。④

在德国的长期照护服务体系中，市场的重要性随着福利多元主义理论的深入而不断提升。在体系建立前，市场并非福利产品提供领域的主要组成部分，因而同非营利组织相比，其份额较低。体系建立后，福利多元主义理论受到新自由主义思潮的影响，将市场视作重要的福利产品提供部门，使得其占有率连年上升。然而，市场重要性的增长也存在着界限。这将是下文论述的重点。

---

① Norman Johnson, *The Welfare State in Transition: The Theory and Practice of Welfare Pluralism*, p. 132.

② Norman Johnson, *The Welfare State in Transition: The Theory and Practice of Welfare Pluralism*, p. 133.

③ Norman Johnson, *The Welfare State in Transition: The Theory and Practice of Welfare Pluralism*, p. 147.

④ Norman Johnson, *The Welfare State in Transition: The Theory and Practice of Welfare Pluralism*, p. 147.

第二节　市场在长期照护服务体系建立前的作用

首先需要指出的是，正如前文所述，市场化方向包含两个方面：一方面是市场中的营利机构占比上升，挤压非营利组织的占有率；另一方面则是非营利组织的运行方式越发向营利机构靠拢，形成福利产品提供领域的市场化趋势。就市场在体系建立前和建立后的作用而言，此处主要关注营利机构数量。而福利产品提供领域的市场化趋势则在上文非营利组织发展趋势的论述中已有所涉及。

在长期照护服务体系建立前，由于国家对非营利组织的倾斜性支持政策，市场化趋势并不明显，营利机构数量也不多。同样地，我们仅根据住院照护机构的数量和机构中长期照护需求者人数来观察市场的作用。在住院照护机构中，如表6-1所示，1993—1995年营利机构数量几乎没有明显变化，仅增长了37家。随之而来的则是营利机构占比呈现略微上升的趋势，3年内增长幅度为0.8%。同国家公立机构数量及占住院照护机构比例相比，营利机构占优。其中，营利机构的数量约为国家公立机构的两倍。因此可以认为，在机构数量方面，营利机构在长期照护服务体系建立前的作用虽不及非营利组织，但也较国家公立机构更加重要，且重要程度不断上升。然而，这一增长趋势同体系建立后相比，还略显逊色。

表6-1　住院照护服务中营利机构数量及占比变化（1993—1995年）

年份	1993	1994	1995
营利机构数量（家）	2471	2435	2508
占住院照护机构比例	29.8%	29.2%	30.6%

数据来源：Statistisches Bundesamt, "Sozialleistungen in: Statistisches Jahrbuch für die Bundesrepublik Deutschland", in *Statistisches Jahrbuch 1995/1996/1997*。

而如果以同时期营利机构中长期照护需求者人数来看，如表6-2所示，营利机构在1993—1995年呈现一定程度的增长趋势，长期照护需求者人数增长近5000人。这与同期住院照护机构中长期照护需求者数量缓慢下降形成对比。然而需要提及的是，在1993年和1994年，虽然营利机构数量高于国家公立机构,但是由于平均每个国家公立机构中长期照护需求者人数较多,因而从机构中长期照护需求者人数来看,营利机构不如国家公立机构。然而,在1995年由于国家公立机构的数量大幅度减少,营利机构中长期照护需求者人数也超越了国家公立机构。就占比而言,则营利机构大体呈现上升趋势,从1993年的17.7%增长到1995年的19.1%。因此可以认为,在体系建立前,营利机构承担了一定程度的照护服务提供职责。这一职责虽不及非营利组织,但随着营利机构的数量和机构中长期照护需求者人数的增长,已逐渐超越国家公立机构。

表6-2　住院照护服务中营利机构的长期照护需求者数量及占比变化（1993—1995年）

年份	1993	1994	1995
长期照护需求者数量（人）	119265	116059	123915
占住院照护机构比例	17.7%	17%	19.1%

数据来源：Statistisches Bundesamt, "Sozialleistungen in: Statistisches Jahrbuch für die Bundesrepublik Deutschland", in *Statistisches Jahrbuch* 1995/1996/1997。

值得提及的是,在体系建立前,市场尚未取得同非营利组织相平等的地位,福利多元主义理论仅开始得到重视,并没有同体系紧密相连。因而,营利机构同非营利组织的数量差距较大。这一状况在长期照护服务体系建立后得到了扭转。

第三节　市场在长期照护服务体系中的作用

在阐述市场在长期照护服务体系中的作用前,需要对福利市场（Wohlfahrtsmarkt）进行界定。福利市场是社会服务在市场中提供、分配和交换的方式。① 英戈·博德将福利市场定义为,在社会福利领域中带有竞争意味的制度性服务提供,包括为提升个人社会地位的社会服务和社会福

---

① Stephan Köppe, *Wohlfahrtsmärkte: Die Privatisierung von Bildung und Rente in Deutschland, Schweden und den USA*, Frankfurt/New York: Campus Verlag, 2015, p.40.

利,以及对此的分配和管理。① 其用于描述市场机制的运行以及社会服务提供时的竞争现象。② 福利市场被认为是最有可能对福利国家进行改革的方式,因而现在无论在哪个福利国家以及哪个社会政策领域,都可以看到福利市场的身影。其不仅关注市场中社会服务机构的利益获得,更重要的是,试图通过法律的规定来建立一个全新的商业体系,并引入新的产品和搭建竞争舞台。虽然如此,在福利市场中,其运行规则依旧部分遵从传统的社会政策规则,如关于服务的分配、社会保障的基本准则,以及获得服务的平等性等。之所以延续了原先社会政策的原则,是因为福利市场是由福利国家自由化和市场化演变而来,因而只能部分代替由国家进行社会服务提供的方式。所以,在不同国家的福利市场中,我们还可以看到原属于福利国家的特有机构和社会福利政策。③

营利机构通过生产和提供社会服务作为福利市场产品。所有营利机构在福利市场中的活动被称作福利产业(Wohlfahrtsindustrie)。④ 由于福利产业中的机构专指那些以提供社会服务为产品的机构,因而排除了长期照护服务领域中的医疗保险机构。⑤ 根据对福利国家改革路径的观察,我们可以发现,福利国家留给私营机构一定的自由发展空间,并且赋予消费者自主选择福利产品的机会。例如,就德国长期照护体系而言,政府除了对长期照护服务的基本概念、资金支持方式、照护质量等方面作出规定外,对于照护机构应如何运营则涉及较少。基于对福利市场和福利产业的认识,本节对于市场在长期照护服务体系中作用的阐述,集中于福利产业中营利机构的作用方面。

市场化的发展让曾经被认为是客户(clients)的长期照护需求者,转

---

① Ingo Bode, *The Culture of Welfare Markets: The International Recasting of Pension and Care Systems*, New York/London: Routledge, 2008, p. 2.
② Tanja Klenk and Frank Nullmeier, "Welfare Industries: Enterprises as Providers of Public Goods", *Zeitschrift für Vergleichende Politikwissenschaft*, No. 4, 2010, p. 33.
③ Stephan Köppe, *Wohlfahrtsmärkte: Die Privatisierung von Bildung und Rente in Deutschland, Schweden und den USA*, p. 40.
④ Tanja Klenk and Frank Nullmeier, "Welfare Industries: Enterprises as Providers of Public Goods", pp. 29-52.
⑤ Jonas Pieper, *New Private Sector Providers in the Welfare State*, Cham: Palgrave Macmillan, 2018, p. 6.

变为积极的消费者（customers）①，其可以自主选择照护机构。这带来福利市场以及福利产业的扩大，使得营利机构可以平等地参与福利产品的提供，成为社会服务提供的主要机构，其同非营利组织和公共部门在市场中进行竞争。

同非营利组织相比，德国照护服务市场中营利机构分属公司较多，其中科里安集团（Korian Gruppe）和阿罗海姆养老有限责任公司（Alloheim Senioren-Residenzen GmbH）市场占有率最高。科里安集团为法资集团，是目前德国最大的营利性照护机构，有252家照护院、74家住区式养老服务机构和43家流动照护机构。共雇佣超2.3万名员工，为约2.8万名长期照护需求者提供照护服务。除德国和法国外，科里安集团还在意大利、比利时、西班牙、荷兰等国家提供照护服务。2017年科里安集团创收约9亿欧元。② 阿罗海姆养老有限责任公司是德国第二大营利性照护机构，于1973年在杜塞尔多夫成立，然而直至2008年，该公司才从一家小公司逐渐壮大。公司现隶属于瑞典北欧资本公司（Nordic Capital）。该公司现有2.1万张床位，225家照护机构，78家住区式养老服务机构和25家流动照护机构，拥有雇员约2万人。截至2017年，阿罗海姆养老有限责任公司总资产达6.53亿欧元。③

从长期照护服务体系建立后到2019年，通过对营利机构的数量及机构中长期照护需求者人数的统计，可以对市场在长期照护服务体系中的特点和作用有一个更加清晰的认识。

一 流动照护服务中营利机构的发展变化

长期照护服务体系的建立对进行流动照护服务的营利机构带来了翻天覆地的变化。在体系建立前，在家中进行的照护服务基本上由亲属完成，也就是多由家庭进行福利产品的提供，流动照护服务的作用较小。而体系

---

① S. M. Miller, "The Evolving Welfare State Mixes", in Adalbert Evers and Helmut Wintersberger, eds., *Shifts in the Welfare Mix: Their Impact on Work, Social Services and Welfare Policies*, Colorado: Westview Press, 1990, p. 383.
② 参见科里安集团官方网站，https://www.korian.de/unternehmen/。
③ 参见阿罗海姆养老有限责任公司官方网站，https://www.alloheim.de/auf-einen-blick/ueber-uns/。

的建立使得流动照护服务成为长期照护服务领域中非常重要的部分，营利机构的重要性随之上升。

就营利机构数量而言，如图 6-1 所示，其增长较为迅速：1999 年为 5504 家，2019 年增长到 9770 家，增长率为 77.5%。而这一趋势反映在营利机构占流动照护机构比例变化方面更为明显，从 50.9% 一路上涨到 66.5%。除去同期流动照护机构中国家公立机构所占的约 1.6% 的比例，营利机构对非营利组织的挤压趋势越发明显。而按此趋势，在 1995—1998 年营利机构的数量和占比也应明显上升。因而，在体系建立后 20 余年的发展历程中，在流动照护服务方面，营利机构经历了从与非营利组织平分秋色，到占据绝对优势的变化过程，其重要性不断增加。

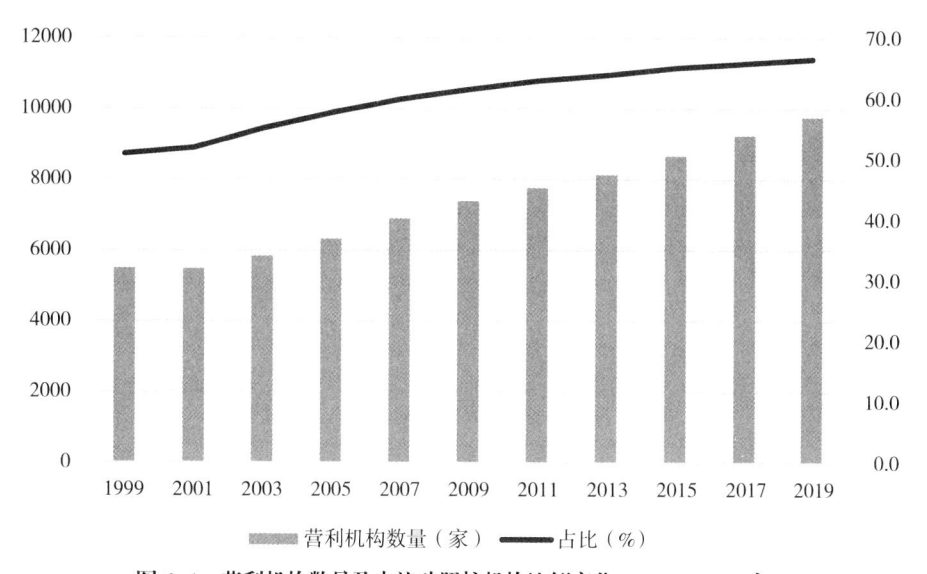

图 6-1 营利机构数量及占流动照护机构比例变化（1999—2019 年）

注：1. 数据来源：Statistisches Bundesamt, *Pflegestatistik*：*Pflege im Rahmen der Pflegeversicherung–Deutschlanderbebnisse*, 1999/2001/2003/2005/2007/2009/2011/2013/2015/2017/2019。
2. 左侧坐标轴为营利机构数量，右侧坐标轴为占比情况。
3. 笔者自制。

从照护机构中长期照护需求者数量来看，需要指出的是，虽然营利机构数量在流动照护服务中呈现持续增长的态势，但由于平均每家营利机构中长期照护需求者数量少于非营利组织，因而，机构中长期照护需求者总人数并没有那么多。具体而言，如图6-2所示，营利机构中长期照护需求者人数从1999年的14.9万人增长至2019年的51.8万人。而直到2013年，这一人数才超过非营利组织。就营利机构中长期照护需求者占比而言，其处于上升态势，从1999年的36.1%增长到2019年的52.6%，说明目前营利机构已承担大部分流动照护服务职责，且与非营利组织的差距不断拉大。而按此趋势，1995—1998年营利机构中长期照护需求者数量和占比也应明显上升。因而，可以认为，在流动照护服务中，营利机构在福利产品提供方面的职责越发重要，甚至已经超越了非营利组织所承担的职责。

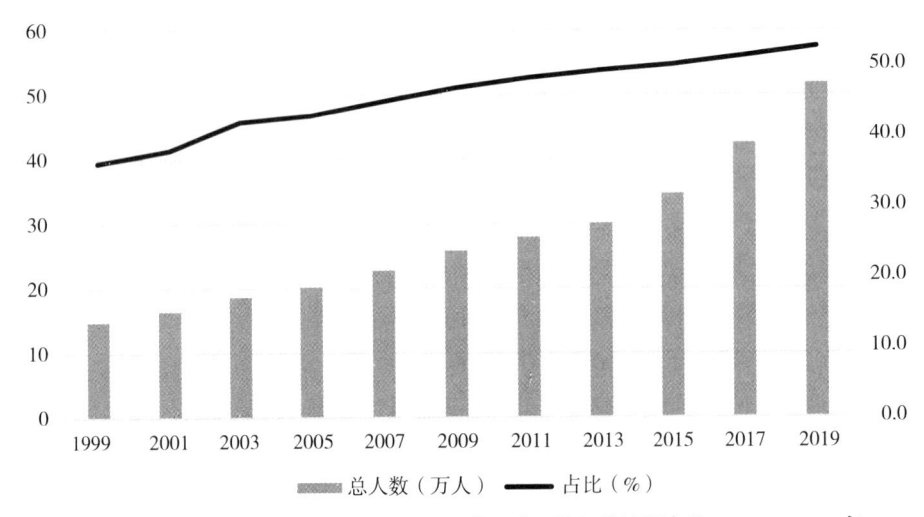

图6-2 营利机构中长期照护需求者数量及占流动照护机构比例变化（1999—2019年）

注：1. 数据来源：Statistisches Bundesamt, *Pflegestatistik*: *Pflege im Rahmen der Pflegeversicherung–Deutschlandergebnisse*, 1999/2001/2003/2005/2007/2009/2011/2013/2015/2017/2019。
2. 左侧坐标轴为营利机构中长期照护需求者数量，右侧坐标轴为占比情况。
3. 笔者自制。

二 住院照护服务中营利机构的发展变化

对于住院照护服务而言，如图6-3所示，1996年住院照护机构中营利机构数量为2576家，远低于同期非营利组织数量（4563家）。从那时起，营利机构的数量始终处于增长状态，到2019年为6570家，与同期非营利组织数量的差异有所缩小（8115家）。同1996年相比，营利机构增长了近4000家。而就比例而言，其增长速度没有流动照护服务中营利机构所占比例明显。具体而言，其占住院照护机构的比例从1996年的31.2%增长到

2019年的42.7%，涨幅为11.5%。这说明营利机构在长期照护服务体系建立后，进入流动照护领域更多，而进入住院照护领域则相对较少。

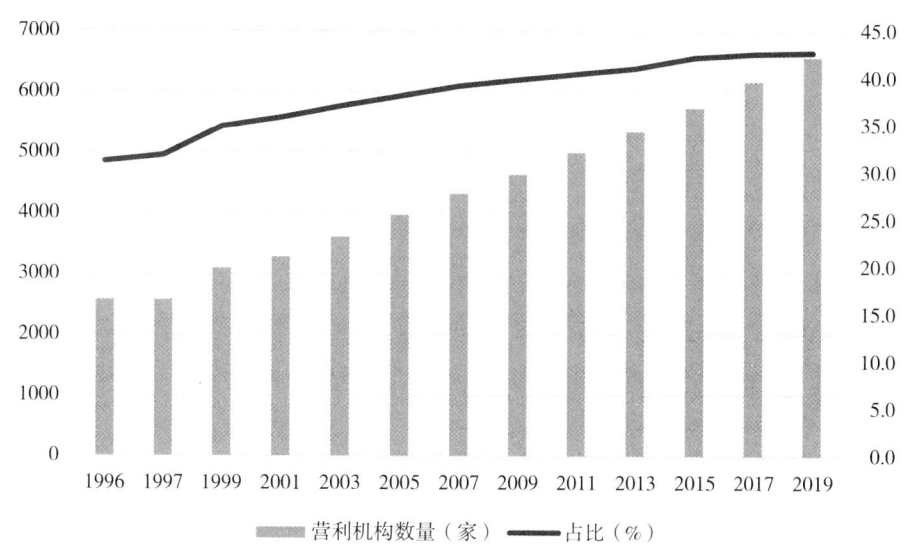

图6-3 营利机构数量及占住院照护机构比例变化（1996—2019年）

注：1. 1996年和1997年数据来源：Statistisches Bundesamt, "Sozialleistungen in: Statistisches Jahrbuch für die Bundesrepublik Deutschland", in *Statistisches Jahrbuch 1998/1999*；1999—2019年数据来源：Statistisches Bundesamt, *Pflegestatistik: Pflege im Rahmen der Pflegeversicherung-Deutschlandergebnisse, 1999/2001/2003/2005/2007/2009/2011/2013/2015/2017/2019*。

2. 左侧坐标轴为营利机构数量，右侧坐标轴为占比情况。

3. 笔者自制。

就营利机构中长期照护需求者人数而言，如图6-4所示，其数量呈现大幅增加的趋势，从1996年的13.3万人增长至2019年的38.1万人。这一趋势同营利机构数量的显著增加密不可分。虽然如此，该人数仍与非营利组织存在较大差距。而就营利机构中长期照护需求者人数占住院照护机构总人数的比例而言，则同样处于上升态势，1996年为20.1%，到2019年达到40%。同样地，由于统计方式的差异，估计1996年和1997年营利机构中实际长期照护需求者数量并没有统计结果所呈现的那么多，这会带来其在体系建立后的增长趋势更加明显。虽然营利机构中长期照护需求者数量占住院照护机构的比例依旧未超过一半，但从增长趋势来看，营利机构将发挥越来越大的作用，并终将超越非营利组织在福利产品提供职责方面的重要性。

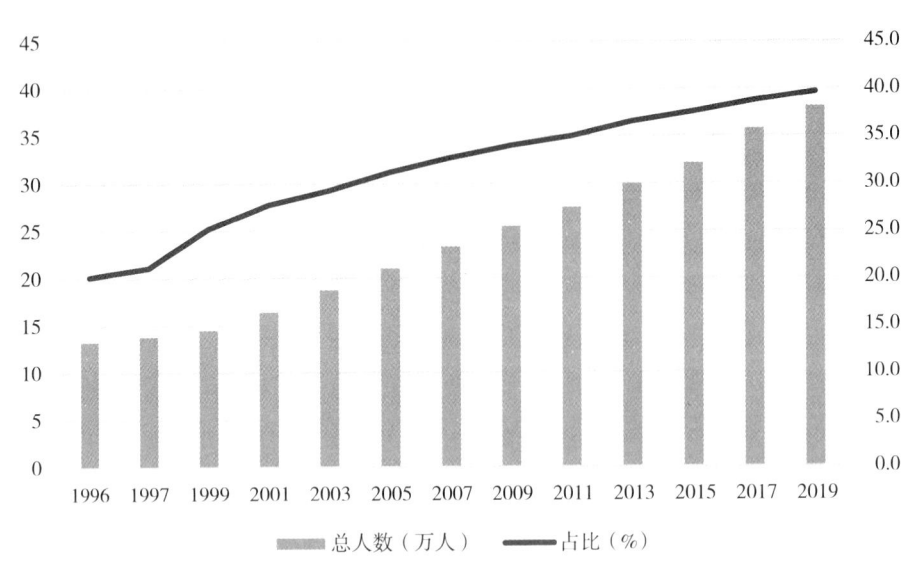

图6-4 营利机构中长期照护需求者数量及占住院照护机构比例变化（1996—2019年）

注：1. 1996年和1997年数据来源：Statistisches Bundesamt, "Sozialleistungen in: Statistisches Jahrbuch für die Bundesrepublik Deutschland", in *Statistisches Jahrbuch 1998/1999*；1999—2019年数据来源：Statistisches Bundesamt, *Pflegestatistik: Pflege im Rahmen der Pflegeversicherung–Deutschlandergebnisse*, *1999/2001/2003/2005/2007/2009/2011/2013/2015/2017/2019*。

2. 左侧坐标轴为营利机构中长期照护需求者数量，右侧坐标轴为占比情况。

3. 笔者自制。

此外，还有一点不容忽视：营利机构数量上升，一方面是因为更多的企业进入长期照护市场，使得其总数量呈现净增长的态势；另一方面是一些国家公立机构和非营利组织将其照护机构转让给营利机构所致。例如，在20世纪90年代末，即长期照护服务体系刚建立时，许多非营利组织和国家公立机构将其所属的照护机构或直接转让给营利机构运营，或由营利机构代为运营。[1] 这使得在营利机构数量不断增长的同时，非营利组织和国家公立机构的数量或持续下降，或增长幅度放缓。

通过上文的分析，我们可以发现，福利多元主义理论随着长期照护服务体系的建立和发展而影响力不断增加，尤其是市场的引入使得营利机构

---

[1] Frank Bönker, Jens Libbe and Hellmut Wollmann, "Re-Municipalisation Revisited: Long-Term Trends in the Provision of Local Public Services in Germany", in Hellmut Wollmann, Ivan Koprić and Gérard Marćou, eds., *Public and Social Services in Europe: From Public and Municipal to Private Sector Provision*, London: Palgrave Macmillan, 2016, pp. 77-78.

的占有率持续上升。然而，这一上升趋势存在上限。从较大范围来讲，市场不会替代国家的规则制定角色，对长期照护服务领域进行管理。从更小范围来讲，由于家庭对政策变化存在一定程度的刚性这一特质，使得无论市场化能走多远，家庭照护服务依旧是重要的福利产品提供部门。而对于同营利机构相竞争的非营利组织而言，由于其不断向市场化方向转型，社会企业越发成熟，因而，营利机构甚至无法完全代替非营利组织，成为唯一的专业福利产品提供者。

第四节 市场在长期照护服务体系中面临的问题

长期照护服务体系的市场化趋势增强了该领域的竞争性、提升了活力，营利机构在近20余年快速发展。同时，非营利组织为了在市场环境中保持竞争力，也开始向市场化方向转型。固然，市场的开放大大提升了经济效率，但也面临一些问题，如照护服务市场的不平等带来的资源分配差异，以及工作环境较差带来的劳动力市场吸引力不足等。

一 照护服务市场的不平等

值得注意的是，市场开放带来的消费者的自由选择也存在一定的弊端，即不平等现象的出现。市场开放使得社会分化越发明显，处于不同社会层级的个人在经济基础、机会获取和信息来源方面存在差异。因此，对于资源比较有限的领域，若在市场化的作用下对其进行分配，那些处于经济基础较好、有更多机会获取重要信息的个人就可以获得更多资源。[1] 在社会福利领域，对于较为富裕的个人，其更容易买到价格更高、质量更有保障的福利产品；而对于信息来源渠道有限，或者经济水平较低的个人存在无法平等选择的弊端，致使无法获得所需的福利产品。因而，若将长期照护需求者视作消费者，还需考虑到的是，其是否可以获取足够的资源来

---

[1] 参见 Walter Korpi, "Power Resources and Employer-Centered Approaches in Explanations of Welfare States and Varieties of Capitalism: Protagonists, Consenters, and Antagonists", *World Politics*, Vol. 58, No. 2, 2006, p. 172; Walter Korpi and Joakim Palme, "New Politics and Class Politics in the Context of Austerity and Globalization: Welfare State Regress in 18 Countries, 1975-95", *American Political Science Review*, Vol. 97, No. 3, 2003, p. 427.

作出最适合自己的决定。

虽然长期照护保险的设立在一定程度上保障了长期照护需求者照护费用的基本资金来源,从而促进了分配的公平。但值得注意的是,长期照护需求者需要自行承担的照护费用也在不断上涨。以住院照护服务为例,如表6-3所示,根据照护等级,平均个人需要缴纳的费用从1999年的995欧元到1410欧元不等,到2015年改革前的1523欧元到1969欧元不等,照护费用平均增长了500余欧元。虽然2015年的改革对住院照护机构的个人负担部分进行了统一规定,即无论何种照护需求等级,个人负担部分保持基本一致。因此,2017年个人负担部分为1745欧元左右。但考虑到同期个人平均每月净收入仅为1888欧元的现实[1],实际上个人收入基本上全部用于住院照护服务的支出。更为严峻的是,考虑到养老金替代率,以及有长期照护需求的个人通常无法保障足够的工资收入或养老金收入,因而这一负担将更重。需要说明的是,个人缴纳费用从2017—2020年再度快速增长,到2020年7月,个人平均每月需缴纳照护费用2015欧元,短短两年多的时间便增长近300欧元。[2] 而截至2019年底,德国平均每月净收入为2075欧元,依旧仅仅能够满足长期照护服务的支出[3];同期缴纳35年养老保险的养老金平均净收入为1269欧元,甚至远远无法满足住院照护服务的支出。[4] 鉴于此,越来越多的长期照护需求者不得不求助于照护救助。2020年,享受住院照护服务的照护需求者中,需要照护救助的人数占总人

---

[1] 关于德国平均净收入的统计数字,参见 De Statista, "Höhe des durchschnittlichen Nettolohns/Nettogehalts im Monat je Arbeitnehmer in Deutschland von 1991 bis 2019", https://de.statista.com/statistik/daten/studie/370558/umfrage/monatliche-nettoloehne-und-gehaelter-je-arbeitnehmer-in-deutschland/。

[2] 据统计,截至2021年1月,住院照护服务中个人平均缴纳费用为2068欧元。参见"Daten zum Gesundheitswesen: Soziale Pflegeversicherung (SPV)", *vdek*, 04.02.2021, https://www.vdek.com/presse/daten/f_pflegeversicherung.html。

[3] 关于德国平均净收入的统计数字,参见 De Statista, "Höhe des durchschnittlichen Nettolohns/Nettogehalts im Monat je Arbeitnehmer in Deutschland von 1991 bis 2019"。

[4] "Neuer Renten-Atlas: Ausgaben steigen massiv-Männer aus NRW bekommen am meisten", *Focus*, 13.10.2020, https://www.focus.de/finanzen/altersvorsorge/rente/durchschnittsrente-neuer-renten-atlas-ausgaben-steigen-massiv-maenner-aus-nrw-bekommen-am-meisten_id_12498526.html.

数的36%。① 这一趋势带来在长期照护保险缴费率不断攀升的同时,照护救助支出也持续提升。

表6-3　　　　　　　住院照护费用变化(1999—2020年)　　　　(单位:欧元)

年份	照护等级	照护总费用	保险负担费用	个人缴纳费用
1999	Ⅰ	2018	1023	995
	Ⅱ	2376	1279	1097
	Ⅲ	2842	1432	1410
2001	Ⅰ	2095	1023	1072
	Ⅱ	2491	1279	1212
	Ⅲ	2916	1432	1484
2003	Ⅰ	2184	1023	1161
	Ⅱ	2609	1279	1330
	Ⅲ	3035	1432	1603
2005	Ⅰ	2230	1023	1207
	Ⅱ	2656	1279	1377
	Ⅲ	3082	1432	1650
2007	Ⅰ	2302	1023	1279
	Ⅱ	2727	1279	1448
	Ⅲ	3153	1432	1721
2009	Ⅰ	2376	1023	1353
	Ⅱ	2807	1279	1528
	Ⅲ	3263	1470	1793
2011	Ⅰ	2406	1023	1383
	Ⅱ	2848	1279	1569
	Ⅲ	3314	1510	1804
2013	Ⅰ	2484	1023	1461
	Ⅱ	2945	1279	1666
	Ⅲ	3435	1550	1885

---

① "Every third nursing home resident needs money from the state", *aerzteblatt.de*, 4th August 2020, https://www.aerzteblatt.de/nachrichten/115309/Jeder-dritte-Pflegeheimbewohner-benoetigt-Geld-vom-Staat.

续表

年份	照护等级	照护总费用	保险负担费用	个人缴纳费用
2015	Ⅰ	2587	1064	1523
	Ⅱ	3069	1330	1739
	Ⅲ	3581	1612	1969
2017	二	2517	770	1747
	三	3006	1262	1744
	四	3515	1775	1740
	五	3749	2005	1744
2020	二	2785	770	2015
	三	3277	1262	2015
	四	3790	1775	2015
	五	4020	2005	2015

注：1. 根据本书第四章的论述，照护等级的分类在2016年进行了调整，因而2015年及之前为老的照护等级，2017年和2020年为新照护等级。而表中2017年和2020年之所以没有列出等级一，是因为该等级的长期照护需求者自理能力较强，且没有针对此等级的专门福利给付费用，因而其一般不入住住院照护机构，故不作单独统计。

2. 照护总费用包括：照护相关费用、食宿费用和投资费用。

3. 数据来源：Heinz Rothgang and Rolf Müller, *Barmer Pflegereport 2019*, pp. 85-86; Heinz Rothgang, Rolf Müller and Benedikt Preuß, *Barmer Pflegereport 2020*, Berlin: Barmer, 2020, p. 109.

若将表6-3中不同照护等级的个人缴纳费用占照护总费用的比例进行统计，则可以发现，在体系改革前的1999—2015年，这一比例从49.3%到49.6%不等，增长到55%至58.9%不等，也即长期照护保险基金负担的照护费用比例不断缩小，而个人需要负担每月照护费用的大部分。虽然在2017年，由于长期照护的福利给付额度大幅提高，个人负担部分呈现一定程度的下降，但该幅度并不明显，个人依旧需要负担45.6%到69.4%不等。而这一比例在2020年则再次攀升，达到了50.1%至72.4%不等。按此增长趋势，个人负担部分将在不久的将来再次达到改革前的水平。因此，长期照护需求者的负担越发沉重。

从上文的分析可以看出，市场化的趋势使得照护服务的选择更依赖于个人的经济基础，并据此购买不同的福利产品。这带来两方面的结果。一方面，对于那些本身就比较贫穷的长期照护需求者，资金的缺乏使得其或者无法负担照护机构的照护服务，或者无法享受照护质量更好的服务。因而，其更有可能选择那些只提供基本照护服务、收费较低的机构。从这方面来看，经济条件受限的长期照护需求者可选择服务的范围非常有限，而非完全自由选择。同时，这些较为贫困的长期照护需求者本来就有更大可能成为照护等级更高的人，而照护等级较高进一步限制了其从事力所能及的工作从而获得收入的途径。在这样的恶性循环基础上，这些人因贫困而无法得到更好的照护服务，导致其身体更加羸弱。另一方面，由于收费较低的照护机构只满足最基础的照护服务需求，因而提供给长期照护需求者的照护服务质量也相对较低，无法让长期照护需求者逐渐过上独立、符合自己意愿的生活，更毋庸提身体和心理状况得到一定程度或完全恢复。这违背了长期照护服务体系建立的宗旨。总结起来，我们可以认为，经济基础更好的长期照护需求者，由于其拥有更多的资产、更高的收入以及更低的对社会服务的需求，使得其在市场对社会服务进行分配的过程中，可以得到更多、质量更高的服务，有利于其康复或保持身体状况的稳定，相较而言处于优势。与之相反，那些处于社会中较低层级的社会服务消费者则在市场分配中处于劣势。

二 工作环境有待改善

无论是否处于社会福利领域中，营利机构都以逐利为首要目标。因而，当某一营利机构利润较低从而难以为继时，其更有可能被其他机构收购。每次收购，机构的经营理念将会随之改变，在长期照护服务领域中即改变福利产品提供的理念。例如，从2008年到现在，阿罗海姆养老有限责任公司已三易其主，先后由英国、美国和瑞典投资商收购。[①] 而德国的照护服务市场被认为前景广阔，因而有些投资者会购买部分照护机构并试图盈利。几年后，投资者赚得盆满钵满后便会将其抛售，使得曾经为提升竞争力而开放市场的长期照护服务体系失去了其建立宗旨，成为投资者的获利之地。而投资者所赚资金部分来自长期照护保险基金的费用偿付和社会救助金，也就是来自个人赋税。这使得原本希望通过建立长期照护服务体系以促进分配公平的目标，变成了更大的不公平。

---

① Tina Groll, "Altenpflege: Geld verdienen mit Pflege", *Zeit Online*, 23. Dezember 2018, https://www.zeit.de/wirtschaft/2018-06/altenpflege-pflegeheime-betreiber-private-investoren/komplettansicht#marktfuehrer-pflegeheime-markt-2-1-tab.

如前所述，照护机构可以试图通过提升照护费用的方法获取更多利润。然而，这会降低照护机构在地区的吸引力。因而，在不大幅度提升照护费用的情况下，忽视照护人员的工作环境成为首选。降低工资水平，同时让从业者进行更高强度的工作，恶化了长期照护服务领域的工作环境。具体而言，如图 6-5 所示，长期照护人员的工资水平始终低于全德平均工资，更显著低于医疗照护人员的工资水平。2013—2017 年，虽然上述两个方面的差距有所缩小，但在 2017 年，长期照护人员的月收入依旧比全德收入中位数低 465 欧元，比医疗照护人员低 593 欧元。① 同时，作为营利机构，其更关注对入股者和领导层的分红，从而吸引其持续投资。这会进一步压制对一线照护人员工资收入的关注度。② 这一方式降低了对潜在从业者的吸引力。正如前文所述，平均每 100 个照护服务空缺职位中只有 27 名应聘者，可见该领域吸引力之低。

照护服务领域吸引力较低也使得照护人员的专业技能水平不尽如人意。正如第三章所述，为快速补齐短缺的专业人员，政府部门和相关机构不得不进行速成培训，因而难以保证照护人员的专业技能。据统计，2009 年所有在住院照护机构工作的照护人员中，有 39% 的人完成了为期三年的专业培训，成为照护技术人员；另有 7.5% 的人通过一定程度的培训，从而具备一些专业照护技能。③ 两个比例相加，具备从事专业照护服务技能的人数甚至不如所有照护人员的一半。更为严峻的是，这一比例还在持续下降：2009—2019 年的十年间，住院照护机构中照护技术人员的比例从

---

① 2019 年，长期照护人员毛收入中位数为 3032 欧元，医疗照护人员为 3547 欧元，差距为 525 欧元，同 2017 年相比并没有显著缩小。该年全职工作人员的平均收入毛收入为 3994 欧元。参见 "Pflegegehälter unterdurchschnittlich", *Springer Pflege*, 29. 07. 2020, https://www.springerpflege.de/rahmenbedingungen/pflegegehaelter-unterdurchschnittlich/18228232? fbclid=IwAR17OBhuACdUTgj9LKKh_ wtsCzr8yYOjWbfE3yNCwQGdfvS1pY4BxSR0LTs。

② 关于照护机构类型与照护人员工资间的关系，正如笔者对照护机构负责人的访谈里提到，并非每个非营利组织都会对照护人员支付较高工资，也并非每个营利机构都会压低工资支付水平。但由于营利机构以营利为目的，会适当提升长期照护收费项目中的投资费用，同时为了控制总费用而降低用于员工工资支付方面的收费水平。因此，总体而言，营利机构更倾向于减少员工工资部分的支出。参见附件三访谈记录。

③ Hildegard Theobald and Sarah Hampel, "Radical Institutional Change and Incremental Transformation: Long-Term Care Insurance in Germany", p. 131.

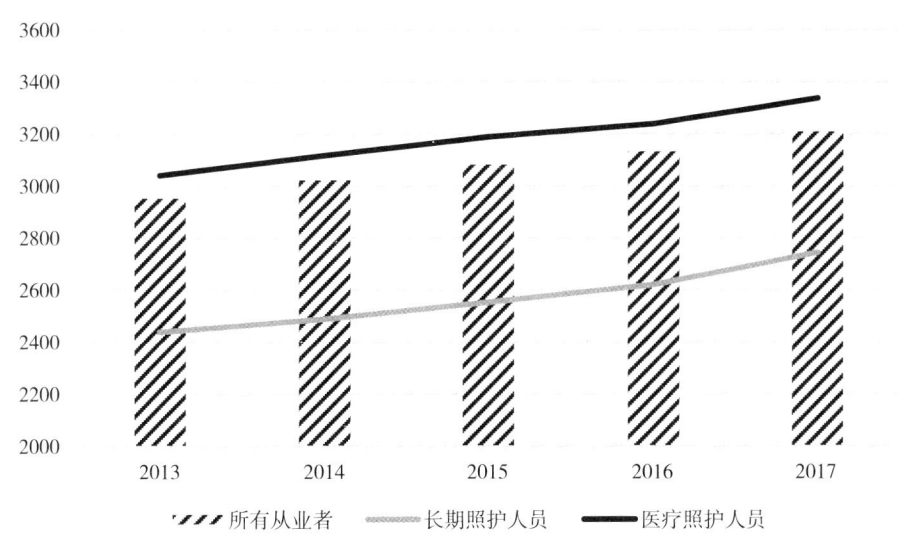

图6-5 全职从业者月毛收入中位数变化（2013—2017年）（单位：欧元）

数据来源：Stefan Sell, "Zwischen Gottes Lohn und 'marktgerechter' Vergütung: Was Hilfs-und Fachkräfte in der Pflege verdienen und warum die Altenpflege (auch) entgeltmäßig eine Großbaustelle werden muss", *Aktuelle Sozialpolitik*, 22. August 2018, http://aktuelle-sozialpolitik.de/2018/08/22/zwischen-gottes-lohn-und-marktgerechter-verguetung-in-der-pflege/。

39%下降到35%，流动照护机构中这一比例从59%下降到50%。[①] 然而，根据规定，住院照护机构中照护技术人员的比例应达50%；流动照护机构虽无此方面的限制，但其也需要提供日常照护、医疗照护等满足一定专业技能的服务。因而，专业照护人员数量的不足使得照护人员的总体专业技能较低，照护质量有待提高。

专业照护人员在照护服务领域的分流，更进一步降低了一线照护人员的技能水平。由于照护技术人员更倾向于从事机构管理、照护服务协调和照护咨询等工作，不愿从事更为基层的实际照护服务提供工作，因而更多的照护工作实际上是由照护助理，甚至志愿者来完成。同时，营利机构为了更好地进行企业管理，从而产生更多利润，对从事管理工作的照护技术

[①] "Bertelsmann-Studie drängt auf Steuerzuschüsse: Experten fordern Entlastung von Jüngeren bei Pflegekosten", *Der Tagesspiegel*, 21.11.2019, https://www.tagesspiegel.de/wirtschaft/bertelsmann-studie-draengt-auf-steuerzuschuesse-experten-fordern-entlastung-von-juengeren-bei-pflegekosten/25244716.html.

人员给予更高的工资。这不但进一步加大了管理层和基础照护人员间的工资差距，还反过来促进了照护技术人员向管理层的涌入。这些都使得本来就已经无法满足照护服务需求的照护技术人员数量进一步下降。

在这一大环境下，非营利组织也开始效仿营利机构的运营模式，市场化趋势明显。为了同营利机构竞争，吸引更多专业人才，非营利组织也不得不提升照护技术人员的工资。同时，为了达到收支平衡，非营利组织以降低照护助理及其他从事照护服务的一线照护人员的工资为代价，从而拉大了工资收入上的差距。营利机构同非营利组织的共同作用，使得照护服务领域的从业环境一直无法得到有效改善。

需要指出的是，虽然营利机构由于对利润追求更甚，因而存在为获取利润而降低照护质量的倾向。但这并不意味着非营利组织由于无须考虑利润分红的问题而拥有较高的照护质量。此外，从目前照护质量的核查结果来看，营利机构和非营利组织在照护质量方面的差距并不明显。这是因为评估结果所参照的照护质量评价标准无法对照护质量进行优劣区分。具体原因已在第三章详述，在此不再赘述。虽然2019年11月1日已颁布新的照护质量标准，并于2020年10月开始施行，但第一轮评估结果尚未公布，其是否能反映照护机构的照护质量差异还有待观察。基于此，对于照护机构类型与照护质量关系的问题，还缺乏足够的证据予以证明，因此暂不作讨论。

第五节　市场在长期照护服务体系中的发展趋势

如前文所述，市场成为长期照护服务体系的重要组成部分后，曾经由国家进行统一管理调配的长期照护服务领域发生了较大变化。市场在这一变化中起到了正反两方面的作用：一方面，市场的加入使得该体系不再依赖公共部门的资金支持而发展，而是通过自由竞争形成优胜劣汰。在提升经济效率和扩大自由选择范围的同时，非营利组织为顺应这种变化而吸收了很多市场运作的先进方法，政府不再占主导地位；另一方面，市场化带来的不平等使得个人收入和社会地位不同的消费者，所接收的信息存在差异，从而影响到福利产品提供的公平性。此外，为了提升利润而压低专业照护人员工资，从而降低照护服务市场吸引力的现象，也被认为是市场所带来的负面作用。对于上述负面影响，需要政府进行一定程度的规制。然而，政府予以过多的介入又可能带来官僚化倾向。因而，市场和政府在长期照护体系中一直处于寻找最优合作的过程。鉴于此，与其说市场的发展趋势，不如说市场如何与国家相互配合，共同完成专业福利产品的提供和分配。

总体来讲，国家的适当介入促进了长期照护服务体系中福利产品的平等分配。其通过对个人经济状况的平衡和对信息来源的规范，让福利产品在长期照护需求者中进行更均等的分配。此外，国家通过最低工资的限制和一系列政策的颁布，提升劳动力市场的吸引力。

一　平衡个人经济状况

就福利产品提供领域而言，其与一般竞争市场有些许不同。一方面，一般而言，产品的公共采购只涉及两个方面：付款人和生产者。而在社会服务领域，则包括三类参与者：服务费用的付款人、服务的使用者和服务的生产者。相互分离的付款人和使用者的存在分散了需求，因而面临一个问题，即服务生产者究竟应该对谁的需求予以回应：付款人还是使用者。[①] 以长期照护服务领域为例，主要付款人为国家赋予权力的长期照护保险机构，使用者为长期照护需求者，服务生产者则是照护机构和家庭，此处主要探讨照护机构。因而，照护机构应该以谁的需求为原则：如果以长期照护保险机构的需求为根本，则只需要提供框架规定的照护服务就可以享有费用偿付，无须考虑个性化需求；如果以长期照护需求者的需求为根本，则需要更多地考虑服务质量和个性化需求，因而不可避免地要对如何提供物美价廉的照护服务进行更多考量。另一方面，市场中存在信息不对称，即服务提供者比服务使用者更了解服务的成本和质量，使得服务使用者无法选择最适合的照护机构。这两点都表明，在长期照护服务领域，不受管制的竞争将带来一定弊端。

---

① David Lowery, "Consumer Sovereignty and Quasi-Market Failure", *Journal of Public Administration Research and Theory*, J-Part8, 1998, p. 161.

因此，若政府不通过规则制定予以适当介入，就无法达到福利产品供需的最优效果。基于此，政策的制定需要在两个方面寻求平衡，从而引导福利产品市场：在产品分配方面，政策如何形成服务分配的个人责任；在产品生产方面，如何控制福利产品的提供。[1] 具体而言，前者指价格和选择机制是否完全用于服务的分配，或服务是否反映了资金多寡的差异。在照护服务中，如果个人或只负担部分照护服务费用，或享受高质量的照护服务时需要负担更多费用，那么个人资金的多寡将在很大程度上决定其可以享受哪种类型的照护服务，从而将照护服务质量的高低根据个人经济状况进行分配。这是一种市场化的运行方式。反之，若照护费用均由公共部门承担，各照护机构的风险和成本差异也都由公共部门进行弥补，那么个人的消费决策将不再基于商品的价格，所形成的照护服务体系也将不是市场化的。通常，有两种情况可以决定市场动机是否影响了市场分配。一方面，根据支付能力进行的产品购买，或对于个人消费的刺激措施，使得服务购买的费用直接由服务使用者承担。当这一群体足够大时，价格的变动使得消费者作出更快的反应并改变个人消费动机。另一方面，当政府规制作用较小的时候，服务的生产者更倾向于生产低成本的福利产品，从而吸引更多客户，这些客户可以让服务生产者获得较高利润，同时减少风险高且收入低的客户进入市场。[2] 上述两方面使得福利产品更有可能基于个人收入多寡和风险高低进行分配。

通过政策制定控制福利产品的提供则指，需要通过政策的制定让福利产品"物有所值"。由于服务生产者以逐利为目标，在市场环境下，其更倾向于以高价或降低成本的方式寻求高利润，这在营利机构中尤为明显。因而，在缺乏政府规制的市场中，营利机构更有可能忽视服务使用者的需求，而一味去追求利润。此时，政府需要对福利产品提供市场进行引导，让服务生产者在满足一定的福利产品提供数量和质量的前提下，以最小成本提供服务。为了控制生产结果，国家需要明确提出服务提供的总体要

---

[1] Jane Gingrich, *Making Markets in the Welfare State: The Politics of Varying Market Reforms*, p. 9.
[2] Jane Gingrich, *Making Markets in the Welfare State: The Politics of Varying Market Reforms*, p. 10.

求,并监督和约束不合规的生产者。① 因而,在产品生产方面,国家的监管涉及竞争和控制。② 一方面,国家需通过合约的签订和选择的实现发挥应有作用。前者指服务生产者迎合作为服务购买者——国家偏好的动机,后者则指服务生产者迎合服务使用者诉求的动机。服务生产者在迎合了两方面的诉求后,拥有更高效率的福利产品生产者将在竞争中占得先机。另一方面,控制则指国家或服务使用者作为"委托人"是否可以控制作为"代理人"的服务生产者。国家监管的成功与否同微观层面上的具体规范以及宏观层面上的规制环境紧密相连。如果合约权责分明,国家的权力和服务使用者的权利被予以明确规定,如国家控制市场准入、服务定价以及质量保障,以及对于未达到基本要求的服务生产者实行退出机制,则国家起到了较好的监管作用;反之,若权责模糊、规则缺乏、退出机制不完善,则国家监管不到位,服务生产者可以较为自由地逐利,从而暴露出市场的弊端。

如果政府的政策既能让福利产品的分配满足资金多寡的差异,又能保障福利产品的生产物美价廉,福利产品提供市场将是一个良性循环的市场。以长期照护服务体系为例,政府制定的规则使得在服务分配方面,那些经济水平较高的长期照护需求者可以根据个人需求和收入情况,在享受一般照护服务的基础上,额外购买更高质量的、更有针对性的照护服务;在服务生产方面,如第三章所述,通过对照护质量标准的规定,政府对照护服务质量形成了一定程度的约束。在保证照护服务质量的前提下,长期照护需求者可以花费较少的费用而享受基本照护服务。

然而,在服务生产领域中,国家政策对产品提供的控制方面还有待改进。国家虽然通过照护质量的规定和完善,保证了服务生产的"物美",但对于"价廉"的保障还有所欠缺。诚然,国家通过政策的制定给予所有长期照护需求者一定的资金支持,使其可以享受长期照护服务。但正如前文所述,个人需要负担的照护费用连年攀升,使得长期照护需求者不得不将几乎所有收入用于照护费用的支付。有人甚至变卖家产,乃至申请社会

---

① Jane Gingrich, *Making Markets in the Welfare State: The Politics of Varying Market Reforms*, p. 11.

② Jane Gingrich, *Making Markets in the Welfare State: The Politics of Varying Market Reforms*, p. 11.

救助，才能负担照护服务的支出。因而，在提升照护服务市场效率的同时，如何保障公平，将是国家需继续改进的方向，也是市场和国家如何加强配合的方面。

二 规范信息来源

平衡个人经济状况的同时，信息的透明度也是保障市场良性运转的前提。信息的不透明是缺乏管制的后果之一，这里同样需要国家予以一定程度的介入。

当福利产品供给市场建立后，由于通过市场调节而提供服务的方式的透明度较低，消费者无法得到充分信息。例如，由于服务机构比消费者更了解福利产品市场的情况，因而在缺乏国家规制的情况下，服务机构可以只向潜在消费者介绍机构的优势，而适当忽略其不足方面。此外，当市场开放使得消费者拥有更多自主选择权的同时，不同人群在获取同一方面信息的过程中，也存在信息不对称的问题。例如，收入有限的个人，由于无法通过较为先进的渠道获取照护服务相关政策，而无法为自己或家人申请福利给付，不得不自行承担繁重的照护压力和高昂的照护成本。这一问题在家庭照护服务中针对照护人员福利给付的使用率不高的情况中有所体现。因而，国家需要通过适当介入，建立服务质量标准并公开信息，以及对相关政策规则提供解释。

如第三章所述，国家通过照护质量标准的设定、质量核查的执行和结果公布，对照护服务质量进行了详细规定。然而，这一核查体系因为标准设定存在缺陷，核查结果在不同照护机构间并无明显差异，未能达到对照护质量进行公开，从而起到改善信息不透明的现状的作用。而2019年11月1日开始施行的新的照护质量标准尚未发布第一份照护质量评估结果，其是否能够做到让消费者对照护质量相关信息进行有效获取，从而成为其选择照护机构的有力参照，还需要进一步观察。

在政策解释和普及方面，针对长期照护需求者由于经济状况差异而无法得到相同的照护服务信息的问题，《长期照护保险法》对于照护支持中心的建立和功能予以特别规定。照护支持中心作为政府设立的咨询服务和临时照护服务提供机构，在咨询服务方面应提供《社会法典》、联邦政府和州政府规定的福利给付及其他照护服务的相关信息；在临时照护服务提供方面应对

第六章 市场——兴起的福利产品提供者

于临近的照护服务机构进行协调，并对照护服务供应网络进行串联。① 然而，通过笔者同柏林的某照护支持中心的工作人员的访谈，发现照护支持中心所能提供的咨询服务基本上是对《长期照护保险法》及相关法案的解释说明，例如如何申请长期照护资格，各服务项目分别属于长期照护还是医疗照护服务，不同照护服务给付的领取应满足何种条件以及如何领取，并提供所辖区内照护机构的联系方式。而对于临近照护机构的特点方面，照护支持中心则缺乏了解，毋庸提对需求各异的长期照护需求者提供相匹配的照护机构信息等咨询服务。② 因而，可以说，照护支持中心在普及照护服务信息、规范信息来源方面还有较大提升空间。

除了平衡消费者的个人经济状况、保证信息来源的规范外，就改善照护服务领域工作环境而言，国家通过对最低工资的限定以及培训政策优惠条件的实施来吸引更多人进入照护服务劳动力市场。此外，国家还试图设立统一的专业照护人员工资标准。上述政策措施在部分解决现存问题，并为未来照护服务工作环境的改善带来希望的同时，也面临一些困境。这些困境在第三章已进行详述，在此不再赘述。

综上所述，虽然在长期照护服务领域中市场化的作用越发明显，但并不意味着这个领域完全根据市场规律运行；相反，将其称作"准市场"更为恰当。这是因为，准市场机制提升了服务提供的效率和质量，但并没有背离福利国家建立之初的目标。③ 准市场机制通过国家的适度介入而提升了民众的平均福利水平，并形成了独立的福利产品提供机构，增强了福利产品提供的灵活性。

虽然国家的介入对规范福利产品提供市场起到了重要作用，但另有一些学者认为，公共部门的过多介入反而导致了市场的稀缺性。④ 他们认为，公共部门的介入越少，公民的可选择余地越大，也会促进更多的机构进入该领域。而如果公共部门规定了一系列前提条件，如基本法律框架、相关

---

① Bundesregierung, *Sozialgesetzbuch（SGB）- Elftes Buch（XI）- Soziale Pflegeversicherung（Artikel 1 des Gesetzes vom 26. Mai 1994, BGBl. I S. 1014）*, §7c-（2）.

② 参见附件三访谈记录。

③ Ingo Bode, *The Culture of Welfare Markets：The International Recasting of Pension and Care Systems*, p. 14.

④ Michael U. Klein and Bita Hadjimichael, *The Private Sector in Development：Entrepreneurship, Regulation, and Competitive Disciplines*, Washington, D. C.：The World Bank, 2003, p. 158.

管理规定，以及机构的运营规则后才允许市场进入，那么符合这些条件的照护机构就是稀缺资源。按照市场规律来看，稀缺资源必然引起价格上涨，因而不利于财力有限的个人进行自由选择。而如果市场作为最基本需要而非稀缺资源，自由进入福利产品提供领域，则可以让收入较低群体避免选择那些虽然价格不高，但服务效率较低的国家公共部门。学者们还指出，虽然不可否认的是，并不是所有的营利机构所提供的服务质量都低于公共部门或非营利组织，但确有一些机构以"价廉物不美"的方式持续运营。而这一现象的出现并不是由市场开放而造成的，因而要反思为何那些营利机构可以降低服务质量而立于不败之地。其原因在于，这些营利机构拥有在某一方面的垄断地位，可以任意使用权力。这样来看，只有公共部门最大限度地撤出，才能形成市场的自由选择和机构的自由进入，从而保证服务提供的平等。这一观点有一定合理性，但无论市场对长期照护服务体系的影响有多大，国家的撤出幅度有多明显，该领域的未来发展方向依旧需要在国家和市场间寻求平衡。

小　结

20世纪70年代起，劳动生产率增长速度放缓、政府职责的扩张以及人口老龄化的加剧，共同将福利国家推向改革的舞台，德国也不例外。受新自由主义思潮的影响，德国在20世纪90年代开始福利国家改革，通过打开市场、加强竞争的方式，以期提升服务供给效率。

市场的开放提升了经济效率，赋予了社会服务领域中福利产品分配的合法性，也带来了消费者社会分层现象的出现。由于市场的开放带来了非营利组织的市场化趋势，因而在讨论市场与福利多元主义理论的关系时，更多的是在讨论市场化在多元福利体系中的作用。虽然市场化趋势带动了消费者对于福利产品的直接购买，以及以保险偿付的形式进行间接购买，盘活了福利产品的提供方式，但国家在这一趋势中也进行了一定程度的介入。在福利产品提供方面，除家庭外，市场承担着重要的福利产品提供职能。这是因为市场提升了福利产品的供给水平和经济效率，并收缩了政府在福利产品提供领域中的权力，促进了消费者的自由选择。虽然国家在福利产品提供方面的职能大幅后撤，但国家在市场中的介入程度、资金分配方式以及适度的规制，也是探讨多元福利主义理论下国家和市场关系的重要内容。

在德国长期照护体系建立前，市场中营利机构的数量有限。在重要性方面，营利机构远不及非营利组织；然而同国家公立机构相比，其所提供的福利产品从机构数量来讲多于前者，从机构中长期照护需求者人数来看则略少于国家公立机构。

体系建立后，市场中营利机构的重要性得到了迅速提升。市场的开放使得无论是非营利组织还是营利机构，都可以平等地参与福利产品的提供，营利机构逐渐成为长期照护服务的重要提供机构。具体而言，在流动照护服务中，营利机构的市场占有率已超越 50%并不断攀升。在住院照护服务中，虽然从目前来看，营利机构的作用还不及非营利组织，但其发展速度较快，在不久的将来有望超越后者。目前德国长期照护服务市场中的主要营利机构为科里安集团和阿罗海姆养老有限责任公司。

虽然市场在长期照护服务体系中的作用越发增强，但也面临一些问题。一方面，照护服务市场不平等。长期照护需求者处于社会不同阶层，在经济基础、机会获取和信息获得方面存在差异，而市场的开放将这种差异进行了一定程度的放大。对于经济基础较好、信息获取能力更强的个人，更有可能享受更高质量的福利产品；反之，收入水平有限的个人仅能购买最基本的照护服务，在福利产品的分配中处于劣势。另一方面，营利机构的逐利性将以降低员工工资为代价，使得照护人员工作环境较差，劳动力市场缺乏吸引力。这导致照护人员的专业技能不断降低，照护机构中的照护技术人员所占比例持续下降。而照护技术人员向管理层的涌入加剧了一线专业照护人员的不足。这一大环境使得非营利组织纷纷效仿营利机构的经营方式，以求同营利机构相比更具竞争力，从而更加恶化照护服务领域的从业环境。

上述问题的产生同市场缺乏监管息息相关。因而，市场同国家的密切配合、寻找二者间的平衡点既是二者在长期照护服务体系中的现状，也是未来的发展方向。具体而言，在平衡个人经济状况方面，政府在试图保障服务生产和服务分配间的平衡的同时，需要进一步完善对产品提供的控制，即在"价廉"方面让那些处于社会劣势的长期照护需求者也可以享受到一定质量的福利产品。在规范信息来源方面，国家一方面需要通过设定合理的照护质量核查和结果公开体系，对照护质量进行公布，方便长期照护需求者选择照护机构，减少照护机构和长期照护需求者间信息不对称的问题；另一方面国家还需要通过建立并完善照护支持中心的方式，为各阶层的长期照护需求者提供全面的咨询服务，从而改善不同社会地位的长期照护需求者间信息不对称的问题。

通过对市场在长期照护服务体系中作用的阐述，我们可以发现，市场是福利多元主义理论同长期照护服务体系紧密结合的受益者。其职责发生了较为明显的演变。在体系建立前，市场并没有成为福利产品提供领域的正式组成部分，因而同非营利组织相比，其作用并不明显。体系建立后，福利多元主义理论受到新自由主义思潮的影响，市场得到重视，其重要性不断提升。然而，市场所发挥的作用存在上限。其不会超越国家作为规制者的作用，也不会代替家庭成为最基本的福利产品提供者，甚至无法完全替代非营利组织在该体系中的角色。

第七章　结论与启示

通过前文的论述，我们可以发现，长期照护服务体系的建立在一定程度上缓解了国家财政支出压力，并在福利产品提供方面形成了市场化趋势，国家、家庭、非营利组织和市场四个部门相互配合，共同完成照护服务的资金支持和福利产品提供任务。随着福利多元主义理论同体系的结合不断紧密，上述四个部门的职责也发生了不同程度的转变和演变。

结论部分首先对福利多元主义理论下的德国长期照护服务体系进行评价，阐述理论对四个部门所产生影响的差异以及德国的福利国家改革的特点，并指出在资金支持和福利产品提供方面的成就与不足。然后对德国长期照护服务体系的未来发展趋势作出分析，同样也是从资金支持和福利产品提供两方面展开论述。最后通过总结德国长期照护服务体系的经验，对中国长期照护服务的发展方向予以展望。

第一节　德国长期照护服务体系再审视

纵观长期照护服务体系的发展历程，就国家作为规则制定者的作用而言，其通过法律的颁布实施使得长期照护服务体系有章可循。就国家作为资金支持者的作用而言，值得肯定的是，其资金支付方式发生了较为明显的变化，从通过税收转移支付，转变为以长期照护保险偿付为主、社会救助为辅的资金支付方式。然而，从近几年的发展情况来看，社会救助支出比例再次上升，长期照护保险也越发入不敷出。

就福利产品提供而言，福利多元主义理论中的四个部门：国家、家庭、非营利组织和市场进行了重新分配，各自所发挥的作用及重要性呈现了动态变化。而上述变化同福利多元主义理论对体系的影响程度相关。然而，四个部门在服务提供方面也各有利弊，因而需要在取长补短的基础上探索新的照护服务模式。

一 国家作为规则制定者的变化趋势

作为规则制定者，国家在长期照护服务体系建立前后的作用是从无到有并不断完善的。具体而言，在长期照护服务体系建立前，国家对于应如何提供照护服务并没有专门的法律规定。因而在缺乏统一标准的情况下，多是根据个人意愿寻求照护并由相关机构提供服务。彼时的照护服务呈现的多是社会救助的性质。

随着人们越来越清晰地认识到对照护服务的需求不再局限于少数人，而成为一种广泛的社会需求，国家通过《长期照护保险法》及后续法规的颁布，建立并完善长期照护服务体系。长期照护服务体系遵循两个原则：家庭照护服务和流动照护服务优先于住院照护服务；预防和康复优先。《长期照护保险法》对长期照护需求者予以基本保障，其设立的社会长期照护保险成为社会保险体系的第五支柱。长期照护保险同医疗保险在资金收缴和发放上相区分，但在管理上相统一。目前，社会长期照护保险缴费率为3.05%（无子女的个人为3.3%），由雇员和雇主均分；私人长期照护保险的缴费率与个人所获最高给付金额和照护风险有关。

长期照护需求被分为五个等级。基于六个方面的衡量指标，由相关专业人士对个人的照护需求程度进行等级评定。根据不同照护等级，医疗保险机构为长期照护需求者联系相应服务并提供资金支持。长期照护服务体系的组织机构主要为以联邦卫生部为代表的联邦机构以及各州相关机构；实施机构则为医疗保险机构、照护机构，以及主要负责照护咨询的照护支持中心。

在福利给付方面，处于照护等级二至五的居家照护服务需求者可以申请实物给付、照护津贴、二者组合福利、替代照护服务、照护辅助工具的租借、改善居住环境的补助金等。需要说明的是，照护津贴主要用于由亲属和邻里等提供的家庭照护服务，而实物给付则用于流动照护服务。上述长期照护需求者的居家照护服务若无法得到满足，可以申请日间照护服务、夜间照护服务和短期照护服务。除居家照护服务外，长期照护需求者还可以申请全住院照护服务。对于照护等级一的长期照护需求者则可以申请照护辅助工具的租借、改善居住环境的补助金等福利给付。对于提供家庭照护服务的照护人员，则由相关机构给予必要的福利给付和照护咨询服务。

除了对长期照护服务体系的运行进行规定外，为保证所有照护服务的提供均符合一定标准，国家还制定《长期照护质量确保法》，作为对照护质量的规定。照护质量核查的组织机构和实施机构分别为联邦政府部门和政府授权的专业机构。就具体操作而言，在分别制定流动照护服务和住院照护服务标准的基础上，由相关机构前往照护机构进行核查，并将结果对外公布。

虽然这一照护质量评估标准对照护机构的照护服务结果予以了规制，但也面临过于官僚化的弊端。照护服务的记录占用专业照护人员大量时间精力，而核查后各机构照护质量结果却相差无几。鉴于此，国家于2019年11月颁布并实施新的照护质量标准，更关注长期照护需求者对照护服务的主观感受，而非照护过程的记录。由于该标准尚处于初步实践阶段，加之新冠肺炎疫情的影响，第一批照护质量核查结果尚未公布，其效果还有待观察。

二 国家作为资金支持者的变化趋势

作为资金支持者，国家从体系建立前对非营利组织的倾斜性支持，以及大量的社会救助，转变为以长期照护保险基金偿付为主、社会救助支出为辅的方式。资金分配方式也随之发生了变化。体系建立后，资金支持方式呈现出从社会救助急剧下降、长期照护保险偿付显著增加，到社会救助缓慢攀升、长期照护保险入不敷出的过程。

（一）资金分配方式的变化趋势

德国用于长期照护服务的社会救助被称为照护救助。在长期照护服务体系建立前，国家主要通过照护救助、医疗保险对居家照护服务的偿付，以及对非营利组织的倾斜性支持这三个渠道完成对照护服务费用的资金支持。而在体系建立后，医疗保险的费用偿付以及对非营利组织的资金支持均被终止，取而代之的是对所有照护机构及长期照护需求者通过长期照护保险进行费用偿付，并辅之以少量的照护救助。

如图 7-1 所示，在长期照护服务体系建立前，国家的资金主要向三个部门分配：通过照护救助、医疗保险和机构支持流向非营利组织，通过医疗保险和照护救助分别流向市场中的营利机构和家庭。值得注意的是，由于医疗保险对长期照护服务费用的偿付仅限于有严重照护需求，且享受居家照护服务的个人，因而流向非营利组织和市场中的资金只针对流动照护服务，对于住院照护服务则不予以偿付。

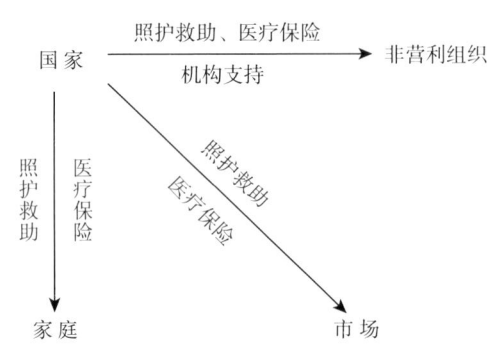

图 7-1　长期照护服务体系建立前资金分配方式

注：笔者自制。

长期照护服务体系建立后，如图 7-2 所示，国家向三个部门的资金分配均通过长期照护保险和照护救助两种方式完成。其中，通过长期照护保险的支出远多于照护救助。因此，体系建立前后，国家的资金分配方式发生了较为明显的变化。

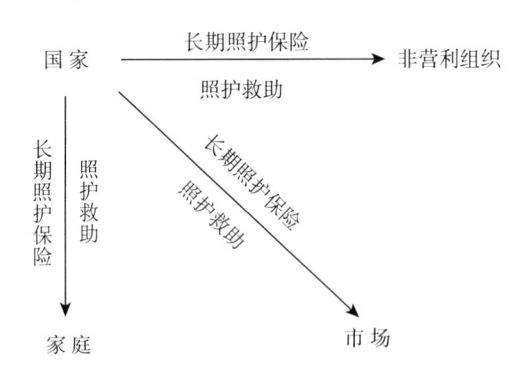

图 7-2　长期照护服务体系建立后资金分配方式

注：笔者自制。

需要提及的是，国家的资金支持者角色同其规则制定者角色紧密相连，甚至可以说，前者是后者的反映。国家通过《长期照护保险法》对保费收缴额度和偿付方式予以规定，由各独立运营的长期照护保险基金进行具体实施。而与体系建立前不同，长期照护保险的设立使得所有有需求的个人都可以得到相应的福利给付。此外，国家通过联邦社会保障局，向各保险机构收取平准基金，以对保险机构的收支进行平衡。因此可以说，虽然各照护机构及个人并没有从国家那里直接得到资金支持，但实际上国家通过制定政策，借助保险机构的"手"完成了向体系中相关机构和个人进行资金支持的任务。

（二）照护救助支出变化趋势

根据德国联邦统计局的统计数字，如图7-3所示，从德国统一后的1991—2019年，照护救助支出总体呈现先快速增长，后急剧下降，再在波

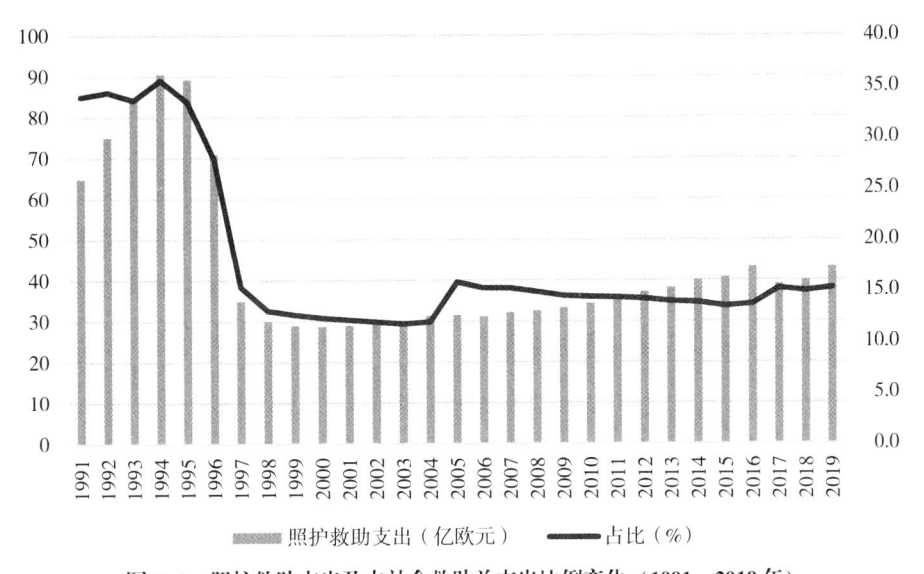

图7-3 照护救助支出及占社会救助总支出比例变化（1991—2019年）

注：1. 数据来源：Statistisches Bundesamt, "Sozialleistungen in: Statistisches Jahrbuch für die Bundesrepublik Deutschland", in *Statistisches Jahrbuch 1993/1994/1995/1996/1997/1998/1999/2000/2001/2002/2003/2004/2005/2006/2007/2008/2009/2010/2011*; Statistisches Bundesamt, "Soziales in: Statistisches Jahrbuch für die Bundesrepublik Deutschland", in *Statistisches Jahrbuch 2012/2013/2014/2015/2016/2017/2018/2019*; Destatis, "Bruttoausgaben, Einnahmen, Nettoausgaben der Sozialhilfe: Deutschland, Jahre, Sozialhilfearten", https：//www-genesis.destatis.de/genesis/online?operation=ergebnistabelleUmfang&levelindex=2&levelid=1610522577833&downloadname=22111-0003#abreadcrumb。

2. 左侧坐标轴为照护救助支出情况，右侧坐标轴为占比情况。

3. 笔者自制。

动中缓慢增长的趋势。具体而言，1991—1994 年，由于长期照护服务体系尚未建立，照护救助支出快速增长。1995 年《长期照护保险法》实施后，照护救助支出急剧下降。跨入 21 世纪，其再次缓慢上涨，且存在一定程度的波动。由于 2016 年将更多人纳入长期照护服务体系，照护救助达到又一个小高峰。经 2017 年因缴费率提升带来的照护救助支出减少，截至 2019 年，该部分支出再次攀升至 43 亿欧元，为 21 世纪的最高值。

从照护救助支出占比的变化趋势来看，长期照护服务体系的建立有效缓解了国家和地方政府在社会救助方面的重压。照护救助占社会救助总支出比例从 1994 年峰值的 36% 快速下降到 2003 年的 11%。保持一段时期的平稳后，于 2005 年上升至近 16%。后再次小幅度下降到 2015 年的 13%，目前维持在 15% 左右。通过曲线变化可以看出，以长期照护保险进行费用偿付，从而代替社会救助的方式起到了明显作用，国家及地方政府的财政压力在长期照护服务方面得到了一定程度的缓解。

（三）长期照护保险收支变化趋势

总体而言，长期照护保险较好地承担了社会救助的职能。如图 7-4 所示，长期照护保险的支出呈现连年上升趋势，从 1995 年的 50.6 亿欧元迅速增长到 1997 年的 155.9 亿欧元，后经平稳上升，到 2014 年再次快速上涨，从 254.2 亿欧元增长至 2019 年的 455.2 亿欧元。

在这之中，主要是社会长期照护保险的支出大幅度提升，从 1995 年的 49.7 亿欧元，大幅增长至 1997 年的 151.4 亿欧元。同长期照护保险总支出的步伐相同，社会长期照护保险也在 2014 年再次经历迅速增长，从 245.4 亿欧元增长至 2019 年的 439.5 亿欧元，增长率为 79.1%。与此同时，私人长期照护保险支出则从 1995 年的 0.9 亿欧元缓慢增长至 2016 年的 10.5 亿欧元。从那时起，其支出增长有所加速，到 2019 年增长到 15.7 亿欧元，同 2016 年相比增长率为 49.5%。

因而，从社会长期照护保险、私人长期照护保险及二者总支出的变化来看，长期照护服务体系的建立一方面代替了大部分社会救助的支出，让各级政府通过税收进行转移支付的数额呈现较为明显的下降；另一方面也让长期照护需求者无须为了享受照护服务而首先花费大量自身积蓄，而是优先通过保险偿付的方式进行福利产品的购买，余额部分再自己补足或通

第七章 结论与启示

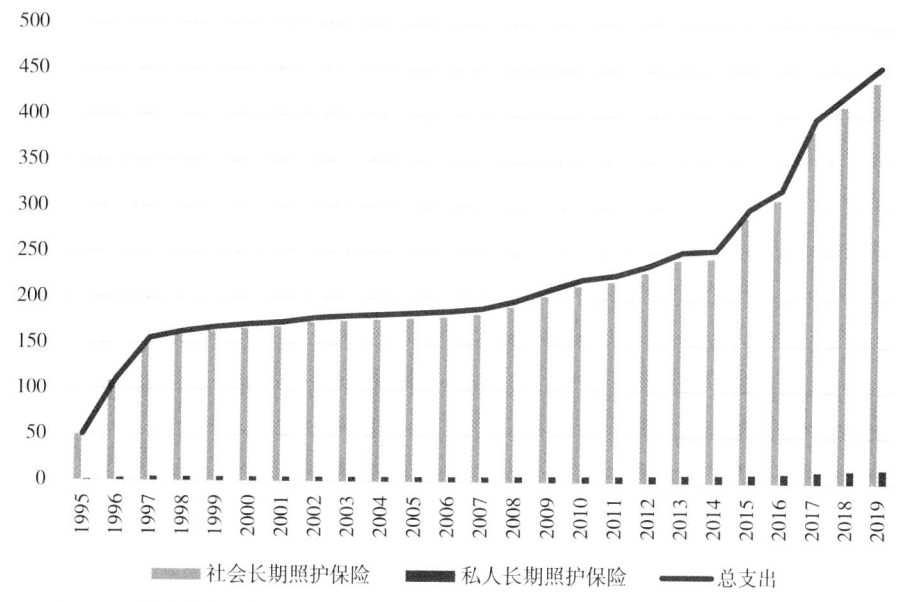

图 7-4　社会长期照护保险、私人长期照护保险及二者总支出变化（1995—2019 年）
（单位：亿欧元）

注：1. 社会长期照护保险支出数据来源：Statistisches Bundesamt, "Sozialleistungen in: Statistisches Jahrbuch für die Bundesrepublik Deutschland", in *Statistisches Jahrbuch 1997/1994/1995/1996/1997/1998/1999/2000/2001/2002/2003/2004/2005/2006/2007/2008/2009/2010/2011*; Statistisches Bundesamt, "Soziales in: Statistisches Jahrbuch für die Bundesrepublik Deutschland", in *Statistisches Jahrbuch 2012/2013/2014/2015/2016/2017/2018/2019*; Bundesministerium für Gesundheit, "Zahlen und Fakten zur Pflegeversicherung", Stand: 28 Juli 2020。

2. 私人长期照护保险支出数据来源：Verband der Privaten Krankenversicherung e. V., *Die private Krankenversicherung Zahlenbericht 2004-2005*; Verband der Privaten Krankenversicherung e. V., *Zahlenbericht der Privaten Krankenversicherung 2005-2006/2006-2007/2007-2008/2008-2009/2009-2010/2010-2011/2011-2012/2012/2013/2014/2015/2016/2017*; Verband der Privaten Krankenversicherung e. V., *Zahlenbericht 2018/2019*。

3. 笔者自制。

过社会救助完成。鉴于此，长期照护服务体系基本上完成了政府试图减少财政支出的目标。

由于长期照护服务体系中社会长期照护保险和私人长期照护保险各自单独核算，因而若将社会长期照护保险和私人长期照护保险的收支情况进行分别分析，则呈现完全不同的趋势。

从社会长期照护保险的收支情况来看，其处在净余额不断变化的过程中。具体来讲，如图7-5所示，净余额在长期照护服务体系刚建立的1995年为最高值，年收益34.4亿欧元。自此之后便连年下降，1999—2005年皆处于入不敷出状态，其中2004年达到第一个最低值，年负债8.2亿欧元。自2005年起，净余额持续波动，但除2007年负债3.2亿欧元外，截至2016年皆为盈余状态，总体趋势稳中有升。然而，自2015年达到第二个小高峰，年净收益16.8亿欧元之后，社会长期照护保险从2016—2018年净收益急剧下降，2017年和2018年甚至远未达到收支平衡，分别负债24.3亿欧元和35.5亿欧元。值得一提的是，由于2019年再次提升缴费率，社会长期照护保险净余额为32.9亿欧元。自长期照护服务体系建立到2019年的25年间，社会长期照护保险总净余额仅为73亿欧元。

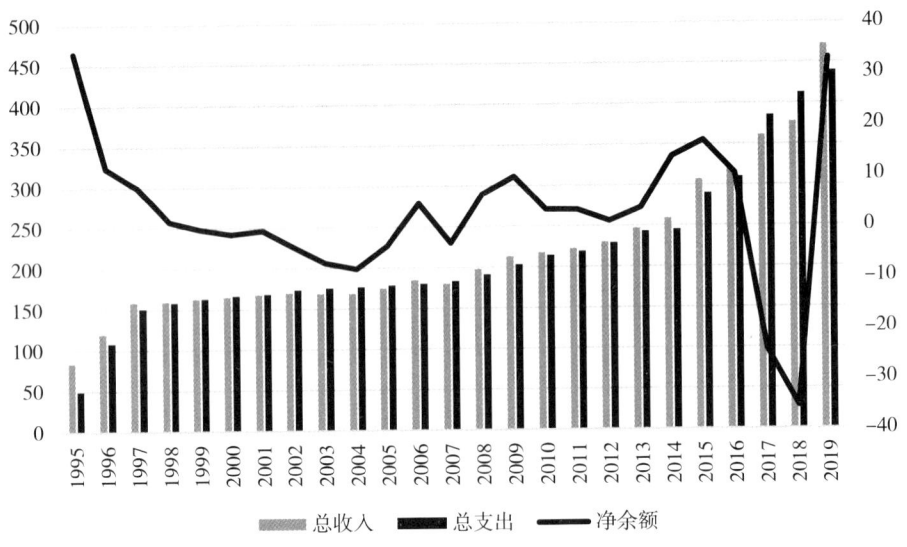

图7-5 社会长期照护保险收支变化（1995—2019年）（单位：亿欧元）

注：1. 数据来源：Statistisches Bundesamt, "Sozialleistungen in: Statistisches Jahrbuch für die Bundesrepublik Deutschland", in *Statistisches Jahrbuch 1997/1994/1995/1996/1997/1998/1999/2000/2001/2002/2003/2004/2005/2006/2007/2008/2009/2010/2011*; Statistisches Bundesamt, "Soziales in: Statistisches Jahrbuch für die Bundesrepublik Deutschland", in *Statistisches Jahrbuch 2012/2013/2014/2015/2016/2017/2018/2019*; Bundesministerium für Gesundheit, "Zahlen und Fakten zur Pflegeversicherung", Stand: 28 Juli 2020。

2. 左侧坐标轴为社会长期照护保险收支情况，右侧坐标轴为净余额情况。

3. 笔者自制。

第七章 结论与启示

然而，需要指出的是，虽然 2019 年社会长期照护保险净余额明显上涨要归功于缴费率的提升，但彼时照护救助支出却不降反升，这与 2017 年缴费率提升带来的照护救助支出下降形成鲜明对比。这是因为，在住院照护服务中，2017 年缴费率提升带来的长期照护保险基金负担费用的提升，在一定程度上缓冲了照护总费用不断增长的趋势，使得个人负担部分的增长速度并没有那么快，因而照护救助支出呈现一定程度的下降；而 2019 年虽然提升了缴费率，但长期照护保险基金所负担的费用并没有改变，因而照护总费用的快速攀升全部转嫁到长期照护需求者身上，使得申请照护救助的人数和金额明显上涨。这说明，仅仅依靠提升缴费率无法带来长期照护保险基金费用偿付的提升，体系依旧需要大量的照护救助予以支持，也即长期照护保险越发无力分担照护救助的庞大支出。[①]

因此，社会长期照护保险收不抵支的问题已越发明显，并且按此趋势发展下去，这一问题将会进一步凸显。根据贝塔斯曼基金会（Bertelsmann-Stiftung）的预测数据，在排除因照护人员工资提升等带来的支出上升因素后，社会长期照护保险支出在 2030 年将达到 740 亿欧元，在 2050 年达到 1810 亿欧元。[②] 以目前情况来看，若要实现收支相抵，最快速的办法是提高个人缴费率。从历史经验来看，德国曾经试图通过提升缴费率的方法收取更多保费。例如，根据 2015 年 1 月 1 日生效的《第二个长期照护保险加强法》的规定，长期照护保险的缴费率提升 0.2%，达到 2.55%（无子女的个人为 2.8%）。从那时社会长期照护保险收支情况来看，仅在 2015 年净余额呈现小幅度的增长（增长 3.1 亿欧元），而 2016 年的净余额就已低于改革前的 2014 年。因此，仅通过提升缴费率来达到收支平衡并不是一个长久之计。与此同时，随着照护费用的不断升高，国家还需要在福利给付

[①] 此外，根据联邦法定医疗保险基金总会的预测，2021 年社会长期照护保险总收入为 503 亿欧元，总支出为 528 亿欧元，预计负债 25 亿欧元。因此，仅仅两年，缴费率提升带来的长期照护保险盈余就已不复存在。考虑到即使在缴费率刚刚提升的 2019 年，照护救助支出已经不降反升，可以认为，仅通过提升缴费率来弥补长期照护保险基金的亏空已经无法持续。参见 "Pflegeversicherung droht ein Milliardendefizit"。

[②] Gregor Waschinski, "Generationengerechtigkeit bei den Pflegekosten: Diese Vorschläge machen Experten", *Handelsblatt*, 21.11.2019, https://www.handelsblatt.com/politik/deutschland/bertelsmann-studie-generationengerechtigkeit-bei-den-pflegekosten-diese-vorschlaege-machen-experten/25250936.html?share=twitter.

方面继续加大支出额度，进而造成社会救助支出的持续扩大的问题。2019年底，在享受住院照护服务的长期照护需求者中，有1/3的人申请了照护救助。① 这形成了一个恶性循环：为了减少社会救助支出，需要缓解个人负担费用的增长速度，因而需要提升长期照护保险基金的福利给付额度。而提高缴费率是最简便的办法。但缴费率的提升只能解决一时之需，一两年后社会长期照护保险的入不敷出会再次增加社会救助支出。鉴于此，从社会长期照护保险收支变化情况来看，这一模式无法持续。长期照护保险需要进行结构性改革。

从私人长期照护保险的收支情况来看，其总体趋势好于社会长期照护保险，每年均保持盈余。具体而言，如图7-6所示，其从1995—1997年的盈余持续增长，从11.6亿欧元增长至17.1亿欧元。之后便缓慢下降，到2007年下降到第一个低值13.1亿欧元。从2007—2018年的10余年间波动较大，总体呈现净余额下降趋势。在2018年净余额为11.2亿欧元，为保险设立以来仅次于2016年的最低值。然而，2019年则达到了16.4亿欧元，甚至同保险刚设立时的净余额高峰基本持平。自私人长期照护保险建立到2019年的25年间总净余额为341亿欧元，远高于社会长期照护保险。

这一现象的出现是因为私人长期照护保险的保费缴纳群体总体上年龄较小，多属于中产阶级及以上群体，对长期照护服务的需求并不广泛。而缴费率的计算方法使得平均每个人缴纳的保费高于社会长期照护保险的缴费者，个人缴费多于支出，形成私人长期照护保险的盈余状况。然而，需要指出的是，由于私人长期照护保险的投保人数量同社会长期照护保险相比少很多，因此其绝对收支额比社会长期照护保险要低得多。

因而，以目前长期照护保险的收支情况以及照护救助的变化趋势来看，长期照护保险的引入虽然在一定程度上缓解了政府在照护救助方面的支出，但从长远来看，该保险，尤其是社会长期照护保险越来越明显的入不敷出，将会使该费用偿付体系无法持续，带来照护救助支出的增长。

---

① Barbara Susec, "Pflegevollersicherung: Eine Systemreform ist notwendig", *Ver. di*, https://gesundheit-soziales.verdi.de/themen/pflegepolitik/++co++63a0824a-0c41-11ea-8f29-525400f67940.

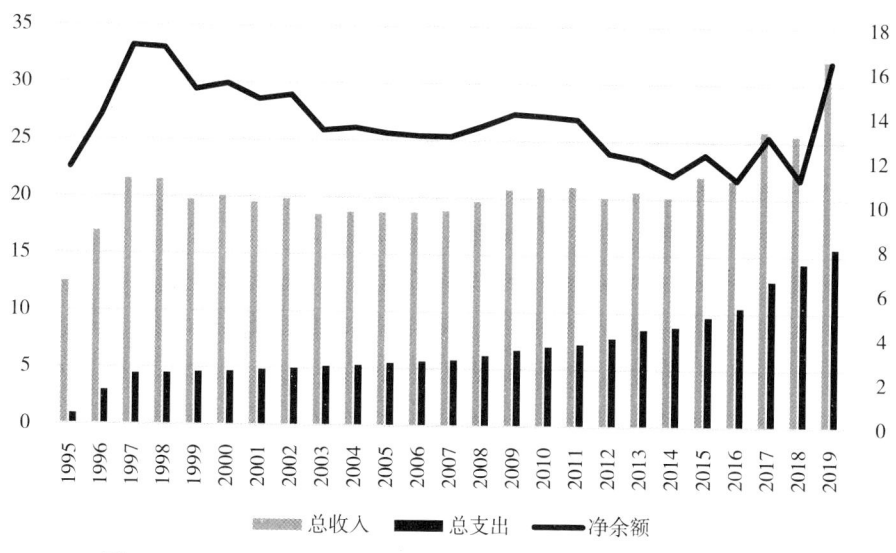

图 7-6 私人长期照护保险收支变化（1995—2019 年）（单位：亿欧元）

注：1. 数据来源：Verband der Privaten Krankenversicherung e. V., *Die private Krankenversicherung Zahlenbericht 2004-2005*; Verband der Privaten Krankenversicherung e. V., *Zahlenbericht der Privaten Krankenversicherung 2005-2006/ 2006-2007/ 2007-2008/ 2008-2009/ 2009-2010/ 2010-2011/ 2011-2012/ 2012/ 2013/ 2014/ 2015/ 2016/ 2017*; Verband der Privaten Krankenversicherung e. V., *Zahlenbericht 2018/ 2019*。

2. 左侧坐标轴为私人长期照护保险收支情况，右侧坐标轴为净余额情况。

3. 笔者自制。

三 四个部门作为福利产品提供者的变化趋势

由于德国强调家庭的重要作用，因此同其他三个部门相比，家庭在长期照护服务体系建立前后所承担的责任没有呈现明显变化。而由于长期照护服务体系是福利国家的后来者，在其逾 25 年的发展历程中，我们无法清晰地看到国家公立机构作为福利产品提供者的数量从大包大揽到急剧减少、非营利组织和营利机构从无到有的趋势。可以观察到的是，鉴于德国属于国家中心主义—法团主义福利国家模式，其曾经对非营利组织的强调，使得在长期照护服务体系建立前后，专业照护服务经历了从非营利组织主导、营利机构处于劣势，到非营利组织数量下降、营利机构逐渐占据优势的过程。与此同时，国家公共部门所提供的福利产品则持续减少。

（一）家庭照护服务占比变化

家庭照护服务在长期照护服务中的重要程度总体上变化不大。在体系建立前的20世纪90年代初，享受居家照护服务的人数占比为71%。其中包括仅由亲属或邻里提供的家庭照护服务，仅享受流动照护服务和两者都有一定需求的个人。需要说明的是，由于在体系建立前统计方式的差异，没有将家庭照护服务同流动照护服务相区分，因而无法得到具体每一类照护服务的数字。然而据推断，仅享受家庭照护服务的个人应超过50%。

而在体系建立后的1999年，仅享受家庭照护服务的人数占长期照护需求者的比例为51%，在2019年为56.3%。需要指出的是，近三年，家庭照护服务占比增长较以往有所加快，这是因为随着市场化作用的显现，专业照护服务费用不断攀升，带来更多人选择家庭照护服务。即便如此，总体来看该变化速度依旧不及多元福利体系中的其他三个部门。因此，家庭照护服务在体系建立前后所占比例始终较高，其增长趋势相较而言并不显现。

（二）专业照护服务占比变化

在家庭照护服务占比略微增加的情况下，包括流动照护服务和住院照护服务在内的专业照护服务占比总体略有下降，但降幅并不明显。在专业照护服务中，国家、非营利组织和市场中的营利机构承担的照护服务变化趋势各不相同。

1. 流动照护服务占比变化

由于统计方式的差异，在体系建立前，有关流动照护服务的数据相对匮乏。鉴于此，只能从1999年有官方统计数字以来的流动照护机构和机构中长期照护需求者数量的变化情况，探讨不同部门承担流动照护服务职能的变化趋势。

从流动照护机构数量方面来看，如图7-7所示，1999—2019年，国家公立机构、非营利组织和营利机构的职责整体呈现国家公立机构持续下降、非营利组织明显下滑、营利机构显著上升的趋势。具体而言，国家公立机构占比从1999年不足2%下降到2019年的约1.4%。同期，非营利组织从47.2%下降至32.1%。而营利机构则快速增长，从50.9%增长至66.5%。因此可以认为，国家在长期照护服务体系建立后所承担的照护服务提供职能不断后撤，而非营利组织由于丧失了资金支持方面的优势，在流动照护机构占比方面也呈现一定程度的下降趋势。与之强烈对比的则是营利机构占比大幅上升。

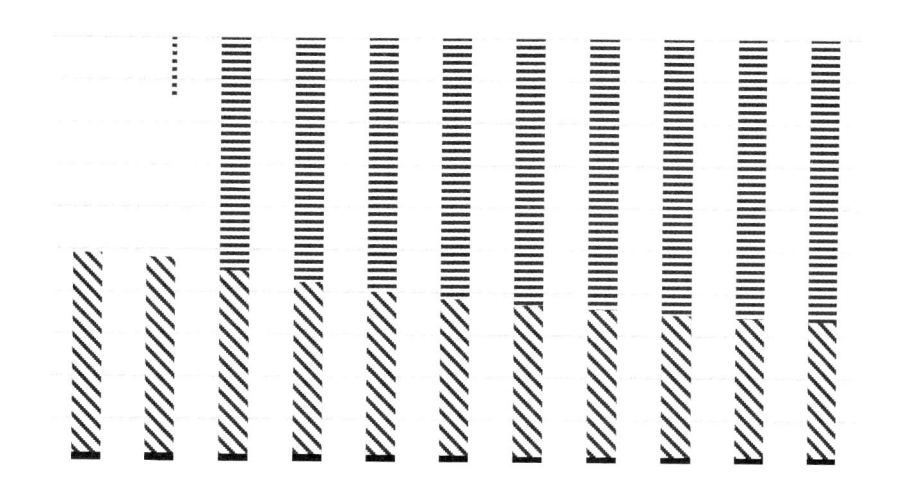

图 7-7　流动照护服务中不同类型机构比例变化（1999—2019 年）

注：1. 数据来源：Statistisches Bundesamt, *Pflegestatistik*: *Pflege im Rahmen der Pflegeversicherung-Deutschlandergebnisse*, 1999/2001/2003/2005/2007/2009/2011/2013/2015/2017/2019。
2. 笔者自制。

从流动照护机构中长期照护需求者数量方面来看，我们也可以观察到与上文相似的趋势。总体而言，平均每家非营利组织中长期照护需求者人数最多，国家公立机构次之，营利机构最少。因而，如图 7-8 所示，1999—2011 年非营利组织中长期照护需求者总人数多于营利机构。而从 2013 年后，虽然二者都处于增长态势，但由于营利机构数量大幅度上升，其长期照护需求者人数超越非营利组织，且差距逐渐加大。从 2015 年起，营利机构中长期照护需求者人数已超过国家公立机构和非营利组织之和。具体而言，1999—2019 年非营利组织中长期照护需求者人数占总人数比例从 63.3% 下降到 46%；同期营利机构人数占比从 36.1% 增长到 52.6%。而国家公立机构由于数量过少，机构中长期照护需求者人数也较少，占比始终不足 2%。鉴于此，我们可以认为，非营利组织在承担流动照护服务的职能方面正不断削减，营利机构无论从机构数量还是机构中长期照护需求者人数来讲都显著上涨，且其所起到的作用在不久的将来会更加重要。

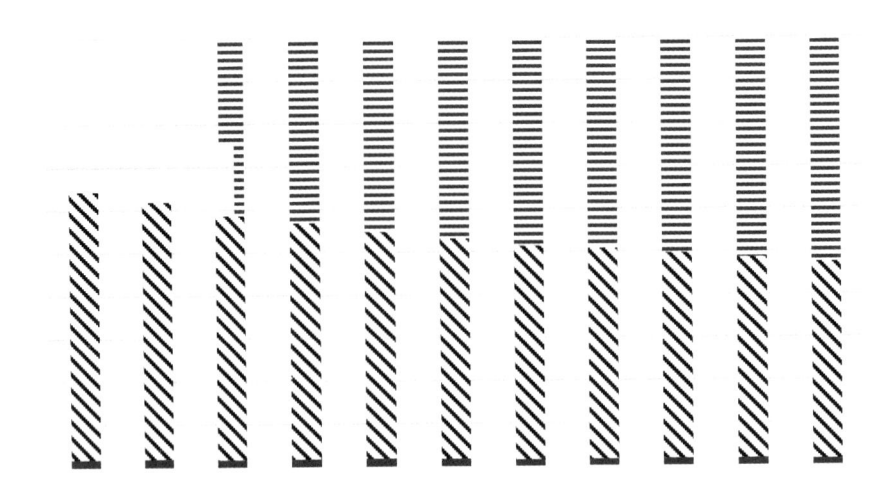

图7-8 流动照护服务中不同类型机构中长期照护需求者比例变化（1999—2019年）

注：1. 数据来源：Statistisches Bundesamt, *Pflegestatistik*: *Pflege im Rahmen der Pflegeversicherung-Deutschlandergebnisse*, *1999/2001/2003/2005/2007/2009/2011/2013/2015/2017/2019*。
2. 笔者自制。

2. 住院照护服务占比变化

就住院照护服务而言，由于可以追溯到1993年的数据，因而能够对体系建立前后的变化趋势进行分析。需要强调的是，长期照护服务体系中关于住院照护服务的各项规定从1996年起开始施行，在此之前均为"老体系"。

从住院照护机构数量方面来看，如图7-9所示，与流动照护机构不同的是，非营利组织始终保持领先地位。在国家的资金支持下，非营利组织数量在1997年前远多于营利机构。而在1997年后，体系的建立使得营利机构数量快速增长，越发逼近非营利组织。具体而言，非营利组织在1993年的机构数量为4376家，2019年达到8115家，增长率为85.4%。与此同时，营利机构由于在体系建立前并非长期照护服务领域的重要组成部分，同非营利组织相比处于劣势。因此，营利机构从1993—1997年增长缓慢，体系建立后则实现了快速增长，其数量从最初的2471家增长至6570家，为之前的2.5倍。营利机构占所有住院照护机构的比例从1993年的29.8%

增长至 2019 年的 42.7%；同期非营利组织从 52.7% 上涨至 57.6% 后，又降回 52.8%。虽然住院照护服务中国家公立机构数量比流动照护服务略多，但是依旧难掩快速下降的趋势，从 1993 年的 1452 家下降至 2019 年的 695 家，降幅 52.1%，机构数量占比则从 17.5% 下降至 4.5%。鉴于此，我们可以总结出，在住院照护服务中，非营利组织的优势地位尚未被代替，只是这一优势不再明显，未来几年有望被营利机构所替代。国家公立机构在此领域的作用则持续下降。

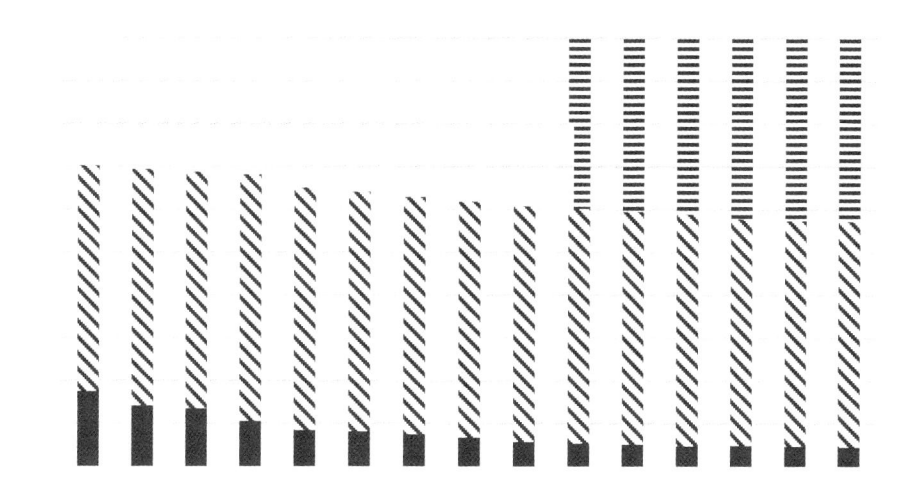

图 7-9　住院照护服务中不同类型机构比例变化（1993—2019 年）

注：1. 1993 年至 1997 年数据来源：Statistisches Bundesamt, "Sozialleistungen in: Statistisches Jahrbuch für die Bundesrepublik Deutschland", in *Statistisches Jahrbuch 1995/1996/1997/1998/1999*；1999—2019 年数据来源：Statistisches Bundesamt, *Pflegestatistik*: *Pflege im Rahmen der Pflegeversicherung-Deutschlandergebnisse*, *1999/2001/2003/2005/2007/2009/2011/2013/2015/2017/2019*。

2. 笔者自制。

从住院照护服务中长期照护需求者数量方面来看，其趋势与照护机构数量基本相同。总体来讲，平均每家国家公立机构中长期照护需求者人数最多，非营利组织次之，营利机构最少。因而，如图 7-10 所示，在 1993 年，国家公立机构中长期照护需求者人数多于营利机构。然而，由于国家公立机构在福利产品提供方面的职责不断下降，这一人数也随之下降，从

1993年的14.9万人降至2019年的5.3万人，降幅达64.6%。其长期照护需求者人数占总人数的比例从22.2%下降至5.5%。与流动照护服务相比，非营利组织在长期照护需求者人数方面优势更加明显。即使到2019年，在营利机构强势增长的背景下，其与非营利组织的差距依旧较大。具体而言，非营利组织从1993年的40.4万人增长到2019年的52.8万人，增长率为30.7%；同期营利机构的总人数从11.9万人到38.1万人，增长3倍多。其中在1997年前营利机构的总人数缓慢增长，而体系建立后这一人数迅速升高。即便如此，营利机构中长期照护需求者数量仍不及非营利组织。就长期照护需求者人数占总人数的比例而言，非营利组织从1993年的60.1%增长至1997年的65.4%，后下降至2019年的54.9%；与此同时，营利机构占比则持续增长，从最初的17.7%增长至39.6%。因此，虽然目前非营利组织同营利机构差距依旧较为明显，但按此增长速度，这一差距将不断缩小。

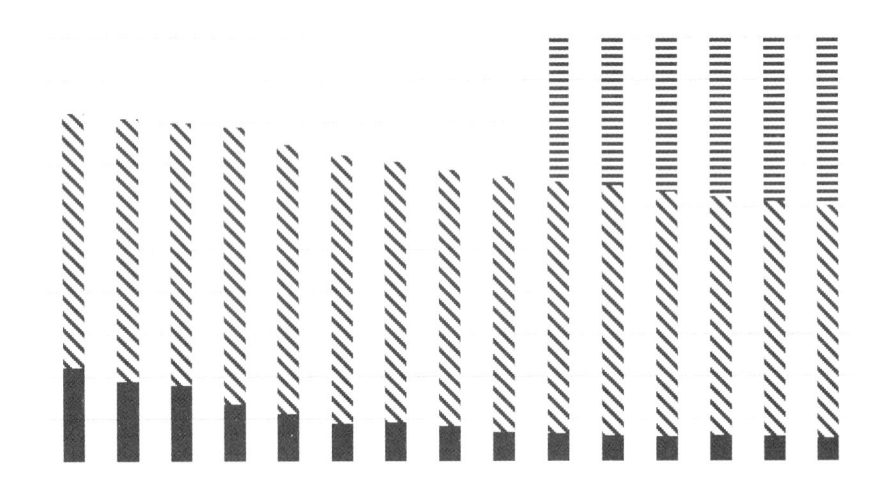

图7-10　住院照护服务中不同类型机构中长期照护需求者比例变化（1993—2019年）

注：1. 1993—1997年数据来源：Statistisches Bundesamt，"Sozialleistungen in：Statistisches Jahrbuch für die Bundesrepublik Deutschland"，in *Statistisches Jahrbuch 1995/1996/1997/1998/1999*；1999—2019年数据来源：Statistisches Bundesamt，*Pflegestatistik：Pflege im Rahmen der Pflegeversicherung-Deutschlandergebnisse*，*1999/2001/2003/2005/2007/2009/2011/2013/2015/2017/2019*。

2. 笔者自制。

3. 专业照护服务占比变化

对于包含流动照护服务和住院照护服务的专业照护服务而言，国家公立机构在此方面所发挥的作用明显下降，因而绝大部分服务由非营利组织和营利机构完成。对于此两类机构而言，在机构数量上，如图 7-11 所示，截至 2019 年非营利组织已不如营利机构（分别为 12835 家和 16340 家，占比为 42.7% 和 54.3%）；而如图 7-12 所示，由于平均每家非营利组织中长期照护需求者人数较多，其总人数多于营利机构（分别为 98.1 万人和 89.9 万人，占比为 50.4% 和 46.2%）。这一数据在第一次记录流动照护服务的 1999 年则呈现出完全不同情况：在机构数量上，非营利组织多于营利机构（分别为 10120 家和 8596 家，占比为 51.4% 和 43.7%）；在总服务人数上，非营利组织是营利机构的两倍多（分别为 62.7 万人和 29.4 万人，占比为 63.1% 和 29.6%）。因而可以判断，长期照护服务体系的建立开放了市场，使得营利机构得到了快速发展，在福利产品提供方面有全面超越非营利组织的趋势。

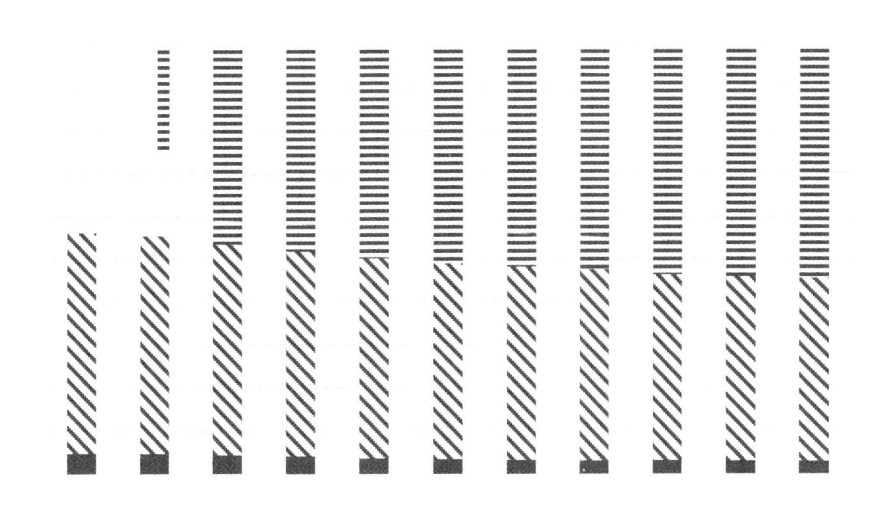

图 7-11 不同类型机构比例变化（1999—2019 年）

注：笔者自制。

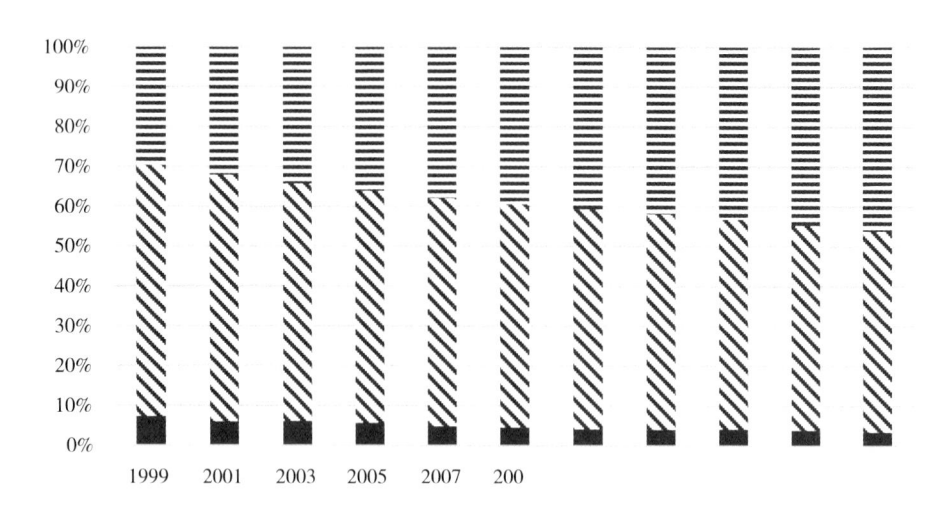

图 7-12 不同类型机构中长期照护需求者比例变化（1999—2019 年）

注：笔者自制。

（三）四个部门在长期照护服务体系中的互动

在长期照护服务体系中，并非每种福利产品均由一个部门提供，更多情况下是多个部门配合完成。在这之中，首先由国家承担规制作用，为福利产品的提供搭建基本架构。之后，在国家通过长期照护保险基金的"手"给予资金支持的前提下，由体系中的四个部门共同承担福利产品的提供职责。

例如，在流动照护服务中，长期照护需求者的居家生活意味着家庭照护服务是流动照护服务得以实现的基础。此外，非营利组织或营利机构所指派的专业照护人员成为流动照护服务能够实施的基本条件。在家庭照护服务中，虽然照护设施、照护人员以及绝大部分照护费用均由个人及家庭提供或承担，但专业照护人员会定期进行上门走访，指导或帮助家庭照护服务的顺利进行；志愿者有时还会暂时替代休假的照护人员；长期照护需求者也会在照护市场上购买服务，例如替代照护服务、短期照护服务等。而这些都涉及由非营利组织和市场提供的专业照护服务。还需强调的是，正如前文所述，非营利组织的市场化趋势也是体系中不同部门互动的体现。

因此，长期照护服务的提供需要国家、家庭、非营利组织和市场四个部门的相互配合，长期照护需求者的受益也并非仅依靠某一部门，而是多部门合作的结果。

（四）四个部门存在的问题及发展方向

虽然多元福利体系下四个部门根据各自特点及整体需求，各司其职并相互配合，共同保障长期照护服务体系的运行。但不可否认的是，上述部门也面临一些需要解决的问题。

首先，就国家而言，一方面，根据《长期照护质量确保法》所确定的照护质量核查方式存在官僚化较为明显的问题，因而需要进行照护质量标准改革；另一方面，国家还面临对专业照护人员支持力度有限的困境。具体而言，平均每个全职专业照护人员服务的长期照护需求者数量在近20年并未得到明显改善，照护压力依旧较大。这一现象的出现同专业照护人员工作环境较差、照护服务培训的吸引力较低等因素密切相关。鉴于此，联邦政府试图颁布一系列政策，以提高照护服务培训的吸引力，如《照护职业法》等；通过颁布《长期照护人员强化法》进行更科学的人员配备和营造更好的工作环境；通过"照护协同行动"以更加宏观的视角，解决长期照护服务中存在的一系列问题。然而，上述政策被认为不能解决照护技术人员短缺、因增加资金投入而提升缴费率的困境，以及未能缓解专业照护人员工资较低的问题等弊端。未来，国家将在统一专业照护人员工资和引入更多移民从事长期照护服务方面进一步努力。

其次，就家庭而言，作为基础照护者，家庭照护人员所服务的长期照护需求者占总数的一半有余。因而：第一，家庭照护人员面临数量短缺的问题。德国人口结构变化和居住方式的改变，以及政府对就业的促进，使得能够提供家庭照护服务的亲属越发减少。第二，家庭照护服务还会影响日常工作。一些照护人员不得不减少工作时间甚至放弃工作，从而影响工作质量和个人收入水平，降低在劳动力市场的竞争力。这一问题在女性中尤为明显。第三，家庭照护服务对身心健康和家庭满意度均产生负面影响。长期从事家庭照护服务会产生抑郁、焦虑等负面情绪，并带来慢性疾病的发生，甚至影响婚姻幸福感和生活满意度。第四，由于亲属提供家庭照护服务比例的降低，大量移民参与服务的提供。然而，这造成非法雇佣群体数量的升高，其个人权益无法得到保障。而对于众多来自中东欧国家的移民群体而言，母国对于家庭照护服务的需求也在不断升高，因此德国通过移民来满足对于家庭照护服务的需求并不是一个长久之计。第五，由于家庭照护人员通常未经过照护服务的培训，服务质量无法得到保障。就家庭照护服务的发展趋势而言，在改善照护服务环境方面，国家通过替代照护服务和附加福利给付的实施、照护课程和自助机构的设立，以及照护假和家庭照护假的颁布，给予家庭照护人员以喘息机会，鼓励其学习专业照护技能。但上述政策或普及率较低，或门槛过高，享受福利的人较少。同时，国家支持"多代房屋"的建设，目前已进行至第四阶段。其中为家庭照护人员平衡照护服务和日常工作这一目标越发得到重视。在引导和限制移民方面，政府一方面鼓励有特定资质的技术移民弥补家庭照护人员短缺的问题，另一方面则控制非法移民的涌入。

再次，就非营利组织而言，长期照护服务体系建立后，非营利组织的市场化倾向虽提升了运行效率，从而具备更强竞争力，但其也逐渐背离了非营利组织建立之初的宗旨。具体而言，非营利组织通过提升照护服务费用、在一定程度上降低照护质量、进行统一的照护服务提供而忽视个人需求等方式，保证了资金的收支平衡。然而，其所秉承的社会救助的宗旨则被逐渐忽视，收入水平有限的个体的需求无法得到满足。虽然面临上述问题，非营利组织不得不在市场化方向上继续前进。一方面，非营利组织同政府部门间关系发生转变。政府部门从通过行政手段控制非营利组织从而进行福利产品分配，转变为同非营利组织合作，共同完成福利产品的提供和分配。两个部门进行优势互补，政府部门保障公平的竞争环境，非营利组织则以更高的效率完成福利产品的供给，使得双方均受益。另一方面，非营利组织和市场之间的界限也越发模糊。这一市场化趋势在长期照护服务体系建立时就已存在，并将一直持续。为了更好地转型，在非营利组织中衍生出一种新的组织形式：社会企业。这一类型的企业综合了营利机构和非营利组织的特点，在运营方面效仿营利机构，在宗旨方面则依旧为满足社会需求而建立，跨越了非营利组织和营利机构间的界限，从而更具竞争力。

最后，就市场而言，固然值得肯定的是，市场的加入使得长期照护服务体系更具活力，带动了营利机构的快速发展，促进了非营利组织的转型。然而，照护服务市场也面临不平等问题。同非营利组织因市场化而将经济效率看得重于社会救助的提供相似，市场的介入带来消费者社会分层的日趋明显,因而使得不同社会层级的长期照护需求者在经济基础、机会获取和信息获得方面存在差异。在长期照护服务体系中,经济基础较好的个人更容易获得高质量的照护服务,而收入有限的群体则可能仅仅购买最基本的照护服务,从长远来看不利于完成长期照护服务体系的"康复优先"原则。此外,专业照护人员在营利机构中的工作环境更差。由于营利机构更多地以营利为首要目标,专业照护人员更有可能面临工资收入较低、工作强度较大的困境。工作环境的不尽如人意进一步降低了潜在劳动力进入长期照护服务市场的意愿,并打消现有劳动力获取更高照护技能水平的动力,照护质量有待提高。上述趋势会促进试图同营利机构进行竞争的非营利组织的仿效,从而从整体上降低照护服务领域的工资水平和专业技能,形成恶性循环。为解决市场化过程中存在的问题,需要国家进行一定程度的介入。在平衡个人经济状况方面,国家需要通过完善甚至转变政策,让收入水平较低的个人也能够享受照护服务。在规范信息来源方面,国家通过照护质量的管理和公开,试图解决照护机构和长期照护需求者间信息不对称的问题。国家还通过建立照护支持中心,让长期照护需求者及其亲属都可以了解与长期照护服务相关的信息。然而,照护支持中心的职能还有待完善。在改善专业照护人员工作环境方面,如前文对国家发展方向的论述,国家试图设立统一的专业照护人员工资,以及通过制定一系列政策提升照护服务劳动力市场的吸引力。

四 福利多元主义理论视角下的德国长期照护服务体系

通过对四个部门在长期照护服务体系中职责的变化趋势分析,并结合福利多元主义理论,我们可以得出如下结论:

随着福利多元主义理论影响的不断深入,德国长期照护服务体系也经历了一系列变化。这一变化分别在福利多元主义理论的四个部门——国家、家庭、非营利组织和市场中得到体现,然而各个部门受理论的影响程度不尽相同。

就国家而言,其职能的转变即福利多元主义理论影响不断深化的映照。在体系建立前,国家公立机构数量的持续下降体现了福利多元主义理论所强调的降低国家在福利产品提供方面职责的观点。然而,彼时并未体现出理论所主张的国家作为规制者的作用。这一作用随着体系建立后,国家通过法律的颁布及资金提供而得以显现。同时，国家依旧在提供福利产品方面的职责不断后撤。因此，在长期照护服务体系建立和发展的过程中，国家实现了职责转变。

就家庭而言，其受福利多元主义理论的影响相较而言最小。作为最基础的福利产品提供者，其占比始终在46%至56%徘徊。这一趋势的形成可以归结为三方面原因。首先，人们更倾向于在自己熟悉的环境中生活，而德国社会治理所秉承的辅助性原则及法团主义福利模式的特点，使得无论是否有理论支持，家庭照护服务占比均较大。其次，《长期照护保险法》顺应上述特点，法案中的相关规定也使得家庭照护服务相比专业照护服务，尤其是住院照护服务更为经济划算。最后，上述原因使得家庭照护服务的大部分提供潜力已被挖掘，可继续增长的空间并没有那么大。然而，值得注意的是，专业照护服务的市场化倾向带来了费用的攀升，从而间接影响了家庭照护服务的占比，使得后者在近三年有所增长，但其速度依旧不及非营利组织和营利机构的变化趋势。鉴于此，我们可以这样总结，即家庭照护服务占比较大且增长较慢。这说明，同多元福利体系的其他三个部门相比，家庭受理论和政策的影响较小，存在一定的政策刚性。

同样作为福利产品提供者，非营利组织则受理论深化的影响较为明显。虽然在这一过程中，非营利组织的职责没有如国家那样产生转变，但其作为福利产品提供者的重要程度随着体系的建立而演变。在体系建立前，由于市场尚未成为照护服务领域的重要部门，且非营利组织因承担社会救助职责而得到了国家的大力支持，不断发展壮大。体系建立后，非营利组织存在的固有弊端，以及对长期照护服务的需求已经成为社会普遍性需求，国家对其的倾斜性支持也随之消失。取而代之的是，伴随着福利多元主义理论影响的深入，市场得以进入长期照护服务体系。即理论同体系的结合，带来非营利组织的数量持续下降。

市场则是福利多元主义理论同体系紧密结合的受益者。其职责同样经历了演变，但是演变方向同非营利组织相反。在体系建立前，市场并非长期照护服务领域的正式组成部分，因而同非营利组织相比，其作用并不明显。而体系建立后，福利多元主义理论受新自由主义思潮的影响，市场得以进入体系。这使得市场中的营利机构数量不断上升。然而，市场的作用存在上限。其既不会代替国家承担规制者的作用，也不会取代家庭成为主要的福利产品提供者。由于非营利组织正积极寻求转型，市场甚至无法完全替代非营利组织在体系中所扮演的角色。

因而，纵观四个部门在长期照护服务体系中的变迁，我们可以认为，随着福利多元主义理论的影响不断深入，国家发生了职责转变。非营利组织和市场的职责均发生了演变。其中，非营利组织因重要性下降而进行了转型，市场则发生了较为明显的但存在上限的职责提升。而家庭受理论的影响较小。

将上述四个部门的职责进行分类，则可分为福利产品生产和福利产品分配两大类。在福利产品生产方面，德国的长期照护服务体系逐渐形成了以家庭、非营利组织和市场三个部门为主体，共同进行服务提供这一模式。其中非营利组织逐步形成市场化趋势，而家庭则受此影响较小。在福利产品分配方面，国家通过长期照护保险及长期照护服务体系的引入和实施，让福利产品在国家规定的框架下生产，并以保险的形式进行二次分配。具体而言，国家通过保险的设立缓解了分配的不公，并通过框架的设定让照护服务的实施有章可循。

因而，福利国家改革的市场化趋势仅发生在福利产品生产领域，其所包含的非营利组织和市场间的界限越发模糊；而在福利产品分配领域，则不仅没有市场化改革，反而加强了政府的干预。在福利产品生产和分配领域之间，则界限越发清晰，进而大体形成政府—市场的合作机制。鉴于此，再次回顾图2-1对福利多元主义理论的描述，本书认为，在德国长期照护服务体系中，福利多元主义理论中四个部门界限并非如此分明，非营利组织和市场间已逐渐靠拢，而国家则与其余三个部门间的界限更加明确。

通过以上论述，我们可以发现，如果认为福利国家的改革仅仅是顺应新自由主义浪潮而进行的国家职能收缩，则显得过分通则化。以德国的长期照护服务体系为例，国家在这一改革中进行了职能的转变。国家原先承担的部分职能由市场接管，而保留了资金支持职能，并提升了规则制定的权力。

然而这一体系在融资渠道和福利产品生产方面，都还需要进一步完善。就融资渠道而言，长期照护保险的收入已无法负担高昂的照护服务费用，因而造成社会救助支出的持续扩大；就福利产品提供而言，由于长期照护需求者更希望在熟悉的环境中生活，因而居家照护服务成为首选。然而，居家照护服务存在家庭照护人员技能有限、数量短缺的问题，而由市场或非营利组织提供的专业流动照护服务又较为烦琐，面临无法及时提供服务的困境。鉴于此，德国的照护服务需要进一步改革，既要在资金来源方面可以负担大多数照护服务费用，又要在福利产品提供方面综合各部门和各种服务类型的优势，改良服务提供方式。

第二节　德国长期照护服务体系的发展趋势

面对资金来源入不敷出、现有照护服务方式无法完全满足照护需求的困境，德国试图对资金供给方式和照护服务提供方式进行优化。资金来源方面，提出"长期照护全保险"（Pflege-Vollversicherung）、"公民保险"（Bürgerversicherung）、"长期照护公民全保险"（Pflegebürgervollversicherung）三种模式；在照护服务方式转变方面，则综合居家照护服务和住院照护服务两种方式的优点，提供混合照护服务。

一　资金支持方式变化

如前文所述，目前施行的长期照护保险收缴方式已无法满足庞大的照护服务支出。据莱布尼茨经济学研究所（Leibniz-Institut für Wirtschaftsforschung）的预测，随着老龄化程度的加剧，长期照护需求者人数在2030年将达到440万人，2040年达到500万人。[①] 在这500万人中，完全由家庭承担照护服务的长期照护需求者约251万人，享受流动照护服务的约122万人，享受住院照护服务的约125万人。[②] 而贝塔斯曼基金会的预测则为长期照护需求者在2030年达到410万人，2050年达到530万人。[③] 因而，所需要的照护费用支出在2030年将达到740亿欧元，2050年甚至达到

[①] Sabine Weiler, "Pflegeheim Rating Report 2020: Deutschen Pflegeheimen geht es trotz großer Herausforderungen noch relativ gut", *idw*, 06.11.2019, https://idw-online.de/de/news726553.

[②] Sabine Weiler, "Pflegeheim Rating Report 2020: Deutschen Pflegeheimen geht es trotz großer Herausforderungen noch relativ gut".

[③] Gregor Waschinski, "Generationengerechtigkeit bei den Pflegekosten: Diese Vorschläge machen Experten", *Handelsblatt*, 21.11.2019, https://www.handelsblatt.com/politik/deutschland/bertelsmann-studie-generationengerechtigkeit-bei-den-pflegekosten-diese-vorschlaege-machen-experten/25250936.html?ticket=ST-4645339-2FoGQo63BsyJCy1CVVuM-ap6.

1810亿欧元。① 若仍按照现行保险收缴及支付方式，则缴费率将快速攀升。贝塔斯曼基金会指出，社会长期照护保险的缴费率在2030年将达到3.55%，2050年达到4.6%。若将照护人员工资增长和福利给付范围扩大等因素计入，2050年缴费率将达到4.9%。② 这一缴费比例对劳动力群体和雇主而言都将是一笔不小的支出。

然而，正如上文所述，提高缴费率并不是长久之计。其或许能缓解一两年内入不敷出的问题，但随着时间的推移，这一问题还会再次暴露。此外，若延续目前的偿付方式，不但带来缴费率不断升高，长期照护需求者个人负担费用的增长也无法得到有效缓解。因而，需要从根本上改变长期照护保险的给付模式，既不让缴费率持续攀升，又能保障照护费用偿付，从而缓解社会救助方面的压力。

(一)"长期照护全保险"模式

这一保险针对群体为享受住院照护服务的长期照护需求者。在社会长期照护保险模式建立之初，国家所支付的费用同彼时每月照护相关费用持平。因而对于享受住院照护服务的个人，其只需要负担食宿费用和投资费用。然而，随着照护相关费用的不断攀升，个人在负担食宿和投资费用的基础上，还需要承担越来越多的照护相关费用。也就是说，当1995年个人负担的照护相关费用为0欧元时，到1999年已增长到每月平均277欧元，2019年则达到662欧元。③ 而照护人员工资的上涨，不但会带来缴费率的持续攀升，还会进一步提升长期照护需求者个人负担部分的支出。因此，从目前长期照护保险基金所支付的福利给付来看，其并非遵循保险"一人有难、大家平摊"的特点，而是由个人承担越来越多的照护相关费用，保险公司则进行设定上限的补贴，仅仅是一种"部分保险"，难以体现社会保险的公平性。

---

① Gregor Waschinski,"Generationengerechtigkeit bei den Pflegekosten: Diese Vorschläge machen Experten".

② Gregor Waschinski,"Streit in Grosser Koalition: Risiko Pflegeversicherung: Die Alterung der Gesellschaft bedroht die Finanzen", *Handelsblatt*, 03.01.2020, https://www.handelsblatt.com/politik/deutschland/streit-in-grosser-koalition-risiko-pflegeversicherung-die-alterung-der-gesellschaft-bedroht-die-finanzen/25381938-all.html.

③ Barbara Susec,"Pflegevollversicherung: Eine Systemreform ist notwendig", *ver.di*, https://gesundheit-soziales.verdi.de/themen/pflegepolitik/++co++63a0824a-0c41-11ea-8f29-525400f67940.

鉴于此，有学者提出"长期照护全保险"模式。具体而言，长期照护需求者承担照护相关费用部分中基本费用的缴纳并规定上限，余下部分则由长期照护保险基金承担。因而，无论照护机构的照护相关费用增长多迅速，个人仅需缴纳固定费用，其余的增长额度则由长期照护保险基金进行补齐。从这种缴费方式来看，长期照护需求者的角色是现行长期照护服务体系中长期照护保险基金在费用缴纳中的角色，进行规定上限的费用支付；而长期照护保险基金的角色将代替现在长期照护需求者，对照护费用多出部分进行补齐。因而，这一模式又被称作"上下对调"（Sockel-Spitze-Tausch）模式。

在这种模式中，照护相关费用的上涨和照护人员工资的上涨将不再由长期照护需求者负担，而由所有缴纳长期照护保险的投保者分担，从而体现长期照护风险的升高不再限于个人，而是社会共同面临的问题。

然而，这一模式存在一定弊端。与德国医疗保险相同，长期照护保险基金偿付费用的增长会带来缴费率的升高，这将使得年轻群体和雇员对缴纳更多保费的排斥。因而，如何在分摊风险的基础上不大幅度提升缴费率，成为一个需要解决的问题。

（二）"公民保险"模式

公民保险模式试图将社会长期照护保险和私人长期照护保险合并，由所有投保者共同负担长期照护服务的支出。如前文所述，由于缴纳私人长期照护保险的投保人缴费额度较高，且这些人中长期照护需求者比例较低，因而私人长期照护保险总体支出较小，收入常年大于支出。据统计，在平均每人照护费用支出方面，社会长期照护保险对每位受益人平均支出是私人长期照护保险的2.5倍。[①] 这为私人长期照护保险通过盈余去弥补社会长期照护保险的亏空奠定基础。此外，社会长期照护保险和私人长期照护保险享有一些共同特点。一方面，两个保险所享受的福利给付完全相同。无论是福利给付种类、给付范围和给付金额，两个保险都没有差别。另一方面，在照护需求等级鉴定方面，法定医疗保险机构和私人医疗保险机构都进行同等程度的参与，并遵照共同的标准对照护机构的照护质量进行核查。因而，长期照护保险具备了合并的前提条件。据汉斯-伯克勒基

---

① Barbara Susec, "Pflegevollversicherung: Eine Systemreform ist notwendig".

金会（Hans-Böckler-Stiftung）的统计数字，合并后的公民保险模式将降低缴费率0.3个百分点。①

然而，公民保险模式虽然降低了缴费率，补足了社会长期照护保险基金的亏空，但无法改变个人在照护费用负担方面不断增加的趋势。鉴于两个模式都有其缺陷，现有学者提出"长期照护公民全保险"模式。

（三）"长期照护公民全保险"模式

长期照护公民全保险模式综合了长期照护全保险和公民保险模式的优点，其针对群体同样为享受住院照护服务的长期照护需求者。其将所有公民都纳入统一的长期照护保险中，不再区分社会长期照护保险和私人长期照护保险。同时，将个人缴纳部分作为照护相关费用的基础，剩余部分则由保险基金偿付。学者指出，若进行模式转变，新模式下的投保人平均每月将多缴纳略多于5欧元的长期照护保险费用。② 而在长远可行性测算方面，由于提出该模式的学者汉斯·罗特冈（Heinz Rothgang）是以2017年为起算点，彼时预测，2020年的社会长期照护保险缴费率将上升至2.85%，到2060年则达到4.9%。与之相对比的是，2060年公民保险模式的缴费率近4.25%，长期照护全保险模式缴费率为6.0%，而处于两者中间水平的长期照护公民全保险模式为5.15%并保持平稳。③ 由于2019年缴费率进行再次调整，达到3.05%，因而，上述数据也将进行微小上调。因此，从长远来看，长期照护公民全保险模式仅在现有长期照护保险模式的基础上提升缴费率约0.25%，却能大大降低所有长期照护需求者的个人缴费部分，因而将是一个更为优化的解决现有问题的方法。

鉴于此，无论是长期照护全保险模式还是公民保险模式，都是为了实现保险设立初始的将个人风险由大众分担的宗旨。对长期照护全保险模式

---

① "25 Jahre Pflegeversicherung: Die Finanzierung der Pflege muss sich ändern", *mdr*, 23 January 2020, https://www.mdr.de/nachrichten/politik/inland/pflegeversicherung-finanzierung-probleme-100.html.

② "Wissenschaftler für Pflegevollversicherung", *aerzteblatt.de*, 27. September 2019, https://www.aerzteblatt.de/nachrichten/106351/Wissenschaftler-fuer-Pflegevollversicherung.

③ Heinz Rothgang and Dominik Domhoff, "Die Pflegebürgerversicherung als Vollversicherung: Beitragssatz- und Verteilungseffekte bei Umwandlung der Pflegeversicherung in eine Bürgerversicherung mit Vollversicherung", *Working Paper Forschungsförderung No. 150, September 2019*, Hans-Böckler-Stiftung, 2019, p.67.

而言，个人负担基础照护相关费用后，剩余部分由所有投保人进行分担。这是一种在长期照护需求者和投保人之间平衡费用的方式。对公民保险模式而言，则是将风险在收入和身体状况存在差异的人之间分担。而将两种分担方式予以整合的长期照护公民全保险模式，则希冀达到最大限度的风险分担。

除上述资金支付方式的改进，医疗保险和长期照护保险间的费用偿付规则也需统一。由于流动照护服务中医疗照护支出由医疗保险基金承担，在住院照护服务中此部分支出则被纳入照护相关费用，因而长期照护保险基金平均每月为每位享受住院照护服务的长期照护需求者多支出270欧元。① 鉴于此，需要将二者支付规则进行整合。

二 照护服务方式变化

如上文所述，长期照护服务体系中对居家照护服务和住院照护服务的鲜明区分不再能够满足长期照护需求者的居住方式需求。因而，目前有一种趋势，即将居家照护服务中在熟悉环境居住的优点，同住院照护服务中专业且迅速实施服务的特点进行结合，形成混合照护服务。目前，多家照护机构已提供住区式养老服务和长期照护合租公寓（Pflege-Wohngemeinschaft），未来有可能向"邻里关怀模式"（Buurtzorg-Modell）方向发展。

（一）新兴照护服务方式：住区式养老服务和长期照护合租公寓

住区式养老服务是指，在一个长期照护需求者熟悉的居住环境中，由长期照护需求者和照护服务机构签订服务协议并由后者提供相关服务的方式。在此种照护方式中，长期照护需求者既可以在单身公寓中居住，也可以同他人合住。②

而长期照护合租公寓与前文所提的团体流动照护服务有关。如前所述，团体流动照护服务中所照护的人数应在3—12人，且这些人中至少有3人为长期照护需求者；对于在团体流动照护服务中的长期照护需求者，在享受居家照护给付的同时，还可享受每月214欧元的额外给付。而长期

---

① Marie Kramp, "Pflegeversicherung: Bernhard Schneider im Interview", *Contec*, 16 Dezember 2019, https://www.contec.de/blog/beitrag/pflegeversicherung-bernhard-schneider-im-interview/.

② Heinz Rothgang and Rolf Müller, *Barmer Pflegereport 2019*, p. 107.

照护合租公寓即是典型的团体流动照护服务形式。在长期照护合租公寓中，至少有3人需为长期照护需求者，其共同居住，因而也共同享受照护服务。这些居住者可以一起洗衣做饭、进行日常活动。这种照护服务方式不但融合了居家照护服务和住院照护服务的优势，而且可以由长期照护保险基金为长期照护需求者提供必要的福利给付，因而越来越受到长期照护需求者的欢迎。与住院照护服务的每日起居需遵照机构的日程安排不同，长期照护合租公寓的照护服务方式和照护服务时间均由长期照护需求者自行安排。此外，长期照护合租公寓最多仅有十余人，而非像住院照护机构那样几十人朝夕相处，环境较为嘈杂。需要指出的是，根据上述定义，在住区式养老服务机构中，若多人合住且照护服务的安排均统一完成，则其也可以被定义为长期照护合租公寓。虽然上述两类照护服务方式有所重叠，但重要的非营利组织和营利机构均对其进行了分类统计，因而下文的统计数字也遵循这一方式。①

目前，大型的非营利组织和营利机构都纷纷建设住区式养老服务机构和长期照护合租公寓，如非营利组织中的基督教新教慈善协会、马蒂泽救济机构、德国工人志愿联盟，营利机构中的科里安集团、阿罗海姆养老有限责任公司等。截至2017年底，居住在上述两种照护机构中的长期照护需求者已达到18.1万人，其中15万人居住在住区式养老服务机构，另有3.1万人居住在长期照护合租公寓。在照护机构数量上，则已建成约8000家住区式养老服务机构，另有约4000家长期照护合租公寓。②

虽然广受欢迎，但不可否认的是，上述两种照护服务方式的支出要高于住院照护服务。其不但包含照护相关费用，个人还要承担租房、家政服务、日常维修等方面的费用。如果要购买某一公寓，则花费将更高。而就福利给付而言，则只有《长期照护保险法》规定的相关给付，这远不及所需花销。

---

① 对于住区式养老服务和长期照护合租公寓的区别，笔者在对柏林的照护支持中心工作人员的采访中也进行了探讨。其对两种照护方式的区别的介绍与本处所述有略微差别，但大体上相近。详细介绍见附录三的访谈记录。为减少其他与长期照护服务无关的内容，本处所采用的对两者差别的论述以学者的阐述为主。

② "Report stellt Ambulantisierung der Pflege fest", *aerzteblatt.de*, 28. November 2019, https://www.aerzteblatt.de/nachrichten/107780/Report-stellt-Ambulantisierung-der-Pflege-fest.

除价钱较高外，上述两种照护服务方式还面临一些问题，最重要的就是目前还没有针对该类照护机构的照护质量标准。由于该类照护机构既不是流动照护机构，也不是住院照护机构，因而对其的质量核查需要设立有针对性的质量标准。然而，质量标准的缺乏导致这两类照护机构的照护质量同住院照护机构相比更低。首先，上述机构同家庭医生的联系不够密切。例如，在住院照护机构中，2017年长期照护需求者中86.6%的人至少每月都可以同家庭医生联系看诊，而这一数字在住区式养老服务机构中为80.1%，在长期照护合租公寓中则为79.9%。[1] 其次，因照护不周导致的皮肤破溃方面，每季度在住区式养老服务机构和长期照护合租公寓中平均发生率达1.8%，而这一数字在住院照护机构中为1.6%。[2] 最后，因照护不力而引起的疾病加重，进而不得不进行医院诊疗的事件中，在住区式养老服务机构中每月发生频率为3.6%，远高于住院照护机构的每月2.4%。但这一数字在长期照护合租公寓中相比更低，为每月2.2%。[3] 因此，如何对上述比较特殊的照护服务方式的照护质量进行规定，提升配套专业照护人员、医生的数量和质量，仍是未来需要努力的方向。

（二）未来照护服务方式："邻里关怀模式"

"邻里关怀模式"是由荷兰非营利性长期照护机构"博祖客荷兰"（Buurtzorg Nederland）于2006年创立。其中，"Buurtzorg"一词在荷兰语中的意思是"邻里关怀"。该机构遵从个人希望尽可能长时间地主导自己的生活、努力维持或提高自身生活质量、对社会互动的需求以及寻求同他人的密切联系这四个基本理念，以长期照护需求者的个人独立性为首要宗旨，以个人需求为中心，从内到外分别形成个人的自我管理、伴侣或近亲等非正式的社会网络、博祖客邻里关怀团队和专业人士等正式的社交网络四个圆圈环绕。[4] 该模式力图通过合作解决个人需求，从而保障长期照护需求者的独立性并提升其生活质量。目前，该公司已服务全荷兰50%至

---

[1] Heinz Rothgang and Rolf Müller, *Barmer Pflegereport 2019*, p.159.
[2] Heinz Rothgang and Rolf Müller, *Barmer Pflegereport 2019*, p.159.
[3] Heinz Rothgang and Rolf Müller, *Barmer Pflegereport 2019*, p.159.
[4] 关于邻里关怀模式的介绍，参见博祖客荷兰官方网站，https://www.buurtzorg.com/about-us/buurtzorgmodel/。

60%的长期照护需求者。①

在提升长期照护需求者个人生活独立性的同时，该模式也注重照护团队的独立性。其一般由12人组成照护团队，负责照护服务及团队的行政工作。每名照护人员都是"多面手"，其可以胜任照护服务中的所有流程，因而无须雇佣过多人力提供分门别类的服务。由于家政服务由长期照护需求者的亲属和邻里代替完成，因而团队成员有更多时间负责较为专业的照护服务。此外，团队还与药剂师、家庭医生密切合作，方便为长期照护需求者提供医疗照护服务。各团队自主确立工作模式，互相分担责任。公司注重团队创新，不给团队较大的行政压力。去行政化方式使得该公司大大节省了行政费用支出。其对多层管理体系的精简所带来的高度扁平化组织结构使得当一般照护机构的行政成本为25%时，该公司的行政成本仅为8%。② 节省的成本用于高科技产品的购买和先进技术的引进，使得所有长期照护需求者的个人特点和特色需求均可以联网分享，方便照护人员随时随地查询并提供有针对性的服务。

与传统的德国照护机构相比，邻里关怀模式既没有流动照护服务的延迟性，也无须照护机构处理烦琐的行政事务。在荷兰，公司的行政管理人员只有45名，而照护人员则超过了一万名。③ 这很好地避免了上文所述的市场化程度加深后，照护机构中越来越多的专业照护人员不再愿意从事基础照护服务，转而进入管理层的问题。而照护人员由于深谙照护服务各个环节，因而对每个长期照护需求者的特点和需求也形成了更全面的了解，利于照护人员同长期照护需求者之间的交流，从而更高效地协调专业医生的走访，预防疾病的发生。

邻里关怀模式于2017年引入德国，目前尚处于萌芽阶段，只有7个照

---

① "Buurtzorg: Zukunftsweisend für die häusliche Pflege?" *ZQP diskurs*, *Ausgabe 2019/20*, Stiftung ZQP, 2020, p. 12.
② 《创新的居家照护——荷兰Buurtzorg照护让老人、居服员、政府都满意》，《今天头条》2019年11月14日，https://zh.twgreatdaily.com/Mqq0bW4BMH2_cNUgtl2Q.html。
③ Theresa Krinninger, "Ambulante Pflegedienste: Das soziale Netzwerk pflegt mit", *Zeit Online*, 19. Juli 2018, https://www.zeit.de/wirtschaft/2018-06/ambulante-pflegedienste-soziale-netzwerke-personal-mangel-niederlande-zeitdruck/komplettansicht.

护团队。① 在照护服务费用方面,2018 年该模式为每小时 60 欧元。② 虽然看起来并不便宜,但由于该照护模式将提升个人独立性视为首要宗旨,且综合各种照护服务的提供,因而性价比并不低。虽然如此,这一模式在引入德国的过程中遇到了一些本土化方面的难题。首先,该机构的扁平化管理模式同德国慈善照护机构的伞状管理模式相悖,不利于政府对整个组织进行管理和规制。其次,由于德国的福利给付根据照护服务内容进行计算,例如提供某种类型、某种程度的服务就给付照护机构多少资金,这一点在流动照护服务中尤其明显。③ 邻里关怀模式在福利给付方面应属于流动照护服务,但其将照护服务类型进行整合,没有分门别类,而是以照护服务的时长为收费标准,因此不利于福利给付的核算。最后,与住区式养老服务机构和长期照护合租公寓相同,其在照护质量核查方面还没有形成具体标准,因而照护质量无法得到监督保障。虽然如此,该模式是以长期照护需求者为中心的新模式探索,有望在德国占有一席之地。

除上述照护服务模式的变化外,德国也在积极探索智慧照护服务方式。值得关注的是,德国正大力提升长期照护服务领域的数字化普及程度。据联邦经济和能源部(Bundesministerium für Wirtschaft und Energie)的统计数字,在 2017 年,全德只有 27% 的照护机构使用电子照护文档。④ 到了 2020 年,该比例则达到了 71%。⑤ 与之相对比的是,在提供照护服务方面,智慧照护服务的使用率较低,其比例为 10% 左右,仅起到了照护服务的辅助功能。⑥ 而高科技的使用可以大大缓解专业照护人员的压力。例如,

---

① "Nachbarschafts-Pflegemodell Buurtzorg setzt sich nur langsam durch", *Springer Pflege*, 26.08.2020, https://www.springerpflege.de/ambulante-pflege/pflegemodell-buurtzorg/18315210=.

② Theresa Krinninger, "Ambulante Pflegedienste: Das soziale Netzwerk pflegt mit".

③ 例如,根据柏林照护支持中心的资料,对于流动照护服务而言,提供基本个人健康服务费用 12.16 欧元,出门陪伴服务费用 36.49 欧元,房间打扫服务费用 15.94 欧元,采买服务费用 14.17 欧元。具体内容参见附录三访谈记录。

④ "Pflege der Zukunft braucht moderne, digitale Ausstattung", *Häusliche Pflege*, 19.02.2020. http://www.haeusliche-pflege.net/Infopool/Nachrichten/Pflege-der-Zukunft-braucht-moderne-digitale-Ausstattung.

⑤ "Untersuchung zur Pflege: Pfleger sehen Digitalisierung skeptisch", *RP-Online*, 9. June 2020, https://rp-online.de/nrw/staedte/kleve/hochschule-rhein-waal-digitalisierung-und-pflege-funktioniert-das_aid-51546415?utm_source=twitter&utm_medium=referral&utm_campaign=share.

⑥ "Untersuchung zur Pflege: Pfleger sehen Digitalisierung skeptisch".

在家庭照护服务中，家用电器的远程控制、家政服务的自动化、房屋报警装置、烟尘和用水的感应装置等，可以让长期照护需求者更加独立地生活，并增强住所的安全程度。在专业照护服务中，使用机器人进行药品分发和机构日常清洁，可以让照护人员有更多的时间了解长期照护需求者的个体需求，从而提供针对性服务。但先进技术的引入除了面临资金来源问题，还需要国家的政策支持，特别是长期照护需求者对新兴照护方式的适应问题。由于照护机构的服务对象以老年人居多，用诸如机器人等较先进的设备提供照护服务会对老年人产生不适感。因而，在进行照护服务革新时，在照护档案的电子化和互联网使用方面可以进一步普及，但在实际照护服务提供时，则要考虑长期照护需求者接受能力、对隐私的尊重以及个人自主决定权等方面问题，从而慎重发展。此外，先进技术手段可以作为照护服务的补充，但不能代替照护服务的提供。同长期照护需求者的交流，以及具体服务的提供还是需要由照护人员完成。

第三节 从德国长期照护服务体系看中国长期照护服务发展方向

与德国相同，中国也正快速步入老龄社会。根据第七次全国人口普查数据，截至2020年10月，60岁及以上人口为2.64亿人，占总人口数的18.7%，65岁及以上人口约1.91亿人，占总人口的13.5%。[①] 而这一数字在2019年底分别为2.54亿和1.76亿。[②] 根据联合国对老龄社会的最新定义，65岁以上人口占总人口的7%则进入"老龄化社会"；占总人口比例达14%则为"老龄社会"。这样看来，中国离"老龄社会"仅差0.5%的距离。与此同时，中国家庭模式也在发生转变，家庭规模不断缩小，对老年人的供养能力持续下降。而中国的长期照护服务体系尚处于萌芽阶段，相关保障措施并不完善。与福利国家相区别的是，中国在人均GDP尚未达到发达国家水平时就已进入老龄化社会，可谓"未富先老"。因此，建立符合中国国情的长期照护服务体系迫在眉睫。

[①]《第七次全国人口普查主要数据情况》，《新华网》2021年5月11日，http://www.xinhuanet.com/finance/2021-05/11/c_1127432659.htm。

[②]《2019年我国65岁以上老年人约1.76亿，新增945万》，《南方都市报》2020年1月17日，https://www.sohu.com/a/367457358_161795。

2016年6月，为保障失能人员基本生活权益、提升生活质量，促进养老服务业发展和拓展照护人员就业渠道，国家人力资源和社会保障部发文开展长期护理保险制度试点工作。第一阶段已在全国15个市施行。试点以东部地区为主，既涵盖了经济发展较好的长三角、珠三角地区，也包括了一些二、三线城市。[①] 而2020年9月再次扩大试点范围，共涵盖49个市，涉及27个省（自治区、直辖市）和新疆生产建设兵团。目前，该试点工作已取得了一定成效。例如，作为试点工作施行较为成功的地区，上海市已设立较为完整的照护需求评估体系，在2017年为1.4万老年人提供长期照护服务；而到2018年11月底，这一数字已迅速增长到18.6万人。同期，上海长期照护定点机构已有近千家，涉及照护人员约3.2万人。[②] 深圳则于2021年10月1日起正式征缴长期护理保险，将传统的"五险"升级为"六险"，为"有备而老"提供保障。[③] 而作为试点城市中经济发展水平并不突出的江西上饶市，也已服务2000余人。[④]

通过以上论述，我们可以发现，中国虽已着手建立长期照护保险制度和长期照护服务体系，但尚处于初级阶段。试点城市基本上是以政府的直接支持为主，对于是否开放市场存在疑虑。除上海和深圳外，各试点城市尚未设立专门保险用于费用偿付，有些城市仅仅在市属区县进行小范围试点，尚未铺开至整个市。而通过本书对德国长期照护服务体系的阐述，我们可以发现，德国在该领域的建立和完善过程中包含以下几个特点：首先，在处理国家政府与地方政府之间关系方面，德国呈现国家集权与地方

---

① 参见《人力资源和社会保障部办公厅关于开展长期护理保险制度试点的指导意见》，《中华人民共和国中央人民政府网站》2016年7月8日，http：//www.gov.cn/xinwen/2016-07/08/content_5089283.htm。

② 关于上海长期照护服务发展情况，参见《上海启动长期护理保险试点，惠及400万老人》，《中华人民共和国中央人民政府网站》2017年1月25日，http：//www.gov.cn/xinwen/2017-01/25/content_5163464.htm；《上海2018年起全面推行长期护理保险制度》，《中华人民共和国中央人民政府网站》2017年12月29日，http：//www.gov.cn/xinwen/2017-12/29/content_5251520.htm；《上海约18.6万老人受益于长期护理保险试点》，《中华人民共和国中央人民政府网站》2019年2月1日，http：//www.gov.cn/xinwen/2019-02/01/content_5363149.htm。

③ 《深圳推出长期护理险"五险"要升级为"六险"了》，《中华人民共和国中央人民政府网站》2020年11月9日，http：//www.gov.cn/xinwen/2020-11/09/content_5560028.htm。

④ 关于江西上饶长期照护服务发展情况，参见《江西上饶：长期护理保险为"失能家庭"减负1800多万元》，《中华人民共和国中央人民政府网站》2019年10月11日，http：//www.gov.cn/xinwen/2019-10/11/content_5438399.htm。

治理相结合的特点。在国家制定长期照护服务体系的基本法律框架后,地方政府及相关专业机构承担照护需求评估、照护质量核查等责任,并通过长期照护保险基金与各照护机构完成资金的收缴发放及照护服务的提供工作。其次,坚持以长期照护需求评估为基础的普遍原则。专业机构对个人进行照护等级的鉴定,为是否可以享受长期照护服务提供了"准入门槛"。因此,长期照护服务的提供不是基于个人偿付能力的多寡,而是基于是否需要长期照护服务这一普遍原则。这使得那些经济基础较差但需要长期照护服务的个人可以享受最基本的照护服务。再次,资金使用上施行多元集资原则,制度上施行费用控制原则。在照护服务费用给付方面,除社会长期照护保险和私人长期照护保险承担约一半的照护费用外,当照护需求者无法负担剩余费用时,其还可以通过社会救助进行费用偿付。因此,保险缴纳、税收的转移支付以及个人支出共同构成了长期照护服务费用的来源。而在费用偿付方面,通过国家对每一个照护等级的每一种给付方式进行规定,划定了以长期照护保险基金进行费用偿付的上限,从而对其总支出予以一定程度的控制,并体现个人在社会福利体系中的责任。然而,正如上文所述,这种费用控制方式也存在一定弊端。最后,在照护服务提供方面,施行家庭、非营利组织、营利机构和国家公共机构的共同参与。除了强调家庭在长期照护服务方面的重要职责,国家还通过市场开放,鼓励营利机构进入该领域,从而促进了非营利组织对效率的追求,并降低了国家的管理成本。

根据德国经验,笔者认为,中国在建设长期照护服务体系时需着重注意以下几个方面:就顶层设计而言,尽快建立全国统一的长期照护服务体系。值得肯定的是,各试点地区自行探索的长期照护服务模式在一定程度上缓解了长期照护需求者无人照护的困境。然而,还需要认识到的是,由于各地区实际情况不同,体系建设中难免存在差异较大的问题。因而,需要尽快建立全国统一的长期照护服务体系,尤其是设定照护需求等级的评估规则。除此以外,还需对照护方式、家庭照护人员的特殊支持政策,以及照护质量管理等方面予以规定。只有在建立国家统一的长期照护服务体系后,各省才能根据自身特点进行差异化发展,进而快速推动该体系在全国范围内的施行。

此外,加快长期照护保险的设立速度。根据德国的发展经验,作为同样老龄化程度不断加深的中国,若仅以社会救助的方式进行转移支付,从而填补长期照护服务所产生的费用并不现实。而若以医疗保险基金进行填补,则会继续加重本已十分沉重的医疗保险负担。因此,将长期照护保险单独设立为一个险种将是更好的解决方式。目前,中国还没有设立统一的长期照护保险,因而有照护需求的人多是从个人积蓄中缴纳照护费用,没有特定的资金保障。这会带来经济基础较差的个人无法享受必要的照护服务,不利于长期照护需求者过有质量的生活。然而,需要注意的是,由于长期照护需求者的基数较大,设立长期照护保险后,也有可能面临保费收不抵支的问题。因而,如何根据实际情况灵活调整缴费率及福利给付额度,将是长期照护保险设立时需要考虑的问题。而对于福利给付额度无法满足需求且经济基础较差的个人,则要通过社会救助的方式进行补助。

就具体操作而言,则需要多部门合力保障体系的运行。由于长期照护服务体系的建设周期较长、先期投资较大、短期经济回报率较低,因而需要通过国家主导制定长期照护服务的框架规则,从而引导长期照护机构规范化发展。家庭则继续尽其所能地确保作为福利产品主要提供者的作用。而非营利组织和营利机构则更多地承担专业照护服务提供的职责,促进福利产品供给的专业化、市场化和产业化。只有多部门的协同,才能打破"三无老人靠国家,一般老人靠家庭"的传统照护格局,给予长期照护需求者更多的选择空间,使其可以挑选最适合自己的照护服务方式。在这里,需要特别注意协调政府参与和市场竞争之间的关系,一方面防止官僚化的趋势,另一方面让有照护需求的个人,无论其收入多寡,都可以享受必要的长期照护服务。

附录一　中德术语对照表

Abgabenordnung，AO《税收通则》

Aktionsprogramm Mehrgenerationhäuser 多代房屋行动计划

Allgemeine Ortskrankenkasse，AOK 地方医疗保险基金

Alloheim Senioren-Residenzen GmbH 阿罗海姆养老有限责任公司

Alteneinrichtung 老人院

Altenheim 养老院

Altenpflegegesetz，*AltPflG*《老年人照护法》

Altenpflegeheim 老年照护院

Altenwohnheim 安老院

ambulant betreute Wohngruppen 团体流动照护服务

ambulante Pflegeeinrichtung 流动照护机构

Angestelltenversicherungs-Neuregelungsgesetz，*AnVNG*《职员保险新规则法》

Anlassprüfung 要因核查

Arbeiter-Samariter-Bund Deutschland，ASB 德国工人志愿联盟

Arbeiterwohlfahrt，AWO 工人福利协会

Arbeitslosengeld Ⅱ 失业金Ⅱ

Arbeitszeitgesetz，*ArbGZ*《工作时间法》

Aufbau und Finanzierung ambulanter und stationärer Pflegedienste 流动照护和住院照护服务建立与资金支持工作组

Aufenthaltserlaubnis 居留许可

Ausgleichsfonds 平准基金

Ausländersgesetz, AuslG《外国人法》

Beamtenbeihilfe 公务员补助金

Beitragsbemessungsgrenze 缴费基线

Bertelsmann-Stiftung 贝塔斯曼基金会

betreutes Wohnen 住区式养老服务

Betreuungsgeld 养育津贴

Betriebskrankenkassen, BKK 企业医疗保险基金

Betriebsverfassungsgesetz, BetrVG《企业组织法》

Bundesagentur für Arbeit 联邦劳动局

Bundesamt für Migration und Flüchtlinge, BAMF 联邦移民与难民局

Bundesamt für Soziale Sicherung 联邦社会保障局

Bundesarbeitsgemeinschaft der Freien Wohlfahrtspflege, BAGFW 联邦慈善照护工作总会

Bundesarbeitsgemeinschaft der Senioren-Organisationen, BAGSO 联邦老年组织工作委员会

Bundesärztekammer 联邦医师协会

Bundesministerium für Arbeit und Soziales, BMA 联邦劳动和社会事务部

Bundesministerium für Familie, Senioren, Frauen und Jugend, BMFSFJ 联邦家庭、老年人、妇女和青年事务部

Bundesministerium für Gesundheit, BMG 联邦卫生部

Bundesministerium für Jugend, Familie und Gesundheit 联邦青年、家庭和卫生部

Bundesministerium für Wirtschaft und Energie 联邦经济和能源部

Bundesprogramm Mehrgenerationenhaus 联邦多代房屋计划

Bundessozialhilfegesetz, BSHG《联邦社会救助法》

Bundesvereinigung der Deutschen Arbeitsgeberverbände, BDA 德国雇主联合会联邦协会

Buurtzorg-Modell 邻里关怀模式

Buurtzorg Nederland 博祖客荷兰

Bürgerversicherung 公民保险

Central-Ausschuss für die Innere Mission der Deutschen Evangelischen

Kirche 德国福音派教会内部事务中央委员会（基督新教慈善协会前身）

Der Nationale Integrationsplan，Neue Wege — Neue Chancen《国家融合计划》

Deutsche Angestellten-Krankenkassen，DAK 德国职员医疗保险基金

Deutsche Rentenversicherung Knappschaft-Bahn-See 德国矿业—铁路—海事养老保险公司

Deutscher Alterssurvey，DEAS 德国老龄调查

Deutscher Caritasverband 德国明爱天主教慈善协会

Deutscher Gewerkschaftsbund，DGB 德国工会联合会

Deutscher Paritätischer Wohlfahrtsverband 平等福利协会

Deutsches Institut für angewandte Pflegeforschung，DIP 德国应用照护研究所

Deutsches Rotes Kreuz，DRK 德国红十字会

Deutsches Rotes Kreuz der DDR 民主的德国红十字会

Deutsches Rotes Kreuz in der Bundesrepublik Deutschland e. V. 联邦德国红十字会

Diakonie Deutschland – Evangelischer Bundesverband 基督新教慈善协会

Entlastungsbetrag 减负免税额

erhebliche Pflegebedürftige 相当依赖程度的长期照护需求者

Erziehungsgeld 抚育津贴

Fachkräfteeinwanderungsgesetz《技术人员移民法》

Familienpflegezeit 家庭照护假

Familienpflegezeitgesetz，FPfZG《家庭照护假法》

Frauenbund 妇女联合会

freigemeinnützige Organization 非营利组织

freiwilliges ökologisches Jahr 环保服务志愿年

freiwilliges soziales Jahr 社会服务志愿年

Friedrich Wilhelm I 威廉一世

Fünfter Wohlfahrtsverband 第五福利联合会（平等福利协会前身）

Gemeinwirtschaft 公共经济

Gesamtverband der evangelischen Arbeitervereine Deutschlands 德国新教工人协会

Gesetz gegen die gemeingefährlichen Bestrebungen der Sozialdemokratie, *Sozialistengesetz*《社会党人法》（全称《镇压社会民主党危害社会治安法令》）

Gesetz über Arbeitsvermittlung und Arbeitslosenversicherung，*AVAVG*《职业介绍及失业保险法》

Gesetz über den Aufbau der Sozialversicherung《社会保险重构法》

Gesetz über die Verbände der gesetzlichen Krankenkassen und der Ersatzkassen《法定医疗保险基金和补充保险基金协会法》

Gesetz über Kassenarztrecht – GKAR《医疗保险基金医师法》

Gesetz zur besseren Vereinbarkeit von Familie，Pflege und Beruf《家庭、照护服务与职业协调改善法》

Gesetz，betreffend die Krankenversicherung der Arbeiter，KVG《工人医疗保险法》

Gesetz，betreffend Invaliditäts-und Altersversicherung《残疾和养老保险法》

gesetzliche Krankenversicherung，GKV 法定医疗保险

Gesundheits-Reformgesetz，GRG《卫生改革法》

GKV-Spitzenverband 联邦医疗保险基金总会

Hans-Böckler-Stiftung 汉斯-伯克勒基金会

Hauptausschuss für Arbeiterwohlfahrt 工人福利委员会（工人福利协会前身）

Härtefall 困难情况

häusliche Pflege 家庭照护服务

Heilfürsorge 免费医疗照护（针对警察、消防员、军人等公职人员）

Hilfe zur Pflege 照护救助

Hilfswerk der Evangelischen Kirche in Deutschland 德国福音派教会援助会（基督新教慈善协会分支）

Idealverein 理想协会（非营利组织）

Innungskrankenkassen，IKK 手工业同业公会医疗保险基金

Integrationsgesetz《融合法》

Investitionskosten 投资费用

Johanniter-Unfall-Hilfe e. V.，Die Johanniter 圣约翰救济机构

Kassenärztliche Vereinigung，KV 法定医疗保险医师协会

Konzertierte Aktion Pflege 照护协同行动

Korian Gruppe 科里安集团

Krankenkasse 医疗保险基金

Krankenpflegegesetz，*KrPflG*《疾病照护法》

Kulturkampf 文化斗争

Kuratorium Deutsche Altershilfe，KDA 德国老年人扶助协会

Kurzzeitpflege 短期照护服务

Landesverband der Betriebskrankenkassen 州企业医疗保险基金协会

Landesverband der Innungskrankenkassen 州手工业同业公会医疗保险基金协会

Landesverband der Ortskrankenkassen 州地方医疗保险基金协会

Landesverband der Pflegekassen 州长期照护保险基金协会

Landwirtschaftliche Krankenkassen，LKK 农业医疗保险基金

Langzeitpflege 长期照护服务

Leibniz-Institut für Wirtschaftsforschung 莱布尼茨经济学研究所

Lohnfortzahlung 病假期间工资照发

Malteser Hilfsdienst e.V. 马蒂泽救济机构

Medizinischer Dienst der Krankenversicherung，MDK 医疗保险医事服务机构

Medizinischer Dienst des Spitzenverbandes Bund der Krankenkassen，MDS 联邦医疗保险基金总会医事服务机构

Mehrgenerationenhaus 多代房屋计划

Mehrgenerationenhaus. Miteinander-Füreinander 多代房屋——互相、互为

Mehrgliedrige Einrichtung 多功能照护机构

Mutterschaftsgeld 生育津贴

Nachtpflege 夜间照护服务

Pflegebedürftige 长期照护需求者

Pflegeberatung 照护咨询

Pflegeberufegesetz，*PflBG*《照护职业法》

Pflegeberufe-Ausbildungsfinanzierungsverordnung，*PflAPrV*《照护职业教育资金条例》

Pflegeberufe-Ausbildungs-und-Prüfungsverordnung，*PflAFinV*《照护职业

教育和考试条例》

  Pflegebürgervollversicherung 长期照护公民全保险

  Pflegedienst 流动照护机构

  Pflegeeinrichtung 照护机构

  Pflegefachkraft 照护技术人员

  Pflegegeld 照护津贴

  Pflegegrad，PG 照护等级

  Pflegeheim 照护院（长期照护服务体系实施前）/住院照护机构（长期照护服务体系实施后）

  Pflegehilfskraft 照护助理

  Pflegehilfsmittel 照护辅助工具

  Pflegekasse 长期照护保险基金

  Pflegekurs 照护课程

  Pflegeperson 照护人员

  Pflegepersonal-Stärkungsgesetz，*PpSG*《长期照护人员强化法》

  Pflegesachleistung 实物给付

  Pflegestärkungsgesetz，*PSG*《长期照护保险加强法》

  Pflegestützpunkt 照护支持中心

  Pflegeunterstützungsgeld 照护补助津贴

  Pflegeversicherung 长期照护保险

  Pflegevorsorgefonds 长期照护准备金

  Pflegezeit 照护假

  Pflegezeitgesetz，*PflegeZG*《照护假法》

  Pflege-Qualitätssicherungsgesetz，*PQsG*《长期照护质量确保法》

  Pflege-Versicherungsgesetz，*PflegeVG*《长期照护保险法》

  Pflege-Vollversicherung 长期照护全保险

  Pflege-Weiterentwicklungsgesetz，*PfWG*《长期照护继续发展法》

  Pflege-Wohngemeinschaft 长期照护合租公寓

  Pflege-Zusatzversicherung 长期照护附加险

  Politkverflechtung 合作联邦制

  private Krankenversicherung，PKV 私人医疗保险

private Pflegepflichtversicherung, PPV 私人长期照护保险

Prüfdienst des Verbandes der Privaten Krankenversicherung e.V. 私人医疗保险协会管理服务机构

Regelprüfung 规律核查

Reichsärztekammer 帝国医师协会

Reichsinstanz der Sozialversicherung 帝国社会保险局

Reichsversicherungsordnung, RVO《帝国保险法》

Rentenreformgesetz, RRG《养老金改革法》

Rücklage 准备金

Schwerpflegebedürftige 严重依赖程度的长期照护需求者

Schwerstpflegebedürftige 最严重依赖程度的长期照护需求者

Selbsthilfegruppe 自助小组

Selbsthilfekontaktstelle 自助联系点

Selbsthilfeorganisation 自助机构

Sockel-Spitze-Tausch "上下对调"

Sofortprogramm Pflege 紧急照护计划

soziale Pflegeversicherung, SPV 社会长期照护保险

Sozialgesetzbuch, SGB《社会法典》

Sozialhilfegesetz, SHG《社会救助法》

Sozialunternehmen 社会企业

Sozialversicherungs-Anpassungsgesetz, SVAG《社会保险调整法》

Spitzenverband Bund der Pflegekassen 联邦长期照护保险基金总会

Spitzenverband der Freien Wohlfahrtspflege 慈善照护总会

stationäre Pflege 住院照护服务

stationäre Pflegeeinrichtung 住院照护机构

Tagespflege 日间照护服务

Techniker Krankenkassen, TKK 技术人员医疗保险基金

teilstationäre Pflege 半住院照护服务

Träger der freien Wohlfahrtspflege 慈善照护机构

Unfallversicherungsgesetz《工伤事故保险法》

überörtlicher Träger der Sozialhilfe 州跨地区社会救助工作委员会

v. Bodelschwinghsche Stiftungen Bethel 博德尔施文格基金会（贝塞尔）

Vaterländischer Frauenverein vom Roten Kreuz 红十字会爱国妇女联合会（德国红十字会前身）

Verband der Angestellten-Krankenkassen, VdAK 职员医疗保险基金联合会

Verband der Ärzte Deutschlands e. V., Hartmannbund 德国医师协会

Verband der Ersatzkassen, vdek 补充保险公司联合会

Verband der Privaten Krankenversicherung e. V., PKV 私人医疗保险联合会

Vereinigung der freien privaten gemeinnützigen Wohlfahrtseinrichtungen Deutschlands e. V 德国非营利性慈善组织协会（平等福利协会前身）

Versicherungsgesetz für Angestellte, VGfA《职员保险法》

Versicherungspflichtgrenze 法定义务参保线

Volkssolidarität 人民团结组织

Volksverein für das katholische Deutschland 德国天主教人民联合会

vollstationäre Pflege 全住院照护服务

Vorrangprüfung 优先审查

Wiederholungsprüfung 重复核查

Wohlfahrtsindustrie 福利产业

Wohlfahrtsmarkt 福利市场

Wohlfahrtspluralismus 福利多元主义

Wohlfahrtsstaat 福利国家

Zentrale Auslands-und Fachvermittlung, ZAV 外国人和技术人员职业介绍中心

Zentralwohlfahrtsstelle der deutschen Juden e. V. 德国犹太人中央福利会（现德国犹太人中央福利会的前身）

Zentralwohlfahrtsstelle der Juden in Deutschland, ZWST 德国犹太人中央福利会

Zentrum für Qualität in der Pflege, ZQP 照护质量中心

Zuwandersgesetz《移民法》

Zweites Pflegestärkungsgesetz, PSG Ⅱ《第二个长期照护保险加强法》

附录二 中英术语对照表

a minimal state 最弱意义的政府
a nightwatchman state 守夜人政府
Centesimus Annus《百周年》通谕
constitutional state 制度型政府
cooperative state 合作型政府
Corporatism 法团主义
demand-driven privatization 需求主导的私有化
dual breadwinner/dual carer 双职工、双照护模式
dual breadwinner/state carer 双职工、政府照护模式
dual earner/marketized carer 双职工、市场照护模式
enabling state 授权政府
European Employment Strategy《欧洲就业战略》
family economic gender model 家庭经济模式
free rider 搭便车者
government failure 政府失灵
guarantor state 保障型政府
Lisbon Strategy《里斯本议程》
Long-Term Care 长期照护服务
male breadwinner/female home carer 男主外、女主内模式
male breadwinner/female part-time carer 男主外、女部分时间工作模式
market failure 市场失灵

market justice 市场正义

member-based institutions 基于会员的组织

neoliberalism 新自由主义

nonmember-based institutions 非基于会员的组织

non-profit federalism 非营利联邦主义

non-profit organization 非营利组织

Nordic Capital 北欧资本公司

Organization for Economic Cooperation and Development, OECD 经济合作与发展组织

privatization 私有化

progressive tax 累进税

public goods 公共产品

public-private partnership 公共部门—私营部门合作机制

Quadragesimo Anno《四十年》通谕

quasi-market 准市场

Rerum Novarum《新事物》通谕

supply-driven privatization 供应主导的私有化

System of National Accounts 2008《国民账户体系 2008》

the Principle of Subsidiarity 辅助性原则

the third sector 第三部门（非营利组织）

The Treaty on European Union《欧洲联盟条约》

Visegrád Group 维谢格拉德集团

welfare pluralism 福利多元主义

welfare state 福利国家

Wolfenden Report《沃芬顿报告》

zero-sum game 零和游戏

附录三　访谈记录

一　照护支持中心

（一）时间：2019 年 9 月 9 日上午

（二）地点：柏林，Kirschstr. 9a, 10557 Berlin

（三）网址：https://www.pflegestuetzpunkteberlin.de/standort/kirchstrasse/

（四）座谈人员：咨询师 Renate Georg 女士

（五）机构简介：

此照护支持中心位于柏林米特区（Mitte）。照护支持中心负责提供与照护服务有关问题的信息和建议。此外，照护支持中心还提供实际支持，如帮助制订长期照护计划、协调必要的照护支持服务、费用介绍以及长期照护需求申请服务。这些服务是独立的，不与任何照护机构产生关联，并且免费提供。柏林现有 49 家照护支持中心。

除了对长期照护需求者及其亲属提供咨询服务，照护支持中心还对专业照护人员和志愿者提供必要帮助。此外，对于在长期照护服务中有一定经验的社会团体，照护支持中心也会提供帮助。照护支持中心还针对个人特点提供有针对性的建议，如何种住房形式以及何种辅助工具适合有特殊需求的长期照护需求者。此外，为认知障碍症患者和家庭照护人员提供特殊帮助也是照护支持中心的服务范围。

柏林照护支持中心的资助者为柏林医疗保险基金、长期照护保险基金以及柏林市政府。

（六）访谈内容：

1. 照护支持中心是否可以进行照护机构的推荐？

由于照护支持中心的中立性，只能提供所在地区的照护机构的相关信息和联系方式，但不进行任何推荐。

2. 照护服务的收费方式如何确定？

以流动照护服务为例，柏林市对于每一项照护服务都有参考标准。例如，提供基本个人健康服务费用 12.16 欧元，出门陪伴服务费用 36.49 欧元，房间打扫服务费用 15.94 欧元，采买服务费用 14.17 欧元等。① 每个照护机构的具体收费以此为参考，一般情况下不会明显高于此标准。

3. 住区式养老服务和长期照护合租公寓间有什么区别？

住区式养老服务机构中的个人大多单独居住，有独立卫生间和厨房。对于长期照护需求者，相关个人和机构根据所签订的合约对其提供相应服务。因而这种提供方式同流动照护服务相似。除了长期照护需求者可以居住在住区式养老服务机构中，其他非长期照护需求者也可以在这一类型的机构中生活。因此，非长期照护需求者由于年龄较大也需要住区式养老服务机构的适当帮助。对这类人群提供的服务包括紧急求助、清洁服务等非长期照护所需的服务。从这方面来看，住区式养老服务还承担类似于居家养老的职责。

长期照护合租公寓则是多人共同居住，厨房和卫生间共享，长期照护需求者在一个小团体中生活。

4. 对于患有认知障碍症的个人提供什么样的特殊服务？

对于患有认知障碍症的长期照护需求者，会由专门的照护机构提供针对性服务。通常，这类患者居住在住院照护机构或长期照护合租公寓中，而不是住区式养老服务机构中，因为他们通常需要更加细致的、全天候的照护服务。

5. 照护费用的支付程序是怎样规定的？

若个人为战争幸存者或因工伤而成为长期照护需求者，则长期照护费

---

① Pflegestützpunkt Berlin, "Informationsblatt Nr. 36: Vergütung in der ambulanten Versorgung 2021-（Berliner Leistungskomplexe zur Pflege - Orientierungswerte）", https：//www.pflegestuetzpunkteberlin.de/thema/berliner-leistungskomplexe-zur-pflege/.

用的支付先由战争受害者照护金（Kriegsopferfürsorge）或工伤保险基金进行支付，再由长期照护保险基金对剩余费用按照规定支付。若费用未被完全覆盖，则由个人负担。最后，若个人依旧无法负担全部费用，则由照护救助予以托底。

6. 对于家庭照护人员的特殊支持政策有哪些？

除替代照护服务外，家庭照护人员还可以就照护服务相关的技能进行咨询并接受培训。培训既可以在指定机构中，也可以在长期照护需求者家中进行。家庭照护人员在提供照护服务期间的时间也被计入日常工作时间，享受养老金的连续计算。此外，长期照护保险基金还需向工伤保险基金和失业保险基金缴纳家庭照护人员的相关保费，无须由家庭照护人员自己缴纳。例如，若子女需要对父母进行家庭照护服务，则父母所投保的长期照护保险基金将为子女缴纳工伤保险、失业保险和养老保险。

7. 对于未达到照护等级一的个人，若需要一定照护服务应如何得到满足？

对于此类人群，可以前往当地的社会救助部门申请照护服务，并在满足一定条件的情况下得到社会救助。

8. 在长期照护服务中是否存在志愿者团队？

存在志愿者团队，但一般在家庭照护服务中。这些人通常进行陪伴服务和基本的帮助服务。这些人也接受一些培训，但并非专业的长期培训。照护支持中心与志愿者团队保持长期联系，并且为长期照护需求者提供相应的信息。

9. 减负免税额的使用有没有什么限制？

每月125欧元的减负免税额仅适用于在家庭照护服务中享受专业照护服务的长期照护需求者，对于由亲属或邻里提供的非专业照护服务则无法享受此项优惠。该额度由专业照护机构直接获得。具体操作程序为，当提供专业照护服务后，照护机构将费用证明提供给相应的保险机构，保险机构确认后将减负免税额再偿还给照护机构。因此，长期照护需求者无法得到此部分优惠。还需强调的是，只有当长期照护需求者所享有的照护给付已完全用于专业照护服务的费用偿付的情况下，才可以再额外享有此减负免税额。

10. 如何区别医疗保险基金和长期照护保险基金各支付哪些费用？

这部分的区别比较复杂。大体来说，基本照护服务由长期照护保险基金支付；治疗等较为专业的服务费用由医疗保险基金支付。具体由哪种机构支付，通常需要照护支持中心向咨询人提供信息。

11. 照护支持中心还有哪些特殊服务？

照护支持中心还为对儿童的长期照护提供建议。由于对儿童的照护服务更为复杂和专业，所以需要对儿童进行照护的个人，其多数为家长和老师，提供专业的建议和培训。

二　多代房屋

（一）时间：2017年8月19日下午

（二）地点：柏林，Auguste-Viktoria-Allee 17a, 13403 Berlin

（三）网址：https：//www.albatrosggmbh.de/de/kinder-jugend-und-familie/mehr-generationen-haus/auguste-viktoria-allee/beschreibung.html

（四）座谈人员：负责人 Richard Palm 先生

（五）机构简介：

位于柏林莱尼根多夫区（Reinickendorf）的此多代房屋隶属于阿巴图斯非营利性有限责任公司（Albatros gGmbH）。该多代房屋建于2007年，是联邦"多代房屋行动计划 I"中第一批建立的。多代房屋为日间照护服务、跨文化交流、社会融入等方面提供了一个理想场地，促进了代际间交流沟通、地区融合和信息互通。而"联邦多代房屋计划"为多代房屋提供了更多灵活性，使其可以根据各自特点和需求进行服务调整。根据这一变化，此多代房屋把更多注意力集中在应对人口结构变化和移民群体扩大两方面。

（六）访谈内容：

1. 多代房屋主要体现的价值是什么？

多代房屋的设立使得代际沟通更加方便。无论老少都聚集在一起，使得儿童和青少年学会更多地关心长者，老年人则更多地了解年轻人的世界。此外，多代房屋还提供简餐，为区域中的老年人提供了一个类似于日间照护服务的场所。

2. 多代房屋如何帮助家庭照护人员？

多代房屋为家庭照护人员提供了一个短暂休息、充电的场所。通过专业人员的带领，家庭照护人员可以达到放松身心、舒缓压力的目的。同时，家庭照护人员还可以在多代房屋中交流沟通，就家庭照护服务提供时遇到的问题探索解决途径。

三　马耳他养老院（Haus Malta）

（一）时间：2017年8月22日下午

（二）地点：柏林，Insterburgallee 13a, 14055 Berlin

（三）网址：https://hausmalta.de/index.html

（四）座谈人员：负责人 Gudrun Panicke-Schulz 女士

（五）机构简介：

马耳他养老院是德国明爱天主教慈善协会下属非营利性养老机构，位于柏林夏洛滕堡区（Charlottenburg），与马提泽医院（Malteser-Krankenhaus）毗邻。马耳他养老院于2006年翻新，现有3层，容纳51名长期照护需求者。其中有39间约16—19平方米的单人间和6间约28平方米的双人间。马耳他养老院注重对老年人独立生活能力的培养。通过举办一系列活动，如老年人自己备餐、户外散步、脑力游戏、创造性设计等，让老年人提升生活质量。而宗教节日的庆祝、小型音乐演唱会、同幼儿园和小学的互动则增加了老年人与社会的接触。

此外，马耳他养老院还提供理疗、对认知障碍症患者的特殊照护以及专业的安宁服务。

在费用方面，除去长期照护保险基金的费用偿付后，不同照护等级的长期照护需求者每月应负担的费用如下：

	照护等级二	照护等级三	照护等级四	照护等级五
单人间	2583.81 欧元	2583.70 欧元	2583.58 欧元	2583.55 欧元
双人间	2446.00 欧元	2445.89 欧元	2445.78 欧元	2445.75 欧元

（六）访谈内容：

1. 养老院毗邻医院，因此有什么优势？

由于地理位置优越，马耳他养老院与专业医生联系密切，老年人可以全天候较快速地获得医疗服务，其身体健康得到了更好的保障。此外，互相连通的养老院和医院使老年人减少住院时间，进而延长在自己熟悉的房间中进行康复的时间。除医院的医生外，老年人的家庭医生每月也会前往养老院对老人进行身体检查。

2. 照护人员是否面临紧缺问题？

虽然目前该养老院中照护技术人员的比例比较合理，但专业照护人员，尤其是照护技术人员的紧俏是德国普遍存在的现象。

四　菲舍尔-迪特默养老院（Fischer-Dittmer-Heim）

（一）时间：2017年8月30日下午

（二）地点：柏林，Hohenzollernring 119，13585 Berlin

（三）网址：https：//tww-berlin.de/pflegeeinrichtungen/fischer-dittmer-heim

（四）座谈人员：负责人 Heike Lehmann 女士

（五）机构简介：

菲舍尔-迪特默养老院是特奥多尔-温泽协会（Theodor-Wenzel-Werk，TWW）的下属机构，该协会包括一个诊所，三个住院照护机构，分别位于柏林夏洛滕堡区、莱尼根多夫区和斯潘道区（Spandau），两个住区式养老服务机构和一个位于策伦多夫区（Zehlendorf）的流动照护机构。其中菲舍尔-迪特默养老院即是位于斯潘道区的住院照护机构。特奥多尔-温泽协会隶属于基督新教慈善协会。

特奥多尔-温泽协会现有700余名员工提供医疗和照护服务，共服务在柏林及周边地区的8000余名需求者。由于该协会将医疗和长期照护服务进行整合，因此有相关需求的个人可以在同一系统中享受一系列的服务，使得整体照护成为可能。

菲舍尔-迪特默养老院现有长期照护需求者61人，分为3个区域。其中单人间在13—21平方米，双人间在23—26平方米。除住院照护服务外，该养老院还提供临时性照护服务。

在费用方面，除去长期照护保险基金进行的费用偿付后，不同照护等级的长期照护需求者每月应负担的费用如下：

	照护等级二	照护等级三	照护等级四	照护等级五
单人间	2186.52 欧元	2186.41 欧元	2186.62 欧元	2186.57 欧元
双人间	2167.35 欧元	2167.25 欧元	2167.43 欧元	2167.40 欧元

（六）访谈内容：

1. 照护人员的受教育程度如何？

照护人员中接受三年专业照护服务培训的人占50%，这也是政府部门的规定。目前在全德都面临照护人员短缺的问题，无论是照护技术人员还是照护助理。

2. 政府关于照护质量核查方面存在什么问题？

政府对于照护质量的核查过于看重内容记录，因而照护人员需要对每件与照护服务有关的事情均进行事无巨细的记录。但是，从事具体照护工作和进行记录的办公室工作无法兼得。因此，照护人员不但需要花费一定时间学习怎么记录，还要腾出大量时间进行记录，从而大幅度压缩照护人员的实际照护服务时间。当进行照护质量核查时，核查人员根据记录情况予以计分。若照护人员有太多事情要忙而疏于记录，将会在核查的时候进行一定程度的扣分；如果所有事情都落在笔头上，则照护质量评分将很高。从长远来看并不利于提升照护服务质量。这一官僚化问题产生的原因是进行核查规则制定和予以核查的人员缺乏从事一线照护服务的经验，不清楚照护服务的关键所在。

由于该访谈是在2017年8月完成，机构负责人指出，2017年12月照护服务记录方式将进行微调：一方面对于每日重复的照护服务无须多次记录；另一方面进行数字化普及，将照护服务的记录在电脑上完成，方便日后查找。

3. 现在接受住院照护服务的老年人大概有多少？

总体而言，接受住院照护服务的老年人占比大约为7%。[①] 老年人还是更愿意在家接受照护服务。一方面是因为在家接受照护服务可以从政府处得到更多的直接资金支持，另一方面是住院照护服务无法让老年人在熟悉

---

① 该数字为在住院照护机构中居住的老年人占所有老年人人口的比例，非享受住院照护服务的人占长期照护需求者的比例。据访谈当年联邦统计局的统计数字，后者的比例为24%。

的环境中生活。因此，大多数老年人只有在经评估后已无法照顾自己的生活起居，才不得不住进养老院。而作为可以更好解决老年人后顾之忧的中间方式，日间照护服务越发受到欢迎。老年人既可以在熟悉的家中生活，也可以在白天、在子女无法及时予以照护的情况下由专业人员提供照护服务。从这方面来看，老年人对居住方式的选择已经悄然发生变化，不再是为了可以有更多的交流、排解孤独而选择养老院，而是以熟悉的生活方式为选择标准。

五　哈尼施医生养老院（Dr. Harnisch Haus）

（一）时间：2019 年 8 月 13 日下午

（二）地点：柏林，Liebigstr. 39，10247 Berlin

（三）网址：https：//www.stephanus.org/stiftung/tochtergesellschaften/stephanus-ggmbh/wohnen-und-pflege/dr-harnisch-haus/startseite/

（四）座谈人员：负责人 Bernhard Sprenger 先生

（五）机构简介：

哈尼施医生养老院是斯蒂芬基金会（Stephanus Stiftung）的下属机构，该基金会包括位于柏林和勃兰登堡州的 123 个机构和约 4000 名员工，服务范围涉及为残疾人提供住院和流动照护服务；为长期照护需求者提供住院照护、流动照护、短期照护、日间照护服务；为儿童、青少年和家庭提供临时居所；为有移民背景的人提供帮助，以及幼儿园等托儿服务。其中，在长期照护服务方面，该基金会拥有 28 个照护机构，照护人员逾 1300 人。哈尼施医生养老院是位于柏林弗里德里希斯海因区（Friedrichshain）的一个照护机构。斯蒂芬基金会隶属于基督新教慈善协会。

哈尼施医生养老院于 2017 年为纪念抵抗纳粹政府的哈尼施牧师而成立。养老院现有长期照护需求者 182 人，居住在 158 个单人间和 12 个双人间内。其中包括 16 个短期照护服务床位和 28 个患有认知障碍症的长期照护需求者床位。该养老院提供短期照护、日间照护、全住院照护，以及对认知障碍症患者的特殊照护服务。

在费用方面，除去长期照护保险基金进行的费用偿付后，不同照护等级的长期照护需求者每月应负担的费用如下：

	照护等级二	照护等级三	照护等级四	照护等级五
单人间（非认知障碍症）	1977.23 欧元	1977.12 欧元	1977.31 欧元	1977.28 欧元
单人间（认知障碍症）	2431.71 欧元	2431.60 欧元	2431.78 欧元	2431.76 欧元

（六）访谈内容：

1. 照护服务质量、工资水平同照护机构类型是否有关？

无论是照护质量还是工资，都同照护机构的类型不直接相关。对于非营利组织照护质量更高、工资水平更高的看法是一种偏见。无论是营利机构还是非营利组织，都存在某些机构照护质量较差、工资水平较低的现象，这与机构类型无关，而与相应机构的负责人和雇员有很大关系。虽然不可否认的是，同非营利组织相比，营利机构有更大的盈利压力；同时，非营利组织则需要在资金来源有限的情况下思考如何高效办事，以更好地服务长期照护需求者并保障机构运营，这对于非营利组织也是一种挑战。

2. 养老院的收费标准是如何决定的？

作为基督新教慈善协会的下属机构，养老院要在基督新教慈善协会的统一规定范围内，结合本机构实际情况确定收费标准。收费标准的最终决定由照护机构、保险机构和社会救助机构协商完成。而这一过程带来了两方间的博弈。一方面，对照护机构，尤其是非营利组织而言，需要考虑如何持续运营。因而，对于员工工资支出、易耗品购买、房屋翻新等产生的费用，都需要足够的资金支持。鉴于此，照护机构倾向于提升照护费用。另一方面，社会救助机构则更倾向于压低照护机构的收费，因为更高的收费意味着政府需要提供更多的照护救助金，以补充长期照护需求者无法覆盖的照护费用部分。因此，每年照护机构费用确定的过程都是一场艰难的博弈。

3. 非营利组织和营利机构在提供照护服务方面分别有什么优劣势？

非营利组织在建立之初有其天然优势，即政府会给予一定程度的资助，因此非营利组织是在拥有一定资金的基础上开始运营。然而非营利组织不以营利为目的，正式运营后也没有其他公司的赞助，因而在资金回收方面有较明显的劣势。营利机构则在运营中更多考虑如何降低支出，因而获得更多利润。

鉴于此，非营利组织本着救助的目的，在照护费用定价时，会适当提高照护服务费用部分，而为了控制总费用，不得不降低投资费用部分；与之相反，营利机构则倾向于降低照护服务费用，提高投资费用。需要说明的是，作为总费用中比例最高的照护服务费用，多用于支付员工工资；而每个长期照护需求者所缴纳的投资费用虽然并不多，却是照护机构利润的主要来源。例如，本养老院中每个长期照护需求者每月所缴纳总费用中，有80%用于员工工资支付，其中照护服务费用占比约75%。因此，营利机构较非营利组织更倾向于减少员工工资支出。然而，并不是每个营利机构都会压低工资，也并非每个非营利组织都会支付较高的工资。

4. 非营利组织在市场开放后的长期照护服务领域面临什么问题？

照护机构的绝大部分资金来源于长期照护保险基金，在这一点上无论是营利机构还是非营利组织都一样。只是营利机构有可能还接受来自投资公司的部分资金，而非营利机构则没有其他资金来源渠道。因而，长期照护服务领域的非营利组织处于一个尴尬的位置：一方面其需要为长期照护需求者提供服务，从而肩负救助的责任；另一方面非营利组织必须考虑运营的可持续性，从而不得不参与竞争，肩负风险。因此，如果说营利机构会更多地考虑利润，那么非营利组织则需要在可持续运营的情况下承担更多社会服务责任。

5. 照护机构的照护人员和长期照护需求者比例是怎样的？

一般来讲，不同等级的长期照护需求者所需要的照护人员数量有所差异。一个照护人员可以服务大约五个照护等级二的长期照护需求者、四个照护等级三的长期照护需求者、三个照护等级四的长期照护需求者、两个照护等级五的长期照护需求者。由于无论是照护人员还是长期照护需求者每天都存在数量变化，上述数据只是大概情况。鉴于此，照护机构能做的仅仅是尝试平衡不同等级的长期照护需求者人数，进而将照护人员人数维持在一个基本稳定的水平。

6. 若照护技术人员未达到规定比例，是否会受到惩罚？

政府规定，照护技术人员同照护助理的比例需达到1∶1的水平。然而，目前全德都面临一个严重的问题，即照护人员短缺。在劳动力市场上寻找一个替代照护人员通常需要半年的时间。所以上文所述的1∶1的水平仅仅是一个大致标准。对于照护机构的监督者——政府和医疗保险机构而言，其知晓这一困境，因而对于略低于该水平的照护机构不会作出惩罚。而对于严重低于该水平的机构，则会予以暂停接收新长期照护需求者的惩罚，这将会导致照护机构陷入运营困难的境地。

就该机构而言，照护助理虽然并不一定要接受专业培训，但其更倾向该类照护人员已经接受至少 400 小时的照护培训。

7. 对于新的照护质量核查标准有何建议？

新的标准并没有如政府所讲的会降低官僚倾向，也无法有效促进照护服务质量的提升，反而会浪费大量的金钱和时间。照护人员的平均工资水平本已在整体水平之下，而新的标准会再次增加照护人员的工作负担，进一步降低该领域的吸引力。同时，由于现有照护人员的工作压力已经很大，该机构不得不雇佣更多的人从事照护质量核查方面的工作，而多雇佣的人并不能提升照护质量，从而浪费了有限的资金。实际上，对照护机构予以监督的部门已经存在，因而照护机构本就需要填写大量表格，另设专门的照护质量监督机构只会徒增负担。现在长期照护服务领域急需的是更有吸引力的就业环境和更高的工资水平，从而吸引更多的从业者并减少照护人员的负担。但新的照护质量标准不但不能缓解这些问题，反而会起到恶化的效果。

8. 在养老院中居住的人都是何种身体状况？

目前照护机构已经不接收非长期照护需求者，也不接收照护等级一的长期照护需求者。

9. 养老院与诊所签订合约吗？

本机构与诊所没有签订合约。但每个长期照护需求者都有自己的家庭医生。此外，养老院也有固定合作的医生。该医生每月进行两次上门服务，由长期照护需求者自行决定是否接受医生的检查和治疗。

参考文献

一 中文文献

高静华：《福利多元主义中的慈善部门研究》，《社会福利》2017年第10期。

刘冬梅、[德]戴蓓蕊：《德国社会法中的家庭福利政策》，《德国研究》2017年第3期。

刘涛：《福利多元主义视角下的德国长期照护保险制度研究》，《公共行政评论》2016年第4期。

王家峰：《福利国家体制改革：福利多元主义及其反思》，《经济社会体制比较》2009年第5期。

王家峰：《后福利国家：走向积极多元的福利再生产》，《兰州学刊》2009年第9期。

伍慧萍：《"融入"的现实困境与文化冲突——德国的移民政策和外来移民运动》，《学术前沿》2014年第4期下。

张静：《法团主义》，东方出版社2015年版。

赵怀娟、刘玥：《多元复合与福利治理：老年人长期照护服务供给探析》，《老龄科学研究》2016年第1期。

郑春荣、倪晓姗：《难民危机背景下德国难民融入的挑战及应对》，《国外社会科学》2016年第6期。

周维宏：《社会福利政策的新基本原则："看护四边形理论"及其研究课题》，《社会政策研究》2016年第1期。

《欧洲联盟基础条约——经<里斯本条约>修订》，程卫东、李靖堃译，社会科学文献出版社2010年版。

《着眼于未来——关于德国社会史的图片和文字资料》，德国联邦劳动和社会部，2016年版。

［德］艾克哈德·普瑞勒等：《德国：统一和变革》，载［美］莱斯特·M.萨拉蒙等：《全球公民社会：非营利部门视界》，贾西津、魏玉等译，社会科学文献出版社2007年版。

［英］戴维·米勒、韦农·波格丹诺编：《布莱克威尔政治学百科全书》，邓正来主编，中国政法大学出版社1992年版。

［丹麦］哥斯塔·艾斯平-安德森：《福利资本主义的三个世界》，苗正民、滕玉英译，商务印书馆2010年版。

［美］曼昆：《经济学原理（第7版）：宏观经济学分册》，梁小民、梁砾译，北京大学出版社2015年版。

［美］曼昆：《经济学原理（第7版）：微观经济学分册》，梁小民、梁砾译，北京大学出版社2015年版。

二 外文文献
（一）书籍及论文

Achleitner, Ann-Kristin, Judith Mayer and Wolfgang Spiess-Knafl, "Sozialunternehmen und ihre Kapitalgeber", in Stephan A. Jansen, Rolf G. Heinze and Markus Beckmann, eds., *Sozialunternehmen in Deutschland: Analysen, Trends und Handlungsempfehlungen*, Wiesbaden: Springer VS, 2013.

Alber, Jens, "Ausmaß und Ursachen des Pflegenotstands in der Bundesrepublik", in *Max Planck Institute for the Study of Societies (MPIfG) Discussion Paper*, No. 3, 1990.

Alber, Jens, "The Debate about Long-Term Care Reform in Germany", in OECD: *Caring for Frail Elderly People: Policies in Evolution*, Paris, 1996.

Anheier, Helmut K., *Nonprofit Organizations: Theory, Management, Policy (1st Edition)*, New York: Routledge, 2005.

Anheier, Helmut K., *Nonprofit Organizations: Theory, Management, Policy (2nd Edition)*, London and New York: Routledge, 2014.

Anheier, Helmut K., "A Profile of the Third Sector in West Germany", in Helmut K. Anheier and Wolfgang Seibel, eds., *The Third Sector: Comparative Studies of Nonprofit Organizations*, Berlin/New York: de Gruyter, 1990.

Anheier, Helmut K., "An Elaborate Network: Profiling the Third Sector in Germany", in Benjamin Gidron, Ralph M. Kramer and Lester M. Salamon, eds., *Government and the Third Sector: Emerging Relationships in Welfare States*, San Francisco: Jossey-Bass Publishers, 1992.

Anheier, Helmut K. and Wolfgang Seibel, eds., *The Third Sector: Comparative Studies of Nonprofit Organizations*.

Anheier, Helmut K. and Wolfgang Seibel, *The Nonprofit Sector in Germany: Between State, Economy and Society*, Manchester and New York: Manchester University Press, 2001.

Anheier, Helmut K. and Wolfgang Seibel, "Germany", in Lester M. Salamon and Helmut K. Anheier, *Defining the Nonprofit Sector: A Cross-National Analysis*, Manchester and New York: Manchester University Press, 1997.

Appelbaum, Eileen and Ronald Schettkat, "The End of Full Employment? On Economic Development in Industrialized Countries", *Intereconomics*, May/June, 1994.

Arbeiterwohlfahrt, "Arbeiterwohlfahrt fordert Einführung einer Pflegeversicherung", *Theorie und Praxis der sozialen Arbeit*, Jahrgang 41, No. 9, 1990.

Arksey, Hilary and Marjolein Morée, "Supporting Working Carers: Do Policies in England and The Netherlands Reflect 'Doulia Rights'?" *Health and Social Care in the Community*, Vol. 16, No. 6, 2008.

Aroney, Niclolas, "Subsidiarity in the Writings of Aristotle and Aquinas", in Michelle Evans and Augusto Zimmermann, eds., *Global Perspectives on Subsidiarity*, Dordrecht: Springer Science+Business Media, 2014.

Ascoli, Ugo and Costanzo Ranci, eds., *Dilemmas of the Welfare Mix: The New Structure of Welfare in an Era of Privatization*, New York: Springer Science + Business Media, 2002.

Ascoli, Ugo and Costanzo Ranci, "The Context of New Social Policies in Europe", in Ugo Ascoli and Costanzo Ranci, eds., *Dilemmas of the Welfare*

Mix: The New Structure of Welfare in an Era of Privatization.

Bacon, Emma, "Positive Experiences in Caregivers: An Exploratory Case Series", *Behaviour and Cognitive Psychotherapy*, Vol. 37, 2009.

Baglioni, Simone, "A Remedy for All Sins? Introducing a Special Issue on Social Enterprises and Welfare Regimes in Europe", *Voluntas*, Vol. 28, 2017.

Bakx, Pieter et al., "Going Formal or Informal, Who Cares? The Influence of Public Long-Term Care Insurance", *Health Economics*, No. 24, 2015.

Bauer, Jan M. and Alfonso Sousa-Poza, "Impacts of Informal Caregiving on Caregiver: Employment, Health, and Family", *Population Ageing*, Vol. 8, 2015.

Beresford, Peter and Suzy Croft, "Welfare Pluralism: The New Face of Fabianism", *Critical Social Policy*, Vol. 3, No. 9, 1983.

Bloche, M. Gregg, "Should Government Intervene to Protect Nonprofits?" *Health Affairs*, Vol. 17, No. 5, 1998.

Bode, Ingo, *The Culture of Welfare Markets: The International Recasting of Pension and Care Systems*, New York/London: Routledge, 2008.

Bode, Ingo, "Flexible Response in Changing Environments. The German Third Sector in Transition", *Nonprofit and Voluntary Sector Quarterly*, Vol. 32, No. 2, 2003.

Bode, Ingo and Adalbert Evers, "From Institutional Fixation to Entrepreneurial Mobility? The German Third Sector and its Contemporary Challenges", in Adalbert Evers and Jean-Louis Laville, eds., *The Third Sector in Europe*, MA: Edward Elgar, 2004.

Boese, Jürgen and Maria R. Heuser, "Pflegeversicherung – ein Konzept zur Lösung der Versorgungsprobleme im geriatrischen Sektor?" *Sozialer Fortschritt*, Vol. 31, No. 7, 1982.

Bookwala, Jamila, "The Impact of Parent Care on Marital Quality and Well-Being in Adult Daughters and Sons", *Journal of Gerontology: Psychological Sciences*, Vol. 64B, No. 3, 2009.

Brenton, Maria, *The Voluntary Sector in British Social Services*, London and New York: Longman Group Limited, 1985.

Brettschneider, Antonio, "Jenseits von Leistung und Bedarf. Zur Systematisierung sozialpolitischer Gerechtigkeitsdiskurse", *Zeitschrift für Sozialreform*, Vol. 53, No. 4, 2007.

Brög, Werner et al., *Anzahl und Situation zu Hause lebender Pflegebedürftiger: Ermittlung der Repräsentativdaten und Situationsgruppenanalyse*, Schriftenreihe des Bundesministers für Jugend, Familie und Gesundheit, Bd. 80, Stuttgart: Verlag W. Kohlhammer, 1980.

Bundesministerium für Arbeit und Sozialordnung, ed., *Versicherungsschutz und Leistungen. Erläuterungen zur sozialen Pflegeversicherung*, Bonn, 1993.

Burau, Viola, Hildegard Theobald and Robert H. Blank, *Governing Home Care: A Cross-National Comparison*, Cheltenham/Northampton: Edward Elgar Publishing, Inc., 2007.

Bönker, Frank, Michael Hill and Anna Marzanati, "Towards Marketization and Centralization? The Changing Role of Local Government in Long-Term Care in England, France, Germany and Italy", in Hellmut Wollmann and Gérard Marćou, eds., *The Provision of Public Services in Europe: Between State, Local Government and Market*, Cheltenham/MA: Edward Elgar, 2010.

Bönker, Frank, Jens Libbe and Hellmut Wollmann, "Re-Municipalisation Revisited: Long-Term Trends in the Provision of Local Public Services in Germany", in Hellmut Wollmann, Ivan Koprić and Gérard Marćou, eds., *Public and Social Services in Europe: From Public and Municipal to Private Sector Provision*, London: Palgrave Macmillan, 2016.

Campbell, Andrea L. and Kimberly J. Morgan, "Federalism and the Politics of Old-Age Care in Germany and the United States", *Comparative Political Studies*, Vol. 38, No. 8, 2005.

Carmichael, F., S. Charles and C. Hulme, "Who will care? Employment Participation and Willingness to Supply Informal Care", *Journal of Health Economics*, Vol. 29, 2010.

Carrera, Francesca, Emmanuele Pavolini, Costanzo Ranci et al., "Long-Term Care Systems in Comparative Perspective: Care Needs, Informal and Formal Coverage, and Social Impacts in European Countries", in Costanzo Ranci and Emmanuele Pavolini, eds., *Reforms in Long-Term Care Policies in Europe: Investigating Institutional Change and Social Impacts*, New York/Dordrecht/ Heidelberg/London: Springer, 2013.

Castles, Francis G., Stephan Leibfried, Jane Lewis et al., eds., *The Oxford Handbook of the Welfare State*, Oxford: Oxford University Press, 2010.

Castles, Francis G. et al., "Introduction", in Francis G. Castles, Stephan Leibfried, Jane Lewis et al., eds., *The Oxford Handbook of the Welfare State*.

Cawson, Alan, "Pluralism, Corporatism and the Role of the State", *Government and Opposition*, Vol. 13, No. 2, 1978.

Chaplin, Jonathan, "Subsidiarity and Social Pluralism", in Michelle Evans and Augusto Zimmermann, eds., *Global Perspectives on Subsidiarity*, Dordrecht: Springer Science+Business Media, 2014.

Cooper, Claudia et al., "A Systematic Review of the Prevalence and Covariates of Anxiety in Caregivers of People with Dementia", *International Psychogeriatrics*, Vol. 19, No. 2, 2007.

Doty, Pamela, "Family Care of the Elderly: The Role of Public Policy", *The Milbank Quarterly*, Vol. 64, No. 1, 1986.

Etzioni, Amitai, "The Third Sector and Domestic Missions", *Public Administration Review*, Vol. 33, No. 4, 1973.

Evans, Michelle and Augusto Zimmermann, eds., *Global Perspectives on Subsidiarity*.

Evers, Adalbert, "The Welfare Mix Approach. Understanding the Pluralism of Welfare Systems", in Adalbert Evers and Ivan Svetlik, eds., *Balancing Pluralism: New Welfare Mixes in Care for the Elderly*, Hants: Ashgate Publishing Limited, 1993.

Evers, Adalbert, "Part of the Welfare Mix: The Third Sector as an Intermediate Area", *Voluntas*, Vol. 6, No. 2, 1995.

Evers, Adalbert and Christoph Strünck, "Answers Without Questions? The Changing Contract Culture in Germany and the Future of a Mixed Welfare System", in Ugo Ascoli and Costazo Ranci, eds., *Dilemmas of the Welfare Mix. The New Structure of Welfare in an Era of Privatization*.

Evers, Adalbert and Helmut Wintersberger, eds., *Shifts in the Welfare Mix: Their Impact on Work, Social Services and Welfare Policies*, Colorado: Westview Press, 1990.

Evers, Adalbert and Ivan Svetlik, eds., *Balancing Pluralism: New Welfare Mixes in Care for the Elderly*.

Evers, Adalbert and Jean-Louis Laville, eds., *The Third Sector in Europe*.

Evers, Adalbert, Rolf G. Heinze and Thomas Olk, eds., *Handbuch Soziale Dienste*, Wiesbaden: VS-Verlag, 2010.

Evers, Adalbert et al., "Einleitung: Soziale Dienste – Arenen und Impulsgeber sozialen Wandels", in Adalbert Evers, Rolf G. Heinze and Thomas Olk, eds., *Handbuch Soziale Dienste*.

Evers, Albert, "The New Long-Term Care Insurance Program in Germany", *Journal of Aging and Social Policy*, Vol. 10, No. 1, 1998.

Franzén-Dahlin, Åsa et al., "Predictors of Psychological Health in Spouses of Persons Affected by Stroke", *Journal of Clinical Nursing*, Vol. 16, No. 5, 2007.

Giddens, Anthony, *The Third Way: The Renewal of Social Democracy*, Cambridge: Polity Press, 1998.

Gidron, Benjamin, Ralph M. Kramer and Lester M. Salamon, eds., *Government and the Third Sector: Emerging Relationships in Welfare States*.

Gilbert, Neil, "From 'Welfare' to 'Enabling' State", in Adalbert Evers and Ivan Svetlik, eds., *Balancing Pluralism: New Welfare Mixes in Care for the Elderly*.

Gingrich, Jane, *Making Markets in the Welfare State: The Politics of Varying Market Reforms*, Cambridge: Cambridge University Press, 2011.

Gräsel, Emlar, "When Home Care Ends – Changes in the Physical Health of Informal Caregivers Caring for Dementia Patients: A Longitudinal Study", *American Geriatrics Society*, Vol. 50, No. 5, 2002.

Grüttner, Michael, "Informelle Pflege, Arbeitslosigkeit und soziale Exklusion: Kumulierende oder kompensierende Risiken?" *Sozialer Fortschritt*, Vol. 65, No. 12, 2016.

Götting, Ulrike, Karin Haug and Karl Hinrichs, "The Long Road to Long-Term Care Insurance in Germany", *Journal of Public Policy*, Vol. 14, No. 3, 1994.

Götting, Ulrike and Karl Hinrichs, "Probleme der politischen Kompromißbildung bei der gesetzlichen Absicherung des Pflegefallrisikos – Eine vorläufige Bilanz", *Politische Vierteljahresschrift*, Vol. 34, No. 1, 1993.

Heffter, Heinrich, *Die deutsche Selbstverwaltung im 19. Jahrhundert*, 2. Aufl., Stuttgart: K. F. Koehler Verlag, 1969.

Heitmueller, Axel and Kirsty Iglis, "The Earnings of Informal Carers: Wage Differentials and Opportunity Costs", *Journal of Health Economics*, Vol. 26, 2007.

Henriksen, Lars S., Steven R. Smith and Annette Zimmer, "At the Eve of Convergence? Transformations of Social Service Provision in Denmark, Germany, and the United States", *Voluntas*, Vol. 23, 2012.

Himmelmann, Gerhard, "Public Enterprises in the Federal Republic Germany", *Annalen der Gemeinwirtschaft*, No. 3, 1985.

Hohmeyer, Katrin and Eva Kopf, "Pflegende in Arbeitslosengeld – Ⅱ – Haushalten: Wie Leistungsbezieher Pflege und Arbeitsuche vereinbaren", *IAB-Kurzbericht*, 5/2015.

Hohmeyer, Katrin and Eva Kopf, "Caught between Two Stools? Informal Care Provision and Employment among Welfare Recipients in Germany", *Ageing and Society*, 2018.

Jansen, Stephan A., Rolf G. Heinze and Markus Beckmann, eds., *Sozialunternehmen in Deutschland: Analysen, Trends und Handlungsempfehlungen.*

Johnson, Norman, *The Welfare State in Transition: The Theory and Practice of Welfare Pluralism*, Worcester: Billings & Sons Limited, 1987.

Johnson, Norman, "The Privatization of Welfare", *Social Policy and Administration*, Vol. 23, No. 1, 1989.

Johnson, Norman, "Welfare Pluralism: Opportunities and Risks", in Adalbert Evers and Ivan Svetlik, eds., *Balancing Pluralism: New Welfare Mixes in Care for the Elderly.*

Katzenstein, Peter, *Policy and Politics in West Germany: The Growth of a Semi-sovereign State*, Philadelphia: Temple University Press, 1987.

Kendall, Jeremy, ed., *Handbook on the Third Sector Policy in Europe: Multi-level Processes and Organized Civil Society*, Cheltenham/Northampton: Edward Elgar, 2009.

Klein, Michael U. and Bita Hadjimichael, *The Private Sector in Development: Entrepreneurship, Regulation, and Competitive Disciplines*, Washington, D.C.: The World Bank, 2003.

Klenk, Tanja and Frank Nullmeier, "Welfare Industries: Enterprises as Providers of Public Goods", *Zeitschrift für Vergleichende Politikwissenschaft*, No. 4, 2010.

Klie, Thomas, "Wohlfahrtspluralismus und Subsidiarität in modernen Gesellschaften: Grundlagen für neue Antworten auf die Frage: Who cares?" in Harm-Peer Zimmermann, ed., *Kulturen der Sorge. Wie unsere Gesellschaft ein Leben mit Demenz ermöglichen kann*, Frankfurt am Main/New York: Campus-Verlag, 1994.

Kniejska, Patrycja, "All-inclusive-Pflege aus Polen in der Schattenzone – Ergebnisse von Interviews mit polnischen Pflegekräften, die in deutschen Privathaushalten beschäftigt sind", in Friedrich-Ebert-Stiftung, *WISO direk*, Mai 2015.

Knutsen, Wenjue L., "Retaining the Benefits of Government-Nonprofit Contracting Relationship: Opposites Attract or Clash?" *Voluntas*, Vol. 28, 2017.

Korpi, Walter, "Power Resources and Employer-Centered Approaches in Explanations of Welfare States and Varieties of Capitalism: Protagonists, Consenters, and Antagonists", *World Politics*, Vol. 58, No. 2, 2006.

Korpi, Walter and Joakim Palme, "New Politics and Class Politics in the Context of Austerity and Globalization: Welfare State Regress in 18 Countries, 1975-95", *American Political Science Review*, Vol. 97, No. 3, 2003.

Krug, Walter and Gerd Reh, *Pflegebedürftige in Heimen: Statistische Erhebungen und Ergebnisse*, Stuttgart/Berlin/Köln: Verlag W. Kohlhammer, 1992.

Kuhlmann, Sabine and Paolo Fedele, "New Public Management in Continental

Europe: Local Government Modernization in Germany, France and Italy from a Comparative Perspective", in Hellmut Wollmann and Gérard Marćou, eds., *The Provision of Public Services in Europe: Between State, Local Government and Market*.

Köppe, Stephan, *Wohlfahrtsmärkte: Die Privatisierung von Bildung und Rente in Deutschland, Schweden und den USA*, Frankfurt/New York: Campus Verlag, 2015.

Lane, Robert E., "Market Justice, Political Justice", *The American Political Science Review*, Vol. 80, No. 2, 1986.

Le Grand, Julian, "Quasi-Markets and Social Policy", *The Economic Journal*, Vol. 101, No. 408, 1991.

Le Grand, Julian and Ray Robinson, eds., *Privatisation and the Welfare State*, London and New York: Routledge, 1984.

Le Grand, Julian and Ray Robinson, "Privatisation and the Welfare State: An Introduction", in Julian Le Grand and Ray Robinson, eds., *Privatisation and the Welfare State*.

Lowery, David, "Consumer Sovereignty and Quasi-Market Failure", *Journal of Public Administration Research and Theory*, J-Part 8, 1998.

Lutz, Helma, "Who Cares? Migrantinnen in der Pflegearbeit in deutschen Privathaushalten", in Christa Larsen, Angela Joost and Sabine Heid, eds., *Illegale Beschäftigung in Europa: Die Situation in Privathaushalten älterer Personen*, München: Rainer Hampp Verlag, 2009.

Lutz, Helma and Ewa Möllenbeck, "Care Work Migration in Germany: Semi-Compliance and Complicity", *Social Policy & Society*, Vol. 9, No. 3, 2010.

Manow, Philip, "Social Insurance and the German Political Economy", in *MPIfG discussion paper*, No. 97/2, Köln: Max-Planck-Institut für Gesellschaftsforschung.

Meyer, Jörg A., *Der Weg zur Pflegeversicherung: Positionen-Akteure-Politikprozesse*, Frankfurt am Main: Mabuse-Verlag GmbH, 1996.

Miller, S. M., "The Evolving Welfare State Mixes", in Adalbert Evers and Helmut Wintersberger, eds., *Shifts in the Welfare Mix: Their Impact on Work,*

Social Services and Welfare Policies.

Najam, Adil, "The Four-C's of Third Sector-Government Relations: Cooperation, Confrontation, Complementarity, and Co-optation", *Nonprofit Management and Leadership*, Vol. 10, No. 4, 2000.

Nozick, Robert, *Anarchy, State, and Utopia*, New York: Basic Book, 2013.

OECD: *Caring for Frail Elderly People: Policies in Evolution.*

Pape, Ulla et al., "Changing Policy Environments in Europe and the Resilience of the Third Sector", *Voluntas*, Vol. 31, 2020.

Pavolini, Emmanuele and Costanzo Ranci, "Reforms in Long-Term Care Policies in Europe: An Introduction", in Costanzo Ranci and Emmanuele Pavolini, eds., *Reforms in Long-Term Care Policies in Europe: Investigating Institutional Change and Social Impacts.*

Pieper, Jonas, *New Private Sector Providers in the Welfare State*, Cham: Palgrave Macmillan, 2018.

Pierson, Paul, *Dismantling the Welfare State? Reagan, Thatcher, and the Politics of Retrenchment*, Cambridge: Cambridge University Press, 1994.

Pierson, Paul, "The New Politics of the Welfare State", *World Politics*, Vol. 48, No. 2, 1996.

Pierson, Paul, "Irresistible Forces, Immovable Objects: Post-industrial Welfare States Confront Permanent Austerity", *Journal of European Social Policy*, Vol. 5, No. 4, 1998.

Pinquart, Martin and Silvia Sörensen, "Associations of Stressors and Uplifts of Caregiving with Caregiver Burden and Depressive Mood: A Meta-Analysis", *Journal of Gerontology: Psychological Sciences*, Vol. 58B, No. 2, 2003.

Pinquart, Martin and Silvia Sörensen, "Gender Differences in Caregiver Stressors, Social Resources, and Health: An Updated Meta-Analysis", *Journal of Gerontology: Psychological Sciences*, Vol. 61B, No. 1, 2006.

Pinquart, Martin and Silvia Sörensen, "Correlates of Physical Health of Informal Caregivers: A Meta-Analysis", *Journal of Gerontology: Psychological Sciences*, Vol. 62B, No. 2, 2007.

Principi, Andrea et al., "Work Restrictions Experienced by Midlife Family Care-

Givers of Older People: Evidence from Six European Countries", *Ageing and Society*, 2014.

Prinz, Aloys, *Pflegebedürftigkeit als ökonomisches Problem*, Spardorf: Wilder, 1987.

Ranci, Costanzo and Emmanuele Pavolini, eds, *Reforms in Long-Term Care Policies in Europe: Investigating Institutional Change and Social Impacts*.

Reid, R. Colin, Kelli I. Stajduhar and Neena L. Chappell, "The Impact of Work Interferences on Family Caregiver Outcomes", *Journal of Applied Gerontology*, Vol. 29, No. 3, 2010.

Rowthorn, Robert and Ramana Ramaswamy, "Deindustrialization: Its Causes and Implications", Washington, D. C.: International Monetary Fund, 1997.

Rüdiger, Detlef, "Belastungsausgleich für die Wirtschaft", in Bundesministerium für Arbeit und Sozialordnung, ed., *Versicherungsschutz und Leistungen. Erläuterungen zur sozialen Pflegeversicherung*, Bonn, 1993.

Sachße, Christoph and Florian Tennstedt, *Geschichte der Armenfürsorge in Deutschland*, Bd. 2, *Fürsorge und Wohlfahrtspflege 1871 bis 1929*, Stuttgart: W. Kohlhammer GmbH, 1988.

Salamon, Lester M., "Of Market Failure, Voluntary Failure, and Third Party Government: Toward a Theory of Government-Nonprofit Relations in the Modern Welfare State", *Nonprofit and Voluntary Sector Quarterly*, Vol. 16, No. 1, 1987.

Salamon, Lester M. and Helmut K. Anheier, *Defining the Nonprofit Sector: A Cross-National Analysis*.

Salamon, Lester M., Helmut K. Anheier et al., *Global Civil Society: Dimensions of the Nonprofit Sector*, Baltimore: The John Hopkins Center for Civil Society Studies, 1999.

Salamon, Lester M., Helmut K. Anheier et al., "Civil Society in Comparative Perspective", in Lester M. Salamon, Helmut K. Anheier et al., *Global Civil Society: Dimensions of the Nonprofit Sector*.

Schmidt, Manfred G. and Gerhard A. Ritter, *The Rise and Fall of a Socialist Welfare State: The German Democratic Republic (1949-1990) and German Unification (1989-1994), translated by David R. Antal and Ben Veghte, Berlin/Heidelberg: Springer-Verlag, 2013.

Schmitter, Philippe C., "Still the Century of Corporatism?" *The Review of Politics*, Vol. 36, No. 1, 1974.

Schulz, Richard et al., "Psychiatric and Physical Morbidity Effects of Dementia Caregiving: Prevalence, Correlates, and Causes", *The Gerontological Society of America*, Vol. 35, No. 6, 1995.

Seibel, Wolfgang and Helmut K. Anheier, "Sociological and Political Science Approaches to the Third Sector", in Helmut K. Anheier and Wolfgang Seibel, eds., *The Third Sector: Comparative Studies of Nonprofit Organizations*.

Stolleis, Michael, *Origins of the German Welfare State: Social Policy in Germany to 1945*, translated by Thomas Dunlap, Berlin/Heidelberg: Springer-Verlag, 2013.

Svetlik, Ivan, "Regulation of the Plural and Mixed Welfare System", in Adalbert Evers and Ivan Svetlik, eds., *Balancing Pluralism: New Welfare Mixes in Care for the Elderly*.

Theobald, Hildegard, "Care for the Elderly: Welfare System, Professionalisation and the Question of Inequality", *International Journal of Sociology and Social Policy*, Vol. 23, No. 4/5, 2003.

Theobald, Hildegard, "Combining Welfare Mix and New Public Management: The Case of Long-Term Care Insurance in Germany", *International Journal of Social Welfare*, Vol. 1, 2012.

Theobald, Hildegard and Sarah Hampel, "Radical Institutional Change and Incremental Transformation: Long-Term Care Insurance in Germany", in Costanzo Ranci and Emmanuele Pavolini, eds., *Reforms in Long-Term Care Policies in Europe: Investigating Institutional Change and Social Impacts*.

Thiede, Reinhold, "Neue Ansätze zur Absicherung des Pflegerisikos: Überblick über die sozialpolitische Diskussion des Jahres 1990", *Sozialer Fortschritt*, Vol. 40, No. 3, 1991.

Twigg, Julia, "Issues in Informal Care", in OECD, *Caring for Frail Elderly People: Policies in Evolution*.

von Nell‑Breuning, Oswald, *Baugesetze der Gesellschaft. Solidarität und Subsidiarität*, Freiburg/Basel/Wien: Herder, 1990.

Webb, Adrian and Gerald Wistow, *Social Work, Social Care and Social Planning: The Personal Social Services since Seebohm*, London and New York: Longman Group Limited, 1987.

Wehler, Hans‑Ulrich, *Deutsche Gesellschaftsgeschichte, Bd. 3: Von der "Deutschen Doppelrevolution" bis zum Beginn des Ersten Weltkriegs 1849–1914*, München: C. H. Beck Verlag, 1995.

Weisbrod, Burton A., "The Future of the Nonprofit Sector: Its Entwining with Private Enterprise and Government", *Journal of Policy Analysis and Management*, Vol. 16, No. 4, 1997.

Williamson, Peter J., *Varieties of Corporatism: A Conceptual Discussion*, Cambridge: Cambridge University Press, 1985.

Wolch, Jennifer R., *The Shadow State: Government and the Voluntary Sector in Transition*, New York: The Foundations Center, 1990.

Wollmann, Hellmut, "The Fall and Rise of the Local Community: A Comparative and Historical Perspective", *Urban Studies*, Vol. 43, No. 8, 2006.

Wollmann, Hellmut and Gérard Marcou, eds., *The Provision of Public Services in Europe: Between State, Local Government and Market*.

Wollmann, Hellmut, Ivan Koprić and Gérard Marcou, eds., *Public and Social Services in Europe: From Public and Municipal to Private Sector Provision*.

Yoder, Jonathan A. and Robert A. B. Leaper, "Conference Recommendations", in Jonathan A. Yoder, ed., *Support Networks in a Caring Community: Research and Policy, Fact and Fiction*, Dordrecht/Boston/Lancaster: Martinus Nijhoff Publishers, 1985.

Zacher, Hans F., *Social Policy in the Federal Republic of Germany: The Constitution of the Social*, translated by Thomas Dunlap, Berlin/Heidelberg: Springer‑Verlag, 2013.

Zimmer, Annette, "Corporatism Revisited—The Legacy of History and the German Nonprofit Sector", *Voluntas*, Vol. 10, No. 1, 1999.

Zimmer, Annette, "Money makes the world go round! Ökonomisierung und die Folgen für NPOs", in Annette Zimmer and Ruth Simsa, eds., *Forschung zu Zivilgesellschaft, NPOs und Engagement: Quo vadis?* Wiesbaden: Springer VS, 2014.

Zimmer, Annette, "Germany's Nonprofit Organizations: Continuity and Change", *Sociologia e Politiche Sociali*, Vol. 18, No. 3, 2015.

Zimmer, Annette and Katharina Obuch, "A Matter of Context? Understanding Social Enterprises in Changing Environments: The Case of Germany", *Voluntas*, Vol. 28, 2017.

Zimmer, Annette and Ruth Simsa, eds., *Forschung zu Zivilgesellschaft, NPOs und Engagement: Quo vadis?*

Zimmer, Annette and Steven R. Smith, "Social Service Provision in the US and Germany: Convergence or Path Dependency?" *German Politics*, Vol. 23, No. 1-2, 2014.

Zimmer, Annette et al., "Germany: On the Social Policy Centrality of the Free Welfare Associations", in Jeremy Kendall, ed., *Handbook on the Third Sector Policy in Europe: Multi-level Processes and Organized Civil Society*.

Zimmermann, Harm-Peer, ed., *Kulturen der Sorge. Wie unsere Gesellschaft ein Leben mit Demenz ermöglichen kann.*

（二）研究报告与统计数据

Anderson, Robert et al., *Second European Quality of Life Survey: Overview*, Dublin: European Foundation for the Improvement of Living and Working Conditions, 2009.

Bundersministerium für Familie, Senioren, Frauen und Jugend, *Frauen und Männer in der zweiten Lebenshälfte - Älterwerden im sozialen Wandel*, Berlin, 2019.

Bundesministerium für Gesundheit, *Sechster Bericht der Bundesregierung über die Entwicklung der Pflegeversicherung und den Stand der pflegerischen Versorgung in der Bundesrepublik Deutschland*, 2016.

Comas-Herrera, Adelina and Raphael Wittenberg, eds., *European Study of Long-Term Care Expenditure*, Report to the European Commission, Employment and Social Affairs DG., Grant No. VS/2001/0272, PSSRU Discussion Paper 1840, 2003.

European Commission, IMF, OECD, UN and World Bank, *System of National Accounts 2008*, New York, 2009.

Glendinning, Caroline et al., *Care Provision within Families and its Socio-Economic Impact on Care Providers*, Report for the European Commission DG EMPL, 2009.

Hans-Böckler-Stiftung, "Ausländische Pflegekräfte: Voneinander lernen braucht Zeit", *Böckler Impuls 5/2019*, 21. März 2019.

Hoff, Andreas and Kate Hamblin, *Cares@Work, Carers between Work and Care. Conflict or Chance? International Report*, The Oxford Institute of Population Ageing, Oxford: University of Oxford, 2011.

Medizinischer Dienst des Spitzenverbandes Bund der Krankenkassen e.V., ed., *Grundlagen der Qualitätsprüfungen nach den §§ 114ff SGB XI, Teil 1-Ambulante Pflege*, Köln: inpuncto, 2018.

Medizinischer Dienst des Spitzenverbandes Bund der Krankenkassen e.V., ed., *Grundlagen der Qualitätsprüfungen nach den §§ 114ff SGB XI, Teil 2-Stationäre Pflege*, Mülheim an der Ruhr: BestPage Kommunikation Rhein-Ruhr KG, 2018.

Medizinischer Dienst des Spitzenverbandes Bund der Krankenkassen e.V. and GKV-Spitzenverband, eds., *Richtlinien des GKV-Spitzenverbandes für die Qualitätsprüfung in Pflegeeinrichtungen nach §§ 114 ff SGB XI - Vollstationäre Pflege*, Mülheim an der Ruhr: BestPage Kommunikation RheinRuhr KG, 2019.

Mingot, Karl, *Informal Care in the Long-Term Care System: Germany*, Interlinks, 2011.

National Audit Office, *Building the Capacity of the Third Sector*, London, 2009.

OECD, *Help Wanted? Providing and Paying for Long-Term Care*, 2011.

Polacek, Richard et al., *Study on Social Services of General Interest: Final Report*, Brussels: European Commission, 2011.

Rada, Alejandro, *Migration of Health-Care Workers from the New EU Member*

States to Germany: Major Trends, Drivers and Future Perspective, Frankfurt a. M.: Institute for Social Work and Social Education, 2016.

Rothgang, Heinz, "Long-Term Care for Older People in Germany", in Adelina Comas-Herrera and Raphael Wittenberg, eds., *European Study of Long-Term Care Expenditure*.

Rothgang, Heinz and Dominik Domhoff, "Die Pflegebürgerversicherung als Vollversicherung: Beitragssatz- und Verteilungseffekte bei Umwandlung der Pflegeversicherung in eine Bürgerversicherung mit Vollversicherung", in *Working Paper Forschungsförderung No. 150, September 2019*, Hans-Böckler-Stiftung, 2019.

Rothgang, Heinz and Rolf Müller, *Barmer Pflegereport 2019*, Berlin: Barmer, 2019.

Rothgang, Heinz, Rolf Müller and Benedikt Preuß, *Barmer Pflegereport 2020*, Berlin: Barmer, 2020.

Statistisches Bundesamt, "Sozialleistungen in: Statistisches Jahrbuch für die Bundesrepublik Deutschland", in *Statistisches Jahrbuch 1993*, Wiesbaden.

Statistisches Bundesamt, "Sozialleistungen in: Statistisches Jahrbuch für die Bundesrepublik Deutschland", in *Statistisches Jahrbuch 1994*, Wiesbaden.

Statistisches Bundesamt, "Sozialleistungen in: Statistisches Jahrbuch für die Bundesrepublik Deutschland", in *Statistisches Jahrbuch 1995*, Wiesbaden.

Statistisches Bundesamt, "Sozialleistungen in: Statistisches Jahrbuch für die Bundesrepublik Deutschland", in *Statistisches Jahrbuch 1996*, Wiesbaden.

Statistisches Bundesamt, "Sozialleistungen in: Statistisches Jahrbuch für die Bundesrepublik Deutschland", in *Statistisches Jahrbuch 1997*, Wiesbaden.

Statistisches Bundesamt, "Sozialleistungen in: Statistisches Jahrbuch für die Bundesrepublik Deutschland", in *Statistisches Jahrbuch 1998*, Wiesbaden.

Statistisches Bundesamt, "Sozialleistungen in: Statistisches Jahrbuch für die Bundesrepublik Deutschland", in *Statistisches Jahrbuch 1999*, Wiesbaden.

Statistisches Bundesamt, *Pflegestatistik 1999: Pflege im Rahmen der Pflegeversicherung-Deutschlandergebnisse*, 2000.

Statistisches Bundesamt, "Sozialleistungen in: Statistisches Jahrbuch für die

Bundesrepublik Deutschland", in *Statistisches Jahrbuch 2000*, Wiesbaden.

Statistisches Bundesamt, "Sozialleistungen in: Statistisches Jahrbuch für die Bundesrepublik Deutschland", in *Statistisches Jahrbuch 2001*, Wiesbaden.

Statistisches Bundesamt, *Pflegestatistik 2001: Pflege im Rahmen der Pflegeversicherung-Deutschlandergebnisse*, 2002.

Statistisches Bundesamt, "Sozialleistungen in: Statistisches Jahrbuch für die Bundesrepublik Deutschland", in *Statistisches Jahrbuch 2002*, Wiesbaden.

Statistisches Bundesamt, "Sozialleistungen in: Statistisches Jahrbuch für die Bundesrepublik Deutschland", in *Statistisches Jahrbuch 2003*, Wiesbaden.

Statistisches Bundesamt, *Pflegestatistik 2003: Pflege im Rahmen der Pflegeversicherung-Deutschlandergebnisse*, 2004.

Statistisches Bundesamt, "Sozialleistungen in: Statistisches Jahrbuch für die Bundesrepublik Deutschland", in *Statistisches Jahrbuch 2004*, Wiesbaden.

Statistisches Bundesamt, "Sozialleistungen in: Statistisches Jahrbuch für die Bundesrepublik Deutschland", in *Statistisches Jahrbuch 2005*, Wiesbaden.

Statistisches Bundesamt, *Pflegestatistik 2005: Pflege im Rahmen der Pflegeversicherung-Deutschlandergebnisse*, 2006.

Statistisches Bundesamt, "Sozialleistungen in: Statistisches Jahrbuch für die Bundesrepublik Deutschland", in *Statistisches Jahrbuch 2006*, Wiesbaden.

Statistisches Bundesamt, "Sozialleistungen in: Statistisches Jahrbuch für die Bundesrepublik Deutschland", in *Statistisches Jahrbuch 2007*, Wiesbaden.

Statistisches Bundesamt, *Pflegestatistik 2007: Pflege im Rahmen der Pflegeversicherung-Deutschlandergebnisse*, 2008.

Statistisches Bundesamt, "Sozialleistungen in: Statistisches Jahrbuch für die Bundesrepublik Deutschland", in *Statistisches Jahrbuch 2008*, Wiesbaden.

Statistisches Bundesamt, "Sozialleistungen in: Statistisches Jahrbuch für die Bundesrepublik Deutschland", in *Statistisches Jahrbuch 2009*, Wiesbaden.

Statistisches Bundesamt, *Pflegestatistik 2009: Pflege im Rahmen der Pflegeversicherung-Deutschlandergebnisse*, 2010.

Statistisches Bundesamt, "Sozialleistungen in: Statistisches Jahrbuch für die Bundesrepublik Deutschland", in *Statistisches Jahrbuch 2010*, Wiesbaden.

Statistisches Bundesamt, "Sozialleistungen in: Statistisches Jahrbuch für die Bundesrepublik Deutschland", in *Statistisches Jahrbuch 2011*, Wiesbaden.

Statistisches Bundesamt, *Pflegestatistik 2011: Pflege im Rahmen der Pflegeversicherung-Deutschlandergebnisse*, 2012.

Statistisches Bundesamt, "Soziales in: Statistisches Jahrbuch für die Bundesrepublik Deutschland", in *Statistisches Jahrbuch 2012*, Wiesbaden.

Statistisches Bundesamt, "Soziales in: Statistisches Jahrbuch für die Bundesrepublik Deutschland", in *Statistisches Jahrbuch 2013*, Wiesbaden.

Statistisches Bundesamt, *Pflegestatistik 2013: Pflege im Rahmen der Pflegeversicherung-Deutschlandergebnisse*, 2014.

Statistisches Bundesamt, "Soziales in: Statistisches Jahrbuch für die Bundesrepublik Deutschland", in *Statistisches Jahrbuch 2014*, Wiesbaden.

Statistisches Bundesamt, "Soziales in: Statistisches Jahrbuch für die Bundesrepublik Deutschland", in *Statistisches Jahrbuch 2015*, Wiesbaden.

Statistisches Bundesamt, *Pflegestatistik 2015: Pflege im Rahmen der Pflegeversicherung-Deutschlandergebnisse*, 2016.

Statistisches Bundesamt, "Soziales in: Statistisches Jahrbuch für die Bundesrepublik Deutschland", in *Statistisches Jahrbuch 2016*, Wiesbaden.

Statistisches Bundesamt, "Soziales in: Statistisches Jahrbuch für die Bundesrepublik Deutschland", in *Statistisches Jahrbuch 2017*, Wiesbaden.

Statistisches Bundesamt, *Pflegestatistik 2017: Pflege im Rahmen der Pflegeversicherung-Deutschlandergebnisse*, 2018.

Statistisches Bundesamt, "Soziales in: Statistisches Jahrbuch für die Bundesrepublik Deutschland", in *Statistisches Jahrbuch 2018*, Wiesbaden.

Statistisches Bundesamt, "Soziales in: Statistisches Jahrbuch für die Bundesrepublik Deutschland", in *Statistisches Jahrbuch 2019*, Wiesbaden.

Statistisches Bundesamt, *Pflegestatistik 2019: Pflege im Rahmen der Pflegeversicherung-Deutschlandergebnisse*, 2020.

Triantafillou, Judy et al., *Informal Care in the Long-Term Care System: European Overview Paper*, Athens/Vienna: Interlinks, 2010.

Verband der Privaten Krankenversicherung e. V., *Die private Krankenversicherung*

Zahlenbericht 1997–1998*, Köln, 1998.

Verband der Privaten Krankenversicherung e. V., *Die private Krankenversicherung Zahlenbericht 1998–1999*, Köln, 1999.

Verband der Privaten Krankenversicherung e. V., *Die private Krankenversicherung Zahlenbericht 1999–2000*, Köln, 2000.

Verband der Privaten Krankenversicherung e. V., *Die private Krankenversicherung Zahlenbericht 2000–2001*, Köln, 2001.

Verband der Privaten Krankenversicherung e. V., *Die private Krankenversicherung Zahlenbericht 2001–2002*, Köln, 2002.

Verband der Privaten Krankenversicherung e. V., *Die private Krankenversicherung Zahlenbericht 2002–2003*, Köln, 2003.

Verband der Privaten Krankenversicherung e. V., *Die private Krankenversicherung Zahlenbericht 2003–2004*, Köln, 2004.

Verband der Privaten Krankenversicherung e. V., *Die private Krankenversicherung Zahlenbericht 2004–2005*, Köln, 2005.

Verband der Privaten Krankenversicherung e. V., *Zahlenbericht der Privaten Krankenversicherung 2005–2006*, Köln, 2006.

Verband der Privaten Krankenversicherung e. V., *Zahlenbericht der Privaten Krankenversicherung 2006–2007*, Köln, 2007.

Verband der Privaten Krankenversicherung e. V., *Zahlenbericht der Privaten Krankenversicherung 2008–2008*, Köln, 2008.

Verband der Privaten Krankenversicherung e. V., *Zahlenbericht der Privaten Krankenversicherung 2008–2009*, Köln, 2009.

Verband der Privaten Krankenversicherung e. V., *Zahlenbericht der Privaten Krankenversicherung 2009–2010*, Köln, 2010.

Verband der Privaten Krankenversicherung e. V., *Zahlenbericht der Privaten Krankenversicherung 2010–2011*, Köln, 2011.

Verband der Privaten Krankenversicherung e. V., *Zahlenbericht der Privaten Krankenversicherung 2011–2012*, Köln, 2012.

Verband der Privaten Krankenversicherung e. V., *Zahlenbericht der Privaten Krankenversicherung 2012*, Köln, 2012.

Verband der Privaten Krankenversicherung e. V., *Zahlenbericht der Privaten Krankenversicherung 2013*, Köln, 2013.

Verband der Privaten Krankenversicherung e. V., *Zahlenbericht der Privaten Krankenversicherung 2014*, Köln, 2014.

Verband der Privaten Krankenversicherung e. V., *Zahlenbericht der Privaten Krankenversicherung 2015*, Köln, 2015.

Verband der Privaten Krankenversicherung e. V., *Zahlenbericht der Privaten Krankenversicherung 2016*, Köln, 2016.

Verband der Privaten Krankenversicherung e. V., *Zahlenbericht der Privaten Krankenversicherung 2017*, Köln, 2017.

Verband der Privaten Krankenversicherung e. V., *Zahlenbericht 2018*, Köln, 2018.

Verband der Privaten Krankenversicherung e. V., *Zahlenbericht 2019*, Köln, 2019.

（三）法律条文

Bundesregierung, *Abgabenordnung（AO）*, 2019.

Bundesregierung, *Arbeitszeitgesetz（ArbZG）（Artikel 1 des Gesetzes vom 6. Juni 1994, BGBl. I S. 1170, 1171）*, 2016.

Bundesregierung, *Ausbildungs – und – Prüfungsverordnung für die Pflegeberufe（Pflegeberufe-Ausbildungs- und -Prüfungsverordnung-PflAPrV）*, Bundesgesetzblatt, Teil I, 2018.

Bundesregierung, *Bundessozialhilfegesetz（BSHG）*, Bundesgesetzblatt, Teil I, 1961.

Bundesregierung, *Drittes Gesetz zur Stärkung der pflegerischen Versorgung und zur Änderung weiterer Vorschriften（Drittes Pflegestärkungsgesetz – PSG Ⅲ）*, Bundesgesetzblatt, Teil I, 2016.

Bundesregierung, *Erstes Gesetz zur Stärkung der pflegerischen Versorgung und zur Änderung weiterer Vorschriften（Erstes Pflegestärkungsgesetz – PSG I）*, Bundesgesetzblatt, Teil I, 2014.

Bundesregierung, *Gesetz zur besseren Vereinbarkeit von Familie, Pflege und Beruf*, Bundesgesetzblatt, Teil I, 2014.

Bundesregierung, *Gesetz zur Einordnung des Rechts der gesetzlichen Unfallversicherung in das Sozialgesetzbuch (Unfallversicherungs-Einordnungsgesetz-UVEG)*, Bundesgesetzblatt, Teil I, 1996.

Bundesregierung, *Gesetz zur Neuausrichtung der Pflegeversicherung (Pflege-Neuausrichtungs-Gesetz-PNG)*, Bundesgesetzblatt, Teil I, 2012.

Bundesregierung, *Gesetz zur Qualitätssicherung und zur Stärkung des Verbraucherschutzes in der Pflege (Pflege-Qualitätssicherungsgesetz-PQsG)*, Bundesgesetzblatt, Teil I, 2001.

Bundesregierung, *Gesetz zur Reform der gesetzlichen Rentenversicherung (Rentenreformgesetz 1992-RRG 1992)*, Bundesgesetzblatt, Teil I, 1989.

Bundesregierung, *Gesetz zur Reform der Pflegeberufe (Pflegeberufereformgesetz-PflBRefG)*, Bundesgesetzblatt, Teil I, 2017.

Bundesregierung, *Gesetz zur sozialen Absicherung des Risikos der Pflegebedürftigkeit (Pflege-Versicherungsgesetz-PflegeVG)*, Bundesgesetzblatt, Teil I, 1994.

Bundesregierung, *Gesetz zur strukturellen Weiterentwicklung der Pflegeversicherung (Pflege-Weiterentwicklungsgesetz)*, Bundesgesetzblatt, Teil I, 2008.

Bundesregierung, *Gesetz zur Strukturreform im Gesundheitswesen (Gesundheits-Reformgesetz-GRG)*, Bundesgesetzblatt, Teil I, 1988.

Bundesregierung, *Gesetz zur Stärkung des Pflegepersonals (Pflegepersonal-Stärkungsgesetz, PpSG)*, Bundesgesetzblatt, Teil I, 2018.

Bundesregierung, *Gesetz zur Vereinbarkeit von Pflege und Beruf*, Bundesgesetzblatt, Teil I, 2011.

Bundesregierung, *Gesetz über die Familienpflegezeit (Familienpflegezeitgesetz-FPfZG) (Artikel 1 des Gesetzes vom 6. Dezember 2011, BGBl. I S. 2564)*, 2014.

Bundesregierung, *Gesetz über die Pflegezeit (Pflegezeitgesetz-PflegeZG) (Artikel 1 des Gesetzes vom 28. Mai 2008, BGBl. I S. 874, 896)*, 2015.

Bundesregierung, *Heimgesetz (HeimG)*, 2019.

Bundesregierung, *Integrationsgesetz*, Bundesgesetzblatt, Teil I, 2016.

Bundesregierung, *Sozialgesetzbuch (SGB)-Elftes Buch (XI)-Soziale Pflegeversicherung (Artikel 1 des Gesetzes vom 26. Mai 1994, BGBl. I S. 1014)*, 2018.

Bundesregierung, *Sozialgesetzbuch (SGB)-Zwölftes Buch (XII)-Sozialhilfe (Ar-*

tikel 1 des Gesetzes vom 27. Dezember 2003, BGBl. I S. 3022), 2018.

Bundesregierung, *Verordnung über die Finanzierung der beruflichen Ausbildung nach dem Pflegeberufegesetz sowie zur Durchführung statistischer Erhebungen (Pflegeberufe-Ausbildungsfinanzierungsverordnung, PflAFinV)*, Bundesgesetzblatt, Teil I, 2018.

Bundesregierung, *Zweites Gesetz zur Stärkung der pflegerischen Versorgung und zur Änderung weiterer Vorschriften (Zweites Pflegestärkungsgesetz-PSG II)*, Bundesgesetzblatt, Teil I, 2015.

Reichsregierung, *Drittes Gesetz über Änderungen in der Unfallversicherung*, Reichsgesetzblatt, Teil I, 1928.

Reichsregierung, *Gesetz über Arbeitsvermittlung und Arbeitslosenversicherung*, Teil I, 1927.

Reichsregierung, *Gesetz über die Abänderung des Gesetzes, betreffend die Krankenversicherung der Arbeiter*, Reichsgesetzblatt, 1982.

（四）百科全书

Anheier, Helmut K., Stefan Toepler and Regina List, eds., *International Encyclopedia of Civil Society*, New York: Springer Science+Business Media, 2010.

Aspers, Patrik, "Sociology of Markets", in Jens Beckert and Milan Zafirovski, eds., *International Encyclopedia of Economic Sociology*, London and New York: Routledge, 2011.

Backhaus-Maul, Holger, "Subsidiarity", in Helmut K. Anheier, Stefan Toepler and Regina List, eds., *International Encyclopedia of Civil Society*.

Gangl, Markus, "Welfare State", in George Ritzer, ed., *The Blackwell of Encyclopedia of Sociology*, Massachusetts/Oxford: Blackwell Publishing Ltd., 2007.

Ritzer, George, ed., *The Blackwell of Encyclopedia of Sociology*.

Stephenson, Max Jr., "Corporatism", in Helmut K. Anheier, Stefan Toepler and Regina List, eds., *International Encyclopedia of Civil Society*.

（五）网络文献

教皇里奥十三世：《〈新事物〉通谕》，1891年5月15日，http://w2.vatican.va/content/leo-xiii/en/encyclicals/documents/hf_l-xiii_enc_

15051891_rerum-novarum. pdf。

教皇庇护十一世:《〈四十年〉通谕》,1931 年 5 月 15 日,http://w2. vatican. va/content/pius-xi/en/encyclicals/documents/hf_p-xi_enc_19310515_quadragesimo-anno. html。

教皇约翰·保罗二世:《〈百周年〉通谕》,1991 年 5 月 1 日,http://w2. vatican. va/content/john-paul-ii/en/encyclicals/documents/hf_jp-ii_enc_01051991_centesimus-annus. html#%242S。

European Parliament, "Briefing Note for the Meeting of the EMPL Committee 5 October 2009 Regarding the Exchange of Views on the Lisbon Strategy and the EU Cooperation in the Field of the Social Inclusion", http://www. europarl. europa. eu/meetdocs/2009_2014/documents/empl/dv/lisbonstrategybn_/lisbonstrategybn_en. pdf.

后　　记

　　光阴荏苒，从研究课题确定到书稿付梓，转眼已是四载。

　　翻看自己近几年的工作日历，上面密密麻麻地记着每日的撰稿任务，回忆涌上心头。遥想赴德调研期间，为了节省时间而带着简餐在相关机构和图书馆间来回奔波；每天心无旁骛地撰稿，却因久坐而腰痛难忍、坐卧难安；结束白天的工作后，在夜深人静时又激励自己继续拼搏……然而，看着完结的书稿，一种"痛并快乐"的余味在内心泛起。是的，所有的疲惫与辛劳都是值得的。

　　首先，我要感谢我的博士导师、中国社会科学院欧洲研究所副所长田德文研究员。田老师带领我进入欧洲社会政策的研究领域，而五年前我随田老师在南宁进行的课题调研则让我对养老问题有了更直观的认识，并由此激起了我对这一问题的研究兴趣。在研究过程中，田老师与我就相关问题进行的探讨及对我的指点让我对该问题的思考不断深入。田老师严谨的治学态度、深厚的学术功底和宽广的研究思路一直是我学习的榜样，而田老师在思想上和学术上对我的亲切指导和严格要求更为我的研究输入了不竭动力。

　　其次，我的硕士导师、中国人民大学国际关系学院闫瑾副教授也对本书的撰写给予了莫大帮助。在闫老师的启发下，我决定从事欧洲研究；也是在闫老师的指导下，我学会了如何收集整理资料和撰写论文。我从人民大学毕业已经八年，但与闫老师的联系从未间断，同闫老师的交流总是既轻松惬意，又获益良多。

　　再次，在本书的撰写过程中，我还得到了其他众多师友的帮助。德国弗莱堡大学的 Thomas Klie 教授就本书的研究课题和涉及的主要理论作了评点和分析，帮助我进一步厘清了思路。海德堡大学的 Helmut Anheier 教授为我讲解和介绍了"辅助性原则"的理论内涵及其在德国的实践。哈尼施医生养老院的负责人 Bernhard Sprenger 先生为我提供了德国长期照护服务实践方面的大量资料，让我对这一问题的思考不再浮于纸面。中国社会科学院欧洲研究所顾俊礼研究员、孔田平研究员、张金岭研究员、宋晓敏副编审、杨解朴副研究员、张海洋副编审，以及中国政法大学政治与公共管理学院贾文华教授、北京师范大学社会学院谢琼教授、上海对外经贸大学国际经贸学院张永安教授等都结合各自的研究专长对本书研究提出了很多有价值的建议，让我从中受益匪浅。此外，在一些学术研讨会中，与众多同人的交流也让我对本书研究课题的思考角度和认识层次得以扩展和深化。

最后，我要感谢我的父母，他们的爱与关怀让我从家的温暖中获得前进的力量。唯愿本书付梓能为他们的付出带来些许回报。此外，我也要感谢亲朋好友对我的关心，在撰写本书的艰辛过程中，他们的慰藉增添了我坚持下去的勇气。

本书撰写期间，惊闻德国长期照护服务体系的推动者——诺贝特·布吕姆先生仙逝，在惋惜之余，不禁深感生命逝去的可悲。尤其在当前疫情之下，曾经看似遥远的死亡实际上却如此之近。愿布吕姆先生一路走好，也愿人间无恙、天下平安。